क्या खायें और क्यों

(भोजन के द्वारा चिकित्सा का व्यावहारिक रूप)

रोग के लक्षण, कारण, निदान और चिकित्सा के लिए खाये जाने वाले मौसम के फल, सब्जियाँ, मसाले आदि के सेवन से ही रोगों को दूर कर देने वाली और हर प्रकार की चिकित्सा में सहायक पुस्तक बनाम घर का डॉक्टर। दवाइयों के दुष्प्रभावों से बचकर अपनी चिकित्सा आप करें।

लेखक

डॉ. गणेश नारायण चौहान

होम्योपैथ

राजस्थान विश्वविद्यालय, जयपुर

:: वितरक ::

P·B·D

पापुलर बुक डिपो

समर्पित

स्व. श्री जगदीश नारायण अग्रवाल जी
को
प्रकाशक की ओर से सादर श्रद्धांजलि

पुण्यतिथि : 3 मार्च, 2000

स्वर्गीय श्रीमती गोपाली देवी
धर्म–पत्नी
डॉ. गणेश नारायण चौहान (लेखक)
जिसके प्रेम, सहयोग, साहचर्य ने परिवार
को सम्पन्न बनाया और मुझे परोपकार
में उत्साह से आगे बढ़ाया।

पुण्यतिथि : 14 मई, 2001

प्रकाशक :
नारायण प्रकाशन
जी–1, एस.एस. टॉवर्स, धामाणी स्ट्रीट, चौड़ा रास्ता, जयपुर – 302 003
Ph.: (0141) 2325965; M: 98290-89555
email: pbdjpr@rediffmail.com • www.pbdbooks.com
नवीनतम संस्करण **ISBN : 978-81-86098-18-9**

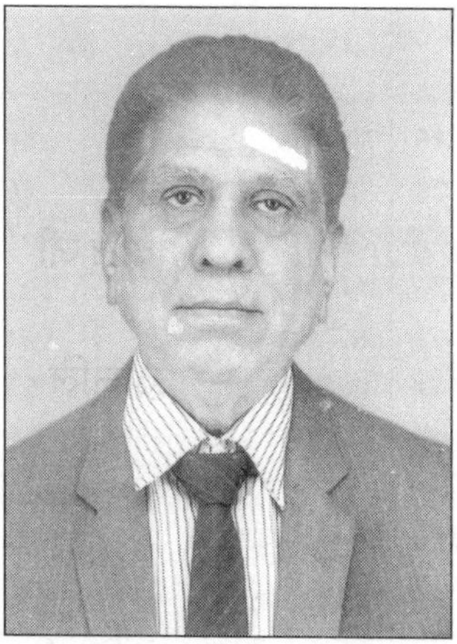

डॉ. गणेश नारायण चौहान

होम्यो विशारद, वक्ष-रोग विशेषज्ञ,
एम.ए., साहित्यरत्न, धर्मालंकार

पद

होम्योपैथ (सेवानिवृत्त)
राजस्थान विश्वविद्यालय, जयपुर
होम्योपैथिक क्लिनिक, जयपुर
व्यस्त चिकित्सक
चिकित्सा विषयक 20 पुस्तकों के लेखक

जन्म : 15 मई, 1939 **रजिस्ट्रेशन नं. 928**

अभिरुचि

होम्योपैथिक एवं भोजन विषयों का अध्ययन, चिन्तन, मनन एवं अनुभव द्वारा सत्यान्वेषण; लेखन, भाषण और रेडियो- टी.वी. वार्ताएँ; दैनिक अखबारों, पत्र-पत्रिकाओं में स्वास्थ्य प्रश्नोत्तर, लेख प्रकाशन; आध्यात्मिक तत्व चर्चा, परोपकारी कार्यों में रुचि। लोग शुद्ध, सात्विक भोजन एवं सस्ती सर्वसुलभ होम्योपैथिक तथा भोजन के द्वारा चिकित्सा से निरोग हों, इस कर्मक्षेत्र में निरन्तर क्रियाशील।

विशेषताएँ

रोगियों की चिकित्सा करके स्वस्थ होने पर सुखानुभव; सरल, सस्ती चिकित्सा उपलब्ध कराना; पुराने, असाध्य रोगों की बिना चीर-फाड़ चिकित्सा करना; पेट, कमर, वक्ष, स्त्री रोगों, असाध्य रोगों की सफल चिकित्सा का अधिक अनुभव; प्रायः होने वाले सभी रोगों, नए एवं जटिल रोगों की दीर्घकाल से चिकित्सा करते हुए गहन अनुभव। दूर रहने वाले रोगियों की पत्र-व्यवहार द्वारा चिकित्सा एवं परामर्श। अपने ज्ञान और अनुभव को दूसरों को बताना एवं चिकित्सा में रुचि रखने वालों का मार्ग-दर्शन करना।

निःशुल्क चिकित्सा-परामर्श

यदि रोगी चिकित्सा कराते-कराते निराश हो गए हैं, तो रोग-वर्णन कर होम्योपैथिक चिकित्सा एवं भोजन सम्बन्धी और स्वास्थ्य रक्षा के परामर्श के लिए पत्र लिखें, फोन से बात करें या मिलें। उत्तर के लिए स्वयं का पता लिखा और डाक टिकट लगा लिफाफा भेजें।

सुदूर राज्यों, प्रान्तों में रहने वाले रोगियों के निवास स्थान पर जाकर देखने एवं जिज्ञासुओं, संस्थाओं में स्वास्थ्य सम्बन्धी भाषण देने हेतु तत्पर।

—डॉ. गणेश नारायण चौहान

7-ड-19, जवाहर नगर, जयपुर-302 004

फोन : 0141-2651352

विषय-सूची

भोजन (Nourishment)

हम क्या खाएँ, क्या नहीं खाएँ, स्वस्थ रहने के लिए क्या करें? इस पर विचार ही नहीं करते। हम तो केवल कमाने-खाने और मौज-मस्ती पर ही ध्यान देते हैं। शरीर की चिन्ता डॉक्टर करे। इसी का परिणाम है कि हमारे मन का ध्यान शरीर पर केवल तब ही जाता है जब हमें पीड़ा या असुविधा का आभास होता है, अन्यथा नहीं। हमें इतना सोचना ही चाहिए कि जो आदमी अपने शरीर का ही सगा नहीं रहता वह दूसरे का सगा कैसे हो सकता है? इसीलिए आज हम स्वार्थी [स्व+अर्थी अर्थात् खुद के हितैषी] भी नहीं रहे। केवल प्रार्थी [दूसरों से ही सारी अपेक्षा करने वाले] बन कर रह गए हैं। हमारे यहाँ कहावत है कि "आप मरे बिना स्वर्ग नहीं मिलता।" शायद इसीलिए हम धरती पर रहकर ही साक्षात नरक भोग रहे हैं।

चिकित्सा विज्ञान शरीर को वसा, विटामिन, प्रोटीन, हार्मोन, कार्बोहाइड्रेट, खनिज पदार्थ या धातु आदि की दृष्टि से देखता है। आए दिन समाचार छपते हैं कि अमुक विटामिन या प्रोटीन से अमुक रोग में लाभ होता है।

जीवन भगवान की सर्वोत्तम भेंट है और निरोग रहना सबसे बड़ा वरदान। निरोग रहने के लिए आवश्यक है—पोषक भोजन। हम स्वस्थ रहने के लिए कब, क्या खायें जिससे भोजन से न केवल उदरपूर्ति ही हो, बल्कि दवा की तरह प्रभाव डालता हुआ वह हमें स्वस्थ रखे, इस ज्ञान की आवश्यकता है।

भोजन स्वस्थ जीवन व्यतीत करने का आधार है। खाया जाने वाला भोजन यदि रुचिकर हो एवं पच (Digest) जाये तो हम स्वस्थ रहेंगे। स्वास्थ्य रक्षक आदर्श भोजन के लिए आधुनिक विज्ञान में अनेक चार्ट मिलते हैं जिनमें कैलोरीज के हिसाब से नित्य कितनी मात्रा में कार्बोज, प्रोटीन, विटामिन आदि अलग-अलग खाद्य पदार्थों की मात्रा दी हुई होती है, परन्तु पाचन ठीक न होने से उतनी कैलोरीज हमें तत्त्व रूप में नहीं मिलती, जितनी हम खा जाते हैं। परिणाम यह होता है कि हम बीमार पड़ जाते हैं। अत: भोजन पर विशेष ध्यान देकर वे खाद्य सही ढँग से खाने चाहिएँ जो शरीर का पोषण करते हुए रोगमुक्त करने में औषधि की तरह क्रिया करें। इस पुस्तक में इसी आधार पर 'भोजन के द्वारा चिकित्सा' बताई गई है।

रोगी का इलाज चिकित्सालय की अपेक्षा भोजनालय में होना चाहिए। हमारे दैनिक जीवन में हम मृतप्राय भोजन लेते हैं। यदि हम भोजन में सुधार और संयमपूर्ण जीन व्यतीत करते रहें तो शतायु होने से कोई रोक नहीं सकता। गीता में कहा भी है कि सात्विक-आहार और आवश्यकता से कम खाने से आयु बढ़ती है। पेट को अन्न से खाली रखो, ताकि उसमें भगवान का दर्शन कर सकें। खान, पान कितना ही स्वादिष्ट हो, जो भी खायें भली प्रकार चबा-चबा कर खायें। आदमी अधिक खाकर जल्दी मरता है, कम खाकर नहीं। खाइये कम, पचाइये ज्यादा, सदा हँसमुख रहिए। परहेज या पथ्य ठीक न होने पर दवा कोई प्रभाव नहीं कर सकती। स्वास्थ्य, सौन्दर्य आवश्यकतानुसार भोजन से अच्छा रहता है। आपकी जीवनचर्या जितनी प्रकृति के निकट होगी, आप उतने ही स्वस्थ एवं चिरायु होंगे।

यदि भोजन शुद्ध है तो सात्विकता आती है। सात्विकता से अटल स्मरण शक्ति बढ़ती है

और स्मरण शक्ति से ज्ञान की प्राप्ति होती है। ज्ञान से हृदय की गाँठ खुल जाती है अर्थात् अज्ञान नष्ट होकर सभी शंकाओं का समाधान होता है। इस प्रकार शुद्ध भोजन के सेवन से सब प्रकार से कल्याण होता है।

मनुष्य के लिए सबसे उपयोगी भोजन वह है जो या तो अपनी प्राकृतिक अवस्था और स्वरूप में हो या उसकी अवस्था और स्वरूप में कम-से-कम परिवर्तन हुआ हो।

प्राकृतिक चिकित्सा में सात्विक पदार्थों का सेवन किया जाता है। प्राकृतिक चिकित्सकों के दृष्टिकोण से भोजन ही औषधि है और औषधि ही भोजन है। प्राकृतिक भोजन शरीर की आन्तरिक प्रतिरोध क्षमता को इतना अधिक गतिशील बना देता है कि वह सभी प्रकार के संक्रामक रोगों का प्रतिरोध करने में सक्षम होता है। इसलिए 'भोजन के द्वारा चिकित्सा' प्राकृतिक-चिकित्सा का एक अंग है।

जो लोग प्राय: रोगी रहते हैं, उन्हें कुछ दिनों तक सब्जी, सलाद, फलाहार करना चाहिए। इससे सभी प्रकार के रोगों में लाभ होता है। इस पुस्तक में बताई गई चीजें एक साथ जितनी अधिक-से-अधिक लें उतना ही शीघ्र लाभ होगा।

यदि आप स्वस्थ रहना चाहते हैं तो भोजन की सेवन विधि सुधारें। फल, सब्जी आदि विधिपूर्वक अधिक सेवन करें। इनसे सब विटामिनों की पूर्ति हो जाती है। स्वस्थ रहने के लिए भोजन को ही औषधि बना लीजिए। सुकरात ने कहा है, पथ्य में ही स्वास्थ्य और पथ्य ही औषधि है। स्वस्थ होने पर भोजन पोषण के लिए और रोगी होने पर रोग को दूर करने के लिए औषधि की तरह ही भोजन करना चाहिए।

रोग निवारण के लिए औषधि की तरह ही उचित भोजन भी शीघ्र लाभ के लिए आवश्यक है। विटामिन एक प्रकार के खाद्य पदार्थ हैं। इनका सेवन हमें स्वस्थ रखने में सहायक होता है। इनकी कमी होने से कुछ रोग भी पैदा हो जाते हैं। आगे वर्णित फल, सब्जी, मसाले आदि यदि बताई गई विधि से लम्बे समय तक सेवन किये जाते हैं तो रोग निवारण में औषधि की तरह तो काम करते ही हैं, साथ ही इन्हें रोगी का उचित भोजन भी कह सकते हैं। इनके साथ कोई औषधि देनी हो तो वह भी दी जा सकती है। रोगी की प्रकृति, अवस्था को देखते हुए विवेक से इनके सेवन की सलाह देनी चाहिए। यदि किसी रोगी को इनके सेवन से किसी प्रकार का कष्ट होता है तो इनका सेवन बन्द करा देना चाहिए। नीचे विटामिन 'सी' का वर्णन किया जाता है। इसके विवेचन से सहज समझ में आ जायेगा कि स्वस्थ रहने और रोगी होने पर विशेष पदार्थों का सेवन किस प्रकार लाभदायक है?

विटामिन 'सी' की कमी से होने वाले रोग—मुख पीला, शक्ति का ह्रास, शरीर में वेदना, मसूड़े फूले, उनमें रक्त बहता है। दाँत ढीले होकर हिलने लगते हैं। श्वास में दुर्गन्ध आती है। त्वचा और श्लैष्मिक कलाओं से रक्तस्राव होता है। दाँत टेढ़े-मेढ़े और सदोष होते हैं। पाइरिया होता है। क्षुधा का नाश होता है। पोषण पूरा नहीं हो पाता। हड्डी, कोषाएँ एवं रक्त वाहिनियाँ आघातित हो जाती हैं अर्थात् शरीर में विटामिन 'सी' कम हो जाने पर घाव आसानी से नहीं भरते, मामूली चोट लग जाने, फिसल जाने से हड्डियाँ टूट जाती हैं। स्कर्वी जैसा भयानक रोग हो जाता है। मनुष्य कमजोर और चिड़चिड़ा हो जाता है। रोगी में रक्त की कमी हो जाती है, रक्त में लाल कण कमजोर और अपूर्ण रह जाते हैं, मनुष्य की धमनियाँ सिकुड़ जाती हैं, उसका हृदय कमजोर हो जाता है, रोगी संक्रामक रोगों का मुकाबला नहीं कर सकता; उसको नजला,

जुकाम, सर्दी, न्यूमोनिया आदि रोग बार-बार हो जाते हैं। काम करने की शक्ति घट जाती है। थोड़ा-सा काम करने पर भी थक जाता है और जवानी में ही बूढ़ा होने लग जाता है।

विटामिन 'सी' की उपयोगिता—सगर्भा एवं दूध पिलाने वाली माताओं के लिए यह आवश्यक है। उदर, आन्त्र एवं यकृत के अनेक रोगों में यह उपयोगी है। शरीर की वृद्धि, भार की वृद्धि, क्षुधा बढ़ाने और रक्त निर्माण में इससे सहायता मिलती है। बालकों के आहार में यह अनिवार्य है। स्कर्वी रोग को रोकने और ठीक करने के लिए यह मानी हुई औषधि है।

विटामिन 'सी' के स्रोत—विटामिन 'सी' प्राकृतिक रूप से सन्तरे, नीबू, मौसमी आदि रसदार फलों में प्रचुर मात्रा में पाया जाता है। चौलाई, पत्ता गोभी, कच्ची बन्द गोभी, छोटी गाजर, प्याज, टमाटर, मूली, धनिया, पालक, चुकन्दर, नाशपाती, बेर, अनन्नास, अमरूद में यह पाया जाता है। आँवला तो लगभग सम्पूर्ण विटामिन 'सी' ही है। आँवले को पकाने पर भी इसमें से विटामिन 'सी' नष्ट नहीं होता। आँवला शुक्रवर्धक है। रक्त पित्त का नाश करता है। आप सूखे आँवले को पीसकर कपड़े से छान कर शहद में मिलाकर 3 ग्राम नित्य 4 महीने सेवन करके अपनी कायापलट कर सकते हैं। आपकी भूख बढ़ जायेगी। गहरी नींद लाने, मानसिक शक्ति बढ़ाने, दिल को शक्ति देने, बाल काले चमकदार बनाने, सिर दर्द आदि रोगों को दूर करने में आँवला बड़ी-बड़ी पेटेण्ट औषधियों से भी अधिक लाभदायक है। आँवले को पीस कर, इसकी गोलियाँ बनाकर 6 गोली दिन में 3 बार निगल लें ("*भोजन के द्वारा चिकित्सा*" पुस्तक में 'आँवला' शीर्षक पाठ भी देखें)। हरी सब्जियों को कच्चा खाकर, उनका रस प्रतिदिन पीकर आप लम्बी आयु प्राप्त कर सकते हैं, बुढ़ापे में भी जवानों की भाँति काम कर सकते हैं।

विटामिन 'ए'—यदि आपकी दृष्टि कमजोर हो चुकी है। आपको रात को कम दिखाई देता है या रात को अन्धे हो जाते हैं। आँखें खुश्क, उनमें खुजली और जलन होती है। प्रकाश को सहन नहीं कर सकतीं, उनमें चमक नहीं रही, बुढ़ापे में मोतिया उतरने लग गया है। आँखें धुँधली हो चुकी हैं। वृक्कों में बार-बार पथरियाँ बन जाती हैं। चर्म पर पिन के सिरे जैसे उभार पैदा हो चुके हैं। जवानी में दाँत हिलने लग गये हैं तो इन लक्षणों का यह अर्थ है कि आपके शरीर में विटामिन 'ए' की कमी हो गई है। ये सब लक्षण विटामिन 'ए' वाले खाद्य—ताजा हरी चौलाई, पत्ता गोभी, धनिया, पोदीने के हरे पत्ते, मूली के हरे पत्ते, मेथी, पालक, गाजर, पपीता, आम, मक्खन खाकर दूर कर सकते हैं। ऊपर लिखी सभी सब्जियाँ कच्ची खाकर, उनकी चटनी बनाकर, पत्तों का रस निकाल कर प्रयोग कर सकते हैं। इस विधि से 3-4 मास तक खाने से ऊपर लिखे सारे रोग दूर हो जायेंगे।

फल एवं सब्जियों का प्रयोग

जिनकी पाचन शक्ति कमजोर हो, उन्हें फल-सब्जियों के रस में पानी मिलाकर पीना चाहिए। पानी मिलाकर पीने से रस पचने में हल्का हो जाता है। फल प्रात: भूखे पेट खाना अधिक उपयोगी है। रोग-निवारण में इससे अधिक सहायता मिलती है।

फल-सब्जियों का रस ताजा और कच्चा काम में लेना चाहिए। रसों से चिकित्सा धीरे-धीरे होती है और पूर्णत: ठीक होने में लम्बा समय लगता है अन्य पदार्थों का उपयोग भी सहायक चिकित्सा के रूप में कर सकते हैं। रस सुबह और दोपहर में पीना चाहिए। एक बार में 16 औंस रस प्रतिदिन पी सकते हैं। मौसम के अनुसार मिलने वाली सब्जियाँ, फल काम में लेनी चाहिए।

जहाँ तक हो शक्कर (Sugar) अल्प मात्रा में लेनी चाहिए। हमारा शरीर स्वयं खाये हुए अन्न से शक्कर बनाता है।

छिलके

छिलके—जिस सब्जी का छिलका बहुत कड़ा न हो, वह सब्जी छिलके सहित ही खानी चाहिए। छिलकों में शक्ति भी होती है और पेट साफ रहता है, कब्ज नहीं होता। दाल छिलके सहित खानी चाहिए। फलों को छिलके सहित खाना चाहिए।

रोगी को औषधि के साथ-साथ रोगी की प्रकृति, अवस्था को देखते हुए यहाँ बताये हुए खाद्य पदार्थों का सेवन सहायक चिकित्सा के रूप में उपयोगी है। रोगी अगर इन खाद्य पदार्थों के सेवन से हानि प्रतीत करता है तो उसे उसका सेवन बन्द कर देना चाहिए।

शाकाहारी भोजन—भारत उष्ण प्रधान देश है। यहाँ गर्मी अधिक पड़ती है। इसलिए यहाँ ठण्ड पहुँचाने वाले भोजन की आवश्यकता है और शाकाहारी भोजन ठंड पहुँचाता है। शराब पीना तो यहाँ की जलवायु को देखते हुए स्वास्थ्य का सबसे बड़ा शत्रु है।

रोग और पथ्य

भोजन से पूर्व तीन घूँट पानी पीने से भोजन नली तथा आमाशय की उष्णता शांत हो जाती है। ऐसा करने से भोजन की उष्णता व मसालों की उग्रता के दुष्प्रभाव खत्म हो जाते हैं। जैसे विचारों में भोजन किया जाएगा वैसा ही मन का निर्माण होगा। सात्विक विचारों के साथ भोजन करने वाले व्यक्ति के भाव सात्विक एवं पवित्र होंगे। मन का निर्माता अन्न है। हरेक व्यक्ति के शरीर में एक जैविक घड़ी होती है, जो शरीर की क्रियाओं को नियंत्रित करने में महत्त्वपूर्ण भूमिका निभाती है। इसी कारण ठीक समय पर नींद आती है, भूख लगती है और सुबह नींद खुल जाती है।

हम प्रकृति से दूर होते जा रहे हैं। शरीर में स्वयं को स्वस्थ रखने की क्षमता है पर प्रकृति से बढ़ती दूरी ने इसे घटाया है।

रोग दवाइयों से नहीं जाते। भोजन पर नियन्त्रण करने वालों को रोग नहीं होते। यदि आपका खान-पान गड़बड़ है तो कोई भी चिकित्सा आपको स्वस्थ नहीं कर सकती। स्वास्थ्य से भोजन का घनिष्ठ सम्बन्ध है। जिस व्यक्ति को जितना अधिक भोजन का ज्ञान होगा, वह उतना ही अधिक रोगों से दूर रहेगा। आवश्यकता के अनुरूप किया गया भोजन शरीर को रोगों से बचाता है। अत: स्वास्थ्य और जीवन का माधुर्य आपके हाथों में है। जैसा आपका खान-पान होगा वैसी ही प्रकृति बनेगी। भोजन से ही रक्त बनता है। रक्त विकार ही रोगोत्पत्ति का कारण है। अत: भोजन में रक्तशोधक, रक्त को साफ करने वाली चीजें निरोग रहने के लिए नित्य खानी चाहिए। बीमार होने पर चिकित्सा के लिए '*क्या खायें और क्यों*' तथा स्वास्थ्य रक्षा के लिए खान-पान की चीजों के गुण जानने के लिए '*भोजन के द्वारा चिकित्सा*' लेखक की इसी संदर्भ में दूसरी किताब भी पढ़ें।

भोजन सोच-समझकर करने से स्वास्थ्य में वृद्धि होती है। रोगी होने पर भोजन सोचकर या चिकित्सक के परामर्श से खाने से रोग शीघ्र दूर होता है। औषधि की अपेक्षा पथ्य अपना विशेष स्थान रखते हैं। जब तक कोई विकट विकार न हो, भोजन से ही रोग ठीक हो जाता है।

पूर्ण स्वास्थ्य—कैसा भी नया-पुराना रोग हो, कच्चा भोजन करें। नमक और नशीली

वस्तुयें खाना बन्द करें। केवल सस्ते मौसमी फल एवं सब्जियों को ही भोजन के रूप में लें। धैर्य से इनका सेवन करते रहें। पूर्ण स्वास्थ्य मिल जायेगा।

वात, पित्त, कफ—(1) यदि आँखें साफ हैं तो प्रकृति वात है। (2) आँखें ललाई लिए हुए हैं तो प्रकृति पित्त है। (3) आँखें मटियाले रंग की हैं तो प्रकृति कफ प्रधान है।

(1) वात प्रकृति वाले को मीठा, खट्टा और नमकीन भोजन, (2) पित्त प्रकृति वाले को मीठा, चरपरा, कसैला, और (3) कफ प्रकृति वाले को कड़वा, कसैला भोजन लाभदायक है।

कब क्या खायें?

जब मलेरिया हो तो दूध, मौसमी, नारंगी, गन्ने का रस दें। ज्वर उतरने पर साबूदाना, पतली दाल, दलिया दें। ठोस चीज खाने को न दें।

टान्सिल बढ़ने, गले में दर्द होने पर गुनगुने जल में नमक और फिटकरी डालकर गरारे करें। चाय की पत्तियों को उबाल कर छानकर उस पानी से गरारे करने से भी लाभ होता है।

दस्त—दही, चावल, खिचड़ी, छाछ, पका केला, सेब देना चाहिए। दूध नहीं देना चाहिए। जायफल पानी में घिसकर दिन में तीन बार पिलाने से दस्त बन्द हो जाते हैं।

पीलिया—गन्ने का रस, रसदार फल या फल का रस, ग्लूकोज देना चाहिए।

मस्से (Warts)—शरीर पर कहीं भी मस्से हो जाते हैं। होम्योपैथिक औषधि लेने से मस्से सूख कर गिर जाते हैं। पनवाड़ी जो चूना पान में लगाता है वह चार भाग, कपड़ा धोने का सोडा खार एक भाग किसी काँच की शीशी में डालकर हिलावें और डाट लगाकर रख दें। डाट प्लास्टिक या काँच की होनी चाहिए। लोहे की डाट नहीं लगानी चाहिए। लोहे की डाट कुछ दिन में गल जाती है। इस घोल में फुरेरी बनाकर मस्से पर लगायें। एक-दो दिन में तो दो बार लगाने से मस्सा सूख जाता है। फिर पपड़ी की तरह उतर जाता है, इसे मस्से पर ही लगाना चाहिए, अन्य त्वचा पर लगाने से घाव हो जाते हैं। इस घोल को लगाने से मस्से गिर जाते हैं, लेकिन कभी-कभी पुनः निकल आते हैं। इसके लिए 20 दिन होम्योपैथिक दवा थूजा-200 की एक खुराक हर तीसरे दिन लेते रहना चाहिए।

पामा, छाजन, एकजिमा (Eczema), दाद, खाज, फोड़े, फुन्सी—तेल की बनी चीजें, चाय न लें। पालक, मूली के पत्ते, प्याज, टमाटर, गाजर, अमरूद, पपीता खिलायें। पेट पर मिट्टी लगायें।

आँखों की दुर्बलता—वनस्पति घी न खायें।

मधुमेह (Diabetes)—केला, चीनी, गुड़ एवं मीठी चीजें न लें।

गठिया—पालक, केला, आलू न लें।

अम्लता (Acidity)—अचार न लें।

लकवा (Paralysis)—मीठा न खायें।

व्रण (Ulcer)—नीबू, नारंगी, खट्टे फल न लें।

यकृत (Liver)—शराब, चीनी, बिस्कुट, घी, तेल की बनी चीजें न लें।

छोटी माता (चेचक) (Chicken Pox)—भोजन में दूध, अंगूर, अनार, मौसमी आदि मीठे रसदार फल लें।

घाव—फोड़े होने पर नमक कम लें।

गृध्रसी (Sciatica)—दही, केला, चावल, मूली, आलू तथा खट्टी चीजें, जैसे—इमली, अचार, टमाटर, उड़द, चने की दाल, ठंडे पदार्थ सेवन करना हानिकारक है।

पथरी—गर्मी के मौसम में पैदा होने वाली सब्जियाँ, फल अधिक खाने चाहिए।

खाँसी, दमा, कैंसर, टी.बी.—बीड़ी-सिगरेट, तम्बाकू न लें तथा चिन्ताएँ त्यागें।

उच्च रक्तचाप (Hypertension)—नमक न लें।

निम्न रक्तचाप (Hypotension)—नमक लें।

जुकाम (Catarrh)—दूध, घी तेल की बनी चीजें न लें।

खुजली—नीबू और चमेली का तेल समान मात्रा में मिलाकर मालिश करने से सूखी और बरसाती खुजली मिट जाती है। चर्म रोगों में नमक कम खाएँ।

आकर्षक व्यक्तित्व

दृढ़ आत्मविश्वास, मुस्कराता चेहरा, बातचीत में हँसी-मजाक, जो भी काम करें इस विश्वास से करें कि काम सफल होगा ही। सफलता ही व्यक्तित्व को आकर्षक बनाती है।

उत्तम स्वास्थ्य की पहचान

चेहरा खिला हुआ, कमर पतली और सीधी, शरीर कसा हुआ, दाँत साफ और सफेद, भूख तेज, पाचन शक्ति ठीक हो, बिना थकान के परिश्रम करना, काम करने की उमंग, सर्दी-गर्मी सहन करने की शक्ति व सभी अंगों का स्वस्थ होना, त्वचा मुलायम, चेहरे पर सूखापन न हो, होंठों पर पपड़ी न हो, नेत्र चमकीले, दृष्टि तेज, जीभ साफ और गुलाबी, छाती चौड़ी, पेट छाती से आगे उभरा न हो, बाल कोमल, गन्ध रहित साँस, गहरी और बिना स्वप्नवाली नींद, गन्धहीन पसीना, मुँह का स्वाद अच्छा, बार-बार थूकना-खँखारना न पड़े, मल बंधा हुआ, प्रातः उठने पर ताजगी-स्फूर्ति, पेट गर्म, सिर ठण्डा, नाखून गुलाबी होना आदि लक्षण उत्तम स्वाथ्य की पहचान है। स्वास्थ्य ही जीवन है। स्वस्थ मनुष्य ही जीवन के सभी सुखों का उपभोग कर सकते हैं।

स्वास्थ्य रक्षा के नियम

प्रातःकाल उठकर कुल्ला करके कुछ ताजा जल पियें। सूर्योदय से पहले उठें, स्नान करके शान्त बैठ कर ईश्वर आराधना करें। इससे दिन सुखपूर्वक बीतता है। प्रातःकाल सूर्योदय के बाद सोना स्वास्थ्य के लिए अच्छा नहीं है।

शाम का भोजन सूर्यास्त से पहले करें—भोजन का पाचन सूर्य की गर्मी से होता है। सोते समय पाचन कार्य निर्बल हो जाता है। इसलिए रात या दिन का भोजन करने के कम-से-कम तीन घण्टे बाद सोना चाहिए। जैन आदि कुछ लोग सूर्यास्त से पहले खाना खाते हैं। इससे सोने से पहले भोजन को पचने में सरलता रहती है। यह अच्छा नियम है। देर रात में भोजन करने से भोजन पचने के लिए समय नहीं रहता। यदि रात्रि में भोजन करना पड़े तो फल और दूध लेना उत्तम है। रात को भोजन के तीन घण्टे बाद स्त्री-पुरुष का संग होना चाहिए। इससे पहले संग करने से पेट खराब रहता है। सोने से पहले सत्संग, ईश्वर की आराधना करके सोना चाहिए। चित्त या सीधा न सोयें। गर्मी में सोते समय हाथों, पाँवों को शीतल जल से धोयें। इससे नींद अच्छी आयेगी, स्वप्नदोष नहीं होगा। शैय्या पर लेट कर निद्रा की प्रतीक्षा करना अच्छा नहीं। निद्रा आने पर ही शैय्या पर लेटना चाहिए।

भोजन से पहले—एक घण्टे पहले एक गिलास पानी पीयें। पानी में आधा नीबू का रस डालकर पीना अच्छा रहता है। फिर भोजन शुरू करने से पहले एक घूँट पानी पीयें। भोजन से पहले हाथ, पैर, मुँह धोएँ। पैरों को धोने से जठराग्नि का मुँह खुल जाता है।

भोजन करते समय—भोजन प्रसन्नचित्त होकर करना चाहिए। भोजन करते समय पानी न पीयें। आवश्यकता हो तो एक-दो घूँट पी सकते हैं। भोजन के एक घण्टे बाद पानी पीयें। भोजन के अन्त में एक गिलास छाछ (मट्ठा) लेना चाहिए। भोजन के बाद खिलखिलाकर हँसना चाहिए, इससे भोजन शीघ्र पचेगा, कब्ज नहीं होगा। भोजन में पाँच तुलसी के पत्ते रखें। इनके नित्य सेवन से मलेरिया नहीं होता। भोजन करने के आधे घण्टे बाद दूध पीना चाहिए। भोजन ठूँस-ठूँस कर नहीं करना चाहिए। भूख से कुछ कम ही खाना चाहिए, बुढ़ापे में पाचन शक्ति कमजोर हो जाती है, परिश्रम भी कम करना पड़ता है। इस अवस्था में भोजन कम करना चाहिए।

भोजन के बाद—भोजन के बाद सौ कदम टहलने से खाया हुआ भोजन अच्छी तरह पचता है। इसके बाद पहले सीधा सोकर आठ साँस लें, फिर दाहिनी करवट लेकर सोलह साँस लें और फिर बाईं करवट लेकर बत्तीस साँस लें। इसके बाद जो इच्छा हो सो काम करें। नाभि से ऊपर बाईं ओर अग्नि का स्थान है, इस कारण भोजन पचाने के लिए बाईं करवट ही सोना चाहिए—'भावप्रकाश'। भोजन करके बैठ जाने से आलस्य और ऊँघ आती है। सोने से शरीर पुष्ट होता है। हाथ-मुँह धोते समय मुँह में एक घूँट पानी की भरकर आँखों पर पानी के छींटे दें। इससे आँखों की रोशनी बढ़ती है। थोड़ी दूर टहलें, भोजन के बाद नाक का बायाँ स्वर बन्द करने से पाचन शक्ति बढ़ती है, रात्रि को सोने से पूर्व पानी पीयें। पानी छानकर पीना स्वास्थ्य के लिए उपयोगी है। खाना खाने के बाद आधा घण्टा आराम करना चाहिए क्योंकि जब भोजन आमाशय में पहुँचता है तो प्रकृति उसके पचाने की ओर लगती है और आमाशय में अधिक रक्त जाने लगता है जिससे कि पाचक रस अधिक मात्रा में उत्पन्न हो सके। इसलिए यदि खाने के बाद तुरन्त शारीरिक या मानसिक श्रम किया जाये, स्नान किया जाये या विषय-भोग किया जाये अथवा इनके बाद ही शीघ्र भोजन कर लिया जाये तो भी रक्त संचालन दूसरी ओर हो जाने से आमाशय में रक्त कम पहुँचता है तथा आमाशयिक रस कम बनता है, पाचक रस कमजोर हो जाता है। निर्बल मनुष्यों तथा जिनका पाचन खराब हो, को खाना खाने के बाद आराम करना या धीरे-धीरे टहलना चाहिए।

माता का संयमी जीवन ही बच्चे को निरोग रखता है। स्त्री को पुरुष संग के बाद शीघ्र बच्चे को दूध नहीं पिलाना चाहिए। इससे बच्चे के शरीर में गर्मी चली जाती है। सप्ताह में कम-से-कम एक बार सरसों के तेल से मालिश करनी चाहिए। चिन्ता नहीं करनी चाहिए। चिन्ता करने से स्वास्थ्य की जितनी हानि होती है, उतनी किसी रोग से नहीं होती। बीमार होने पर जो लोग चिन्ता नहीं करते, वे शीघ्र स्वस्थ हो जाते हैं। 'मैं निरोग हो रहा हूँ!' ऐसी भावना रखें। पाखाना जाते समय जबाड़े के दाँतों को दबाकर बैठने से जीवन भर दाँत नहीं हिलते। लकवा भी नहीं होता। मधुमेह के रोगी सुबह-शाम लम्बी दौड़ नित्य लगायें तो बिना औषधि के पेशाब में शक्कर आना रुक जायेगा। सोवियत संघ में वृद्धावस्था विज्ञान संस्थान ने पता लगाया है कि **बुढ़ापे** का समय आराम से बैठे रहने का नहीं बल्कि कठोर परिश्रम का होता है। इससे बुढ़ापे में भी स्वास्थ्य अच्छा रहता है।

कमर झुका कर बैठना बुढ़ापे को शीघ्र बुलाना है। टट्टी करते समय बायें पैर पर जोर देने से अर्श (Piles) नहीं होते और मल साफ होता है। टट्टी करते समय दाँतों को भींचे रखने से

दाँत मजबूत रहते हैं। महात्मा बुद्ध का कथन है कि "एक बार हल्का आहार करने वाला 'महात्मा' है, दो बार संभल कर खाने वाला 'बुद्धिमान' है तथा इससे अधिक खाने वाला 'महामूर्ख' है।"

महाराष्ट्र के नेत्र चिकित्सक संघ के डॉ. डी.जी. पटवर्द्धन ने धूप के चश्मों के अन्धाधुन्ध प्रयोग को खतरनाक बताया है। इससे नेत्रों में तेज रोशनी सहन करने की प्राकृतिक शक्ति नष्ट होती है।

हँसना—हँसना श्रेष्ठ औषधि है। हँसने से पेट की पेशियों को शक्ति मिलती है, रक्त संचार तेजी से होता है तथा शरीर का व्यायाम हो जाता है।

दर्दों का कारण अपच है।

चिकित्सा रोग की नहीं, रोगी की होती है; शरीर की नहीं, शरीर को गतिशील रखने वाले प्राण (Vital Force) की होती है। *—आर्गनन ऑफ होम्यो.*

विश्व की बाह्य झलक अन्तर्मन का प्रकाश है—जो चाहते हैं कि बाह्य अवस्थायें अच्छी हों, वे अन्तर्मन को सुधारें। *—C.H.Keyserling.*

सबसे बड़े चिकित्सक तीन हैं—समय, प्रकृति और धैर्य।

आरोग्यता मन्त्र—जो व्यक्ति भगवान में विश्वास रखकर कार्य करता है और अपने सारे काम उसे अर्पण कर देता है, वह संसार की जितनी भी व्याधियाँ, रोग और आपत्तियाँ हैं, उन सब पर विजय पा लेता है तथा उसके मनोरथ पूर्ण हो जाते हैं।

जो व्यक्ति अपने-आपसे घृणा करने लगा है, समझ लो उसका अन्त आ पहुँचा।

ठण्डे पानी से नहाएँ

डॉक्टरों के अनुसार हमें सर्दियों में भी गर्म पानी से नहीं नहाना चाहिए। हाँ, सर्दी में हमें रोज नहाना चाहिए। ठण्डे पानी से और वह भी जल्दबाजी में नहीं। यह जरूरी नहीं कि पानी बर्फीला ठण्डा हो। सामान्य नल के पानी से नहाया जा सकता है। हम देखते हैं कि हमारे अनेक मेले तथा पवित्र स्नान-पर्व सर्दियों में ही पड़ते हैं। शुरू में तो हम में से अधिकतर लोगों को ठण्डे पानी से नहाने का नाम लेने से ही कँपकँपी महसूस होने लगेगी लेकिन यदि हम ठण्डे पानी से नहाना शुरू करें तो शीघ्र ही ठण्डे पानी से लगने वाला भय दूर हो जाएगा।

स्नान विधि—ठण्डे पानी से स्नान करने का आसान तरीका यह है कि पहले सिर पर पानी डालें। नदियों में स्नान करते हुए लोग पहले अपने सिर को पानी में डुबोते हैं, अक्सर आपने ऐसा देखा होगा। ठण्डे पानी से नहाते समय पहले सिर को गीला करने से सिर की गर्मी सारे शरीर में से होती हुई पैरों से निकल जाती है लेकिन पहले पैर और लातें भिगोने से या शरीर का निचला भाग भिगोने से शरीर की गर्मी सिर से निकलती है। स्वास्थ्य की दृष्टि से ऐसा नहीं होने देना चाहिए।

नहाने में जल्दबाजी भी नहीं करनी चाहिए। अपनी हथेलियों से अपने शरीर के विभिन्न अंगों को रगड़ना चाहिए। इस प्रकार स्नान का पूरा लाभ उठाना चाहिए। शरीर के विभिन्न अंगों को रगड़ने से हमारे शरीर में स्थित छिद्रों में गतिशीलता आती है और वे खुलते हैं। इन छिद्रों से काफी मात्रा में पसीना और अन्य मैल बाहर निकलता है। अपने हाथों से शरीर को रगड़ने के बाद साफ सूखे तौलिये से शरीर को रगड़ें। तौलिए से बदन पौंछने का मतलब केवल यही नहीं है कि हम अपने शरीर से पानी पौंछें, बल्कि तौलिए से त्वचा को अच्छी तरह से रगड़ना भी है।

ठण्डे पानी से स्नान करने के फौरन बाद हमें गर्म कपड़े पहन लेने चाहिए क्योंकि ठण्डे पानी

से स्नान के बाद हमारा शरीर गर्म हो जाता है, ऐसे में ठण्डी हवा का झोंका हमारे शरीर को नुकसान दे सकता है।

लाभ—ठण्डे पानी से नहाने में हमें अनेक लाभ हैं जो गर्म पानी से नहाने में हमें प्राप्त नहीं हो पाते। गर्म पानी से नहाने से पूर्ण रूप से संतुष्टि नहीं होती और गर्म पानी समाप्त होते ही कँपकँपी शुरू हो जाती है। इसके अतिरिक्त नियमित रूप से गर्म पानी से नहाने से हमारी ऊपरी त्वचा पर रक्त का संचालन कम हो जाता है। गर्म पानी से नहाने से हमारे शरीर की बाहरी त्वचा की ऊपरी सतह तक रक्त का संचालन ठीक प्रकार से नहीं हो पाता। इसके अतिरिक्त बाहरी त्वचा के समीप हमारे शरीर की रक्त कोशिकायें भी कमजोर पड़ जाती हैं। जबकि ठण्डे पानी से स्नान करने से वे मजबूत होती हैं। जब हमारे शरीर की बाहरी त्वचा ठण्डे पानी के सम्पर्क में आती है तो हमारी त्वचा सिकुड़ती है। इस प्रकार तापक्रम के अंत के कारण त्वचा के संकुचित होने से इसे आराम मिलता है और इससे त्वचा की मालिश होने जैसा प्रभाव उत्पन्न होता है। कभी-कभी गुनगुने पानी में स्नान कर लेना ठीक रहता है लेकिन इसकी नियमित आदत नहीं बना लेनी चाहिए।

नहाने के लिए जब हम ठण्डे पानी का प्रयोग करते हैं तो हमारे शरीर में रक्त का संचालन तेजी से होने लगता है। यह हम नहाते हुए महसूस भी कर सकते हैं। मजेदार बात तो यह है कि जब ठण्डे पानी से नहाते हैं तो हमारा शरीर एक प्रकार की भीतरी गर्मी महसूस करता है। ऐसा हमारे शरीर में रक्त-संचार तेजी से होने के कारण होता है।

जो लोग ठण्डे पानी से नहाते हैं उन्हें बहुत कम ही बीमार होते देखा गया है। ठण्डे पानी से नहाने से आदमी बीमार नहीं होता। हाँ, ठण्डे पानी से स्नान करना उस व्यक्ति के लिए हानिकारक हो सकता है जो कि पहले से ही बीमार चल रहा हो। जो लोग सर्दियों में नियमित रूप से नदी में या ठण्डे पानी से स्नान करते हैं वे लोग अन्य लोगों के मुकाबले अधिक हृष्ट-पुष्ट पाए जाते हैं।

हम क्या खायें

(भारत सरकार द्वारा प्रकाशित हैल्थ बुलेटिन नं. 23)

हमें शरीर को स्वस्थ एवं पुष्ट बनाने के लिए निम्नलिखित तत्त्वों वाले खाद्यों का प्रयोग प्रतिदिन करना चाहिए—

1. प्रोटीन—शारीरिक विकास, फुर्तीलापन, उत्साह और शक्ति पैदा करता है। शरीर की क्षतिपूर्ति करता है। यह दालों, अनाजों, चना, मटर, दूध, छाछ, पनीर, सप्रेटा दूध, फल, मेवों आदि में काफी पाया जाता है।

2. वसा (Fat) **(चिकनाई)**—शरीर में गर्मी और शक्ति पैदा करता है। यह दूध, दही, घी, मक्खन, तेल, बादाम, अखरोट, काजू, मूँगफली आदि में पाया जाता है।

3. खनिज लवण—खनिज शक्ति को अच्छा रखते हैं। हड्डियों को मजबूत बनाते हैं। रोगों से शरीर की रक्षा करते हैं। ये ताजी साग-सब्जी, फल, गेहूँ, चावल, दूध आदि में पाये जाते हैं।

4. कार्बोहाइड्रेट्स—शरीर में शक्ति और गर्मी प्रदान करते हैं। ये चावल, गेहूँ, मक्का, ज्वार, बाजरा, गन्ना, खजूर, मीठे फल, केला आदि में विशेष पाये जाते हैं।

5. पानी (नमी)—शरीर की सफाई करके गन्दे पदार्थों (पसीना, मल, मूत्रादि) को शरीर से बाहर निकालता है। भोजन को पचने में और खून के दौरे में मदद देता है। शरीर के तापक्रम को समान रखता है।

6. कैलशियम—हड्डियों और दाँतों को मजबूत करता है। शरीर का रंग निखारता है। बाल घने व मजबूत करता है। यह हरी सब्जियों, दूध, दही, छाछ, पनीर आदि में पाया जाता है।

7. लोहा—इसकी कमी से खून की लाली कम हो जाती है। इसके अभाव में खून प्रत्येक तन्तु तक ऑक्सीजन नहीं पहुँचा सकता है। इसी कारण खून की कमी की बीमारी हो जाती है। यह हरी सब्जियों, अनाज, रोटी, सेम-मटर की हरी फलियों, सूखे मेवों में पाया जाता है।

8. विटामिन—शरीर को स्वस्थ और रोगों से मुक्त रखते हैं। ये चावल, गेहूँ, दूध से बने पदार्थ, मक्खन, फल, ताजी पत्तियों वाली, बिना पत्ती वाली सब्जियों, नीबू, टमाटर, मटर, सेम, दाल आदि में पाये जाते हैं।

9. कैलोरी—यह शरीर में शक्ति व गर्मी मापने का पैमाना है। जैसे इंजन में कोयले के जलने से गर्मी व शक्ति पैदा होती है और इंजन चलता है उसी प्रकार भोजन करने से शरीर में गर्मी और शक्ति पैदा होती है। इसकी माप को कैलोरी कहते हैं। एक ग्राम प्रोटीन में लगभग 4 कैलोरी, एक ग्राम वसा (चिकनाई) में 9 कैलोरी और 1 ग्राम कार्बोहाइड्रेट्स में 4 कैलोरी पाई जाती है।

स्वस्थ और पुष्ट बनने के लिए हम प्रतिदिन कुल कितना भोजन लें

चावल, गेहूँ, मक्का, ज्वार, बाजरा आदि	450 ग्राम
दूध, दही, छाछ आदि	250 ग्राम
मूँग, उड़द, चना, मसूर आदि की दालें	100 ग्राम
घीया, टिण्डे, तोरई, भिण्डी, परवल आदि बिना पत्ते वाली सब्जियाँ	200 ग्राम
घी, मक्खन, तेल आदि की चिकनाई	50 ग्राम
आम, खरबूजा, सन्तरा, केला, अमरूद आदि फल	50 ग्राम
जोड़	**1100 ग्राम**

कार्बोहाइड्रेट्स (Carbohydrates)—पदार्थों में मीठापन होना कार्बोहाइड्रेट्स का द्योतक है। शक्कर और गुड़ में कार्बोहाइड्रेट्स बहुतायत में मिलते हैं जो सरलता से पच जाते हैं और शक्ति देते हैं। एक प्रौढ़ व्यक्ति के लिए चालीस ग्राम गुड़ या शक्कर नित्य चाहिए।

—न्यूट्रिसन एण्ड बैलेन्स्ड डाइट बाई राजामल पी. देवदास

प्रोटीन (Protein)—शरीर में कोशाणुओं (Cells) का निर्माण और नष्ट हुए कोशाणुओं का पुनर्निर्माण प्रोटीन से होता है। कार्बोहाइड्रेट्स की तरह प्रोटीन शक्ति भी देता है। दालों में प्रोटीन मिलता है। दाल में 20-25% प्रोटीन होता है।

वसा (Fat)—पदार्थों में चिकनाई होना वसा का द्योतक है। तेल, वनस्पति घी वसा वाले खाद्य हैं।

लोहा (Iron)—लोहा रक्त बनाता है। शरीर में लोहे की कमी से रक्त बनने में कमी हो जाती है जिससे रक्तक्षीणता (Anaemia) रोग हो जाता है। यह स्त्रियों को अधिक होता है। भारत में रक्तक्षीणता के रोगी बहुत ज्यादा हैं।

रक्तक्षीणता की पहचान—रक्त की कमी से यकृत (Liver) भोजन नहीं पचा पाता। इससे गैस बनती है। आँखों की नीचे की पलक में सफेदी, त्वचा पीली, थकावट, मूर्च्छा आ जाना, पेट खराब रहता है और दुर्बलता बढ़ती जाती है।

लोहा-प्राप्ति के स्रोत—लोहा खाया नहीं जा सकता। इसे भोजन से प्राप्त करना होता है। टमाटर, पालक, शहद आदि में लोहा बहुत मिलता है। चौलाई (प्रतिग्राम में 1.4 मिलीग्राम), हरा धनिया (प्रतिग्राम में 10 मिलीग्राम), सूखी सोयाबीन (प्रतिग्राम में 8 मिलीग्राम), सूखी दालें (प्रतिग्राम में 7.4 मिलीग्राम), मटर दाने (प्रतिग्राम में 5 मिलीग्राम), उबला बथुआ (प्रतिग्राम में 5 मिलीग्राम) लोहा होता है। हमें नित्य 15 से 20 मिलीग्राम लोहा खाना चाहिए जो इन चीजों को खाने से मिल जाता है।

कब्ज (Constipation)

कब्ज से जितने बुद्धिवादी ग्रस्त हैं, उतने अन्य रोगों से नहीं। कब्ज का अर्थ है—समय पर मल-त्याग न होना, मल-त्याग कम होना, मल में गाँठें निकलना, लगातार पेट साफ न होना, नित्य टट्टी नहीं जाना, भोजन पचने के बाद उत्पन्न मल पूर्ण रूप से साफ न होना, टट्टी जाने के बाद पेट हल्का एवं साफ होने का अनुभव न होना आदि।

कब्ज कैसे होता है?—बार-बार भिन्न-भिन्न समय खाये गये भोजन से अलग-अलग समय पर तैयार होने वाला मल एक बार शौच जाने पर पूर्ण रूप से नहीं निकलता। कुछ मल निकल जाने के बाद, बचा हुआ मल आँतों में इकट्ठा होता रहता है। इस तरह पेट में हमेशा मल भरा रहता है। जब कोई उपवास, व्रत करता है तब नया मल तो पेट में नहीं बनता, लेकिन स्वाभाविक मल-त्याग या एनिमा लेने पर बहुत मल निकलता है।

कब्ज से पैदा होने वाले रोग—कब्ज रहने से पेट में जमा हुआ मल आँतों की गर्मी एवं नमी के कारण सड़ता है, गन्दी वायु उत्पन्न होती है। एकत्रित मल के गन्दे रस को आँतों द्वारा सोखने एवं रक्त में मिश्रण होने से रक्त अशुद्ध होता है। इससे शरीर में गन्दगी, वायु एवं रोग के कीटाणु पैदा होते हैं तथा भिन्न-भिन्न प्रकार के रोग हो जाते हैं। जिस प्रकार रास्ते में पड़े मल के पास से जाने से बदबू के कारण सिर भारी हो जाता है, साँस लेना कठिन होता है, उसी प्रकार आँतों में पड़ा मल अपनी सड़न और बदबू से शरीर की प्रफुल्लता, उत्साह को समाप्त कर देता है। मन में ग्लानि, आलस्य भाव, मुँह से पानी और दुर्गन्ध आना, बुखार-सा प्रतीत होना, अरुचि, सिर दर्द आदि अनेक लक्षण प्रकट होते हैं। लगातार कब्ज रहने से बवासीर और गृध्रसीवात (Sciatica) उत्पन्न होते हैं।

कब्ज के कारण

1. खान-पान की गड़बड़ियाँ—कहीं जीमन होता है, पार्टी में चटपटा, स्वादिष्ट भोजन होता है, लोग अधिक खाते हैं, अधिक खाना अच्छा लगता है। जितना खायें उतनी ही भूख और जितना सोयें उतनी ही नींद अधिक आती है। खाते समय भोजन तो पार्टियों में दूसरों का होता है, लेकिन पेट तो अपना है। पेट का ध्यान न रखकर चटपटी, मैदा की बनी चीजें बिना भूख खाना, स्वाद में अधिक खाना, भोजन के बाद ठंडे पेय पीना, जल्दी-जल्दी बिना चबाये खाना, समय पर न खाना कब्ज पैदा करता है। भोजन पर संयम रखना चाहिए। भोजन अपनी इच्छा से करें, कपड़े दूसरों की इच्छानुसार पहनें।

2. शौच रोकने की आदत—मल-त्याग का वेग होते ही टट्टी चले जाना चाहिए। शिशु को माताएँ टट्टी करने हेतु सी-सी-सी आवाज करती हैं और बच्चा टट्टी करने लगता है। यह

वेग बनाने की विधि है। प्रातः तो प्रायः मल-त्याग कर लेते हैं लेकिन इसके बाद कार्य की व्यस्तता, मनोरंजन में लीन होने से मल-त्याग की इच्छा रोक लेते हैं। वेग रोकते ही फिर टट्टी नहीं आती। इससे कब्ज बनती और पुरानी हो जाती है। पेट में वायु भरने से पेट फूलने लगता है।

3. शारीरिक श्रम का अभाव—धनवान एवं बुद्धिजीवी प्रायः शारीरिक श्रम नहीं करते। इससे कब्ज रहती है।

4. विश्राम की कमी—अधिक भाग दौड़ में व्यस्त रहने से भीतरी अंगों को बराबर काम करने का अवसर नहीं मिलता। इससे कब्ज होती है। जो व्यक्ति विश्राम नहीं करते, नींद के बाद जब वे मल-त्याग करते हैं तो काफी मात्रा में मल-त्याग करते हैं। समय पर भरपूर सोना पुष्टि देता है। रूप को सुन्दर करता है, बल बढ़ाता है, जठराग्नि को तेज करता है, आलस्य दूर करता है और धातुओं को सम करता है।

5. मानसिक तनाव (Tension)—चिन्ता, अशुभ विचार, वासनामय विचारों में लिप्त रहना, निरन्तर सोचते रहने से भीतरी अंगों में तनाव बना रहता है। इससे कब्ज होती है। मानसिक तनाव, निराशा (डिप्रेशन) की चिकित्सा में दी जाने वाली एलोपैथिक दवाइयाँ कब्ज करती हैं। इस पर भी ध्यान देना है।

6. आँतों की दुर्बलता—कब्ज दूर करने के लिए बार-बार जुलाब, रेचक, दस्तावर औषधियाँ, चूर्ण लेने से आँतें अपना स्वाभाविक कार्य करना बन्द कर देती हैं। आँतों में ढीलापन, दुर्बलता, शिथिलता, खुश्की पैदा होती है। दस्तावर औषधियाँ गर्म और उत्तेजना पैदा करने वाली होती हैं। उनके सेवन से बवासीर, स्वप्न-दोष आदि बीमारियाँ हो जाती हैं।

7. टट्टी जाने में शीघ्रता—एक बार बैठते ही टट्टी आ जाती है, फिर आने में देर लगती है। कुछ देर रुकने, प्रयत्न करने, पेट के बायें हिस्से को हाथों से दबाने से टट्टी फिर आने लगती है। अतः टट्टी करते समय शीघ्रता नहीं करनी चाहिए।

8. पानी की कमी—पानी कम पीने से कब्ज होती है। प्यास लगने पर तो सब ही पानी पीते हैं, लेकिन प्रातः शौच से पहले, रात्रि में चार बजे, दोपहर के भोजन के एक घण्टा पहले व दो घण्टे बाद, रात को सोते समय पानी पीयें।

9. स्थान की स्वच्छता—कुत्ता भी स्थान साफ करके टट्टी करता है। यदि टट्टी जाने का स्थान गन्दा है, बदबू आती है तो टट्टी पूर्ण रूप से बाहर नहीं आती। मल साफ स्थान पर सरलता से आता है।

10. मादक द्रव्यों का सेवन—तम्बाकू, बीड़ी, चाय, अफीम, शराब आदि नशीली चीजों के सेवन से शरीर का स्नायु शिथिल हो जाता है जो कब्ज करता है। खाये हुए अन्न का पाक नहीं होता।

11. एलोपैथिक दवाइयों के दुष्प्रभाव—अंग्रेजी दवाइयाँ उच्च रक्त चाप, हृदय रोगों में निरन्तर कैल्शियम चेनल ब्लोकर समूह की दवाइयाँ—निफेडिपीन, एमलोडेपिन आदि; दर्द, खाँसी की चिकित्सा में अफीम या सम्बन्धित दवाइयाँ (कोडिन आदि); रक्त की कमी में आयरन दिया जाता है। ये कब्ज करती हैं। चिकित्सक से इन दवाइयों के दुष्प्रभावों के लिए कब्ज-रोगी को पूछना चाहिये।

कब्ज दूर कैसे करें?

कब्ज स्वयं कोई रोग नहीं है, बल्कि दैनिक दिनचर्या की अव्यवस्था के फलस्वरूप मल

का बन्ध है अर्थात् मल पूरा नहीं निकलता। इसकी चिकित्सा के लिए कभी भी दस्तावर औषधि नहीं लेनी चाहिए। मन से कब्ज रहने का भाव ही सर्वप्रथम निकाल देना चाहिए। जो कारण कब्ज रहने के बताये गये हैं, उन सबको दूर करना चाहिए। कच्चे फल, सब्जियाँ अधिक खानी चाहिए। जितनी बार खाना खायें उतनी बार शौच की इच्छा न होने पर भी शौच जायें। नित्य ऐसा करने पर शौच आने लगेगा। जिन लोगों को शारीरिक श्रम करने का अवसर नहीं मिलता उन्हें व्यायाम, भ्रमण करना चाहिए। प्रात: सूर्योदय से पहले उठें। भोजन के बाद कुछ समय मनोरंजन, आराम करना चाहिए। पेट भर कर भोजन करना चाहिए। भोजन प्रसन्न मुद्रा में करना चाहिए। नित्य ठीक समय पर मल-त्याग की आदत डालनी चाहिए। सप्ताह में एक दिन फलाहार, रसाहार पर रहना चाहिए, इससे आँतों को आराम मिलता है। बुद्धिजीवी जब तक निष्पक्ष, न्यायसंगत विचारधारा नहीं रखेंगे, यह रोग उनका पीछा नहीं छोड़ेगा।

चिकित्सा में सर्वप्रथम भोजन है। भोजन को सुधार कर सब रोगों को दूर कर सकते हैं। भोजन ही महाभेषज है। गीता में कहा है—'पथ्यकारक अन्न सेवन करने पर रोग नहीं होते।' खाने में ऐसी चीजें लें, जिनसे पेट स्वयं ही साफ हो जाये। छिलके सहित दालें, अंकुरित अन्न, अधिक मात्रा में उबली हुई सब्जियाँ, हरे पत्तों वाली सब्जियाँ, सलाद आदि भोजन में नियमित खानी चाहिए। पानी अधिकाधिक पीयें। पालक का कच्चा रस, पेठे का रस, बेल का शर्बत, नारंगी, मौसमी, नीबू, आम, पपीता, अमरूद भोजन में लें। यह भोजन कब्ज दूर करता है। भोजन में अधिक फाइबर (रेशा) वाली चीजें लेनी चाहिए। दलिया, मोटा पिसा हुआ आटा, विशेषकर गेहूँ का आटा अच्छा है। मैदा से बनी चीजें कम-से-कम खानी चाहिएँ। फलों का खाना, विशेषकर पपीता लाभकारी है। फलों को खाने से फाइबर मिलता है, रस में नहीं मिलता। भ्रमण और नियमित व्यायाम उपयोगी हैं।

चूर्ण, जुलाब—कब्ज दूर करने के लिए निरन्तर लम्बे समय तक चूर्ण, जुलाब लेने से आँतों का स्नायुतंत्र कमजोर हो जाता है, जिससे आँतों की गतिशीलता कम हो जाती है, जिससे मल बाहर नहीं निकलता। रोगी प्राय: कहते हैं, 'पहले चूर्ण से दस्त आ जाता था, अब यह चूर्ण प्रभाव नहीं करता, मल नहीं निकालता, जोर लगाने से भी नहीं निकलता, अपनी अँगुलियों से निकालना पड़ता है।' यह चूर्ण, जुलाब का दुष्प्रभाव है। कब्ज दूर करने हेतु चूर्ण, जुलाब नहीं लेना चाहिए।

हरड़—(1) स्वस्थ रहने के लिए "स्वस्थ को हरड़ तथा बीमार को लंघन" करना चाहिए। नित्य रात को सोते समय एक चम्मच हरड़ सर्दियों में गर्म पानी से और गर्मी में सामान्य पानी से फँकी लेते रहने से कब्ज दूर हो जाती है। हरड़ दस्तावर औषध नहीं है। यह भोजन का ही अंश है। हरड़ एक रसायन है जिसके सेवन से दस्त साफ आता है तथा चर्म रोग नहीं होते। गर्मी में होने वाली अलाइयाँ भी नहीं होतीं। हरड़ की फँकी निर्भय होकर लें और कब्ज से मुक्त रहें। (2) एक हरड़ (मुरब्बे वाली) रात को खाकर एवं गर्म दूध पीने से दस्त साफ आता है।

तेल—प्रात: व रात को सोते समय नित्य सरसों के तेल की मालिश पेट पर करें।

गाजर—250 ग्राम कच्ची गाजर अच्छी तरह चबा-चबा कर नित्य प्रात: भूखे पेट खायें। इससे कब्ज दूर होगी, भूख अच्छी लगेगी।

नीबू—(1) नीबू का रस गर्म पानी के साथ रात्रि में लेने से दस्त खुलकर आता है। (2) नीबू का रस और शक्कर प्रत्येक 12 ग्राम एक गिलास पानी में मिलाकर रात को पीने से कुछ ही दिनों में पुरानी कब्ज दूर हो जाती है।

नारंगी—सुबह नाश्ते में नारंगी का रस कई दिन तक पीते रहने से मल प्राकृतिक रूप से आने लगता है। यह पाचन शक्ति बढ़ाती है।

मेथी—मेथी के पत्तों की सब्जी खाने से कब्ज दूर होती है। दो चम्मच दाना मेथी, सुबह-शाम खाने के बाद फँकी लें। इससे पेट ठीक रहेगा, कभी भी कब्ज नहीं होगी, भूख बढ़ेगी।

गेहूँ—गेहूँ के पौधे का रस लेने से कब्ज नहीं रहती।

सौंफ—सोते समय आधा चम्मच पिसी हुई सौंफ की फँकी गर्म पानी से लें, कब्ज नहीं रहती।

अदरक—एक कप पानी में चम्मच भर अदरक कूटकर डालें। 5 मिनट तक उबाल कर छान लें और पी लीजिए। कब्ज आसानी से ठीक हो जाएगा।

दालचीनी, सोंठ, इलायची जरा-सी मिलाकर खाते रहने से लाभ होता है।

ईसबगोल की भूसी—यह कब्ज में बहुत लाभदयक है। इसकी दो चम्मच (चाय वाले) से आरम्भ कर 4 चम्मच तक गर्म दूध या गर्म पानी से फँकी लेनी चाहिए। कभी-कभी ईसबगोल की भूसी लेने से पेट फूल जाता है। ऐसा बड़ी आँतों में ईसबगोल पर बैक्टीरिया के प्रभाव से पैदा होने वाली गैस से होता है। ऐसे लोग ईसबगोल की मात्रा कम लें या नहीं लें। ईसबगोल आँतों में पानी सोखती है, जिससे मल की मात्रा बढ़ती है और मल की मात्रा बढ़ने से आँतों की गतिशीलता भी बढ़ती है जिससे मल ठीक से बाहर निकल आता है। ईसबगोल लेने के बाद दो-तीन बार पानी पीना चाहिए। इससे ईसबगोल अच्छी तरह फूल जाता है। इसलिए ईसबगोल रात्रि को सोते समय नहीं लेना चाहिए, खाने के तुरन्त बाद लेना चाहिये।

टमाटर—टमाटर कब्ज दूर करने के लिए अचूक दवा का काम करता है। यह आमाशय व आँतों में जमा मल, पदार्थ निकालने में और अंगों को चेतनता प्रदान करने में बड़ी मदद देता है। शरीर के अन्दरूनी अवयवों को स्फूर्ति देता है।

आँवला—रात को एक चम्मच पिसा हुआ आँवला, गर्म पानी या गर्म दूध से लेने से प्रात: दस्त साफ आता है, कब्ज नहीं रहती है। आँतें तथा पेट साफ होता है।

भोजन में मिर्च-मसालों का सेवन कम-से-कम किया जाए एवं उठते ही मधुर रस अर्थात् गुलकन्द, आँवले का मुरब्बा या मुनक्का लिया जाए तो उदर रोगों से बचा जा सकता है।

गरिष्ठ भोजन एवं मिर्च-मसालों के अत्यधिक सेवन से अम्लता (एसिडिटी), गैस बनना और कब्ज जैसे उदर-विकार उत्पन्न होते हैं।

पानी ज्यादा पीना चाहिए एवं प्रात: उठते ही मधुर रस का सेवन करना चाहिए। ज्यादा देर भूखे रहने से भी पेट में गैस बनती है। गैस की समस्या से निजात पाने के लिए चुटकी भर नमक के साथ एक चम्मच अजवायन पिसी हुई मिलाकर पानी से फँकी लेनी चाहिए। इसी तरह रात को सोते समय सौंफ, सनाय एवं मुलैठी को बराबर मात्रा में पीस कर दो चम्मच नित्य उपयोग किया जाए तो पेट साफ हो जाता है और कब्ज की समस्या से राहत मिलती है।

पालक—कच्चे पालक का रस प्रात: पीते रहने से कब्ज कुछ ही दिनों में ठीक हो जाती है। पालक और बथुआ की सब्जी खाने से भी कब्ज दूर होती है।

करेले—करेले का मूल अरिष्ट जो होम्योपैथी में मोमरडिका कैरण्टिया Q नाम से मिलता है, की 5 से 10 बूँद नित्य चार बार देने से कब्ज दूर हो जाती है। करेले की कम तेल-मसाले की सब्जी सप्ताह भर खाने से मन्दाग्नि, उदर रोग, कब्ज, आफरा आना सभी रोग नष्ट होते हैं।

शलगम—शलगम को कच्चा खाने से दस्त साफ आता है।

सेब—भूखे पेट सेब खाने से कब्ज दूर होती है। खाना खाने के बाद सेब खाने से कब्ज होती है। सेब का छिलका दस्तावर होता है। कब्ज वालों को सेब छिलके सहित खानी चाहिए व दस्त वालों को बिना छिलके के।

मुनक्का—(1) कब्ज में मुनक्का गर्म दूध में उबाल कर लेने से लाभ होता है।

(2) 20 ग्राम किशमिश, तीन मुनक्का और एक अंजीर को शाम के वक्त एक पाव पानी में भिगो दें। सुबह उठ कर सबको मसल कर उसमें थोड़ा पानी मिलाकर छान लें। बाद में इसमें एक नीबू का रस निचोड़ें और दो चम्मच शहद मिलायें तथा सबको धीरे-धीरे पी जायें। कुछ ही दिनों में कोष्ठबद्धता दूर हो जायेगी।

अमरूद—अमरूद खाने से आँतों में तरावट आती है और कब्ज दूर होती है। इसे खाना खाने से पहले ही खाना चाहिए, क्योंकि खाना खाने के बाद खाने से कब्ज करता है। कब्ज वालों को नाश्ते में अमरूद लेना चाहिए। पुरानी कब्ज के रोगियों को सुबह व शाम अमरूद खाना चाहिए। इससे दस्त साफ आयेगा।

पपीता—कब्ज में पका हुआ पपीता खाना लाभप्रद है। कब्ज की शिकायत होने पर रात में सोने से पूर्व पपीता खाएँ। दूसरे दिन पेट साफ हो जाएगा।

छुआरा—प्रात: 2 छुआरे पानी में भिगो दें। रात को इन्हें चबा-चबा कर खायें। भोजन कम करें। रात को 2 छुआरे दूध में उबालकर भी ले सकते हैं। इससे कब्ज दूर होगी।

प्याज—एक कच्चा प्याज नित्य भोजन के साथ खाने से कब्ज ठीक हो जाती है।

मूली—मूली पर नमक, काली मिर्च डालकर खाना खाते समय नित्य दो माह तक खायें। इससे कब्ज दूर हो जायेगी।

लहसुन—नित्य खायी जाने वाली साग-सब्जी में लहसुन डालकर पकायें। इस प्रकार नित्य लहसुन खाने से कब्ज नहीं रहती।

इमली—इमली का गूदा पानी के साथ उबालकर शक्कर मिलाकर लेने से पेट का आफरा व कब्ज में फायदा होता है।

दूध—गर्म दूध के साथ दो चम्मच गुलाब का गुलकन्द या ईसबगोल की भूसी रात को लेने से टट्टी खुलकर आती है।

घी—तीन दिन घी में काली मिर्च मिलाकर पीयें। इससे आँतें मुलायम होकर मल फूल जाता है। फिर गर्म दूध में घी मिलाकर पीने से दस्त नरम, ढीला व साफ आता है।

सरसों का तेल—सरसों के तेल की पेट पर मालिश करने से कब्ज दूर होती है।

अंजीर—कब्ज स्थायी रूप से रहने वाली हो तो अंजीर खाने से दूर हो जाती है। पका हुआ अंजीर खायें या 5 सूखे अंजीर दूध में उबाल कर रात को सोते समय खायें।

फूल गोभी—रात को सोते समय इसका आधा गिलास रस पीने से लाभ होता है।

करम कल्ला (पत्ता गोभी)—करम कल्ले के पत्ते नित्य खाने से पुराना कब्ज दूर होता है। शरीर में व्याप्त विजातीय दोष-पूर्ण पदार्थ बाहर निकल जाते हैं।

खरबूजा—पका हुआ खरबूजा खाने से कब्ज दूर होता है।

बथुआ—यह आमाशय को ताकत देता है। कब्ज दूर करता है। कब्ज वालों को बथुए का साग नित्य खाना चाहए। कुछ सप्ताह नित्य बथुए की सब्जी खाने से सदा रहने वाला कब्ज दूर हो जाता है। इससे शरीर में ताकत व स्फूर्ति आती है।

चौलाई—कब्ज में चौलाई की सब्जी खाना लाभदायक है।

मूँग—चावल और मूँग की दाल की खिचड़ी खाने से कब्ज दूर होता है। दो भाग मूँग की दाल तथा एक भाग चावल—की खिचड़ी बनायें। नमक डाल सकते हैं, फिर घी डाल कर खायें। इससे कब्ज दूर होगा और दस्त साफ आयेगा।

मसूर की दाल—इसकी दाल खाने से कब्ज में लाभ होता है।

छाछ—छाछ से कब्ज दूर होता है। इसमें अजवाइन मिलाकर पीयें।

नीम—नीम के फूल सुखाकर पीस कर रख लें। यह चूर्ण चुटकी भर नित्य रात को गर्म पानी से फँकी लें। इससे कब्ज में लाभ होता है।

साबुन—टट्टी आती ही न हो तो साबुन के पतले टुकड़े को तेल या वेसलीन लगाकर गुदा (Rectum) में घुसावें, इससे टट्टी आ जावेगी।

तरबूज—कुछ दिन नित्य तरबूज खाने से कब्ज दूर होती है।

पानी—(1) एक गिलास गरम-गरम पानी जितना गर्म पिया जा सके, खाना खाने के बाद लगातार पीते रहने से कब्ज दूर होता है। (2) जिन्हें कब्ज रहे, उन्हें भोजन के साथ घूँट-घूँट पानी पीते रहना चाहिए। प्रात: उठते ही एक गिलास पानी पीयें। (3) कब्ज होने पर गीली पट्टी को पेडू पर रखने से आँतों में सजगता आती है और भूख खुलकर लगती है।

एनीमा—जिनका मल सूख गया है, आँतों में गाँठें (सुदे) पड़ गई हैं, जिनका मल कठिनाई से निकलता है, वे गुनगुने पानी का एनिमा कभी-कभी लगायें।

बथुआ—बथुआ उबाल कर उसका पानी छान कर स्वादानुसार चीनी मिलाकर एक गिलास सुबह-शाम दो बार पीने से कब्ज दूर होती है।

तिल—62 ग्राम तिल कूटकर व मीठा, विशेषकर समान मात्रा में गुड़ मिलाकर खाने से कब्ज दूर होती है। तिल, चावल और मूँग की दाल की खिचड़ी भी कब्ज दूर करती है।

एरण्ड का तेल—सोते समय दो चम्मच एरण्ड का तेल पीने से कब्ज दूर होती है। इसे दूध में मिलाकर भी पी सकते हैं।

शहद—यह प्राकृतिक हल्का दस्तावर है। प्रात: व रात को सोने से पहले 50 ग्राम शहद ताजा पानी या दूध मिलाकर पीयें।

मिट्टी—पेट पर गीला कपड़ा बिछायें। उस पर गीली मिट्टी का लेप करें। इस पर फिर कपड़ा बाँधें। रात भर इस तरह पेट पर गीली मिट्टी की पट्टी रखने से कब्ज दूर होगी, मल बँधा हुआ साफ आयेगा।

चौलाई, मसूर की दाल, तरबूज, सूखे मेवे, छाछ आदि का सेवन भी कब्ज दूर करता है। इन भोज्य पदार्थों का अधिकाधिक प्रयोग करने से कब्ज ठीक हो जाती है। इस प्रकार के भोजन के द्वारा चिकित्सा सरल और लाभदायक है।

कब्ज दूर करने के लिए औषधियाँ नहीं लेनी चाहिए। यदि कहीं औषधि आवश्यक हो तो होम्योपैथिक चिकित्सा विशेष लाभदायक है। इसके लिए पेट के रोगों की होम्यो चिकित्सा तथा भोज्य पदार्थों को विस्तार से जानने के लिए लेखक की '*भोजन के द्वारा चिकित्सा*' पुस्तक पढ़ें।

दस्त (Diarrhoea)

असाधारण रूप से पतला मल, बिना मरोड़ के बार-बार आना—दस्त, प्रवाहिका, अतिसार

रोग है। दस्त स्वयं कोई रोग नहीं है लेकिन अन्य रोगों का लक्षण मात्र है। दस्त गर्मी और वर्षा में अधिक होते हैं।

कारण—गरिष्ठ चीजें, भूख से अधिक खाना, गंदा विषाक्त भोजन, दस्तावर दवाइयों का प्रयोग, बर्फ अधिक खाना, कृमि, तेज मसाले, रात्रि जागरण, कब्ज आदि के प्रभाव से दस्त लगते हैं। प्रकृति नहीं चाहती कि कोई विशेष पदार्थ पेट या आँतों में रहे, दस्त लग जाते हैं। कच्चे या बहुत पके फल खाना, अचानक भय, दुःख या आतंक, मानसिक संताप, अचानक मौसम बदलने पर पाचन तन्त्रों में गड़बड़ी, आँतों में बहुत कम या अधिक पित्त प्रवाह से दस्त आते हैं। आँतों पर कफ की पतली झिल्ली होती है, जिससे निरन्तर एक तरह का रस चूता झरता या रिसता रहता है। इसी रस से भोजन पचता है। भोजन न पचने, अजीर्ण से दस्त आता है। भोजन पचते समय इस चूते हुए रस को वही झिल्ली फिर सोख लेती है। परन्तु किसी कारण से झिल्ली की रस शोषण शक्ति नष्ट हो जाती है तो दस्त आने लगते हैं। अन्न की उत्तेजना से आँतें बहुत जल छोड़ती हैं, जैसेकि लाल मिर्च के सेवन से पानी बहुत आता है। ऐसे अनेक कारणोंवश आँतों से स्राव होता है जिससे दस्त अधिक होते हैं। चिकित्सा काल में रोगी को इन कारणों से बचना चाहिए। दस्तों के कारण पेट में जठर शोथ (Gastritis), आन्त्र शोथ (Enteritis) या जठरान्त्र शोथ (Gastroenteritis) भी हो सकता है।

दस्त रोग से कैसे बचें?

पानी—एक किलो पानी उबालें। चौथाई पानी रहने पर साफ कपड़े से छान लें। हल्का गर्म रहने पर इसे पीयें। इससे दस्त आना बन्द होते हैं, भूख अच्छी लगती है; आफरा, पेट दर्द, कब्ज, हिचकी, उल्टी होना ठीक हो जाते हैं।

जब पानी जैसी पतली टट्टी होती है, तो उसे 'दस्त होना' कहा जाता है। दस्त का रंग या कारण कुछ भी हो सकता है, परन्तु एक बार दस्त होना गम्भीर खतरे का संकेत देता है। यह एक जानलेवा रोग है जो किसी भी, विशेषकर कमजोर व्यक्तियों और छोटे बच्चों को हो सकता है। इस रोग से बचने के लिए निम्न उपाय हैं—

1. जब तक हो सके, बच्चे को माँ का दूध पिलायें।
2. बच्चे को दूध पिलाने के लिए बोतल के बजाय कटोरी व चम्मच ही काम में लें।
3. पीने का पानी ढक कर रखें। पानी लेने के लिए हत्थेदार लोटे का प्रयोग करें।
4. स्वच्छ जल-स्रोतों से ही पेयजल भरें।
5. भोजन की चीजें ढक कर रखें और मक्खियों से बचायें।
6. बासी भोजन नहीं करें। कटे एवं सड़े फल तथा मक्खियाँ बैठे पदार्थों का सेवन भी नहीं करें।
7. भोजन बनाने अथवा खाने से पहले अच्छी तरह से हाथ धोयें।
8. रहने की जगह से दूरी पर शौच करें।

दस्त रोग होने पर क्या करें?

दस्त होते ही उसका घरेलू उपचार आरम्भ कर देना चाहिए। दस्त के कारण शरीर में पानी और नमक की कमी को दूर करने के लिए "जीवन रक्षक घोल" का प्रयोग तुरन्त करना चाहिए। यह घोल आसानी से तैयार कर सकते हैं। इसकी विधि अग्र प्रकार है—

1. एक गिलास या (200 मिलीलीटर) पीने का साफ पानी लेवें।
2. वह पानी एक साफ बड़े बर्तन में डालिये।
3. इसमें साफ हाथ से एक चुटकी बारीक नमक डालिये।
4. अब साफ चम्मच से पानी को हिलायें ताकि नमक पानी में पूरी तरह घुल जाये।
5. इस घोल को चख कर यह पता लगा लें कि स्वाद आँसुओं से अधिक नमकीन नहीं हो।
6. अब एक चाय वाला चम्मच चीनी से भर कर पानी में डाल दें।
7. चम्मच से घोल हिला कर चीनी अच्छी तरह से घोल लें। चीनी नहीं हो तो गुड़ भी काम में ले सकते हैं।
8. अब हर पतली दस्त के बाद आधे से एक गिलास तक यह घोल रोगी को थोड़ा-थोड़ा करके पिलायें।

"जीवन रक्षक घोल" बने-बनाये पैकेटों में भी मिलता है। इस एक पैकेट को एक लीटर साफ पानी में घोलना होता है।

दस्त रोग के दौरान रोगी की खुराक पर विशेष ध्यान देने की जरूरत है। बच्चे को माँ का दूध पिलाना चाहिए। इसके अलावा पर्याप्त मात्रा में अन्य तरल पदार्थ, जैसे—नीबू का पानी, चावल, कांजी, आदि दीजिए। खिचड़ी, मसला हुआ केला, दही आदि नरम चीजें खिलाई जायें।

यदि पतले दस्त दो दिनों में बन्द नहीं हों और बच्चा कमजोर होता चला जाये तो उसे डॉक्टर को दिखाया जाना चाहिये।

अजीर्ण, अपच से दस्त हो तो रोगी को भोजन नहीं करना चाहिए। दही की लस्सी पीना लाभदायक है। यहाँ वर्णित चीजों का अधिकाधिक सेवन करें। इनसे भोजन की पूर्ति भी होगी और रोग भी ठीक हो जायेगा।

दस्त होने पर सामान्य दही की लस्सी, छाछ, छाछ में दो चम्मच ईसबगोल की भूसी मिला कर दें। फलों में सेब, अनार का रस, दही, खिचड़ी देना लाभदायक है।

नीबू—दूध में नीबू निचोड़ कर पीने से दस्तों में लाभ होता है। दस्त में मरोड़ हो, आँव आती हो तो नीबू का उपयोग करें। एक नीबू का रस एक कप पानी में मिलाकर पीयें। इसी प्रकार एक दिन में पाँच बार दें। इससे दस्त बन्द हो जाते हैं।

आम—मीठा अमरस आधा कप, दही 25 ग्राम और अदरक का रस एक चम्मच सब मिलाकर पीयें। इससे पुराने दस्त, दस्तों में अपच के कण निकलना और बवासीर ठीक होती है।

आँवला—सूखा आँवला, काला नमक समान मात्रा में पीसकर जल के साथ आधा चम्मच की फँकी लेने से दस्त बन्द हो जाते हैं।

जामुन—कैसे भी तेज दस्त हों, जामुन के पेड़ की ढाई पत्तियाँ, जो न ज्यादा मोटी हों और न ज्यादा मुलायम, लेकर पीस लें, फिर उसमें जरा-सा सेंधा नमक मिलाकर उसकी गोली बना लें। एक गोली सुबह और एक गोली शाम को लेने से अतिसार तुरन्त बन्द हो जाता है।

अनार—(1) एक अनार पर चारों ओर मिट्टी का लेप करें और भून लें। भूनने के बाद दाने निकाल कर रस निकालें। इसमें शहद मिला कर पीयें। किसी भी प्रकार के दस्त ठीक हो जायेंगे।

(2) 15 ग्राम अनार के सूखे छिलके और दो लौंग—इन दोनों को पीस कर एक गिलास पानी में उबालें। आधा पानी रहने पर छान कर इसके तीन हिस्से करके एक दिन में 3-3 घंटे के

अन्तर से तीन बार पीयें। दस्त, पेचिश में लाभ होगा। जिन व्यक्तियों के पेट में आँव की शिकायत बनी रहती हो या डिसेंट्री संग्रहणी हो, उनके लिए इसका नियमित सेवन लाभकारी है।

लौकी—लौकी का रायता दस्तों में लाभदायक है।

पोदीना—दस्तों में आधा कप पोदीने का रस हर दो घण्टे से पिलायें।

चावल—चावल बनाने के पश्चात् इसका उबला हुआ पानी जिसे माण्ड कहते हैं, फेंक देते हैं। यह माण्ड दस्तों में लाभदायक है। बच्चों को आधा कप, बड़ों को एक कप प्रति घण्टे पिलाने से दस्त बन्द हो जाते हैं। छोटे शिशुओं को अल्प मात्रा में पिला सकते हैं। इस माण्ड में नमक स्वाद के अनुसार मिलाने से यह स्वादिष्ट, पौष्टिक और सुपाच्य हो जाता है। अधिक समय रखने से बदबू देने लगता है। माण्ड को छः घण्टे से अधिक पड़ा न रहने दें। माण्ड बनाने की सरल विधि यह है कि सौ ग्राम चावल आटे की तरह पीस लें, इसे एक लीटर पानी में उबालें। भली प्रकार उबालने के पश्चात् इसे छानकर स्वादानुसार नमक मिला लें। इसे उपर्युक्त ढँग से पीएँ, दस्तों में लाभकारी पायेंगे। दस्तों में चावल उत्तम खाद्य है। चावल दही में मिला कर खायें।

खस-खस—दो चम्मच खस-खस में पानी डाल कर चौथाई कप दही में मिला कर नित्य दो बार छः घण्टे के अन्तर से खाने से पेचिश, मरोड़ और दस्त ठीक हो जाते हैं। खसखस की खीर बनाकर खाने से भी लाभ होता है।

धनिया—हरा धनिया, काला नमक, काली मिर्च मिलाकर चटनी बना कर चटाने से लाभ मिलता है। यह सुपाच्य रहती है। पिसे हुए धनिये को सेक कर एक-एक चम्मच पानी से फँकी लेने से दस्त बन्द हो जाते हैं। दस्तों में आँव, मरोड़ हो तो धनिया के काढ़े में मिश्री मिलाकर पिलावें। खाने के बाद दस्त हों तो पिसे हुए धनिये में स्वादानुसार काला नमक मिलाकर भोजन के बाद एक चम्मच ठंडे पानी से नित्य दो बार फँकी लें।

पानी—दस्तों के कारण हजारों बच्चे प्रति वर्ष मर जाते हैं, इसका कारण है शरीर में पानी की कमी होना। जैसे ही बच्चे को तीन चार पतले दस्त आएँ उसे घर में तैयार करके नीचे लिखा घोल देना शुरू कर दें। बच्चा जितना अधिक पानी पियेगा उतना ही जल्दी ठीक होगा। सामान्य भोजन दें। छोटा बच्चा माँ का दूध भी पीता रहे। यह नुस्खा कई देशों में सफलतापूर्वक प्रयोग किया जा रहा है।

घोलः साफ पानी—एक लीटर, **चीनी**—40 ग्राम या आठ छोटे चम्मच, **नमक**—5 ग्राम या एक छोटा चम्मच।

यदि पानी साफ न हो तो उबाल कर ठण्डा कर लें। उसमें नमक और चीनी मिला दें। घोल तैयार है। छोटे बच्चे को चम्मच से और बड़े बच्चे को गिलास से थोड़ी-थोड़ी देर बाद पिलाएँ। दो-चार दिन में बच्चा ठीक हो जाएगा। आपकी समझदारी से बच्चे की जान बच सकती है।

पीपल वृक्ष—पीपल वृक्ष के पत्ते दस्तों को बन्द करते हैं। इसके 5 पत्तों को चबाएँ या एक गिलास पानी में उबाल कर इनका उबला हुआ पानी पीयें।

बेल—(1) बेल का गूदा निकाल कर पानी में मथ कर शक्कर मिला कर शर्बत बनाकर एक-एक कप तीन बार नित्य पीयें। (2) टट्टियाँ लगती हों तो बेल गिरी सूखी बारीक पीस कर एक चम्मच दही या छाछ 250 ग्राम के साथ सुबह-शाम लेवें, टट्टियाँ बन्द हो जायेंगी।

केला—केला कब्ज करता है। दो केले आधा पाव दही के साथ कुछ दिन खाने से दस्त, पेचिश संग्रहणी ठीक हो जाती है।

आलू बुखारा—यह मलरोधक है लेकिन कब्ज नहीं करता।

अमरूद—अमरूद की कोमल पत्तियाँ उबाल कर पीने से पुराने दस्त ठीक हो जाते हैं।

पपीता—कच्चा पपीता उबाल कर खाने से पुराने दस्त ठीक हो जाते हैं।

गाजर—इससे पुराने दस्त और अपच के दस्त ठीक हो जाते हैं।

प्याज—(1) प्याज को पीसकर नाभि पर लेप करने से दस्त बन्द हो जाते हैं। (2) तीस ग्राम प्याज के रस में एक राई के बराबर अफीम मिलकर पिलायें, तुरन्त दस्त, मरोड़ बन्द होंगे।

मसूर की दाल व चावल—ये दस्त और पेचिश के रोगियों के लिए उत्तम भोजन है।

गेहूँ—सौंफ को बारीक पीस लें। इसे पानी में मिलायें। इस सौंफ के पानी में गेहूँ का आटा ओषण कर रोटी बनाकर खाने से दस्त और पेचिश में लाभ होता है।

छाछ—आधा पाव छाछ में 12 ग्राम शहद मिलाकर तीन बार पीने से दस्त बन्द हो जाते हैं।

घी—दस्त होने पर आधा गिलास गर्म पानी में एक चाय की चम्मच गाय या भैंस का देशी घी मिला कर सुबह-शाम दो बार पीयें। दस्त बन्द हो जायेंगे। बच्चों को कम मात्रा में उनके पीने की क्षमतानुसार दें। यह नुस्खा अनेक परिवारों में पीढ़ियों से प्रयोग किया जाता है।

सौंफ—यदि मरोड़ देकर थोड़ा-थोड़ा मल आता हो तो तीन ग्राम कच्ची और तीन ग्राम भुनी हुई सौंफ मिलाकर, पीसकर, मिश्री मिलाकर सेवन करने से लाभ होता है। छोटे बच्चों के पतले दस्त, पेचिश में छः ग्राम सौंफ 82 ग्राम पानी में उबालें। जब पानी आधा रह जाय तो उसमें एक ग्राम काला नमक डाल दें। बच्चों को बारह ग्राम पानी दिन में तीन बार देने से बहुत लाभ होता है।

जायफल—सौंठ और जायफल को पानी में घिस कर तीन बार नित्य पिलाने से दस्त बन्द हो जाते हैं। यह बच्चों के लिए विशेष उपयोगी है।

दालचीनी—दो ग्राम पिसी हुई दालचीनी की पानी से तीन बार फँकी लेने से दस्त बन्द हो जाते हैं।

तुलसी—तुलसी के पत्तों का काढ़ा पीने से दस्तों में लाभ होता है। दस ग्राम तुलसी के पत्तों का रस पीने से मरोड़ और अजीर्ण में गुणकारी है।

ईसबगोल—दो चाय की चम्मच ईसबगोल गर्म दूध में फुलाकर रात्रि में सेवन करें। प्रातः दही में भिगोकर फुलाकर उसमें नमक, सौंठ, जीरा मिलाकर पिलायें। कुछ दिन लगातार सेवन करने से दस्तों में आँव निकलना बन्द हो जायेगा।

फिटकरी—फिटकरी 20 ग्राम और अफीम 3 ग्राम पीस कर मिला लें। सवेरे-शाम इस चूर्ण (दाल के बराबर) को थोड़े-से पानी के साथ रोगी को पिलायें। इससे दस्तों में लाभ होगा।

जीरा—पतले दस्त होने पर जीरे को सेक कर आधा चम्मच शहद में मिलाकर चार बार नित्य चाटें। खाने के बाद छाछ में सिका हुआ जीरा काला नमक मिलाकर पीयें। दस्त बन्द हो जायेंगे।

अदरक—आधा कप उबला हुआ गर्म पानी लें। इसमें एक चम्मच अदरक का रस मिलायें। जितना गर्म पिया जा सके, उतना गर्म पीयें। इस तरह एक घण्टे में एक खुराक लेते रहने से पानी की तरह हो रहे पतले दस्त बन्द हो जाते हैं।

शक्कर—पानी उबाल कर ठण्डा करके एक गिलास भर लें। इसमें जरा-सा नमक स्वादानुसार चीनी मिलाकर घोल लें। इसे बार-बार पिलायें। रोगी को कुछ-न-कुछ पिलाते रहें तथा नियमित, भोजन करने को कहें। इससे शरीर में कमजोरी नहीं आयेगी।

नीम—एक ग्राम नीम के बीज (निमोली) की गिरी थोड़ी-सी चीनी मिलाकर, पीस कर पानी से फँकी लें। भोजन में केवल चावल ही लें।

अखरोट—दस्तों में मरोड़ हो तो अखरोट को पानी में पीसकर नाभि पर लेप करने से मरोड़ दूर हो जायेगी।

धनिया—एक चम्मच धनिये में काला नमक मिलाकर भोजन के बाद लेने से, खाने के बाद दस्त जाने की आदत छूट जाती है। केवल धनिये की फँकी से दस्त बन्द हो जाते हैं।

नारंगी—बच्चों के दस्तों में नारंगी का रस दूध में मिलाकर पिलाने से लाभ होता है।

सेब—बच्चों को दूध नहीं पचता, दूध पीते ही क़ै और दस्त आते हों तो उनका दूध बन्द करके थोड़े-थोड़े समय के बाद सेब का रस पिलाने से क़ै और दस्तों में आराम आता है। पुराने दस्तों में भी सेब का रस लाभदायक है। मरोड़ लगकर होने वाले वयस्क लोगों के दस्तों में भी सेब का रस लाभदायक है। सेब खून के दस्तों को बन्द करता है। दस्तों में सेब बिना छिलके वाली होनी चाहिए। दस्तों में सेब का मुरब्बा भी लाभदायक है।

तुलसी—तुलसी और पान का रस समान मात्रा में गर्म करके पिलाने से बच्चों के दस्त साफ आते हैं। पेट फूलना, आफरा ठीक हो जाता है।

पेचिश (Dysentery)

पेचिश का अन्य नाम आमातिसार, रक्तातिसार भी है। इसके रोगी को भूख कम और दुर्बलता प्रतीत होती है। प्रारम्भ में बार-बार कम मात्रा में दस्त, पेट में ऐंठन की पीड़ा, मल के साथ सफेद चिकना पदार्थ (Mucus) निकलता है, परन्तु धीरे-धीरे दस्तों की संख्या बढ़ जाती है। रक्त भी साथ में आने लगता है। दस्त जाते समय पेट में दर्द होता है। इसके रोगी को आराम करना चाहिए। पेचिश का मुख्य कारण इलियम के निचले हिस्से व बड़ी आँत में प्रदाह होता है। पेचिश दो प्रकार की होती है।

1. दण्डाणुका पेचिश (Bacillary Dysentery)—रोगी को बार-बार दस्त जाने की इच्छा होती है। दस्त में रक्त का अंश अधिक होता है, कभी-कभी ऐसा लगता है मानों केवल रक्त ही रह गया है। दिन में 20-30 दस्त हो जाते हैं और कभी-कभी ज्वर भी हो जाता है। यह शीघ्र ठीक हो जाती है। होम्योपैथिक दवा मर्क कोर 30 एक ड्राम गोलियाँ लेकर दस-दस गोली, पाँच बार चूसने से शीघ्र ही रोगी ठीक हो जाता है।

2. अमीबिक पेचिश (Amoebic Dysentery)—यह Entamoeba Histolytia नामक कीटाणु से होती है। गन्दे खान-पान से यह कीटाणु अंतड़ियों में चला जाता है और वहाँ प्रदाह पैदा करता है। यह पुराना रूप धारण करती जाती है जिसे ठीक करना कठिन रहता है लेकिन भोजन के द्वारा चिकित्सा इसे ठीक कर देती है। इसमें दस्त लगते हैं। 24 घण्टे में 2-4 से लेकर 8-10 दस्त आ जाते हैं। दस्त मात्रा में बढ़ा, ढीला-सा और तुरन्त मल-त्याग की इच्छा होती है। दस्त में आँव, रक्त या दोनों मिश्रित रहते हैं। रक्त मिश्रित रहने से दस्त पतला और ढीला भी हो जाता है। कुछ में रक्तातिसार (Melaena) का ही लक्षण विशेष होता है और कुछ में कब्ज। दस्तों के अलावा भोजन से अरुचि, आफरा, पेट दर्द या बेचैनी-सी रहती है। श्रम करने से थकान, चक्कर आते हैं। इस रोग के कारण श्वास रोग, पामा (Eczema), यकृत में शोथ, घाव भी हो सकता है।

भोजन के द्वारा चिकित्सा—पेचिश में दस्त बन्द करने की दवा नहीं देनी चाहिए। दस्त के साथ आँव (Mucus) आता है जो एक प्रकार का जहर है। यदि पेट में आँव के दस्त रोक दिये तो हाथ, पैर, मुँह पर सूजन, पीलिया, यकृत, तिल्ली की खराबी, कोढ़, भूख कम लगना, मन्द ज्वर, जलोदर आदि अनेक रोग उत्पन्न हो जाते हैं। इन रोगों की चिकित्सा करते समय आँव-दस्त होने का इतिहास पूछना चाहिए और आँव दबाई गई हो तो आँव निकालने की चिकित्सा करनी आवश्यक है। आँतों में बहुत-सा मल जमा होने से पेचिश होती है। प्रकृति इस मल को निकाल कर पेट साफ करना चाहती है। अत: प्रकृति की सहायता करनी चाहिए।

एरण्ड या रेंडी का तेल (Castor Oil)—पेचिश में आँव के दस्त होते ही दो चम्मच एरण्ड का तेल रात को गर्म दूध में मिलाकर पीयें। शीघ्र लाभ होगा। एरण्ड का तेल आँव और रक्त दोनों प्रकार के दस्तों में लाभ करता है।

बेल—पके बेल का शर्बत पुराने आँव के लिए सफल चिकित्सा है। इससे पेट साफ रहता है।

पानी—अमोबाइसिस होने पर एक गिलास गर्मागर्म पानी खाने के बाद नित्य पीयें।

ईसबगोल—यह अमीबिक पेचिश के लिए बहुत लाभदायक है। आँव को बाहर निकाल कर बनना बन्द कर देती है।

(1) दो चाय की चम्मच ईसबगोल गर्म दूध में फुलाकर रात्रि को सेवन करें। प्रात: दही में भिगोकर फुला कर उसमें नमक, सौंठ, जीरा मिलाकर पीयें।

(2) ईसबगोल 4 भाग, सौंफ आधा भुना आधा कच्चा एक भाग, मिश्री एक भाग—सबको पीसकर सुबह-शाम पानी में दो-दो चम्मच लें।

(3) एक चम्मच ईसबगोल एक कप पानी में कम-से-कम 6 घण्टे भिगोयें। भोजन करने के अन्त में इसे खाकर हाथ-मुँह धोयें। दूसरे समय के भोजन के लिए इसी समय पुन: भिगो दें और इसी प्रकार लें।

(4) यदि संख्या 3 में बताये अनुसार करना सम्भव न हो तो 75 ग्राम ईसबगोल, 25 ग्राम भुनी हुई सौंफ, 25 ग्राम कच्ची सौंफ—इन तीनों को पीसकर एक चम्मच नित्य पानी से भोजन के बाद लें। इससे समस्त जीवन आराम से बीतेगा। यह लम्बे समय तक करते रहना पड़ेगा।

(5) सौंफ आधी कच्ची, आधी मात्रा सेकी हुई, धनिया सूखा, मिश्री, बेलगिरी—ये चारों समान मात्रा, सौंठ चौथाई मात्रा सबको साफ करके कंकर निकालकर पीस लें। इसकी दो चम्मच तीन बार ठंडे पानी से लेने से पेचिश, दस्त, दस्त के साथ रक्त आना ठीक हो जाता है। अमोबाइसिस में भी लाभदायक है।

नीबू—एक कप ताजा पानी में नीबू निचोड़कर दिन में तीन बार पीने से पेचिश में लाभ होता है। दूध में नीबू निचोड़कर पीने से भी लाभ होता है।

मेथी—(1) मेथी के पत्तों को घी में तल कर खाने से आमातिसार मिटता है।

(2) मेथी के पत्तों का रस 60 ग्राम और शक्कर 6 ग्राम मिला कर पीनी चाहिए या दानामेथी को पीसकर एक चम्मच दही में मिलाकर खायें।

चावल—पेचिश के रोगियों के लिए चावल उत्तम खाद्य है।

गेहूँ—दस्त, आमातिसार में सौंफ को पीसकर पानी में मिलाकर, छानकर इस सौंफ के पानी में गेहूँ का आटा ओषण कर रोटी बनाकर खाने से लाभ होता है।

सौंफ—छोटे बच्चों के पतले दस्त, पेचिश में 6 ग्राम सौंफ, 82 ग्राम पानी में उबालें, जब

पानी आधा रह जाय तब उसमें एक ग्राम काला नमक डालकर पिलायें। बच्चों को 12 ग्राम पानी दिन में तीन बार देने से बहुत लाभ होता है।

काली मिर्च—पेचिश में काली मिर्च खाने से लाभ होता है।

तुलसी—तुलसी की पत्ती को शक्कर के साथ खिलाने से पेचिश दूर हो जाती है।

अनार—15 ग्राम अनार के सूखे छिलके और दो लौंग—इन दोनों को पीसकर एक गिलास पानी में उबालें फिर छानकर आधा-आधा कप नित्य तीन बार पीएँ। जिन व्यक्तियों के पेट में आँव की शिकायत बनी रही है या डिसेन्ट्री या संग्रहणी रोग की शिकायत रहती है उन्हें इसका नियमित सेवन लाभकारी होता है।

खजूर—खजूर और दही खाने से लाभ होता है।

भिण्डी—पेचिश में भिण्डी की सब्जी खाना लाभदायक है। इससे आँतों की खराश दूर होती है।

चना—दो मुट्ठी चने का छिल्का दो गिलास पानी में मिट्टी के कोरे बर्तन में रात को भिगोएँ, यह पानी छानकर प्रात: पीयें। जलन व गर्मी के कारण दस्तों में रक्त आता हो तो ठीक हो जायेगा।

खसखस—दो चम्मच खसखस में पानी डालकर पीस कर चौथाई कप दही में मिलाकर नित्य दो बार छ: घण्टे के अन्तर से खाने से पेचिश, दस्त, मरोड़ ठीक होते हैं। खसखस की खीर बनाकर खाने से भी लाभ होता है।

फिटकरी—फिटकरी 20 ग्राम, अफीम तीन ग्राम पीसकर मिला लें। सवेरे-शाम इस चूर्ण की दाल के बराबर मात्रा दो चम्मच पानी के साथ पिलाएँ, इससे दस्तों में लाभ होगा। फिर तीन घण्टे बाद ईसबगोल की भूसी के साथ दें तो पेचिश बन्द हो जायेगी। खून आना बन्द हो जायेगा।

जीरा—पुरानी पेचिश एवं संग्रहणी में जीरा सेक कर पीसकर एक चम्मच लेकर एक चम्मच शहद में मिलाकर खाना खाने के बाद नित्य चाटें। छाछ में जीरा डाल कर पीएँ।

चाय—चाय में पालिफिनील तत्त्व पाया जाता है। यह पेचिश के कीटाणुओं का नाश करता है। पेचिश के रोगी चाय पी सकते हैं, इससे लाभ होगा।

हरड़—पेचिश में छोटी हरड़ और सौंफ घी में सेक कर पीसकर मिश्री मिलाकर एक चम्मच नित्य गर्म पानी से लें। लाभ होगा।

रक्तातिसार (दस्त के साथ रक्त आना)

आम—दस्त में रक्त आने पर आम की गुठली पीस कर छाछ में मिलाकर पिलाने से लाभ होता है।

जामुन—20 ग्राम जामुन की गुठली पानी में पीसकर सुबह-शाम दो बार पिलाने से खूनी दस्त बन्द होते हैं।

बेर—रक्तातिसार और आँतों के घाव ठीक करता है।

प्याज—आँव-खून के दस्त आने पर प्याज को काटकर, पानी से धोकर ताजे दही के साथ खाने से लाभ होता है।

गन्ना—गन्ने के रस में अनार का रस मिलाकर पिलाने से रक्तातिसार मिटता है।

धनिया—15 ग्राम धनिया पीसकर उसमें 12 ग्राम मिश्री मिलाकर पानी में घोल कर पीने से दस्त में रक्त आना रुक जाता है।

जिस बीमार के वायु अधिक बने उसे भोजन में शुद्ध देशी घी या तेल काम में लेना चाहिए। लाल मिर्च, दाल कम लें। शराब न पीयें।

अपच (Dyspepsia) (Dys=Hard, Pepsin=Digest)

अपच या खाना न पचने पर खाद्य प्रणाली के अंगों में दर्द होता है, गैस भरती है जिससे भारीपन, बेचैनी, जी मिचलाना, वमन आदि होते हैं। अग्नि-मांद्य, अपच, अजीर्ण, बदहजमी सभी का अर्थ खाना न पचना है। बदहजमी के दस्तों को संग्रहणी कहते हैं।

नीबू—(1) अपच होने पर नीबू की फाँक पर नमक डाल कर गर्म करके चूसने पर खाना सरलता से पच जाता है। यकृत के समस्त रोगों में नीबू लाभदायक है।

(2) भूख नहीं लगे, अजीर्ण हो, खट्टी डकार आती हो तो एक नीबू आधा गिलास पानी में निचोड़ कर शक्कर मिला कर नित्य पीयें।

(3) एक नीबू, नमक, अदरक का रस एक चम्मच, एक गिलास पानी में मिला कर पीयें।

अमरूद—अपच, अग्निमांद्य और आफरा के लिए अमरूद उत्तम औषधि है। इस रोग वालों को 250 ग्राम अमरूद खाना खाने के बाद खाना चाहिए। अन्य लोगों को खाने से पहिले खाना चाहिए।

फूल गोभी—गाजर का रस और गोभी का रस समान मात्रा में मिलाकर पीते रहने से जोड़ों और हड्डियों का दर्द, अपच, आँखों की कमजोरी में लाभ होता है।

बथुआ—बथुए का रस पीयें, सब्जी खायें। इससे पेट के हर प्रकार के रोग यकृत, तिल्ली, अजीर्ण, गैस, कृमि, अर्श (piles), पथरी ठीक हो जाती है।

दही—दही में सेका हुआ जीरा, नमक और काली मिर्च डाल कर नित्य खाने से अपच दूर हो जाता है, भोजन शीघ्र पच जाता है।

लौंग—दो लौंग पीस कर उबलते हुए आधा कप पानी में डालें, फिर कुछ ठण्डा होने पर पी जायें। इस प्रकार तीन बार नित्य करें। अपच दूर हो जाता है।

हींग—हींग, छोटी हरड़, सेंधा नमक, अजवाइन—सब समान मात्रा में मिलाकर पीस लें। एक चम्मच नित्य तीन बार गर्म पानी से फँकी लेने से अपच ठीक होता है।

जीरा—(1) जीरा, सौंठ, सेंधा नमक, पीपल (Long Pepper), काली मिर्च—सब समान मात्रा में मिलाकर पीसकर एक चम्मच भोजन के बाद पानी से लेने से भोजन शीघ्र पचता है। (2) दो चम्मच जीरा एक गिलास पानी में उबालें, ठण्डा होने पर, छानकर आधा-आधा कप तीन बार पीवें। (3) सेका हुआ पीसा हुआ जीरा एक चम्मच, एक चम्मच शहद में मिलाकर खाना खाने के बाद नित्य सुबह-शाम दो बार चाटने से अपच ठीक हो जाती है।

धनिया—जिसे भोजन नहीं पचता हो, खाने के बाद जल्दी ही टट्टी जाना पड़ता हो, उसे साठ ग्राम सूखा धनिया, 25 ग्राम काली मिर्च, 25 ग्राम नमक—तीनों मिलाकर पीसकर खाना खाने के बाद आधा चम्मच नित्य फँकी लेनी चाहिए।

अजवाइन—(1) अजवाइन एवं छोटी हरड़ समान मात्रा में पीसकर हींग और सेंधा नमक स्वादानुसार मिला लें। भोजन के बाद एक चम्मच गर्म पानी से लें।

(2) एक चम्मच पिसी हुई अजवाइन और स्वादानुसार सेंधा नमक मिलाकर प्रातः भूखे पेट पानी से फँकी लेने से लाभ होता है।

नीम—25 नीम की पत्ती, तीन लौंग, तीन काली मिर्च पीस कर थोड़ा पानी और शक्कर मिलाकर सुबह-शाम नित्य तीन दिन पीयें।

पानी—खाना न पचे, बदहजमी हो जावे तो एक दिन केवल पानी पीकर ही रहें अन्य कुछ न खावें। कब्ज रहे तो भोजन के साथ घूँट-घूँट पानी पीते रहना चाहिए। प्रात: उठते ही एक गिलास पानी पीयें।

मूली—अपच होने पर भोजन के साथ मूली पर नमक, काली मिर्च डालकर दो माह तक नित्य खायें।

अनन्नास—अनन्नास की फाँक पर नमक और काली मिर्च डालकर खाने से अजीर्ण दूर हो जाता है।

पपीता—खाना न पचने पर पपीता खाना अच्छा है। यदि आपको मंदाग्नि, अपच, अजीर्ण, शूल, खट्टी डकारें आने की शिकायत रहती है तो लगातार 20 दिन तक पपीते का सेवन प्रात:काल नाश्ते के रूप में करें।

गाजर—घी, तेल, चिकनी चीजें न पचने पर गाजर का रस 310 ग्राम, पालक का रस 185 ग्राम मिलाकर पीयें।

प्याज—प्याज काटकर उस पर नीबू निचोड़ कर भोजन के साथ खाने से अजीर्ण दूर होता है। बच्चों के अजीर्ण में प्याज के रस की पाँच बूँद पिलाने से लाभ होता है।

छाछ—घी, तेल और मूँगफली का अजीर्ण होने पर छाछ पीने से लाभ होता है।

राई—अजीर्ण होने पर तीन ग्राम राई पीसकर पानी में घोलकर पीयें।

नमक—(1) पाचन शक्ति खराब हो, हल्के भोजन से भी दस्त लग जायें, कभी पेचिश, कभी कब्ज, शरीर दुर्बल होता जाये तो पाँच ग्राम काला नमक गर्म पानी में घोलकर पिलाने से लाभ होता है। बच्चों को प्राय: एक-दो माह में देना चाहिए। सेंधा नमक एक भाग, देशी चीनी याने बूरा चार भाग मिलाकर पीस लें। इसकी आधी चम्मच की फँकी पानी से खाना खाने के दस मिनट बाद लेने से अपच, भूख की कमी दूर हो जाया करती है।

(2) कुछ लोगों को खाने के बाद खट्टी डकारें आती हैं। गले तक खट्टा पानी आ जाता है। अपच के सारे लक्षण पैदा हो जाते हैं। नमक खाना छोड़ने या नमक बहुत कम मात्रा में लेने से अपच ठीक हो जाती है। कारण यह है कि पाचन के लिए आवश्यक आमाशयिक रस में हाइड्रोक्लोरिक एसिड, जो खट्टी होती है, का भाग बहुत अधिक होता है। इस एसिड की उत्पत्ति नमक से होती है। नमक नहीं खाने से यह बढ़ी हुई खटाई कम होकर पेट की तज्जनित सारी शिकायतें कम पड़ जाती हैं।

अदरक—(1) अदरक का रस एक चम्मच, एक नीबू का रस और सेंधा नमक स्वादानुसार मिलाकर दो बार, खाने से पहले और खाने के बाद में पीने से अपच दूर हो जाती है।

(2) सौंठ का चूर्ण आधा चम्मच, थोड़े-से गुड़ में मिलाकर भोजन करने के बाद कुछ दिन खाने से पाचन अग्नि तीव्र होती है और उदर रोग नष्ट हो जाते हैं।

(3) अमरूद में सौंठ डाल कर पीने से भोजन पचता है। भूख अच्छी लगती है। यह कम-से-कम दस दिन नित्य पीयें।

तुलसी—तुलसी, काली मिर्च खाना खाने के बाद चबाने से अजीर्ण, मंदाग्नि ठीक होती है।

कॉफी—भोजन करने के बाद कॉफी से चित्त प्रसन्न और हल्कापन महसूस होता है मानों

कि पेट में कुछ खाया ही नहीं। खाने के बाद होने वाला पेट-दर्द, अफीम खाने से हुई तेज अपच, भोजन न पचने आदि में तेज कॉफी से स्फूर्ति आती है।

हींग—हींग से बनी होम्योपैथिक मदर टिंचर की दस बूँद एक चम्मच पानी में मिलाकर पीने से बदहजमी ठीक होती है।

लाल मिर्च से बनी होम्योपैथिक मदर टिंचर कैप्सिकम एनम की 5 बूँद एक चम्मच पानी में मिलाकर भोजन से पहिले पीने से बदहजमी ठीक होती है।

दालचीनी—अजीर्ण होने पर दालचीनी, सौंठ, इलायची जरा-जरा-सी मिलाकर खाते रहने से लाभ होता है।

गैस (Flatulence)

पेट में हवा भरने को आध्मान, उदर-वायु, आफरा आना, गैस भरना, गैस बनना, वायु इकट्ठी होना कहते हैं। उदर-वायु एक ऐसी स्थिति है, जिसमें पेट में वायु एकत्रित होती है। आँतों और पेट दोनों में एक साथ वायु अपच, कब्ज के कारण एकत्रित होती है। वायु निगलने से जो वायु पेट में एकत्रित होती है उसे स्नायविक उदर-वायु कहते हैं। गर्भावस्था में वायु एकत्रित होने से बहुत बेचैनी होती है। पेट में अधिक वायु एकत्रित होने से पेट फूल (Distension) जाता है। कभी हृदय में फड़फड़ाहट (Fluttering) होने लगती है और लोग इसे हृदय रोग समझ लेते हैं। यह पेट की खराबी से होता है। कभी पेट सख्त हो जाता है।

स्वस्थ रहने के लिए भोजन में मसाले भी आवश्यक हैं। प्राय: हल्दी, धनिया, नमक, मिर्च मसालों के रूप में प्रयोग किये ही जाते हैं। हींग भूनकर सेवन करने से वायु (वात) प्रकृति, जीरा पित्त प्रकृति एवं गर्म मसाले कफ प्रकृति को ठीक रखते हैं। रूखा भोजन वायु को बढ़ाता है। पेट में वायु (Gas formation) अधिक रूखे भोजन के कारण बनती है। जिनको वायु (Gas) अधिक बनती है, भोजन में चिकनाई, तेल, घी का प्रयोग करना चाहिये। रूखे भोजन का प्रयोग माँसाहारी करते हैं, क्योंकि माँस में चर्बी का आधिक्य होता है। भोजन में मसालेयुक्त सब्जियाँ, घी, दूध, दही, मीठा शामिल हो तो यह श्रेष्ठ भोजन है।

मूली—भोजन के साथ मूली पर नमक, काली मिर्च डालकर दो माह तक नित्य खाने से उदर-वायु, गैस, आफरा नहीं बनता।

गुड़—खाने के बाद गुड़ खाने से उदर-वायु ठीक होती है।

नारंगी—इससे यकृत रोग ठीक होते हैं। गैस या किसी भी कारण से जिनका पेट फूलता हो, भरा रहता हो, अपच हो, उनके लिए यह लाभकारी है। प्रात: नारंगी का रस एक गिलास पी लिया जाये तो आँतें साफ हो जाती हैं, जिससे कब्ज़ नहीं रहती।

अमरूद—अमरूद से गैस दूर होती है। इसे सैंधे नमक के साथ सुबह-शाम खाने से पाचन शक्ति बढ़ती है।

फूल गोभी—कच्ची गोभी व गाजर का रस समान मात्रा में मिलाकर पीयें, गैस नहीं बनेगी।

आलू—कच्चे आलू का रस आधा-आधा कप दो बार पीने से गैस दूर होती है।

बथुआ—बथुआ का साग, रस, इसका उबाला हुआ पानी पीने से गैस ठीक हो जाती है।

करेला—गैस ठीक करने में करेले की सब्जी, रस बड़ा लाभदायक है।

अरहर—अरहर पेट में गैस पैदा करती है। गैस के रोगी इसे नहीं खाएँ।

जीरा—जीरा सेक कर, पीस कर, एक चम्मच जीरा, एक चम्मच शहद में मिलाकर नित्य खाना खाने के बाद चाटें।

काली मिर्च—दस काली मिर्च पीस लें। गर्म पानी में नीबू निचोड़ कर सुबह-शाम इसकी फँकी लें। इससे गैस आना बन्द हो जायेगा।

धनिया—दो चम्मच सूखा धनिया एक गिलास पानी में उबाल कर छान कर उस पानी को तीन बार बराबर मात्रा में पीयें।

दालचीनी—गैस से पेट दर्द को यह नष्ट करती है। इसे अल्प मात्रा में ही लें, अधिक मात्रा में नुकसान करती है।

सहजन—पेट में वायु-संचय में सहजन की सब्जी (फूल या फली की) लाभदायक है।

साँस—भोजन के बाद सीधे लेटकर आठ लम्बे साँस लें, फिर दाहिनी करवट लेकर सोलह साँस लें और अन्त में बाँयी करवट लेकर बत्तीस लम्बे साँस लें। इस क्रिया से, किया हुआ भोजन यथास्थान पहुँच जायेगा। गैस मुँह से डकार के रूप में या गुदा से अपान वायु के रूप में उसी समय निकल जाती है। यह छोटा-सा नुस्खा सदा अपने तकिये के पास लिखा हुआ रखें और यह क्रिया करें, गैस से बचे रहें।

लौंग—5 लौंग पीसकर उबलते हुए आधा कप पानी में डालें, फिर कुछ ठण्डा होने पर पीयें। इस प्रकार तीन बार नित्य करें। गैस निकल जायेगी।

हींग—हींग को गर्म पानी में घोलकर नाभि के आसपास लेप करें तथा एक ग्राम हींग भूनकर किसी भी चीज के साथ खाने से लाभ होता है। यदि पेट-दर्द गैस भरने से हो तो दो ग्राम हींग आधा किलो पानी में उबालें। चौथाई पानी रहने पर गर्म-गर्म पीयें।

अजवाइन—6 ग्राम पिसी हुई अजवाइन में डेढ़ ग्राम काला नमक मिलाकर भोजन के बाद गरम पानी से फँकी लेने से आफरा मिटता है। अजवाइन पेट की वायु को बाहर निकालती है। भोजन में किसी भी रूप में अजवाइन लेनी चाहिए।

बैंगन—पेट में गैस बनती हो, पानी पीने के बाद पेट इस प्रकार फूलता है, जैसे फुटबाल में हवा भर जाती है। ताजा लम्बे बैंगन की सब्जी जब तक मौसम में बैंगन रहें, खाते रहें। इससे गैस की बीमारी दूर हो जायेगी।

पोदीना—प्रात:काल एक गिलास जल में 25 ग्राम पोदीने का रस, 31 ग्राम शहद मिलाकर पीने से गैस की बीमारी में विशेष लाभ होता है।

मेथी—मेथी का शाक गैस में लाभ करता है। दाना मेथी, अर्जुन की छाल, कैर, आँवला समान मात्रा में पीस कर 1-1 चम्मच ठंडे पानी से प्रात: भूखे पेट फँकी लेने से गैस, पेट का भारीपन, भूख ठीक लगना, शरीर में हल्कापन लगता है।

दूध—दूध उबालते समय उसमें एक पीपल डालकर दूध पीने से वायु नहीं बनती।

अदरक—6 ग्राम अदरक बारीक काटकर थोड़ा-सा नमक लगाकर दिन में एक बार 10 दिन भोजन से पहले खायें। इससे पेट की गैस दूर होगी।

सरसों का तेल—नाभि के स्थान से हटने से सही काम न करने से प्राय: पेट में गैस, दर्द, भूख न लगना आदि होते हैं। इनको दूर करने के लिये नाभि को सही बैठाना चाहिए। नाभि पर सरसों का तेल लगाने से लाभ होता है। रोग की तीव्रता होने पर रुई का फोया सरसों के तेल में भर कर नाभि पर रख सकते हैं, इसको पट्टी से बाँध सकते हैं।

जायफल—जायफल को नीबू के रस में घिसकर चाटने से दस्त साफ होकर गैस दूर हो जाती है, दस्त आने लगते हैं।

नमक—सेंधा नमक एक भाग, देशी चीनी (बूरा) चार भाग, दोनों मिला कर बारीक पीस लें। आधा चम्मच नित्य तीन बार गरम पानी से लेने से वायु-गोला एवं गैस ठीक हो जाती है।

पानी—गैस होने पर खाना खाने के बाद एक गिलास गरम-गरम पानी, जितना गरम पिया जा सके, लगातार कुछ सप्ताह पीते रहने से गैस ठीक हो जाती है।

सौंफ—नीबू के रस में भीगी हुई सौंफ को भोजन के बाद खाने से पेट का भारीपन दूर होता है, गैस निकलती है, भूख लगती है तथा मल भी साफ होता है।

सेब—सेब का रस पाचन-अंगों पर पतली तह चढ़ा देता है जिससे वे संक्रमण और बदबू से बचे रहते हैं। गैस (वायु) उत्पन्न होना रुक जाता है। मलाशय और निचली आँतों में दुर्गन्ध, संक्रमण नहीं होता।

हल्दी—पेट में जब गैस एकत्रित हो जाती है तो बड़ा दर्द होता है। ऐसी स्थिति में पिसी हुई हल्दी और नमक पाँच-पाँच ग्राम गरम पानी से लें। तुरन्त लाभ होगा।

काली मिर्च—(1) दस पिसी हुई काली मिर्च फाँक कर ऊपर से गर्म पानी में नीबू निचोड़ कर सुबह-शाम पीते रहने से गैस बनना बन्द हो जाती है।

(2) 6 काली मिर्च, 3 लौंग स्वादानुसार रोटी सब्जी में डाला जाने वाला नमक एक कप पानी में उबाल कर पीने से गैस बनना बन्द हो जाता है।

भूख (Appetite)

जिसे भूख अच्छी लगती है, उसका स्वास्थ्य अच्छा रहता है। जिसे लम्बी आयु प्राप्त करनी हो उसे बिना कड़ी भूख लगे कुछ भी नहीं खाना चाहिए। भूख में प्रायः तीन बातें अधिकतर मिलती हैं—

(1) भूख न लगना, (2) भूख अधिक लगना, (3) कुछ विशिष्ट चीजें खाने की भूख, जैसे—मिट्टी, कोयला।

भूख न लगने के कारण—जब बीमार हो जाते हैं तो भूख कम लगती है। कब्ज, व्यायाम करने का अभाव, अधिक मदिरापान और धूम्रपान से भूख कम लगती है। भोजन से पहले तेज गति से टहलने से भूख अच्छी लगती है और भोजन स्वादिष्ट लगता है।

होम्योपैथिक दवा वैनेडियम 6 (Vanadium 6) की दस-दस गोली पाँच बार चूसने से भूख अच्छी लगती है। यह किसी भी होम्योपैथ डॉक्टर से एक ड्राम गोलियाँ ले सकते हैं। यह बहुत सस्ती हैं। भूख न लगने पर सर्वप्रथम मैं इसे ही देता हूँ। क्षुधामान्द्य और पाकाशय यन्त्र के उपदाह को दूर करने के लिए हमें पाचन-क्रिया को शक्ति देने के लिए औषधि चाहिए। वैनेडियम एक पाचन-शक्ति-वर्धक औषधि है।

नीबू—(1) अदरक का रस एक चम्मच, एक नीबू का रस, एक गिलास पानी, स्वादानुसार नमक मिला कर पीने से भूख अच्छी लगती है।

(2) नीबू और अदरक की चटनी का सेवन करें। मौसम के अनुसार धनिये की पत्ती भी मिलायें। इससे भूख अच्छी लगेगी। भूख न लगने की इच्छा समाप्त हो जायेगी।

(3) नीबू के चार भाग करें पर टुकड़े अलग नहीं हों। एक में नमक, एक में काली मिर्च,

एक में सौंठ और एक में शक्कर लगा कर रात को एक प्लेट में रख कर ढक दें। सुबह तवे पर गर्म कर चूसने से भूख बढ़ेगी, यकृत ठीक होगा।

नारंगी—भूख न लगना। नारंगी की कलियों पर पिसी हुई सौंठ तथा काला नमक डाल कर खायें। एक सप्ताह में ही भूख अच्छी लगने लगेगी।

बेर—बेर खाने से भूख बढ़ती है।

गेहूँ—गेहूँ के पाँच इंच के पौधे उगाकर नित्य इनका रस पीने से भूख बढ़ती है, अच्छी लगती है। गेहूँ के पौधे के अधिक गुण के लिए लेखक की 'भोजन के द्वारा चिकित्सा' पुस्तक पढ़ें।

धनिया—भूख न लगना। यदि भूख कम लगे तो हरे धनिये का रस 30 ग्राम आधा कप पानी में मिलाकर नित्य पिलाने से भूख लगने लगती है।

नमक—सेंधा नमक एक भाग, देशी बूरा (चीनी) चार भाग, दोनों को पीसकर एक कप गर्म पानी में घोलकर खाना खाने के दस मिनट बाद लेने से भूख की कमी दूर हो जाती है।

बर्फ—भूख न लगना। गर्मी के कारण भूख न लगने पर खाना खाने के एक घण्टा पहले बर्फ का पानी पीने से भूख खुलकर लगती है।

सेब—(1) खट्टे सेब का रस एक गिलास, स्वादानुसार मिश्री मिलाकर कुछ दिन तक इसे नित्य पीने से भूख अच्छी लगने लगेगी।

(2) खट्टे सेब के रस में आटा गूँद कर रोटी बना कर नित्य खायें।

मुनक्का—मुनक्का, नमक, काली मिर्च—इन सबको मिला कर गर्म करके खाने से भूख बढ़ती है। पुराने बुखार में जब भूख नहीं लगती है तो यह प्रयोग विशेष लाभदायक है।

अमरूद—खाना खाने के बाद 250 ग्राम अमरूद नित्य खायें। इससे भूख अच्छी लगती है।

चौलाई, करेला, मेथी—नित्य इनकी सब्जी खाने से भूख अच्छी लगती है।

अदरक—अदरक 500 ग्राम लेकर किसनी पर किस लें, बुरादा कर लें। नीबू का रस अच्छी मात्रा में निकाल कर यह किसा हुआ अदरक डाल कर पिसी काली मिर्च व सेंधा नमक डाल दें और खूब हिला-चला कर मिला लें। 24 घंटे बाद इन टुकड़ों को साफ कपड़े पर फैला कर धूप में अच्छी तरह से सुखा लें। इसका एक टुकड़ा मुँह में रख कर चूसें। बहुत ही स्वादिष्ट और रुचिकारक लगेगा साथ ही इसके सेवन से बैठा हुआ गला ठीक होता है, खाँसी व कफ विकार में लाभ होता है, भूख खुलती है, पाचन अच्छा होता है और मसूढ़ों को लाभ होता है।

टमाटर—(1) टमाटर खाने से भूख बढ़ती है। टमाटरों का अधिक-से-अधिक सेवन करें।

(2) टमाटर, गाजर का रस 1-1 कप, अदरक का 1 चम्मच रस मिलाकर दिन में दो बार पीने से भूख खुलती है तथा यकृत ठीक होता है।

इमली—इमली एक गिलास पानी में भिगो कर मसल कर पानी छानकर स्वादानुसार नमक, काली मिर्च मिला कर पीने से भूख बढ़ती है।

अजवाइन—अजवाइन सेक कर स्वादानुसार नमक मिला कर पीस लें। खाने के बाद आधा चम्मच की फँकी लें।

चना—एक कप काले चने तीन गिलास पानी में उबालें। फिर छान कर इस पानी को पीयें। इससे जिन्हें भूख अधिक लगती है, वह कम हो जाती है।

लाल मिर्च—लाल मिर्च का होम्योपैथिक मदर टिंचर कैप्सीकम पाँच बूँद एक चम्मच पानी में मिलाकर भोजन से पहले पीने से भूख अच्छी लगती है।

चाय—चाय पीने से भूख कम लगती है।

मिट्टी खाना

आम—बच्चे को मिट्टी खाने की आदत हो तो आम की गुठली ताजा पानी में घिसकर पिलाने पर बच्चे मिट्टी खाना छोड़ देते हैं।

केला—बालकों की मिट्टी खाने की आदत केला और शहद मिलाकर खिलाने से छूट जाती है।

उलटी (Vomiting)

केला—पका हुआ केला खाने से रक्त की उलटी होना बन्द हो जाता है।

पिस्ता—चार पिस्ता खाने से उलटी, जी मिचलाना ठीक हो जाता है।

फूल गोभी—फूल गोभी में क्षारीय (Alkaline) तत्त्व होते हैं, यह रक्त शोधक है। रक्त की उलटी में इसकी सब्जी खाने से या कच्ची ही खाने से लाभ होता है। क्षय रोगी इसे लें।

पोदीना—उलटी में आधा कप पोदीने का रस हर दो घण्टे में पिलायें। इसमें नीबू भी मिला सकते हैं। हरा धनिया और पोदीने की चटनी बार-बार खाने से लाभ होता है।

धनिया—(1) धनिया उबाल कर मिश्री मिलाकर पीने से लाभ होता है।

(2) हरा धनिया कूट कर, निचोड़ कर इसका 33 ग्राम रस पिलाने से उलटी रुक जाती है। गर्भवती की उलटी भी बन्द हो जाती है। इसे बार-बार पिलायें।

हरड़—हरड़ को पीसकर शहद में मिलाकर चाटने से उलटी बन्द हो जाती है।

जीरा—चार नीबूओं का रस, 50 ग्राम सेंधा नमक, 125 ग्राम जीरा डालकर भीगता रहने दें। भीगते-भीगते जब नीबू का रस सूख जाये और सूखा जीरा ही बच जाये तब उसे निकाल कर शीशी में भरें। नित्य तीन बार इसका आधा-आधा चम्मच लें। इससे गर्भावस्था की उलटी रुकेगी।

अदरक—(1) उलटी रोकने में अदरक बहुत गुणकारी है। अदरक का रस 1 चम्मच लेकर जरा-सा सेंधा नमक व कालीमिर्च बुरक लें और चाट लें। आवश्यकता पड़े तो घंटे भर बाद 1 खुराक और ले लें। (2) अदरक का रस + प्याज का रस + पानी प्रत्येक एक-एक चम्मच मिला कर पीने से उलटी बन्द हो जाती है।

प्याज—अदरक और प्याज का रस दो चम्मच पिलाने से उलटी बन्द हो जाती है।

शहद—प्याज के रस में शहद मिलाकर चाटने से उलटी बन्द हो जाती है।

तुलसी—तुलसी की पत्तियों का रस पीने से उलटी बन्द हो जाती है। शहद और तुलसी की पत्तियों का रस मिलाकर चाटने से भी उलटी, जी मिचलाना ठीक हो जाता है।

नीम—25 ग्राम नीम के पत्ते पीसकर 125 ग्राम पानी में छान कर पीने से सभी प्रकार की उलटियाँ ठीक हो जाती हैं।

तरबूज—खाने के बाद कलेजा जले, फिर पीली-पीली उलटी हो तो प्रातः तरबूज के रस में मिश्री मिलाकर पीयें।

चावल—गर्भावस्था की क़ै। 50 ग्राम चावल, 250 ग्राम पानी में भिगो दें। आधे घण्टे भीगने के बाद 5 ग्राम सूखा धनिया भी डाल दें। दस मिनट बाद मलकर छान लें। इसके चार हिस्से करके चार बार में पिलायें। गर्भिणी को चटायें, क़ै बन्द हो जायेगी।

लौंग—(1) गर्भिणी के वमन में, दो लौंग पीसकर शहद के साथ गर्भिणी को चटायें, क़ै बन्द हो जायेगी। लौंग को आग पर सेक कर चूसने से उलटी बन्द हो जाती है। जब भी उलटी हो सेकी हुई लौंग चूसें।

(2) चार लौंग कूटकर एक कप पानी में डाल कर उबालें। आधा पानी रहने पर छान कर स्वाद के अनुसार मीठा मिलाकर पीकर करवट लेकर सो जायें। दिन भर में ऐसी चार मात्रा लें। उलटियाँ बन्द हो जायेंगी।

(3) उलटी बन्द करने के लिए दो लौंग और जरा-सी दालचीनी एक कप पानी में उबालें। आधा पानी रहने पर छान कर पिलायें। इस तरह जब भी उलटी हो तो पिलाते रहें। उलटियाँ बन्द हो जायेंगी।

आँवला—यदि गर्भावस्था में क़ै, उलटी हो तो दो-दो मुरब्बे के आँवले नित्य चार बार खिलाने से क़ै बन्द हो जायेगी।

नीबू—जी मिचलाना आरम्भ होते ही नीबू का सेवन करना चाहिए। इससे उलटी नहीं होती। नीबू में शक्कर और काली मिर्च दोनों भरकर चूसने से भी उलटी बन्द होती है। ठण्डे पानी में नीबू और शक्कर मिलाने से नीबू का शर्बत बन जाता है। यह मिचली और उलटी ठीक करता है। नीबू के रस की कुछ बूँदें पानी में मिलाकर पिलायें, शिशु दूध नहीं उलटेगा। पोदीना और नीबू दोनों एक साथ सेवन करने से भी उलटी बन्द हो जाती है। नीबू में इलायची भर कर चूसने से भी लाभ होता है। उलटी में नीबू को गरम नहीं करना चाहिए।

नारंगी—(1) क़ै और जी मिचलाने पर नारंगी के सेवन से लाभ होता है। मोटर आदि से यात्रा करते समय नारंगी का सेवन करते रहना चाहिए।

(2) नारंगी के सूखे छिलके पीसकर उसकी दुगनी मात्रा में चीनी मिला कर पुनः पीस लें। इसकी दो चम्मच हर दो घंटे से ठंडे पानी से फँकी लेने से उलटी होना बन्द हो जाता है।

इमली—पकी इमली को पानी में भिगोकर रस पीने से उलटी ठीक हो जाती है।

चना—रात को चने भिगो दें। प्रातः इनका जल निकाल कर पीयें। गर्भवती को उलटी हो तो भूने हुए चने का सत्तू पिलायें।

गन्ना—पित्त की उलटी होने पर गन्ने के रस में शहद मिलाकर पिलाने से लाभ होता है।

दालचीनी—पित्त की उलटी हो तो दालचीनी पीस कर शहद में मिलाकर चाटें।

राई—दुस्साध्य उलटियों को रोकने के लिए राई का लेप आश्चर्यजनक वस्तु है। राई पीस कर, पेट पर गीला मलमल का कपड़ा बिछा कर उस कपड़े पर राई का लेप कर दें। इसे 15 मिनट रहने दें। फिर हटा दें। उलटियाँ बन्द हो जायेंगी। यह अनुभूत है।

बर्फ—बार-बार उलटी होने पर बर्फ चूसने से उलटी बन्द हो जाती है।

इस प्रकार खान-पान की वस्तुओं का हर प्रकार के रोगों में प्रयोग करने के लिए लेखक की '*भोजन के द्वारा चिकित्सा*' पुस्तक पढ़ें।

अम्लता (Acidity)

रक्त में 20% अम्ल (Acid) तथा 80% क्षार (Alkali) होती है। जब रक्त में अम्ल का अनुपात बढ़ता है तो यह अम्ल पाकस्थली को प्रभावित कर अम्लता रोग उत्पन्न करता है।

अम्लता को सामान्यतः हृदयदाह, अम्लशूल, कलेजा जलना (Heart-Burn) कहते हैं।

पेट से निकलने वाला अम्ल अधिक लार के साथ जब कण्ठों तक आ जाता है तो पेट में जलन, खट्टापन प्रतीत होता है। जब रोगी कहे कि, 'कलेजा जल रहा है, कण्ठों तक खट्टापन प्रतीत होता है' तो उसे अम्लता का रोगी निदान मानना चाहिए। अग्निमांद्य, बदहजमी या अपच (Dyspepsia) में भी इस प्रकार के लक्षण होते हैं। अत: दोनों के अन्तर को समझना चाहिए। यह जल्दी-जल्दी खाने, अनुपयुक्त भोजन करने से होता है। क्षार (Alkali) पदार्थों का सेवन इसमें लाभ करता है। इस रोग में भोजन का अपरिपाक, आलस्य, भोजन के दो-एक घण्टे बाद खट्टी क़ै, छाती और गले में जलन, कब्ज, पेट-दर्द, अरुचि आदि लक्षण प्रकट होते हैं। भोजन के बाद छाती और गले में जलन तथा खट्टी डकारों के साथ खट्टे पानी से मुँह भर जाना और खट्टी क़ै होना इस रोग के प्रमुख लक्षण हैं। बिहार और बंगाल में यह बहुत होता है।

बीड़ी-सिगरेट पीने वालों को अन्य लोगों की तुलना में रात में गरिष्ठ भोजन करने से अम्लपित्त (Acidity), शुगर, हृदय रोग और ख़ाँसी, दमा अधिक होता है। रात में थूक नहीं बनता। मनुष्य के थूक से 'अल्कली बाइ कार्बोनेट' तम्बाकू सेवन से कम बनता है।

स्वस्थ रहने के लिए धूम्रपान नहीं करें।

रात में भूख से कम खाना खाएँ, खाना खाने के बाद घूमें एवं ढीले कपड़े पहन कर सोएँ, साथ ही चाय, काफी, तली हुई एवं अम्लीय वस्तुओं का सेवन कम करें।

भोजन—अम्लता की बीमारी में खान-पान पर अधिक ध्यान देना चाहिए। इसलिए रोगी को सूखे चटपटे मसालेदार भोजन देने चाहिए। यद्यपि बहुत-से विद्वान् इस विचार से सहमत नहीं हैं। रोगी को कुछ समय ऐसा भोजन खिलाकर सत्यता को स्वयं देखना चाहिए। मेरे अनुभव में उपर्युक्त भोजन लाभदायक है। तरल पदार्थों का सेवन कम किया जाना चाहिए लेकिन दूध बार-बार पिलाना चाहिए। अचार और चाय इसमें हानिकारक हैं।

फालसा—गैस एवं एसीडिटी के पीड़ितों को फालसों का सेवन करने से आराम मिलता है।

आँवला—दो चाय की चम्मच आँवले के रस में इतनी ही मिश्री मिलाकर पीएँ या बारीक सूखा पिसा हुआ आँवला और मिश्री समान मात्रा में मिलाकर पानी से फँकी लें।

आलू—आलू की प्रकृति क्षारीय है। इसमें पोटेशियम साल्ट होता है जो अम्लता को कम करता है। अम्लता के रोगी भोजन में नियमित आलू खाकर अम्लता को दूर कर सकते हैं। आलू सेका हुआ या उबला हुआ ही लें।

चाय—चाय अम्लपित्त के रोगी के लिए हानिकारक है।

गाजर—गाजर का रस अम्लरक्तता (Acidosis) ठीक कर देता है।

लौंग—सुबह-शाम भोजन के बाद 1-1 लौंग खाने से लाभ होता है।

मूली—गर्मी के प्रभाव से खट्टी डकारें आती हों तो मूली के रस में मिश्री मिलाकर पीने से लाभ होता है।

आलू—जिन बीमारों के पचनांगों में अम्लता (खट्टापन) की अधिकता है, खट्टी डकारें आती हैं और वायु अधिक बनती है, उनके लिए गरम-गरम राख या रेत में भुना हुआ आलू खाना लाभदायक है।

पेठा—अम्लपित्त का रोगी जब भी खाना खाये, खाने के बाद दो डली पेठा खाने से अम्लपित्त ठीक हो जाता है।

केला—केले पर चीनी और इलायची डालकर खाने से लाभ होता है।

नीबू—अम्लता के रोगी को भोजन के पौन घंटे पहले एक गिलास गर्म पानी में नीबू निचोड़ कर पीना चाहिये। इससे भोजन सरलता से पचेगा। नीबू में स्थित पोटेशियम अम्ल का नाश करता है। गरम पानी में नीबू निचोड़ कर शाम को भी पीने से लाभ होता है। डॉ.अल्बर्ट ने अपनी पुस्तक 'फ्रूट्स फार हैल्थ' में लिखा है कि लोग भ्रमवश नीबू के रस को अम्लीय समझते हैं इस भूल के फलस्वरूप इसके औषधीय गुणों को न पहचान कर अम्लपित्त में नीबू का सेवन नहीं करते। नीबू अम्ल का नाश करने वाला है।

नीबू का रस रक्त के अम्ल को नष्ट करता है। दिन में कई बार नीबू पानी में निचोड़ कर ले सकते हैं। स्वाद अच्छा बनाने के लिए शहद मिला सकते हैं, नमक नहीं मिलायें। यदि अम्ल रोग बहुत अधिक हो तो दो चार दिन भोजन नहीं करें। बार-बार नीबू पानी, नारंगी, मौसमी, अनन्नास, गाजर, पेठा, खीरा, लौकी आदि का रस पीकर ही रहें।

दूध—जिन्हें अम्लपित्त हो, उन्हें दिन में तीन बार थोड़ा-थोड़ा दूध पीना चाहिए।

नारियल—कच्चा नारियल (डाभ) का पानी पीना इस रोग में उत्तम लाभ पहुँचाता है।

प्याज—साठ ग्राम सफेद प्याज के टुकड़े, तीस ग्राम दही में मिलाकर नित्य तीन बार खायें। कम-से-कम एक सप्ताह तक सेवन करने से अम्लपित्त में लाभ होगा।

जीरा—जीरा, धनिया और मिश्री—तीनों समान मात्रा में पीस कर मिला कर दो-दो चम्मच सुबह-शाम भोजन के बाद ठंडे पानी से फँकी लेने से अम्लपित्त ठीक हो जाता है।

काली मिर्च—काली मिर्च और स्वादानुसार सेंधा नमक मिलाकर पीस कर आधा चम्मच सुबह-शाम खाने के बाद फँकी लेने से अम्लपित्त में लाभ होता है।

अजवाइन—पिसी हुई अजवाइन एक चम्मच, एक गिलास पानी, एक नीबू का रस मिला कर पीने से अम्लपित्त में लाभ होता है।

भोजन में हल्के पदार्थ, चावल, मूँग की दाल, घिया, तोरई, परवल, टिंडे आदि सब्जियाँ तथा आहार के साथ हरे धनिये का सेवन विशेष रूप से करना चाहिए।

कृमि (Worms)

कृमि आँतों में पाये जाते हैं। कभी-कभी ये मल द्वार पर आ जाते हैं, दिखाई देते हैं। टट्टी के साथ निकलते हैं। यह रोग बहुतायत में फैला हुआ है। दवा लेने से कृमि, कीड़े बाहर तो निकल आते हैं, लेकिन बनना बन्द नहीं होता। खान-पान को सुधार कर इस रोग से बचा जा सकता है।

कृमि के रोगियों को शाम को मीठा दलिया खिलाकर प्रात: जुलाब देने से विशेष लाभ होता है। आँतों में मल जमा होने से कृमि पैदा होते हैं, अत: पेट साफ रखना चाहिए। कभी-कभी एनिमा भी लेना उपकारी है। ज्यादा मीठा खाने से भी कृमि पैदा होते हैं, अत: मीठा कम खाना चाहिए। सबसे पहले तीन दिन तक घी और काली मिर्च मिलाकर लें। इससे मल फूल जाता है और आँतें मुलायम हो जाती हैं। फिर कब्ज में बताई गई कोई चीज लें। इससे दस्त साफ आने लगेगा। पेट की सारी गन्दगी बाहर निकल जायेगी। इसके बाद एक दिन गुड़ खायें। इससे पेट के सारे कीड़े एक जगह जमा हो जायेंगे। फिर कृमिनाशक दवा लेने से सब बाहर निकल जायेंगे। यहाँ बताई गई खाने-पीने की चीजें नियमित कुछ सप्ताह लेने से कृमि नष्ट हो जाते हैं।

हरड़—हरड़ तथा वायबिडंग समान मात्रा में पीस कर बच्चों को चौथाई चम्मच, बड़ों को एक चम्मच गर्म पानी से नित्य सुबह-शाम खाने के बाद फँकी देने से कृमि नष्ट हो जाते हैं।

पपीता—पपीते के दस बीज पानी में पीस कर चौथाई कप पानी में मिलाकर पीने से पेट के कीड़े मर जाते हैं। यह लगातार सात दिन लें।

लहसुन—पाँच कली लहसुन की मुनक्का या शहद के साथ नित्य तीन बार सेवन करने से पेट के कृमि मर जाते हैं। दो-तीन माह सेवन करने से स्वास्थ्य उत्तम हो जाता है। कच्चा लहसुन खाने के बाद लेने से भी कृमि मर जाते हैं।

करेला—कृमि में करेला का रस पीना अच्छा है।

छाछ—छाछ में नमक मिलाकर प्रातः पीने से कृमि मर जाते हैं।

तुलसी—तुलसी की पत्तियों का रस पीने से पेट के कीड़े (कृमि) मर जाते हैं।

नीम—नीम का तेल पाँच बूँद तक बालकों की आयु के अनुसार देने से पेट के कृमि मर जाते हैं।

शहद—सुबह-शाम शहद लेने से कृमि में लाभ होता है—ई.एफ. फैरिंगटन : थेराप्यूटिक पोइन्टरस एण्ड लेसर राइटिंग्स। दो भाग दही, एक भाग शहद मिलाकर चाटने से कृमि मर कर मल के साथ बाहर आ जाते हैं।

अनार—अनार का रस नित्य पीने से कृमि नष्ट हो जाते हैं।

नारियल—नारियल का पानी पीकर कच्चा नारियल खाने से कृमि निकल जाते हैं।

पेठा—पेठे के सेवन से कृमि नष्ट हो जाते हैं।

बथुआ—कच्चे बथुए के रस के एक कप में स्वादानुसार नमक मिला कर एक बार नित्य पीते रहने से कृमि मर जाते हैं। बथुए के बीज पिसे हुए, एक चम्मच शहद में मिलाकर चाटने से भी कृमि मर जाते हैं।

परवल—परवल का साग कृमि-नाशक है।

पोदीना—आन्त्र कृमि में पोदीने का रस आधा कप नित्य पीयें।

गुड़—गुड़ कृमि-नाशक है। औषधि से पहिले रोगी को गुड़ खिलावें। इससे आँतों में चिपके कृमि निकलकर गुड़ खाने लगेंगे फिर कृमिनाशक औषध से कृमि बाहर आ जायेंगे। एक चम्मच अजवाइन पीस कर गुड़ में मिला कर तीन बार रोजाना खाने से कृमि निकल जाते हैं।

हींग—छोटे बच्चों की गुदा में कृमि रेंगते हुए कभी-कभी दिखाई देते हैं। हींग को पानी में घोलकर रूई का फोया भिगोकर बच्चों की गुदा पर रखने से कृमि नष्ट हो जाते हैं। सूक्ष्म मात्रा में हींग खिलाने से बच्चों के पेट में कीड़े नहीं होते।

टमाटर—लाल टमाटरों पर काली मिर्च, नमक, डाल कर प्रातः भूखे पेट खाने से कृमि मर जाते हैं।

प्याज—पेट में कृमि होने पर प्याज का रस एक चम्मच दो-दो घण्टे से पिलाने से कीड़े मर जाते हैं।

नीबू—यदि पेट में कृमि उत्पन्न हो गये हैं तो नीबू के बीज को पीस कर चूर्ण बना लें और चौथाई चम्मच पानी के साथ दिन में एक बार 7 दिन लगातार लें। पेट के कृमि नष्ट हो जायेंगे।

सेब—दो सेब रात को कुछ दिन खाने से कृमि मरकर मल के साथ बाहर आ जाते हैं। सेब खाने के बाद रात भर पानी न पीयें।

आम—आम की गुठली का चूर्ण गरम पानी के साथ दो ग्राम देने से पेट के चुन्ने (कीड़े) मर जाते हैं।

आँवला—एक औंस ताजे आँवले का रस नित्य 5 दिन पीने से कृमि नष्ट हो जाते हैं।

अनन्नास—यह कृमिनाशक है। एक गिलास रस नित्य पीयें।

पोदीना—पोदीने का रस कृमि मारता है। 7 दिन पीयें।

शहतूत—यह या इसका शर्बत पेट के कृमियों को नष्ट करता है।

गाजर—गाजर का रस आधा पाव नित्य प्रात: भूखे पेट दो सप्ताह तक पीने से पेट के कृमि निकल जाते हैं। कच्ची गाजर खाना भी लाभप्रद है।

अखरोट—कुछ दिन एक अखरोट खिलाकर दूध पिलायें। इससे बच्चों के कृमि निकल जाते हैं।

काली मिर्च—काली मिर्च एक ग्राम पीसकर छाछ या मट्ठे के साथ देने से पेट के कृमि दूर हो जाते हैं।

अजवाइन—इसका चूर्ण 4 ग्राम एक गिलास छाछ के साथ देने से पेट के कृमि नष्ट हो जाते हैं। इसका तेल 7 बूँद तक देने से उदर-कृमि नष्ट हो जाते हैं।

पानी—कृमि होने पर खाना खाने के आधे घण्टे बाद गरम-गरम पानी, जितना गरम पीया जा सके, लगातार पीते रहने से कृमि नष्ट हो जाते हैं।

नमक—आधा चम्मच नमक सुबह-शाम खाना खाने से पहले गर्म पानी से फँकी नित्य 10 दिन तक लें। इससे कृमि निकल जायेंगे और पैदा नहीं होंगे। केंचुए जैसे कीड़े भी पेट से निकल जायेंगे।

मसूर—मसूर की दाल खाना कृमि होने पर लाभदायक है।

पीलिया (Jaundice)

रक्त में लाल कणों की आयु 120 दिन होती है। किसी कारण से यदि इनकी आयु कम हो जाये तथा जल्दी ही अधिक मात्रा में नष्ट होने लग जायें तो पीलिया होने लगता है। रक्त में 'बाइलीरविन' नाम का एक पीला पदार्थ होता है। यह 'बाइलीरविन' लाल कणों के नष्ट होने पर निकलता है। इससे शरीर में पीलापन आने लगता है। यकृत के पूरी तरह से कार्य न करने से भी पीलिया होता है। पित्त यकृत में पैदा होता है। यकृत से आँतों तक पित्त पहुँचाने वाली नलियों में पथरी, अर्बुद, किसी विषाणु या रासायनिक पदार्थों से यकृत के सैल्स में दोष होने से पित्त आँतों में पहुँचकर रक्त में मिलने लगता है। जब रक्त में पित्त आ जाता है, तो त्वचा पीली हो जाती है। त्वचा का पीलापन ही पीलिया कहलाता है।

अधिकतर अभिष्यन्दि पीलिया (Catarrhal Jaundice) होता है। इसमें कुछ दिनों तक जी मिचलाता है, बड़ी निराशा प्रतीत होती है। आँखें, त्वचा पीली होती हैं। जीभ पर मैल जमा रहता है तथा 99 से 100 डिग्री तक ज्वर रहता है। यकृत और पित्ताशय का स्थान स्पर्श करने पर कोमल प्रतीत होता है। पेशाब गहरे रंग का, टट्टी बदबूदार, मात्रा में अधिक और पीली होती है।

लक्षण—पीलिया में नाड़ी की गति कम (लगभग 45 प्रति मिनट); घी, तेल आदि चिकने पदार्थ नहीं पचते; यकृत में कड़ापन और दुखना; शरीर, आँखें, नाखून, मूत्र पीले दिखते हैं। शरीर में खुजली-सी चलने लगती है। शरीर में कहीं भी चोट लगने या किसी कारण से रक्त बहने लगे तो रक्त बहुत अधिक मात्रा में बहता है। नेत्रों का सूखना, रात्रि को बहुत कम दिखता है। दिखने वाली वस्तुएँ पीली दिखती हैं। वजन कम होना, पतले दस्त लगना, भूख कम लगना, पेट में गैस

(वायु) बनना, मुँह का स्वाद कड़वा, शरीर में कमजोरी-सी रहना, ज्वर भाव इसके प्रमुख लक्षण हैं।

पहले रोगी को जुलाब दें, फिर औषधि सेवन करायें। सामान्यतया जुलाब से ही बीमार ठीक हो जाते हैं। इसके रोगी को पूर्ण विश्राम देना चाहिए। भोजन में तरल पदार्थ दलिया, खिचड़ी, पुराने चावल का भात, हरी पत्तियों की सब्जी, लोहे की कढ़ाई में गरम किया हुआ दूध, नमक मिलाकर छाछ पीना लाभदायक है। माँस, मछली, घी, तेल, तले हुए पदार्थ, चिकनाईयुक्त कोई भी चीज नहीं खानी चाहिए। आवश्यकता हो तो एनिमा लगाना चाहिए। पीलिया के प्रारम्भ में ग्लूकोज, गन्ने का रस अधिकाधिक देना चाहिये। निम्न पदार्थों का नियमित सेवन कुछ दिन करने से रोग शीघ्र ठीक हो जाता है।

बादाम—आठ बादाम, 5 छोटी इलायची, दो छुआरा रात को मिट्टी के कोरे कुल्हड़ में भिगोयें। प्रात: बारीक पीसकर 70 ग्राम मिश्री, 70 ग्राम मक्खन मिलाकर चटायें। चौथे दिन ही पेशाब साफ आयेगा। मैंने इसका अनुभव किया है।

आलूबुखारा, तरबूज, टमाटर, खरबूजा, नारंगी खाना पीलिया में लाभदायक है।

इमली—इमली को पानी में भिगोकर, मथकर पानी पीना उपयोगी है।

लौकी—लौकी को धीमी आग में दबाकर भुर्ता-सा बना लें, फिर इसका रस निचोड़ कर तनिक मिश्री मिलाकर पीयें। यह पीलिया में लाभकारी है।

करेला—पीलिया में एक करेला पीसकर पानी मिलाकर सुबह-शाम नित्य पिलायें।

फिटकरी—200 ग्राम दही में चुटकी भर फिटकरी घोल कर पिलायें। बच्चों के अनुपान में मात्रा कम लें। दिन भर केवल दही ही सेवन करें। पीलिया शीघ्र ठीक होगा। किसी-किसी को उलटी हो जाये तो घबरायें नहीं। *—श्री गोपाल चन्द जाजू, बूँदी।*

चना—चने की दाल पानी में भिगो दें। फिर दाल निकाल कर समान मात्रा में गुड़ मिलाकर तीन दिन तक खायें। प्यास लगने पर दाल का वही पानी पीयें।

सौंठ—12 ग्राम सौंठ गुड़ के साथ लेने से पीलिया में लाभ होता है।

आँवला—ताजे आँवले का रस साठ ग्राम, शहद तेइस ग्राम आधा गिलास पानी में मिलाकर पीने से पीलिया में आराम होता है।

पीपल—यह काली-सी होती है। पंसारी के मिलती है। तीन पीपल 3 चम्मच छाछ में भिगो दें। 24 घण्टे भीगने के बाद पीपल को पीसकर जरा-सा नमक मिलाकर पानी के साथ पी जायें। क्रमश: नित्य एक-एक पीपल बढ़ाएँ। जब दस पीपल हो जायें तो एक-एक पीपल कम करें। इसके सेवन से पीलिया, यकृत, प्लीहा, पुराना ज्वर, भूख कम लगना, अपच के दस्त आदि ठीक हो जाते हैं, पुराने ज्वर में तो यह बहुत लाभ करती है। परीक्षित है।

प्याज—(1) प्याज काटकर नीबू के रस में डाल दें। ऊपर से नमक, काली मिर्च डाल दें। इस प्रकार सुबह-शाम एक प्याज खाने से पीलिया दूर होगा।

(2) सफेद प्याज के आधा कप रस में गुड़ और पिसी हुई हल्दी मिलाकर प्रात: व शाम को पीने से लाभ होता है।

लहसुन—4 कली लहसुन की पीसकर आधा कप गरम दूध में मिलाकर पीयें। ऊपर से और दूध पीयें। ऐसा प्रयोग चार दिन करने से पीलिया ठीक हो जाता है।

सौंठ—12 ग्राम सौंठ गुड़ के साथ लेने से पाण्डुरोग में लाभ होता है।

गाजर—गाजर पीलिया की प्राकृतिक औषधि है। योरोप में पीलिया के रोगियों को गाजर का रस, गाजर का सूप या गाजर का गर्म काढ़ा देने का रिवाज है।

फूल गोभी—फूल गोभी का रस एवं गाजर का रस समान मात्रा में एक-एक गिलास तीन बार पिलाने से पीलिया में लाभ होता है।

मूली—(1) कच्ची मूली नित्य प्रातः उठते ही खाते रहने से कुछ दिनों में पीलिया ठीक हो जाता है।

(2) मूली के पत्तों का रस 125 ग्राम में 30 ग्राम चीनी मिलाकर छानकर प्रातः पिलायें। पीते ही लाभ होगा। यह सब प्रकार के पीलिया में लाभप्रद है।

गन्ना—जौ का सत्तू खाकर ऊपर से गन्ने का रस पीयें। एक सप्ताह में पीलिया ठीक हो जायेगा। प्रातः गन्ना भी चूसें। गन्ने का रस दिन में कई बार पीयें। तरल पदार्थ अधिक लें।

शहद—नित्य तीन बार एक-एक चम्मच शहद पानी के गिलास में मिलाकर पिलाने से लाभ होता है।

पपीता—छिलके सहित कच्चा पपीता 75 ग्राम चटनी की तरह बारीक पीस कर 250 ग्राम पानी में घोलें। स्वाद के अनुसार चीनी या ग्लूकोज मिलाकर पीलिया के रोगी को तीन बार नित्य पिलायें। कुछ ही दिनों में पीलिया ठीक हो जायेगा। इसे अति स्वादिष्ट बनाने के लिए स्वादानुसार नीबू, काली मिर्च मिला सकते हैं। बच्चों के लिए मात्रा कम लें। पपीते का यह शर्बत पीलिया ठीक कर देता है। पपीता ताजा हो। पपीते में जो दूध होता है, वह लाभ करता है।

छाछ—एक गिलास छाछ में 10 काली मिर्च पीस कर मिलाकर एक बार नित्य जब तक पीलिया रहे, पिलाते रहें।

पोदीना—पोदीने की चटनी नित्य रोटी के साथ खाने से पीलिया में लाभ होता है।

पेट-दर्द (Pain Abdomen)

पेट में प्रायः दर्द होता रहता है। पेट में दर्द होने के अनेक कारण होते हैं। सामान्यतया पेट में दर्द भोजन न पचने से होता है। पेट में किसी भी प्रकार का दर्द हो, बोतल में गर्म पानी भरकर सेंकने से आराम मिलता है। जब तक पेट-दर्द अच्छी तरह शान्त न हो जाये तब तक खाने को कुछ नहीं देना चाहिए। सोडावाटर पीना अच्छा है। चिकित्सा कारण और दर्द के निदान के अनुसार करनी चाहिए।

मेथी—दो चम्मच दाना मेथी में नमक मिलाकर सुबह-शाम दो बार गर्म पानी से फँकी लेने से पेट-दर्द ठीक होता है। यह 10-15 दिन लें।

सौंफ—सौंफ और सेंधा नमक मिलाकर पीसकर दो चम्मच गर्म पानी से फँकी लें।

काली मिर्च—काली मिर्च, हींग, सौंठ समान मात्रा में पीसकर सुबह-शाम गर्म पानी से आधा चम्मच फँकी लें।

लाल मिर्च—पिसी हुई लाल मिर्च गुड़ में मिलाकर खाने से पेट-दर्द में लाभ होता है।

नमक—एक गिलास पानी में आधा चम्मच नमक मिलाकर पीने से पेट-दर्द में लाभ होता है। गर्म पानी में नमक मिला कर पीने से शरीर में व्याप्त अनावश्यक तत्त्व भी निकल जाते हैं।

इलायची छोटी—पेट-दर्द में दो इलायची पीस कर शहद में मिला कर चाटने से लाभ होता है।

दाल चीनी—दाल चीनी गैस से हुए पेट-दर्द को दूर करती है। इसका अल्प मात्रा में प्रयोग करें। अधिक मात्रा में हानिकारक है।

कॉफी—खाने-पीने से होने वाला पेट-दर्द, अफीम खाने से हुई पेट की गड़बड़ और दर्द कॉफी पीने से दूर होता है। यह भोजन के बाद पीयें।

पानी—प्रातः चाय जैसे गर्म पानी का एक गिलास पीने से कब्ज, बदहजमी दूर होती है। उसमें नीबू निचोड़ कर लेने से पेट में सड़न, गैस दूर होती है। पेट-दर्द दूर होता है।

अनार—अनार के दानों पर काली मिर्च और नमक डाल कर चूसें। इससे पेट-दर्द बन्द हो जाता है। कम-से-कम 10 दिन लें।

छाछ—पेट में दर्द भूखे होने पर हो तो छाछ पीने से यह दर्द ठीक हो जाता है।

शहद—यदि किसी चीज के खाने से पेट-दर्द हो जैसा कि प्रायः पेट-दर्द के रोगी पूछने पर बताते हैं कि पेट-दर्द खाने-पीने से बढ़ता है तो कुछ दिन शहद सेवन करने से लाभ होता है।

नीबू—(1) 12 ग्राम नीबू का रस, 6 ग्राम अदरक का रस और 6 ग्राम शहद एक कप पानी में मिलाकर पीने से पेट-दर्द ठीक हो जाता है।

(2) नीबू की फाँक में काला नमक, काली मिर्च और जीरा भरकर गर्म करके चूसने से पेट का दर्द ठीक हो जाता है, कीड़े (कृमि) नष्ट हो जाते हैं। यह 10-15 दिन लें।

अदरक—(1) पिसी हुई सौंठ एक ग्राम, जरा-सी हींग और सेंधे नमक की फँकी गर्म पानी से लेने से पेट-दर्द ठीक हो जाता है।

(2) पिसी हुई सौंठ और सेंधा नमक एक गिलास पानी में गर्म करके पीने से पेट-दर्द, कब्ज, अपच ठीक हो जाती है।

हरड़—हरड़ का चूर्ण एक चम्मच गर्म पानी से फँकी लेने से पेट का दर्द ठीक हो जाता है। यदि सप्ताह में दो बार इसी प्रकार हरड़ सेवन करें तो पेट का पाचन-संस्थान ठीक रहता है।

अमरूद—पेट-दर्द में अमरूद की कोमल पत्तियाँ पीस कर पानी में मिलाकर पीने से आराम होता है।

लहसुन—लहसुन का रस 5 बूँद नमक के साथ पिलाने से पेट-दर्द ठीक हो जाता है।

धनिया—(1) पेट-दर्द में धनिये का शर्बत हितकारी है। दो चम्मच धनिया एक कप पानी में गर्म करके पीयें।

(2) बालक के पेट-दर्द, आँव, बदहजमी हो तो एक चम्मच धनिया और चौथाई चम्मच सौंठ एक कप पानी में उबाल कर पिलायें।

पोदीना—(1) 3 ग्राम पोदीना, जीरा, हींग, काली मिर्च, नमक—इन सबको पीस कर गर्म पानी से लेने से पेट-दर्द ठीक हो जाता है।

(2) सूखा पोदीना और चीनी समान मात्रा में मिलाकर दो चम्मच की फँकी गर्म पानी मिलाकर पीने से पेट-दर्द ठीक हो जाता है।

हींग—हींग को गरम पानी में घोलकर नाभि के आस-पास लेप करें तथा भुनी हुई हींग एक बाजरे के दाने के बराबर किसी चीज के साथ खिलायें। इससे पेट-दर्द में आराम होता है। यदि पेट-दर्द वायु रुकने से हो तो दो ग्राम हींग आधा किलो पानी में उबालें। चौथाई पानी रहने पर गरम-गरम पिला दें। हींग से बनी ऐसाफिटिडा मदरटिंचर की दस बूँद एक चम्मच पानी में मिलाकर पिलाने से लाभ होता है।

मूली—मूली के रस में नमक और काली मिर्च डालकर पिलाने से पेट-दर्द ठीक होता है।

राई—राई को पानी में पीसकर, पेट पर मलमल का कपड़ा बिछाकर, लेप करें। दस मिनट बाद हटा दें। पेट-दर्द में आश्चर्यजनक लाभ होता है।

जीरा—जीरा पीसकर शहद के साथ चाटने से पेट-दर्द ठीक हो जाता है।

अजवाइन—(1) अजवाइन 2 ग्राम और नमक एक ग्राम गरम पानी से देने से पेट दर्द बन्द हो जाता है।

(2) 15 ग्राम अजवाइन, 5 ग्राम काला नमक और आधा ग्राम हींग—तीनों को पीसकर शीशी भर लें। पेट-दर्द होने पर आधा चम्मच दो बार गरम पानी से लें।

(3) 2 चम्मच अजवाइन, आठ चम्मच जीरा, 2 चम्मच काला नमक—सब पीस कर शीशी भर लें। एक गिलास पानी में दो चम्मच यह चूर्ण और नीबू निचोड़ कर मिला कर पीयें। पेट-दर्द में लाभ होगा। यह अपच, गैस से हो रहे दर्द में लाभ करता है।—*डॉ. पोद्दार जालेन्द्र महारथी।*

तुलसी—तुलसी और अदरक के रस को सम भाग लेकर गरम करके पीने से पेट-दर्द में लाभ होता है। 12 ग्राम तुलसी का रस पीने से पेट की मरोड़ ठीक हो जाती है।

पित्त-विकार

फालसा—पित्त-विकार में पके फालसे के रस में पानी, सौंठ और शक्कर मिलाकर पीना चाहिए।

शहतूत—पित्त-विकार को दूर करने के लिए गर्मी के मौसम में दोपहर को शहतूत खाने चाहिए।

लौंग—चार लौंग पीस कर पानी में घोल कर पिलाने से तेज ज्वर, पित्त ज्वर कम होता है।

पित्त-शूल (Biliary Colic)
पित्ताशय की पथरी (Gall Bladder Stone)

यकृत (Liver) से एक नली पक्वाशय में आयी है। उस नली द्वारा यकृत से पित्त पक्वाशय में गिर कर भोजन को पचाने में सहायता करता रहता है। कभी-कभी वह पित्त सूख कर पत्थर जैसा कठिन हो जाता है और यकृत के मुँह या नली के बीच जाकर अटक जाता है, तब बड़ा भयानक शूल होता है। इस शूल में पित्त-वमन या जी-मिचली होती है। इसे पित्त-शूल कहते हैं। यह दर्द अधिकतर ऊपर और नाभि के दाँई ओर होता है। पित्त की थैली में पथरी होने से भी ऐसा दर्द होता है। पित्ताशय लीवर में बनने वाले पित्त का संग्रह करता है। पित्त भोजन पचाने में मदद करता है। पेट को आहार पचाने के लिए जब पित्त की जरूरत होती है, तब पित्ताशय से पित्त निकल कर आहार में मिल जाता है। ऐसा माना जाता है कि चर्बी जैसे खाद्य पदार्थों को पचाने में इसकी खास जरूरत पड़ती है।

जिन लोगों के रहन-सहन एवं खान-पान की शैली में अचानक बदलाव आया हो उन्हें पित्त की पथरी की समस्या ज्यादा होती है, क्योंकि शरीर के जीन आहार की आनुवंशिक आदत में आए इस बदलाव को तत्काल स्वीकार नहीं कर पाते।

पित्ताशय की पथरी को साइलेंट स्टोन कहा जाता है, क्योंकि इस पथरी के कारण अक्सर

मरीज को कोई तकलीफ नहीं होती है और मरीज को ऑपरेशन कराने की जरूरत भी नहीं होती है।

पित्ताशय के बगैर एवं पित्ताशय की पथरी के साथ भी लंबी एवं सक्रिय जिंदगी जीना संभव है। पिताशय की पथरी होने पर तत्काल ऑपरेशन कराना आवश्यक नहीं है।

गाजर—पित्ताशय की पथरी (Gall Bladder Stone) गाजर का रस और सलाद के पत्तों का रस प्रत्येक 250 ग्राम पीने से निकल जाती है।

सौंठ—6 ग्राम पिसी हुई सौंठ में एक ग्राम नमक मिलाकर गरम जल से फँकी लेने से पित्त-शूल में आश्चर्यजनक लाभ होता है। इससे मारफिया के इन्जेक्शन की तरह लाभ होता है।

—वैद्यराज पं. रामनारायण शर्मा : आरोग्यप्रकाश—श्री वैद्यनाथ

मूली—मूली का रस पीने से पित्ताशय की पथरी (Gall Stones) बनना बंद हो जाती है। देखें—पथरी।

उण्डुकपुच्छशोथ (Appendicitis)

लाल टमाटर पर सेंधा नमक और अदरक डालकर भोजन से पहले खाने से ऐपेन्डिसाइटिस में लाभ होता है। दर्द के समय केवल तरल पदार्थ ही पीने चाहिए। रोटी नहीं खानी चाहिए।

गाजर—ऐपेन्डिसाइटिस में गाजर का रस पीना लाभदायक है। पेट के रोगों में अति हितकारी है।

परिणाम-शूल (Peptic-Ulcer)

इसमें शारीरिक व मानसिक विश्राम की आवश्यकता होती है। आहार थोड़ी-थोड़ी देर बाद देना चाहिए। तरल आहार विशेषकर दूध, उसमें घी डाल सकते हैं। परिणाम-शूल में आमाशय के रस को कम बनाने वाला भोजन देना उचित है।

परिणाम-शूल—अम्लता (Acidity) में वर्णित भोज्य पदार्थों का सेवन इसमें लाभदायक है।

नारंगी—परिणाम-शूल (Peptic-Ulcer), पेट में घाव, व्रण, नासूर हों तो नारंगी का सेवन उपयोगी है।

करमकल्ला—इसका रस पीने से परिणाम-शूल ठीक हो जाता है। इसका रस एक-एक कप तीन बार नित्य दो सप्ताह पीयें। ताजा रस ही हितकारी है। कच्चे पत्ते भी खाये जा सकते हैं।

दूध—रोगी दूध पर ही निर्भर रहे। बार-बार दूध पीते रहे। अनार का रस एवं आँवले का मुरब्बा खाये।

चाय—परिणाम-शूल वाले रोगी को चाय अत्यन्त हानिकारक है।

जलोदर (Ascites)

पेट में पानी भर जाने को जलोदर कहते हैं। जलोदर के रोगी का पेट बढ़ जाता है, भार और बेचैनी प्रतीत होती है। टाँगें सूज जाती हैं, साँस कठिनाई से आती है, हृदय की धड़कन बढ़ जाती है। इसके रोगी को नमक, जहाँ तक हो सके, नहीं देना चाहिए। मूत्र अधिक लाने वाली औषधि देनी चाहिए। यह हृदय, वृक्क, यकृत, क्षय, कैन्सर, नाड़ी-अर्बुद (Aneurism) और धनास्रता (Thrombosis) आदि रोगों के फलस्वरूप होता है।

लहसुन—लहसुन का रस एक चम्मच 125 ग्राम पानी में मिलाकर तीन बार नित्य पिलाने से जलोदर दूर होता है। यह कुछ दिन पिलाना चाहिए।

आम—आम खाने से जलोदर में लाभ होता है। नित्य दो-दो आम तीन बार खायें।

चना—25 ग्राम चना, 250 ग्राम पानी में औटा (Boiled) कर आधा पानी रहने पर, इसका पानी छान कर पीने से लाभ होता है। यह लगातार तीन सप्ताह तीन बार नित्य पीयें।

प्याज—कच्चा प्याज बार-बार खाने से पेशाब ज्यादा होता है और जलोदर के लिए यह एक अच्छी औषधि है। यहाँ बताई चीजें अधिक-से-अधिक संख्या में लें।

करेला—25 ग्राम करेले का रस आधा कप पानी में मिलाकर नित्य तीन बार पिलाने से तिल्ली कट जाती है।

मूली—मूली के पत्तों का रस आधा कप थोड़ा-सा पानी मिला कर तीन बार नित्य पीने से जलोदर में लाभ करता है।

दाना मेथी—दाना मेथी की सब्जी या भिगोया हुआ पानी पीना जलोदर में लाभकारी है।

गाजर—गाजर का रस, छाछ, खरबूजे का सेवन जलोदर में उपयोगी है।

हिचकी (Hiccough)

स्नायुओं में कुछ उत्तेजना होने से मध्यपट (Diaphragm) में अचानक सिकुड़न होती है, जिससे हिचकी चलने लगती है। अन्दर लिया जाने वाला साँस स्वर-यन्त्र के बन्द होने से उसी अवस्था में बीच में अचानक रुक जाता है।

हिचकी अपच में चलती है परन्तु कभी-कभी यह किसी घातक रोग का लक्षण भी हो सकती है। स्नायविक विकृति में यह मिरगी, मस्तिष्क-शोथ, तन्द्रा (Encephalitis Lethargica), हिस्टीरिया रोग का लक्षण है। हिचकी प्राय: वृक्कशोथ (Nephritis) या मूत्र-रक्त दोष (Uraemia) में आती है। यह धनुस्तम्भ (Tetanus), जल भीति (Hydrophobia), कुचला-सत विषाक्तता (Strychnine poisoning) से जाती है।

हिचकी यदि अपच से हो तो पानी में खाने का सोडा डालकर एक गिलास पीने से ठीक हो जाती है। हिचकी के रोगी को गरम दूध या गरम पानी के अतिरिक्त खाने को कुछ भी नहीं दें। इससे पाकस्थली की उत्तेजना शान्त होकर हिचकी भी अपने आप शान्त हो जायेगी। दूध या जल भी ज्यादा गरम न होना चाहिए। भोजन भी पेट भर कर नहीं करना चाहिए। साँस जितनी देर अधिक-से-अधिक रोक सकें, रोकने से हिचकी बन्द हो जाती है। हिचकी के रोगी का ध्यान किसी एक ओर केन्द्रित करने से हिचकी बन्द हो जाती है। यदि किसी विषम स्थिति के कारण हिचकी आ रही हो तो निद्राकारक औषधि देने से हिचकी बन्द हो जाती है। कोई मीठी चीज जैसे दानेदार चीनी, मिश्री मुँह में रखकर चूसने से हिचकी बन्द हो जाती है। मूली के पत्ते खाने से हिचकी रुक जाती है। पोदीने के पत्ते या नीबू चूसने से हिचकी बन्द होती है। पोदीने के पत्तों पर शक्कर डालकर भी चबा सकते हैं।

नीबू—नीबू का रस, शहद—ये दोनों एक-एक चम्मच; स्वादानुसार काला नमक मिलाकर पीने से हिचकी बन्द हो जाती है। जब तक हिचकी बन्द न हो, हर 20 मिनट से लेते रहें।

प्याज—प्याज काट कर नमक डालकर हर घंटे से खाने से हिचकी बन्द हो जाती है।

उड़द—साबुत उड़द जलते हुए कोयले, आग पर डालें और धुएँ को सूँघें। हिचकी मिटेगी।

नमक—(1) सेंधा नमक, काला नमक और नित्य काम आने वाला नमक—ये तीनों समान मात्रा में मिलाकर पीस लें। इसकी आधी चम्मच गर्म पानी में मिलाकर पीयें। हिचकी बन्द हो जायेगी। जिन बीमारियों में नमक बन्द किया हो, उनमें यह नहीं लें।

(2) साठ ग्राम पिसी हुई राई आधा किलो पानी में उबालें। चौथाई पानी रहने पर स्वादानुसार सेंधा नमक मिलाकर हर घंटे से पिलाते रहने से हिचकी बन्द हो जाती है।

(3) सेंधा नमक पानी में घोलकर नाक में टपकाने से हिचकी बन्द हो जाती है।

मूली—मूली के चार पत्ते खाने से हिचकी बन्द हो जाती है। ये हर तीन घंटे से लें।

पोदीना—हिचकी बन्द नहीं हो तो पोदीने के पत्ते या नीबू चूसें। पोदीने के पत्तों पर शक्कर डालकर भी चबा सकते हैं। हर दो घंटे से लेते रहें।

गुड़—पुराना गुड़ पीसकर इसमें पिसी हुई सौंठ मिलाकर सूँघने से हिचकी चलना बन्द हो जाती है। मटर के बराबर गोली बनाकर चूसें भी।

सोडा वाटर—कोल्ड ड्रिन्क की दुकान से सोडा की बोतल लेकर पिलाने से हिचकी बन्द हो जाती है।

दूध—गर्म दूध पीने से हिचकी बन्द हो जाती है। यह तीन बार नित्य पीयें।

अदरक—(1) सौंठ पानी में घिसकर सूँघने से हिचकी बन्द हो जाती है।

(2) सौंठ, पीपल, आँवला और मिश्री—इन सबको पीसकर शहद के साथ तीन ग्राम हर दो घंटे से चाटने से हिचकी में लाभ होता है।

(3) अदरक के बारीक टुकड़े चूसने से हिचकी फौरन बन्द होती है। बार-बार चूसें।

घी—थोड़ा-सा गरम-गरम देशी घी पी लेने से हिचकी बन्द हो जाती है। घी या पानी में सेंधा नमक पीसकर मिलाकर सूँघने से भी हिचकी बन्द हो जाती है।

गन्ना (Sugar-Cane)—गन्ने का रस पीने से हिचकी बन्द हो जाती है।

काली मिर्च—एक काली मिर्च सूई में चुभोकर जलायें और इसका धुआँ सुँघायें। इससे हिचकी बन्द हो जाती है। नित्य तीन बार करें।

दालचीनी—दालचीनी चबाकर चूसें। हिचकी बन्द हो जायेगी। हिचकी चलने पर पुनः चूसें।

इलायची—हर दो घंटे से इलायची खाने से हिचकी बन्द हो जाती है।

शहद—प्याज के रस में शहद मिलाकर चाटने से हिचकी बन्द हो जाती है। केवल शहद चाटने से भी हिचकी बन्द हो जाती है।

राई—10 ग्राम राई, 250 ग्राम पानी में उबाल कर छान कर गुनगुना रहने पर पिलाने से हिचकी बन्द हो जाती है, हिचकी चाहे किसी भी कारण से हो।

हींग—हिचकी अधिक आती हो तो बाजरे के बराबर हींग को गुड़ या केले में रखकर खायें।

तुलसी—12 ग्राम तुलसी का रस, 6 ग्राम शहद—दोनों को मिलाकर पीने से हिचकी बन्द हो जाती है। यह तीन बार नित्य पीयें।

श्वास रोकने, अकस्मात् डराने या गुस्सा दिलाने या खुशी की बात कहने से भी प्रायः हिचकी बन्द हो जाती है।

यकृत-रोग (Liver Diseases)

दाहिने भाग की पसलियों के नीचे यकृत होता है। यकृत रोग आरम्भ होते ही कम्प देकर

ज्वर (बुखार) आता है। बाद में बुखार तो शान्त हो जाता है, लेकिन यकृत की बीमारी बनी रहती है। रोग जब धीरे-धीरे पुराना हो जाता है तब यकृत कठोर एवं पहले से बड़ा हो जाता है। यकृत के स्थान को दबाने से दर्द करता है। मेहनत से यकृत में दर्द होता है। अपने आप भी बिना श्रम के दर्द होता रहता है। जीभ सफेद, सिर-दर्द, कमजोरी, रक्ताल्पता, अपच, दाहिने कन्धे के पीछे दर्द, टट्टी आँवयुक्त, कीचड़ जैसी, मुँह का बेस्वाद आदि लक्षण प्रकट होते हैं। कब्जी और पेट में गैस जमा होना इसके प्रमुख लक्षण हैं। रोग जब बढ़ता है तो घातक रूप ले लेता है और अन्त में यकृत का संकोचन होकर रोगी की मृत्यु हो जाती है। अमेबिक पेचिश पुरानी होने पर अमेबा रोगाणु यकृत में जाने से पुराना मलेरिया ज्वर, कुनैन या पारे का दुर्व्यवहार, अधिक शराब पीना, गरम जगह रहना, अधिक मिठाई खाना आदि कारणों से यकृत रोग की उत्पत्ति होती है। आठ साल से कम आयु के प्राय: बहुत-से बच्चों का यकृत खराब हो जाता है, जिससे बच्चे पुष्ट नहीं होते। बराबर रोगी, आँखें व चेहरा सफेद, रक्तहीन दिखते हैं।

यकृत का सूत्रणरोग (Cirrhosis of the Liver)

Cirrhos = भूरा। यकृत का सूत्रणरोग या सिरोसिस ऑफ द लीवर (Cirrhosis of the Liver) में यकृत कठोर तथा आकार में छोटा हो जाता है। ज्वर-कामला, यकृत प्रदेश पर दर्द, अन्न से अरुचि, वमन, अतिनैर्बल्य रक्तपित्त की प्रवृत्ति के लक्षण यकृत के कार्यों के मंद हो जाने के कारण होते हैं। रोगी दुर्बल, पीला, नीली नसें, उभरा चेहरा होता है। आँतों में से प्रोटीन भोजन से उत्पन्न विषों के रक्त में चले जाने से उनके दुष्प्रभाव से मृत्यु हो जाती है। यह एक घातक रोग है। परन्तु जब कोई बाह्य या आभ्यन्तर विषद्रव्य थोड़ी-थोड़ी मात्रा में लगातार यकृत में प्रवेश करता रहे तो कुछ एक मृत हुए सैलों के स्थान पर नये सैल अतिमात्रा में उत्पन्न हो जाते हैं, और कुछ एक मृत हुए सैलों के स्थान पर नया स्नायुतन्तु आ जाता है। इसका परिणाम यह होता है कि यकृत आकार में बड़ा तथा कठोर हो जाता है। इसे चिरस्थाई वृद्धि कहते हैं। यह 40-50 वर्ष की आयु में पुरुषों को अधिक होता है।

यकृत के रोगी को फलों का रस, सलाद, हरी सब्जियों का रस, खट्टे फल, अनन्नास, मौसमी, नारंगी, मीठे पदार्थ—अरबी, आलू, गाजर, चुकन्दर, खजूर, अंजीर, किशमिश, आम, पपीता, शहद आदि लाभदायक हैं। तले हुए पदार्थ चाय, कॉफी, तेज मसाले, तम्बाकू का सेवन बन्द करना चाहिए। शराब तो यकृत रोगी के लिए जहर के समान है, बिल्कुल बन्द कर देनी चाहिए।

यकृत के रोगी को घी और चीनी बहुत कम खानी चाहिए। 'अपच' में बताई गई चीजों का सेवन भी लाभदायक है। 'पीलिया' में वर्णित पीपल का सेवन भी लाभदायक है। लीची, चुकन्दर, लौकी, बथुआ, छाछ का सेवन यकृत रोगों में लाभदायक है, ये यकृत को शक्ति देते हैं।

नीबू—नीबू के चार भाग करें पर टुकड़े अलग न हों। एक में नमक, एक में काली मिर्च, एक में सौंठ, चौथे में मिश्री या शक्कर लगा दें, रात को प्लेट में रखकर ढक दें। सुबह तवे पर गर्म कर चूसने से यकृत (लीवर) सही होगा, भूख बढ़ेगी। ऐसे मरीज के लिए इससे बढ़कर कोई औषधि नहीं है। *—श्री हुकुमतराय, अजमेर का अनुभूत*

धनिया—धनिया, सौंठ, काला नमक का चूर्ण बनाकर रखिए और दिन में तीन बार सेवन कीजिए। इससे मन्दाग्नि ठीक होती है और यकृत को शक्ति, स्फूर्ति मिलती है। भूख लगती है।

सेब—सेब यकृत रोगों में लाभदायक है। इससे यकृत को शक्ति मिलती है।

छाछ, बथुआ, लीची, अनार, जामुन, चुकन्दर, आलूबुखारा यकृत को शक्ति देता है, गैस और कब्ज दूर करता है। ये नित्य खायें।

लौकी—लौकी को आँच में सेक कर भुर्ता-सा बना लें, फिर इसका रस निकाल लें और रस में मिश्री मिला कर पीयें। यह यकृत की बीमारी में लाभप्रद है।

चावल—सूर्योदय से पहले उठकर मुँह साफ करके एक चुटकी कच्चे चावल की फँकी लें। यह प्रयोग यकृत को मजबूत करने के लिए बड़ा अच्छा है। जिन लोगों ने इस प्रकार चावल लिए हैं, उन्हें लाभ हुआ है।

नमक—आधा चम्मच सेंधा नमक, चार चम्मच राई पानी डालकर पीसकर यकृत-स्थान पर पाँच मिनट लेप करें और फिर धोकर घी लगा दें। इससे यकृत में हो रहे दर्द में लाभ होता है।

पान—खाने के पान के चिकनी ओर तेल लगाकर गर्म करके यकृत स्थान पर बाँधने से यकृत के दर्द में लाभ होता है।

पीपल—चार पीपल पीसकर आधा चम्मच शहद में मिलाकर चाटें। बढ़े हुए यकृत में लाभ होता है।

पपीता—पपीता पेट साफ करता है। यकृत को ताकत देने वाला है। छोटे बच्चे जिनका यकृत खराब रहता है, उन्हें पपीता खिलाना चाहिए।

गाजर—यकृत रोग ग्रस्त, पित्तदोषग्रस्त व्यक्तियों को बार-बार गाजर खानी चाहिए। फ्रांस में इन रोगों के लिए गाजर को उपयोगी समझते हैं।

खरबूजा—यह यकृत की सूजन मिटाता है। नित्य दो बार खायें।

करेला—3 से 8 वर्ष तक के बच्चे को आधा चम्मच करेले का रस नित्य देने से यकृत ठीक रहता है। यह पेट साफ रखता है। यकृत बढ़ने पर 50 ग्राम करेले का रस पानी में मिलाकर पिलाने से लाभ होता है।

बैंगन—इससे बढ़े हुए यकृत में आराम होता है।

अजवाइन—15 ग्राम अजवाइन प्रातः मिट्टी के बर्तन जैसे सिकोरे में पानी डाल कर भिगो दें। दिन में मकान में, रात को खुले में, ओस में रखें। दूसरे दिन प्रातः छानकर पानी पीयें। यह लगातार 15 दिन पीयें। इससे बढ़ा हुआ यकृत ठीक हो जाता है। भूख लगती है।

तुलसी—एक गिलास पानी में 12 ग्राम तुलसी के पत्ते उबाल कर चौथाई रहने पर छानकर पीने से यकृत का बढ़ना एवं यकृत के अन्य रोग ठीक हो जाते हैं।

सर्दी में आहार

तीन ऋतुओं में शीत ऋतु ही ऐसी ऋतु होती है जो प्राकृतिक रूप से हमारे शरीर को पोषण प्रदान करने में सहायक होकर स्वास्थ्य की न केवल रक्षा करती है बल्कि शरीर में बल-वीर्य की वृद्धि भी करती है। सर्दी में कमाई गई ऊर्जा वर्ष भर काम देती है।

इस मौसम में शरीर की उष्मा वातावरण में व्याप्त शीत के प्रकोप एवं शीतल वायु के स्पर्श से शरीर के अन्दर ही रुककर बढ़ती तथा बलवान होती है। इसी उष्मा की ऊष्णता से पेट में स्थित जठराग्नि को बढ़ाकर प्रबल बनाती है जिससे स्वस्थ और बलवान व्यक्ति के पाचन संस्थान का बल बढ़ता है। यह भारी द्रव्य और अधिक मात्रा में लिए गए आहार को पचाने में समर्थ हो जाता है। इसलिए शीत ऋतु में पौष्टिक आहार विशेष रूप से सेवन करना चाहिए।

हमें अपने आहार में ऐसे पदार्थों को शामिल कर लेना चाहिए जो कि चिकनाई वाले, मधुर, लवण और अम्ल रस वाले, पौष्टिक और शरीर को बल प्रदान करने वाले गुण रखते हों।

गेहूँ, बाजरा, मक्का, चना, मूँग, मोठ, उड़द, मसूर आदि हितकर होते हैं। साथ ही दूध, घी, मावा, रबड़ी, खीर, मलाई आदि अनेक मिष्ठान भी शक्तिवर्धक होते हैं। गाजर का हलुवा तिल और गुड़ से बने खाद्य पदार्थ इस मौसम में प्रिय लगते हैं। मूँगफली, खजूर, पपीता, केला, सेब, अनार, चीकू भी लाभदायक हैं। रात के भोजन के दो घण्टे पश्चात् दूध खजूर औटाकर पीना तथा खजूर खाना बहुत अच्छा है। लहसुन का प्रयोग करना भी अच्छा है। यह नहीं कि शीतकाल में कीमती पौष्टिक नुस्खों का प्रयोग ही आहार में करें। इस मौसम में गाजर, मूली, टमाटर, ककड़ी भी सलाद में लेते रहें। आँवला, गाजर, टमाटर का रस भी बहुत लाभदायक है। अत: कम मूल्य में भी अच्छे पौष्टिक आहार का सेवन किया जा सकता है। (देखें—शीतकाल का भोजन)

जुकाम, सर्दी (Catarrh, Coryza)

बदलते मौसम में सर्दी से बचाव की पूर्ण सावधानी रखनी चाहिये। गर्म कपड़े पहने रहना चाहिये। बदलते मौसम में जुकाम-खाँसी, एलर्जी और साँस के रोग अधिक होते हैं। सर्दी की लापरवाही से जुकाम हो जाता है और कफ बनकर साँस के रोग हो जाते हैं। शारीरिक रूप से कमजोर लोगों को सर्दी के दुष्प्रभाव अधिक होते हैं। ठंड में दिल के दौरे पड़ने की सम्भावना ज्यादा रहती है, क्योंकि सर्दी से दिल में सिकुड़न आती है। बुखार, खाँसी, जुकाम, दस्त, वायरल बुखार, त्वचा में खुश्की होती है।

बाजार की चीजें, तली हुई चीजों को बदलते मौसम में नहीं खाना चाहिए।

सर्दी लगने पर दाईं नाक से श्वास लेनी चाहिए। शरीर में गर्मी होने पर बाईं नाक से साँस लेनी चाहिए।

चिकित्सा शास्त्र की किताबों में सर्दी-जुकाम का कोई इलाज नहीं पाया जाता। डॉक्टरों द्वारा लिखी जाने वाली दवाएँ जुकाम में आराम का अहसास करवाती हैं, लेकिन उससे जुकाम की अवधि में कमी नहीं आती। रोग दब जाता है जो कभी भी फिर कुपित हो जाता है। जुकाम हमें श्वसन-मार्ग के ऊपरी हिस्सों में आने वाली सूजन से होता है। जुकाम में बंद नाक खोलने वाली, नाक में डालने वाली दवाओं का उपयोग नहीं किया जाना चाहिए। इनसे रक्तचाप बढ़ता है और रक्त-वाहिनियाँ सिकुड़ जाती हैं।

प्राय: जुकाम से परेशान होना पड़ता है। यहाँ घरेलू उपचार के लिए खान-पान की कुछ चीजें जिनके सेवन से जुकाम ठीक हो जाता है, दी जा रही हैं। यदि अन्य किसी प्रकार की चिकित्सा चल रही हो तो उनके साथ भी इनका सेवन किया जा सकता है। इनके विवेचन से पता चलेगा कि भोजन के द्वारा चिकित्सा बहुत सरल और हानि रहित है।

जुकाम के कारण—(1) पूर्व संचित दोष—साँस, कब्ज, टान्सिल बढ़ना, नासा रोग, दुर्बलता, शीत प्रकृति।

(2) तात्कालिक उत्तेजक प्रभाव—वर्षा में भीगना, ठण्ड लगना, कड़ी धूप में घूमना और तुरन्त पानी पीना, रात्रि-जागरण, अपच, एकाएक पसीना बन्द करना, अति स्त्री-सहवास, स्वच्छ वायु का अभाव, गर्म पानी से स्नान तथा सर्दी के प्रति भय, शीतल पदार्थों का सेवन।

निषेध—सर्दी जुकाम में दूध, दही नहीं लेना चाहिए। यदि दूध लेना हो तो मोटी इलायची,

दो पीपल, दो छुहारा, चार खजूर—इनमें से कोई एक दूध में उबाल कर दूध पीयें। पूर्व पृष्ठों में शक्तिवर्धक पाठ में बताया गया मुनक्का का प्रयोग बहुत लाभदायक है।

सर्दी जुकाम को ठीक करने के लिए सर्वोत्तम विटामिन 'सी' का उपयोग है। मेरी '*शक्तिवर्धक भोजन*' पुस्तक में विटामिन 'सी' पढ़ें। सर्दी-जुकाम से आराम दिलाने में विटामिन 'सी' के अलावा कई परम्परागत इलाज भी उपलब्ध हैं, जैसेकि गरारे करना, अदरक और शहद का सेवन तथा भाप लेना आदि।

पानी—जुकाम आदि तात्कालिक कारणों से हो तो गरम जल पीयें और भोजन न करें। इससे जुकाम ठीक हो जायेगा। तात्कालिक कारणों वाला जुकाम सामान्य होता है। एक दिन जुकाम लगता है, दूसरे दिन तेज नाक बहता है, तीसरे दिन पककर ठीक हो जाता है। जुकाम की खान-पान के स्थान पर गरम और खुश्क दवाओं से चिकित्सा की गई तो जुकाम बिगड़ जायेगा और फलस्वरूप अनेक रोग पैदा हो जायेंगे।

गुड़—(1) सर्द ऋतु में गुड़ और काले तिल के लड्डू खाने से जुकाम, खाँसी आदि रोग नहीं होते हैं। अतः बचने हेतु यह सेवन करें।

(2) बिगड़ी हुई सर्दी में पुराना गुड़ 30 ग्राम, दही 60 ग्राम और 6 ग्राम काली मिर्च पिसी हुई मिलाकर प्रात:काल उठते ही व शाम को 5 दिन सेवन करने से लाभ होता है। फिर जुकाम नहीं लगता। जुकाम बिगड़ जाने से मन्द-ज्वर, अरुचि, कफ, खाँसी, बलगम गिरना, नाक से दुर्गन्ध आना तथा दुर्गन्धयुक्त स्राव होना, सिर दर्द आदि अन्य रोग उत्पन्न हो जाते हैं।

नारंगी—सर्दी, खाँसी होने पर गर्मी में ठण्डे पानी के साथ और सर्दी में गरम पानी से नारंगी का रस पीने से लाभ होता है। एक नारंगी के छिलकों के छोटे-छोटे टुकड़े करके एक गिलास पानी में उबालें। आधा पानी रहने पर छान कर सुबह-शाम दो बार पीयें। इस काम के लिए नारंगी के छिलके छाया में सुखा कर रख सकते हैं। जब आवश्यकता हो, इनको काम में लें।

सेब—दुर्बल मस्तिष्क के कारण भी सर्दी-जुकाम सदा बना रहता है। ऐसे रोगियों को जुकाम की दवाओं से लाभ नहीं होता। ऐसे लोगों की जुकाम ठीक करने के लिए भोजन से पहले छिलके सहित सेब खानी चाहिए। इससे मस्तिष्क की दुर्बलता भी दूर होगी।

आँवला—जिन्हें प्राय: जुकाम रहता है, उन्हें आँवले का अधिक प्रयोग करना चाहिए।

अंगूर—नित्य 50 ग्राम अंगूर खाते रहने से बार-बार जुकाम लगना बन्द हो जाता है।

अंजीर—पाँच अंजीर पानी में उबाल कर छानकर यह गर्मागर्म पानी सुबह-शाम पीयें।

लहसुन—जुकाम में लगातार 5-7 या अधिक **छींकें** आती हों तो लहसुन खाने से **छींकें** आनी बन्द हो जाती हैं।

मक्का—मक्का का भुट्टा जलाकर उसकी राख पीस लें। इसमें स्वादानुसार सेंधा नमक मिला लें। नित्य चार बार चौथाई चम्मच गर्म पानी से फँकी लें। लाभ होगा।

दूध—दूध में पाँच पीपल डालकर गर्म करें। फिर शक्कर डालकर नित्य सुबह-शाम पीयें।

चाय—जुकाम यदि ठण्ड से हो, छींकें, आँख, नाक से पानी निकलता हो तो चाय पीना लाभदायक है। इससे ठण्ड दूर होकर पसीना आता है तथा सर्दी में आराम मिलता है। यदि जुकाम खुश्क हो, कफ गाढ़ा, पीला, बदबूदार हो, सिर-दर्द, विवर प्रवाह (Sinusitis) हो तो चाय पीना हानिकारक है।

पान—जुकाम हो तो पान में लौंग डालकर खाएँ।

पानी—अगर नाक से **पानी बहता** हो तो गर्म पानी की भाप को नाक से खींचें। नाक से पानी बहना बंद हो जाएगा।

धनिया—125 ग्राम धनिया कूटकर 500 ग्राम पानी में उबालें। जब पानी चौथाई भाग रह जाये तो छानकर 125 ग्राम मिश्री मिलाकर फिर गरम करें। जब गाढ़ा हो जाये तो उतार लें। यह प्रति दिन दस ग्राम चाटें। मस्तिष्क की कमजोरी से होने वाली जुकाम ठीक हो जायेगी। मस्तिष्क की कमजोरी भी ठीक होगी (सेब)।

शहतूत—जुकाम और गले के रोगों में शहतूत हितकर है।

गाजर—गाजर का रस 310 ग्राम, पालक का रस 125 ग्राम मिलाकर पीने से सर्दी, जुकाम ठीक हो जाते हैं।

सौंफ—जुकाम में 15 ग्राम सौंफ, 5 लौंग आधा किलो पानी में उबालें, चौथाई पानी रहने पर देशी बूरा या चीनी मिलाकर घूँट-घूँट पीयें।

हल्दी—(1) यदि जुकाम, दमा में **कफ** गिरता हो तो नित्य तीन बार एक चम्मच पिसी हुई हल्दी की गरम पानी से फँकी लें।

(2) हल्दी का धुआँ सूँघने से जुकाम का पानी, कफ बह कर बाहर आ जाता है। इसके बाद आधा घंटा पानी नहीं पीयें।

(3) एक कप गर्म दूध में 10 काली मिर्च पिसी हुई, आधा चम्मच हल्दी पिसी हुई मिलाकर लेने से जुकाम, **बुखार** में लाभ होता है।

नमक—सेंधा नमक एक भाग, देशी चीनी (बूरा) चार भाग, दोनों मिलाकर पीस लें। यह आधा चम्मच नित्य तीन बार गरम दूध से लेने से जुकाम ठीक होता है।

नीबू—(1) गुनगुने पानी में नीबू निचोड़कर पीने से जुकाम ठीक हो जाता है। तेज जुकाम हो तो एक गिलास उबलते हुए गरम पानी में एक नींबू इच्छानुसार शहद मिलाकर रात को पीयें।

(2) एक छोटा चम्मच शहद, नीबू का रस और थोड़ा-सा अदरक का रस एक गिलास गरम पानी में मिलाकर पिएँ। इस दौरान चाय या कॉफी का सेवन न करें।

मौसमी—जिन व्यक्तियों को बार-बार जुकाम, सर्दी लग जाती है, वे थोड़े समय तक मौसमी का रस पीकर इससे स्थाई रूप से बच सकते हैं।

मुनक्का—(1) जुकाम में मुनक्का लाभप्रद है। जुकाम बार-बार लगता हो, ठीक ही न होता हो तो 11 मुनक्का, 11 काली मिर्च, 5 बादाम भिगो कर छील लें। फिर इन सबको पीस कर 25 ग्राम मक्खन में मिलाकर रात को सोते समय खायें। प्रातः दूध में पीपल, काली मिर्च, सौंठ डाल कर उबाला हुआ दूध पीयें। यह कई महीने करें। जुकाम स्थाई रूप से ठीक हो जायेगा।

(2) 6 बादाम, 6 मुनक्का, 6 पिस्ते, एक लौंग, एक इलायची, दो चम्मच खशखश—सब सबेरे पानी में भिगो दें। पानी इतना ही डालें कि ये भीगी रहें। शाम को बादाम छील लें, मुनक्का के बीज निकाल लें तथा सब को पीसकर गीले मोटे कपड़े में पोटली बाँध कर तवे पर सेक लें। रात को सोते समय इसे खायें और पानी नहीं पीयें। जुकाम ठीक होगी।

(3) गरम पानी के साथ मुनक्का लेने से जुकाम ठीक हो जाती है।

सरसों का तेल—पुरानी जुकाम में जब नाक से **दुर्गन्ध** आये, रक्त रंजित या रक्तहीन पीले श्लेष्मा के छिछड़े गिरते हों तो सोते समय 15 बूँद सरसों के तेल में 7 बूँद पानी मिलाकर मथें, रगड़ें और झाग आने पर सूँघें तथा नाक में भी लगायें, लाभ होगा।

हींग—हींग के घोल को सूँघने से नाक में जमा रीट (कफ, श्लेष्मा) बाहर निकल आता है एवं दुर्गन्ध भी दूर होती है।

अमरूद—बहुत पुरानी सर्दी, जुकाम तीन दिन तक केवल अमरूद खाकर रहने से ठीक हो जाती है।

प्याज—कच्चा प्याज खाने से जुकाम ठीक हो जाता है। ठण्ड से उत्पन्न रोगों में लाभदायक है। जुकाम में नाक से पानी बहता हो तो प्याज का रस सुँघाने से जुकाम में लाभ होता है।

पोदीना—जुकाम, खाँसी होने पर पोदीने की चाय में कुछ नमक डालकर पीने से लाभ होता है।

चना—गरम-गरम चने रुमाल में रखकर सूँघने से जुकाम ठीक हो जाता है। चने उबाल कर इनका पानी पीयें। उबले हुए चनों को खायें। स्वाद के लिए नमक, काली मिर्च डाल लें। चने जुकाम में बहुत लाभदायक हैं।

अजवाइन—(1) इसकी बीड़ी या सिगरेट बनाकर पीने से जुकाम में लाभ होता है।

(2) 6 ग्राम अजवाइन पतले कपड़े में बाँधकर हथेली पर रगड़कर बार-बार सूँघें। जुकाम दूर हो जायेगा।

अदरक—(1) सूखी अदरक (सौंठ) और गुड़ या चीनी पानी में डालकर उबालें। जब चौथाई रह जाय तब सुहाता-सुहाता गरम छानकर 3 बार पी जायें, लाभ होगा।

(2) अदरक के एक चम्मच रस में स्वादानुसार सेंधा नमक मिलाकर गर्म करके पीने से **छींकों** का आना बंद हो जाता है तथा सर्दी भी दूर हो जाती है। दो-तीन दिनों तक लगातार इसका सेवन करते रहना चाहिए।

(3) गले के दुःखने पर एक पान के पत्ते में छोटा टुकड़ा अदरक एवं दो लौंग रखकर धीरे-धीरे रस को चूसिए।

तुलसी—दस तुलसी के पत्ते, पाँच काली मिर्च पानी में मिलाकर चाय की तरह उबालें। फिर इसमें थोड़ा-सा गुड़ और देशी घी या सेंधा नमक डालकर पीयें। इससे जुकाम में लाभ होता है। छोटे बच्चों को तुलसी के पत्ते दूध में उबाल कर दें।

शहद—(1) 2 चम्मच शहद, 200 ग्राम हल्का गर्म दूध, आधा चम्मच मीठा सोडा इन सबको मिलाकर सुबह और शाम को पिलायें, इससे बहुत **पसीना आयेगा।** पसीने में हवा न लगने दें। इससे जुकाम, फ्लू ठीक हो जायेगा। (2) 30 ग्राम शहद, दो चम्मच अदरक का रस गरम पानी मिलाकर पीने से जुकाम ठीक हो जाता है।

जायफल—जायफल को पानी में घिसकर शहद में मिलाकर सुबह-शाम चाटने से बच्चों को जुकाम जो बार-बार लगता है, ठीक हो जाता है।

शक्कर—जलते हुए कोयलों पर शक्कर डाल कर नाक से धुआँ अन्दर खींचने से रुका हुआ जुकाम ठीक हो जाता है।

राई—गर्मी में राई को शहद में मिलाकर सूँघने एवं खाने से जुकाम मिटता है।

काली मिर्च—रात को 10 काली मिर्च चबाकर गरम दूध पीयें, इससे जुकाम में लाभ मिलता है।

इमली—तुरंत सर्दी हुई हो तो इमली के पत्तों को पानी में उबालकर, छानकर उस पानी को एक कप की मात्रा में दो बार पीएँ।

खाँसी (Cough)

खाँसी स्वयं कोई रोग नहीं है। यह अन्य रोगों का लक्षण मात्र है। खाँसी यदि बनी रहे तो अन्य रोग पैदा कर देती है। खाँसी के कारण दुर्बलता के अलावा गले, साँस की नलियों, फेफड़े व दिल की बीमारियाँ होती हैं। टी.बी. दमा में भी खाँसी प्रमुख लक्षण है। जब तक खाँसी के मूल कारण वाली बीमारी का पूर्ण इलाज न किया जाये तब तक केवल खाँसी की पेटेण्ट दवा पीने से क्षणिक लाभ भले ही मिले पर बीमारी ठीक नहीं हो सकती। खाँसी दो प्रकार की होती है—(1) सूखी (2) कफ वाली। सूखी खाँसी नई होती है एवं कठिनाई से थोड़ा-थोड़ा कच्चा थूक आता है तथा कफ वाली तर एवं जरा-सा खाँसने से ही कफ निकलता है। पुरानी खाँसी में प्राय: कफ होता है। गरम चीजें खाने-पीने से खाँसी कम चलती है। जुकाम खाँसी होने का प्रमुख कारण है। अत: जुकाम में वर्णित भोज्य पदार्थ भी इसकी चिकित्सा में प्रयोग कर सकते हैं। निम्न खान-पान की चीजें अधिकाधिक प्रयोग करके खाँसी ठीक करें—

नीबू—श्वास, खाँसी में नीबू में काली मिर्च, नमक भरकर चूसने से लाभ होता है।

नारंगी—खाँसी में गर्मी में ठण्डे पानी के साथ और सर्दी में गरम पानी से नारंगी का रस पीने से लाभ होता है।

सेब—पकी हुई सेब का रस निकाल कर मिश्री मिलाकर प्रात: पीते रहने से पुरानी खाँसी में लाभ होता है।

आँवला—(1) पिसा हुआ आँवला एक चम्मच शहद में मिलाकर नित्य दो बार चाटें।

(2) सूखी खाँसी में—ताजे या सूखे आँवले को चटनी के साथ हरे धनिए की पत्तियाँ पीसकर सेवन करें। खाँसी में काफी आराम मिलेगा तथा कफ निकल जाएगा।

अंगूर—अंगूर खाने से फेफड़ों को शक्ति मिलती है। कफ बाहर आ जाता है। अंगूर खाने के बाद पानी न पीयें।

पालक—खाँसी में पालक के रस को हल्का-सा गर्म करके कुल्ले करने से लाभ होता है।

शलगम—शलगम को पानी में उबाल कर इसके पानी को छानकर शक्कर मिला कर पीने से लाभ होता है।

मेथी—चार चम्मच दाना मेथी एक गिलास पानी में उबालें। आधा पानी रहने पर छानकर गर्म-गर्म ही पीयें।

अंजीर—अंजीर पुरानी खाँसी वाले रोगी को लाभ पहुँचाता है, क्योंकि यह बलगम को पतला कर काटता रहता है।

दूध—दूध में पाँच पीपल डालें, गर्म कर, शक्कर मिलाकर नित्य सुबह-शाम कुछ महीने पीयें।

तिल—यदि सर्दी लगकर खाँसी हो तो चार चम्मच तिल और इतनी ही मिश्री मिलाकर एक गिलास पानी में उबालें, जब आधा पानी रह जाये तो पी जायें। इस तरह तीन बार नित्य पीयें।

दालचीनी—दालचीनी चूसते रहने से खाँसी नहीं चलती।

लौंग—एक भाग लौंग और दो भाग अनार के छिलके मिलाकर पीसकर इनका चौथाई चम्मच आधे चम्मच शहद में मिलाकर नित्य तीन बार चाटने से खाँसी ठीक हो जाती है।

सौंफ—दो चम्मच सौंफ, दो चम्मच अजवाइन, आधा किलो पानी में उबालकर दो चम्मच शहद मिलाकर छान लें। इसकी तीन चम्मच प्रति घण्टा पिलाने से बच्चों की खाँसी दूर हो जाती है।

काली मिर्च—(1) काली मिर्च और मिश्री मुँह में रखें, इससे गला भी खुल जाता है।

(2) पाँच काली मिर्चें और चौथाई चम्मच पिसी हुई सौंठ को एक चम्मच शहद में मिलाकर सुबह-शाम चाटने से कफ वाली खाँसी ठीक होती है।

(3) एक चम्मच पिसी हुई काली मिर्च साठ ग्राम गुड़ में मिलाकर गोलियाँ बना लें और आधी-आधी सुबह-शाम चूसें, हर प्रकार की खाँसी ठीक हो जाती है।

(4) काली मिर्च और मिश्री सम भाग पीस लें। इसमें इतना घी मिलावें कि गोली बन जाये। इस गोली को मुँह में रख कर चूसें, हर प्रकार की खाँसी में लाभ होगा।

(5) दस-दस काली मिर्च पीस कर शहद में मिलाकर प्रात:-शाम चाटें। रात को गर्म दूध में दस पिसी हुई काली मिर्च डालकर पीयें।

(6) पिसी हुई दस काली मिर्च एक चम्मच गर्म घी में मिलाकर चाटने से सूखी खाँसी ठीक हो जाती है।

(7) दस काली मिर्च एक गिलास पानी में उबाल कर पीयें।

(8) गाजर के रस में मिश्री मिलाकर आँच पर गाढ़ा होने तक पकाएँ। इसमें पिसी कालीमिर्च का चूर्ण मिलाकर खाँसी के रोगी को खिलाने से कफ निकल जाता है।

धनिया—धनिया व मिश्री पीस कर समान मात्रा में दो चम्मच एक कप पानी (चावल भिगोया हुआ पानी) के साथ पिलाने से लाभ होता है।

मिश्री—खाँसी बार-बार चलती हो तो मिश्री का टुकड़ा मुँह में रखें।

कॉफी—तेज खाँसी में बिना दूध की गर्म कॉफी पीयें।

पान—खाँसी बार-बार चलती हो तो सेकी हुई हल्दी का टुकड़ा पान में डालकर खायें। खाँसी रात को अधिक चलती हो तो पान में अजवाइन डाल कर खायें। पान का पीक निगलते जायें।

अनार—आठ भाग अनार का छिलका, एक भाग सेंधे नमक में पानी डालकर गोलियाँ बना लें। एक-एक गोली तीन बार चूसने से खाँसी ठीक हो जाती है।

छोटी इलायची—खाँसी में छोटी इलायची खाने से लाभ होता है।

लहसुन—(1) 62 ग्राम सरसों के तेल में लहसुन की गाँठ को साफ करके उसमें पकाकर रखें। इस तेल की सीने व गले पर मालिश करें। मुनक्का के साथ दिन में तीन बार लहसुन खायें। खटाई खाना छोड़ दें। (2) बीस बूँद लहसुन का रस अनार के शर्बत में मिलाकर पिलायें। हर प्रकार की खाँसी में लाभ होगा।

पानी—रात को गर्म पानी पीकर सोने से खाँसी कम चलती है।

पोदीना—पोदीने की चाय में कुछ नमक डालकर पीने से खाँसी में लाभ होता है।

गेहूँ—20 ग्राम गेहूँ, 9 ग्राम सेंधे नमक को एक गिलास पानी में औटा कर (Boiled) तिहाई पानी रहने पर छानकर पिलाने से सात दिन में खाँसी मिट जाती है।

घी—देशी घी और गुड़ आग पर गरम करें, पिघलने पर खिलायें। छाती पर घी और सेंधा नमक मिलाकर मालिश करें, इससे पुरानी खाँसी ठीक हो जाती है।

सरसों का तेल—बालक को खाँसी आती हो तो सीने पर सरसों के तेल की मालिश करें। गुदा (Rectum) पर भी तेल लगायें। श्वास हो, कफ जमा हो तो सरसों के तेल में सेंधा नमक मिलाकर मालिश करें। लाभ होगा।

गुड़—सर्द ऋतु में गुड़ और काले तिल के लड्डू खाने से खाँसी, दमा, ब्रांकाइटिस दूर होती है।

हल्दी—खाँसी, गले, सीने में घबराहट हो तो हल्दी, गरम पानी नमक घोलकर पिलायें। हल्दी का छोटा-सा टुकड़ा मुँह में रखकर चूसते रहें। खाँसी नहीं आयेगी।

मौसमी—जिन व्यक्तियों को बार-बार खाँसी, जुकाम, सर्दी लग जाती है, वे थोड़े समय तक मौसमी का रस पीकर इससे स्थाई रूप से बच सकते हैं।

मुनक्का—खाँसी में मुनक्का लाभप्रद है। जुकाम बार-बार लगता हो, ठीक ही न होता हो तो 11 मुनक्का, 11 काली मिर्च, 5 बादाम भिगो कर छील लें। फिर इन सबको पीसकर 25 ग्राम मक्खन में मिलाकर रात को सोते समय खायें। प्रातः दूध में पीपल, काली मिर्च, सौंठ डालकर उबाला हुआ दूध पीयें। यह कई महीने करें। जुकाम स्थाई रूप से ठीक हो जायेगा।

फिटकरी—आधा ग्राम पिसी हुई फिटकरी शहद में मिलाकर चाटने से दमा, खाँसी में आराम आता है।

शहद—(1) एक नीबू पानी में उबालें फिर निकाल कर काँच के गिलास में निचोड़ें। इसमें एक औंस ग्लिसरीन और तीन औंस शहद मिलाकर हिलायें। इसकी एक-एक चम्मच चार बार लेने से खाँसी चलना बन्द हो जाती है। (2) शहद खाँसी में आराम देता है। 12 ग्राम शहद दिन में तीन बार चाटने से कफ निकल जाता है, खाँसी ठीक हो जाती है।

लाल मिर्च—होम्योपैथी में लाल मिर्च से बनी औषधि कैप्सिकम एनम है। इसके मदर टिंचर की पाँच-पाँच बूँद गरम पानी में तीन बार नित्य पिलायें। कफ वाली खाँसी में लाभदायक है।

अजवाइन—अजवाइन खाकर गरम पानी पीने से खाँसी ठीक हो जाती है।

अदरक—अदरक का रस 30 ग्राम गरम करके नित्य तीन बार दस दिन पीयें। खाँसी, दमा के लिए बहुत उपयोगी है। परहेज—खटाई, दही का प्रयोग न करें। 12 ग्राम अदरक के टुकड़े करके एक गिलास पानी, दूध, शक्कर मिलाकर चाय की तरह उबाल कर पीने से खाँसी, जुकाम ठीक होता है। घी में गुड़ डालकर गरम करें। दोनों मिलकर एक होने पर 12 ग्राम पिसी हुई सौंठ डालें। यह एक खुराक है। प्रातः भूखे पेट नित्य सेवन से खाँसी जुकाम ठीक होता है। आठ काली मिर्च, स्वादानुसार नमक और गुड़, चौथाई चम्मच पिसी हुई सौंठ, एक गिलास पानी में उबालें। आधा रहने पर गर्म-गर्म सुहाता हुआ पीयें। खाँसी ठीक हो जायेगी। दस ग्राम अदरक को बारीक-बारीक कतर कर कटोरी में रखें और 20 ग्राम गुड़ डाल कर आग पर रख दें। थोड़ी देर में गुड़ पिघलने लगेगा तब चम्मच से गुड़ को हिलाकर मिला लें। जब अच्छी तरह पिघल कर दोनों पदार्थ मिल जाएँ तब उतार लें। इसे थोड़ा गरम रहे तब 1 या 2 चम्मच चाटने से कफ युक्त खाँसी में आराम होता है। इसे खाने के एक घंटे बाद तक पानी नहीं पीना चाहिए या सोते समय चाटकर कुनकुने गर्म पानी में कुल्लाकर मुँह साफ करके सो जाना चाहिए। बहुत लाभप्रद उपाय है।

तुलसी—ऐसी खाँसी हो जिससे छाती में दर्द हो, जीर्ण ज्वर हो, तो तुलसी के पत्तों के रस में मिश्री मिलाकर पीने से लाभ होता है।

(1) पाँच लौंग भूनकर तुलसी के पत्तों के साथ चबाने से सब तरह की खाँसी ठीक हो जाती है। तुलसी की सूखी पत्तियाँ और मिश्री चार ग्राम की एक मात्रा, लेने से खाँसी और फेफड़ों की घबराहट दूर होती है।

(2) तुलसी के पत्ते और काली मिर्च समान भाग लेकर पीस लें। एक गोली चार बार दें। बलगम बाहर हो जाता है।

(4) तुलसी की 12 ग्राम हरी पत्तियों का काढ़ा (Decoction) बनाकर उसमें चीनी एवं दूध मिलाकर पीने से खाँसी व छाती का दर्द दूर होता है।

(5) तुलसी के पत्तों का रस शहद में मिलाकर पिलाने से खाँसी में लाभ होता है।

(6) 3 ग्राम तुलसी का रस, 6 ग्राम मिश्री, 3 काली मिर्च मिलाकर लेने से छाती के जकड़ने, पुराने बुखार और खाँसी में लाभ होता है।

(7) ज्वर, खाँसी, श्वास रोग में तुलसी की पत्तियों का रस तीन ग्राम, अदरक का रस तीन ग्राम, शहद 5 ग्राम मिलाकर सुबह-शाम चाटें, लाभ होगा।

(8) जुकाम, खाँसी, गलशोथ, फेफड़ों में कफ जमा हो तो तुलसी के सूखे पत्ते, कत्था, कपूर और इलायची समभाग, नौ गुनी शक्कर—सबको बारीक पीस लें। यह होम्योपैथी का 1x विचूर्ण (Trituration) बन जाता है। इसे चुटकी भर सुबह-शाम सेवन करने से जमा हुआ कफ निकल जाता है।

नारियल—सूखा नारियल कस कर बुरादा करके एक कप पानी में चौथाई नारियल दो घंटे भिगोयें। फिर छानकर नारियल का बुरादा निकाल कर पीसें। चटनी-सी बनने पर भिगोये हुए पानी में घोल कर पी जायें। इस प्रकार नित्य तीन बार यह पीयें। इससे खाँसी, फेफड़े के रोग, टी.बी. में लाभ होता है। शरीर पुष्ट होता है। इसके साथ नारियल भी खायें।

सूखी खाँसी

गुड़—15 ग्राम गुड़ और 15 ग्राम सरसों का तेल मिलाकर चाटने से लाभ होता है।

तरबूज—सूखी खाँसी में तरबूज खाना उपयोगी है।

आम—पके हुए आम को गरम राख में दबाकर भूनकर ठण्डा होने पर चूसें, इससे सूखी खाँसी ठीक हो जाती है।

खजूर—खजूर सूखी खाँसी में लाभदायक है।

गन्ना—गन्ने का रस पीने से सूखी खाँसी में लाभ होता है। छाती की घरघराहट जाती रहती है।

काली मिर्च—(1) खाँसी में काली मिर्च और मिश्री मुँह में रखें। इससे गला भी खुल जाता है।

(2) काली मिर्च और मिश्री समभाग पीस लें। इसमें इतना घी मिलायें कि गोली बन जाये। इस गोली को मुँह में रखकर चूसें, हर प्रकार की खाँसी में लाभ होगा।

(3) दस-दस काली मिर्च पीसकर शहद में मिलाकर सुबह-शाम चाटें। रात को काली मिर्च और दूध गरम करके पीयें।

गाजर—गाजर का रस 310 ग्राम, पालक का रस 125 ग्राम मिलाकर पीने से श्वास नली की सूजन (ब्रोन्काइटिस) में आराम होता है।

सूखी खाँसी में बादाम मुँह में रखने से गला तर रहता है, खाँसी में लाभ होता है।

कूकर खाँसी (Whooping Cough)

कूकर खाँसी एक संक्रामक रोग है। एक बालक के होने पर सम्पर्क में आने वाले अन्य बालकों को भी यह हो जाती है। इसे Pertussis भी कहते हैं जिसका शब्दार्थ है—PER = अधिक, TUSSIS = खाँसी अर्थात् अधिक खाँसी। पहले हल्का-सा बुखार रहता है। खाँसी धीरे-धीरे

बढ़ती जाती है। दिन-रात बार-बार खाँसी के वेग उठते हैं। खाँसी का ताँता-सा बँध जाता है और खाँसी आधे से एक मिनट तक चलती है। दम घुटता-सा लगता है, आँखें लाल हो जाती है और खाँसते-खाँसते उलटी भी हो जाती है। खाँसने में हूप (Whoop) जैसी आवाज होती है, इसलिए इसे हूपिंग कफ (Whooping Cough) कहते हैं। यह बच्चों के लिए अति कष्टदायक दीर्घकालीन रोग है। चिकित्सा पद्धतियों की मान्यता है कि इसे ठीक होने में 4-6 सप्ताह लग जाते हैं लेकिन भोजन द्वारा चिकित्सा एवं होम्योपैथिक दवाइयों से यह शीघ्र ठीक हो जाती है। होम्योपैथिक चिकित्सा के लिए लेखक की '*होम्योपैथिक व्यावहारिक चिकित्सा-सार*' पुस्तक पढ़ें।

नारियल—कूकर खाँसी में नारियल का शुद्ध तेल बिना किसी सुगन्ध की मिलावट वाला एक वर्ष के बालक को 4-4 ग्राम नित्य चार बार पिलाने से लाभ होता है।

लहसुन—(1) पाँच बादाम शाम को पानी में भिगो दें। सुबह छीलकर उसमें मिश्री और एक कली लहसुन की मिलाकर पीस लें और खिलायें। दो-तीन दिन में कूकर खाँसी या काली खाँसी ठीक हो जायेगी। बच्चे को लहसुन की माला पहनाना व इसके तेल की मालिश भी लाभदायक है।

(2) लहसुन का ताजा रस दस बूँद, शहद और पानी चार-चार ग्राम, ऐसी एक-एक मात्रा दिन में चार बार दें।

गन्ना—कच्ची मूली का रस एक छटाँक (62 ग्राम) गन्ने के रस में मिला कर दिन में दो बार पिलाने से कूकर खाँसी में लाभ होता है।

फिटकरी—चने की दाल के बराबर पिसी हुई फिटकरी गर्म पानी से नित्य तीन बार लेने से कूकर खाँसी ठीक होती है।

लौंग—लौंग को आग में भूनकर शहद में मिलाकर चाटने से कूकर खाँसी ठीक हो जाती है।

तुलसी—तुलसी के पत्ते और काली मिर्च समान भाग पीस लें। इसकी मूँग के बराबर गोलियाँ बना लें। एक-एक गोली चार बार दें। इससे कूकर खाँसी ठीक हो जाती है।

अमरूद—एक अमरूद को गर्म रेत या राख में सेक कर सुबह-शाम दो बार खाने से कूकर खाँसी में लाभ होता है।

मक्का—मक्का का भुट्टा जलाकर उसकी राख पीस लें। इसमें स्वाद अनुसार सेंधा नमक मिला लें। नित्य चार बार चौथाई चम्मच गर्म पानी से फँकी लें, लाभ होगा।

ब्रांकाइटिस (Bronchitis)

अदरक—15 ग्राम अदरक, चार बादाम, 8 मुनक्का—इन सबको पीस कर सुबह-शाम दो बार चाटें और गर्म पानी पीयें।

दमा (Asthma)

दमा : कारण

दमा का कारण—दमा ऐसे सूक्ष्म तत्त्वों से हो सकता है जिन्हें आँखों से देख पाना असम्भव है, उदाहरणार्थ— परागकण। कुछ लोगों को यह रोग शयनकक्ष या स्नान कक्ष में भी हो सकता है जहाँ बहुत छोटे-छोटे जीवाणु, जैसे—डस्टमाइट, कम्बलों, पर्दों व दरियों के धूलकणों से। प्राय: देखा गया है कि दमा के रोगी पालतू कुत्तों, बिल्लियों, खरगोश आदि बालदार जानवरों

के साथ नहीं रह सकते। छोटे-छोटे कण (स्पोर्श) जो मोल्ड्स व फन्गास के होते हैं, वे भी दमा की समस्या पैदा कर देते हैं।

कुछ दमा के रोगी खाद्य पदार्थों, जैसे—दूध, अंडे, मछली, ईस्ट या भोजन सुरक्षित रखने वाले प्रेजरवेटिव्स (जैसे—सल्फर डाई ऑक्साइड) से एलर्जिक होते हैं। वे ऐसे भोजन को कभी-कभी सूँघकर या खाने के बाद रोग से ग्रस्त हो जाते हैं। कुछ लोग गीले रंगों, वाहनों के धुएँ, सिगरेट के धुएँ व कुछ औषधियों से भी रोग ग्रस्त हो जाते हैं। कुछ तत्त्व जो श्वसन तंत्र को उत्तेजित करते हैं, उनमें एलर्जिक क्रियाएँ पैदा कर देते हैं। मौसम के तापमान का परिवर्तन, अत्यधिक शारीरिक श्रम, भावनात्मक उलझनें, अत्यधिक हँसी भी दमा का दौरा उत्पन्न कर सकते हैं।

एलर्जी व दमा

ऐसे तत्त्वों को, जो एलर्जी उत्पन्न करते हैं, एलर्जेन कहा जाता है। स्वस्थ शरीर में इस प्रतिक्रिया को रोकने की क्षमता एक विशेष तन्त्र द्वारा होती है जिसे 'इम्यून सिस्टम' कहते हैं। इस तन्त्र का प्रमुख तत्त्व शरीर की श्वेत रक्त कणिकाएँ (डब्लू.बी.सी.) होती हैं। ये कणिकाएँ शरीर में प्रवेश करने वाले सभी एलर्जेन (बाहर से हमला करने वाले रोगाणु) से निपटने को तत्पर रहती हैं तथा जो तत्त्व बाहरी होते हैं, उनके विरुद्ध एक प्रोटीन तत्त्व का निर्माण करती हैं, जिसे 'एन्टीबाडी' कहते हैं। यही एन्टीबाडी उस बाहरी तत्त्व (एन्टीजेन) को तोड़ने में सहायक होती है। हमारे शरीर में ऐसी बहुत-सी एन्टीबाडीज होती हैं जो उन बाह्य तत्त्वों के कुप्रभावों को नगण्य कर देती हैं, उदाहरणार्थ—मीजेल्स (खसरा)। वाइरस का रोग होने पर शरीर में इसकी एन्टीबाडी बन जाती है जो पुन: इसके संक्रमण में रोग को उत्पन्न नहीं होने देती। परन्तु कुछ बीमारियाँ, जैसे—फ्लू, जुकाम के वाइरस सदैव परिवर्तित होते रहने के कारण पूर्व की बनी एन्टीबाडी उपयोगी नहीं सिद्ध होती, अत: बार-बार फ्लू व जुकाम होता रहता है।

दमा एक प्रकार की एलर्जी क्रिया है। जब यही क्रिया त्वचा में होती है तब उसे एक्जिमा कहते हैं। जब आँख व नाक में हो तो 'हे फीवर' और जब श्वसन तन्त्र में हो तो दमा कहते हैं। वास्तव में शरीर के अन्दर उक्त अंगों में एक जैसी ही क्रियाएँ होती हैं। एलर्जी जब गम्भीर हो जाती है तो उसे 'एनाफाइलैक्सिस' कहा जाता है। यह स्थिति जीवन के लिए चुनौती होती है क्योंकि इसमें वायु तन्त्र केवल सिकुड़ता ही नहीं, बल्कि अन्दर सूज भी जाता है, रक्तचाप गिर जाता है और रोगी निश्चेत होने लगता है।

एलर्जी प्राय: उन लोगों में बहुधा होती है जिनके वंश में दमा, एक्जिमा, 'हे फीवर' जैसी बीमारियाँ होती रही हैं। ऐसा दमा किसी भी आयु में कभी भी किसी भी कारण से हो सकता है और सदैव के लिए ठीक भी हो सकता है। ऐसा कभी-कभी हार्मोन्स के बढ़ने व घटने के कारण भी होता है। भावनात्मक परेशानियाँ, जैसे—अत्यधिक डर, परीक्षाएँ, अथक परिश्रम भी दमा को गम्भीर करने के कारणों में अपनी भूमिका प्रदान कर सकता है।

फेफड़ों को हवा देने वाली नलियाँ छोटी-छोटी माँस-पेशियों से ढकी रहती हैं। इन माँस-पेशियों में आक्षेप होने के कारण जो साँस लेने में कष्ट होता है और गला साँय-साँय करता है, उसे दमा (श्वास रोग) कहते हैं। आरम्भ में दमा का दौर कम और बहुत दिनों से होता है। धीरे-धीरे पुराना होने पर नित्य होने लगता है। यह बड़ी कष्टसाध्य और पुरानी बीमारी है। दमा का दौरा होने पर शान्त करने का उपचार करना चाहिए और फिर चिकित्सा पुन: दमा न हो, इसकी व्यवस्था करनी चाहिए। केवल

दवाइयों से ही दमा को ठीक कर देने की आशा गलत है। आहार-आचार व प्राकृतिक नियमों का पालन दमा से स्थाई रोग-मुक्ति के लिए आवश्यक है। दमा के रोगी की छाती का सेक करने से रोगी को आराम मिलता है। रक्त में ईसनोफीलिया की वृद्धि से प्राय: सूखा दमा होता है।

बचने के उपाय—पेट साफ रखें, कब्ज न होने दें। ठण्ड से बचें। देर से पचने वाली गरिष्ठ चीजें न खायें। शाम का भोजन सूर्यास्त से पहले, शीघ्र पचने वाला और कम मात्रा में करें। गरम पानी पीयें। शुद्ध हवा में घूमने जायें। धूम्रपान न करें, क्योंकि इसके धुएँ से दौरा पड़ सकता है। प्रदूषण से दूर रहें खासतौर से औद्योगिक एवं वाहन धुएँ से। धूल, धुएँ की एलर्जी, सर्दी एवं वायरस से बचें। मनोविकार, तनाव, कीटनाशक दवाओं, रंग-रोगन, लकड़ी के बुरादे से बचें। मूँगफली, चॉकलेट से परहेज करें, फास्ट-फूड न लें, अपने वजन को कम करें। नियमित रूप से योगाभ्यास एवं कसरत करें। बिस्तर पर पूर्ण आराम एवं मुँह के द्वारा धीरे-धीरे साँस लें। यहाँ वर्णित भोजन सम्बन्धी चीजें नियमित कुछ महीने निरन्तर प्रयोग करने से दमा में लाभ होता है। दमा में खाँसी हो तो खाँसी में वर्णित चीजें भी प्रयोग कर सकते हैं।

विटामिन ई—दमा ठीक करने में इस विटामिन की अत्यधिक आवश्यकता है। यह रक्त कणों के निर्माण में लाभ करता है। वायु प्रदूषण के कारण शरीर में होने वाले हानिकारक तत्त्वों के प्रभाव को कम करने में सहायता देता है। इसकी दैनिक खुराक 15-20 मिलीग्राम है।

यह अंकुरित गेहूँ, पिस्ता, सोयाबीन, सफोला तेल, नारियल, घी, ताजा मक्खन, टमाटर, अंगूर, सूखे मेवों में मिलता है।

कैल्शियम—दमा में कैल्शियम प्रधान भोजन लाभ करता है। इसकी दैनिक मात्रा 0.8 ग्राम है, लेकिन आवश्यकतानुसार अधिक मात्रा में भी ले सकते हैं। शरीर को जितने कैल्शियम की आवश्यकता होती है, वह प्रतिदिन 50 ग्राम तिल खाने से मिल जाती है। यह दूध, पालक, चौलाई, सोयाबीन, सूखे मेवे, आँवला, गाजर, पनीर में पाया जाता है।

अस्थमा के 80 प्रतिशत रोगियों में अम्ल के लक्षण पाए जाते हैं। दमा के रोगी अम्लपित्त के पाठ में बताई बातों का पालन करें।

छुहारा—छुहारा गरम है। फेफड़ों और छाती को बल देता है। कफ व सर्दी में लाभदायक है।

नीबू—दमा का दौरा पड़ने पर गरम पानी में नीबू निचोड़कर पिलाने से लाभ होता है। दमा के रोगी को नित्य एक नीबू, दो चम्मच शहद और एक चम्मच अदरक का रस, एक कप गरम पानी में पीते रहने से बहुत लाभ होता है। यह दमा के दौरे के समय भी ले सकते हैं। यह हृदय रोग, ब्लड-प्रेशर, पाचन संस्थान के रोग एवं उत्तम स्वास्थ्य बनाये रखने के लिए भी लाभदायक है। नीबू के रस में शहद मिलाकर चाटने से बच्चों का साँस फूलना बन्द हो जाता है।

खजूर—दमा में खजूर लाभ करती है।

गाजर—दमा में गाजर अथवा इसका रस लाभदायक है। गाजर का रस 185 ग्राम, चुकन्दर का रस 150 ग्राम, खीरा या ककड़ी का रस 125 ग्राम मिलाकर पीने से दमा में अधिक लाभ होता है।

अंगूर—अंगूर खाना बहुत लाभदायक है। यदि थूकने में रक्त आता हो तब भी अंगूर खाने से लाभ होता है।

अंजीर—दमा जिसमें कफ-बलगम निकलता हो उसमें अंजीर खाना लाभकारी है। इससे कफ बाहर आ जाता है तथा रोगी को शीघ्र आराम भी मिलता है।

मेथी—दमा हो तो चार चम्मच मेथी एक गिलास पानी में उबालें। आधा पानी रहने पर छानकर गर्म-गर्म ही पीयें।

केला—दमा के रोगियों को केला कम खाना चाहिए। ध्यान रखना चाहिए कि केला खाने से दमा बढ़ता हुआ पाया जाय तो केला नहीं खाना चाहिए। दमे में केले से एलर्जी पायी जाती है।

करेला—करेले की सब्जी खाने से दमे में लाभ मिलता है।

पोदीना—चौथाई कप पोदीने का रस इतने ही पानी में मिलाकर नित्य तीन बार पीने से लाभ होता है। खाँसी, दमा इत्यादि विकारों पर पुदीना अपने 'कफ-निस्सारक' गुणों के कारण काफी असरकारक सिद्ध होता है। पुदीने का अर्क इन रोगों पर विशेष प्रभावी है।

दूध—दूध में पाँच पीपल डालकर गर्म करें और शक्कर डालकर नित्य सुबह-शाम पीवें।

धनिया—धनिया व मिश्रीं पीस कर चावलों के पानी के साथ पिलाने से लाभ होता है।

तरबूज—दमा के रोगियों को तरबूज का रस नहीं पीना चाहिए।

इन्फ्रारेड-रेज—ये किरणें दमा में लाभप्रद हैं।

लहसुन—होम्योपैथिक डॉ. ई.पी. एन्शूज की पुस्तक 'थेराप्यूटिक बाईवेज' में लहसुन को दमा वालों के लिए उपयोगी बताया है। लहसुन के रस को गरम पानी के साथ देने से श्वास, दमा में लाभ होता है। लहसुन की कली भूनकर जरा-सा नमक मिलाकर दो बार खाने से श्वास में लाभ होता है। एक कप गरम पानी में दस बूँद लहसुन का रस, दो चम्मच शहद नित्य प्रातः दमा के रोगी को पीना लाभदायक है। इसे दौरे के समय भी पी सकते हैं।

प्याज—प्याज को कूटकर सूँघने से खाँसी, गले के रोग, टान्सिल, फेफड़े के कष्ट दूर होते हैं। प्याज के रस में शहद मिलाकर सूँघना भी लाभदायक है।

शलगम—शलगम, बन्दगोभी, गाजर और सेम (बालोल) का रस मिला कर सुबह-शाम दो सप्ताह तक पीने से दमा में लाभ होता है।

गेहूँ—गेहूँ के छोटे-छोटे पौधों का रस (Wheat Grass Juice) देकर दमा जैसे पुराने-से-पुराने रोग विख्यात प्राकृतिक चिकित्सक डॉ. एन. विगमोर द्वारा अच्छे किये गये हैं। रस बनाने की विधि '*भोजन के द्वारा चिकित्सा*' पुस्तक में देखें।

गुड़—सर्द ऋतु में गुड़ और काले तिल के लड्डू खाने से दमा में लाभ होता है। दमा न होने पर भी इसके खाने से दमा नहीं होता है।

हल्दी—दमा में कफ गिरने पर नित्य तीन बार 5 ग्राम हल्दी की फँकी गरम पानी से लें। एलर्जिक (असहिष्णुता) श्वास रोगों में हल्दी बहुत लाभदायक है। हल्दी को बालू में सेककर पीसकर एक चाय चम्मच की मात्रा दो बार गरम पानी से दें। हल्दी हर प्रकार के श्वास-रोगों में लाभदायक है।

सेंधा नमक—सेंधा नमक एक भाग, देशी चीनी (बूरा) चार भाग, दोनों मिलाकर बारीक पीस लें। आधा चम्मच नित्य 3 बार सौ ग्राम गरम पानी से लेने से दमा में लाभ होता है।

पीपल (वृक्ष)—पीपल के पेड़ के गहरे हरे पत्ते धोकर छाया में सुखा कर बारीक पीस लें। इसकी एक चम्मच पानी से सुबह-शाम दो बार फँकी लें। जब खाँसी आये तो एक चम्मच पीपल के पत्तों का चूर्ण दो चम्मच शहद में मिलाकर दो बार चाटें। खाँसी ठीक हो जायेगी।

कुलथी—कुलथी की दाल बनाकर दिन में दो बार खाने से श्वास की बीमारी में आशातीत लाभ होता है। ऐसा कम-से-कम तीन माह तक करें।

इलायची छोटी—छोटी इलायची खाना दमा में लाभदायक है।

ईसबगोल—साल-छ: महीने तक लगातार दिन में दो बार ईसबगोल की भूसी की फँकी लेते रहने से सब प्रकार के श्वास रोग मिटते हैं। 6 मास से दो वर्ष तक पुराना दमा भी इससे जाता रहता है।

मौसमी—मौसमी के रस में, रस का आधा भाग गर्म पानी, जीरा, सौंठ मिलाकर पिलायें।

फिटकरी—आधा ग्राम पिसी हुई फिटकरी शहद में मिलाकर चाटने से दमा, खाँसी में आराम आता है।

शहद—श्लेष्मीय, दुर्बल व्यक्ति जिनके फेफड़े श्लेष्मा से भरे रहते हैं और साँस लेना कठिन होता है, उनको प्याज का रस या प्याज को कूट-कूट कर गूदा बनायें, इसे शहद में मिलाकर देना पुराना नुस्खा है। दमा और फेफड़े के रोग शहद सेवन करने से दूर होते हैं। शहद फेफड़ों को बल देता है। खाँसी, गले की खुश्की तथा स्नायु कष्ट दूर करता है। छाती में घरर-घरर दूर होती है। केवल शहद भी ले सकते हैं।

जौ—दमा में 6 ग्राम जौ की राख, 6 ग्राम मिश्री—इन दोनों को पीसकर सुबह-शाम गरम पानी से फँकी लें।

सरसों का तेल—खाँसी, श्वास, कफ जमा हो तो सरसों के तेल में सेंधा नमक मिलाकर मालिश करें। लाभ होगा।

चना—रात को सोते समय भुने, सिके हुए चने खाकर ऊपर गरम दूध पीने से श्वास नली में जमा हुआ कफ निकल जाता है।

तुलसी—दमा के दौरे के समय ऐसा प्रयास करना चाहिए जिससे कफ पतला होकर निकले। कफ निकलने पर ही रोगी को आराम मिलेगा। तुलसी के रस में बलगम को पतला कर निकालने का गुण है। तुलसी का रस, शहद, अदरक का रस, प्याज का रस मिलाकर लेने से दमा में बहुत लाभ होता है। बच्चों के श्वास रोग में तुलसी के पत्तों का रस और शहद मिलाकर दें।

लौंग—लौंग मुँह में रखने से कफ आराम से निकलता है तथा कफ की दुर्गन्ध दूर हो जाती है। मुँह और साँस की दुर्गन्ध भी इससे मिटती है।

कॉफी—दमा का दौरा पड़ने पर गरमा-गरम कॉफी (बिना दूध, चीनी की) पीने से आराम मिलता है।

पानी—दमा का दौरा पड़ने पर हाथ-पैर गरम पानी में डुबोकर दस मिनट रखें। इससे बहुत आराम मिलता है।

शहतूत—शहतूत या इसका शर्बत कफनाशक है।

निमोनिया (Pneumonia)

खाँसी या साँस लेने में तकलीफ होने पर अपने बच्चे में इन लक्षणों पर ध्यान दीजिए—

(क) क्या उसकी साँस तेज़ चल रही है?

(ख) क्या साँस लेते वक्त उसका सीना अंदर की ओर धँस रहा है? ये निमोनिया के लक्षण हैं।

निमोनिया में पसलियाँ तेजी से चलती हैं। यह बच्चों को अधिक होता है। एक बार होने के बाद बार-बार होता रहता है।

लहसुन—निमोनिया में 5 बूँद लहसुन का रस दो चम्मच गर्म पानी में मिला कर पिलाना गुणकारी है।

हींग—बच्चों को निमोनिया, श्वास आदि होने पर जरा-सी हींग पानी में घोलकर पिलाने से कफ पतला होकर निकल जाता है। दुर्गन्ध और कीटाणु नष्ट हो जाते हैं।

तुलसी—निमोनिया में तुलसी के 20 हरे पत्ते और 5 काली मिर्च पीस कर गर्म पानी में मिलाकर पिलाने से लाभ होता है।

शहद—निमोनिया में पाचन यन्त्र भली प्रकार कार्य करने के अयोग्य हो जाते हैं। उबाले हुए पानी के गिलास में शहद डाल कर रोगी को गरम-गरम पिलाते रहने से आँतों पर शामक प्रभाव पड़ता है। रोगी दुर्बल नहीं होता। मधु खिलाते रहने से कमजोरी भी नहीं आती तथा उपचार भी हो जाता है।

नमक—नमक गर्म करके पोटली बाँध कर सीने का सेक करें।

काली मिर्च—सीने में घर-घराहट अधिक हो, कफ बोलता हो तो छः काली मिर्च और 5 मुनक्का दोनों को पीस कर दो कप पानी में उबालें। उबलते हुए जब आधा कप पानी रह जाये तो इसे छान कर तीन बार पिलायें। इससे कफ बलगम बाहर निकल जायेगा।

बच्चों के रोग

यदि प्रारम्भ में ही बालकों के खान-पान पर पूरा ध्यान दिया जाय तो वे जीवन भर स्वस्थ रहेंगे। शिशुओं के खान-पान का समय माता की गर्भावस्था से ही आरम्भ हो जाता है। इसी समय से खान-पान पर ध्यान देना चाहिए।

गर्भावस्था का भोजन

नारंगी—गर्भवती को नित्य दो नारंगी दोपहर में पूरे गर्भकाल में खिलाते रहने से होने वाला शिशु सुन्दर होता है।

मौसमी—मौसमी में कैलशियम अधिक मात्रा में मिलता है। गर्भवती स्त्रियों और गर्भाशय के बच्चे को शक्ति प्रदान करने के लिए इसका रस पौष्टिक है।

नारियल—नारियल का गोला और मिश्री खाने में प्रसव में दर्द नहीं होता। सन्तान हृष्ट-पुष्ट होती है।

शहद—गर्भावस्था में रक्त की कमी आ जाती है। इस काल में रक्त बढ़ाने वाली चीजों का सेवन अधिक किया जाना चाहिये। महिलाओं को दो चम्मच शहद नित्य पिलाते रहने से रक्त की कमी नहीं आती, शक्ति आती है और बच्चा मोटा-ताजा होता है। गर्भवती को आरम्भ से ही या अन्तिम तीन माह में दूध और शहद पिलाने से बच्चा स्वस्थ और आकर्षक होता है।

रक्त वृद्धि—आधा गिलास गाजर का रस, आधा गिलास दूध व स्वादानुसार शहद मिलाकर प्रतिदिन पीने से कमजोरी दूर होती है व रक्त बढ़ता है।

भोजन से बच्चों की देखभाल

शिशु-जन्म—अजवाइन और हरड़ गुनागुना पानी मिलाकर घुट्टी के रूप में पिलायें।

कब्जी—शिशु को कब्ज हो तो बड़ी हरड़ (जो साधारण हरड़ से बहुत बड़ी होती है तथा

जिसे लोग काबुली हरड़ भी कहते हैं) जरा-सी घिसकर, जरा-सा काला नमक गरम पानी में मिलाकर पिला दें। यह उत्तम पाचक है।

शिशु-दूध-पाचन—बच्चों के लिए माता का दूध सबसे अच्छा है। माँ का दूध रोग-निरोधक है एवं शक्ति बढ़ाता है तथा संक्रामक रोगों से बचाव करते हुए शरीर को सुन्दर रखता है। माता का संयमी जीवन ही बच्चे को निरोग रखता है। स्त्री का पुरुष-संग के समय व इसके तत्काल बाद बच्चे को शीघ्र ही दूध नहीं पिलाना चाहिये। इससे बच्चे के शरीर में गर्मी चली जाती है। इसी प्रकार जब क्रोध आया हुआ हो तो बच्चे को दूध न पिलायें। दूध पिलाने से 15 मिनट पहले यदि माँ एक गिलास पानी पी ले, फिर अपना दूध पिलाये तो इस तरह दूध पिलाने से शिशु को दूध शीघ्र पच जाता है तथा बच्चों को दस्त आदि नहीं होते।

शिशुओं की उलटी—नीबू के रस की कुछ बूँदे पानी में मिलाकर पिलायें, शिशु दूध नहीं उलटेगा।

दस्त—छोटे बच्चों को दस्त हो तो गर्म दूध में चुटकी भर पिसी हुई दालचीनी डालकर पिलायें।

बच्चों को दूध से घृणा—यदि बच्चा दूध नहीं पीता है तो दूध नहीं पिलायें। दूध के स्थान पर दही, छाछ, लस्सी, दूध से बनी अन्य चीजें खीर, सूजी आदि दें। कुछ सप्ताह बाद बच्चा स्वयं दूध पीने लगेगा। बच्चे के भोजन में परिवर्तन करते रहना चाहिए। केले को पीस कर दूध में मिलाकर दे सकते हैं।

बच्चों के रोग—पेट फूलना, दस्त, खाँसी, सर्दी, जुकाम, उलटी होने पर तुलसी के पत्तों का रस और चीनी व पानी मिलाकर शर्बत बना लें। इसकी एक छोटी चम्मच पिलायें। ये सब रोग ठीक हो जायेंगे। नियमित प्रयोग से बच्चा स्वस्थ रहता है। बच्चों का उत्तम स्वास्थ्य बनाये रखने के लिए तुलसी और अदरक का रस गरम करके ठण्डा होने पर शहद मिलाकर पिलायें।

बच्चों का दुबलापन—बच्चों को प्रतिदिन गाजर का रस पिलाने से वे हृष्ट-पुष्ट बनते हैं।

नैपकिन रेश

प्राय: जन्म के बाद प्रथम एक साल तक यह पाया जाता है। माँ के दूध में खराबी होने से पेशाब-टट्टी के बाद गुदा की सफाई उचित रूप से न करने से, स्नान के बाद इस भाग को अच्छी तरह न सुखाने से या ज्यादा पसीना आने से गुदा में फुँसियाँ निकल आती हैं। उनका रंग लाल होता है। अधिक बढ़ने से उसमें घाव पैदा होता है जिससे खून निकलता है।

1. तुलसी के पत्ते पीसकर उनका लेप लगाएँ।
2. मक्खन में हल्दी मिलाकर उसका लेप लगाएँ।
3. हरी दूब पीसकर लगाएँ।

शिशु-शक्तिवर्धक

नारंगी—छ: सप्ताह की आयु के बाद से ही फल, सब्जियों का रस, सूप दे सकते हैं। बच्चों को नारंगी का रस पिलाते रहने से थोड़े ही समय में मोटे-ताजे हो जाते हैं तथा उनका पोषण द्रुतगति से होता है। हड्डियों की कमजोरी और टेढ़ापन दूर हो जाता है और हड्डियाँ मजबूत हो जाती हैं। बच्चे शीघ्र चलने-फिरने लगते हैं। डिब्बे या गाय का दूध बोतल से पीने वाले बच्चों

को तो नारंगी का रस निरन्तर पिलाना आवश्यक है। इसके रस से सूखा रोगग्रस्त बच्चे मोटे-ताजे हो जाते हैं। इसका रस आँतों की गति को तेज करता है।

गाजर—दुर्बल बच्चों को गाजर का रस नित्य तीन बार पिलाने से बच्चे हृष्ट-पुष्ट हो जाते हैं। स्वस्थ बच्चों को पिलाने से भी बच्चे बलिष्ठ हो जाते हैं। बच्चे की माँ भी गाजर का रस पीये तो यह उत्तम स्वास्थ्यवर्धक है।

जिन शिशुओं को जन्म से ही गाजर का रस दिया जाता है वे कदापि बीमार नहीं पड़ते। दूध के साथ गाजर का रस पिलाने से बच्चे का विकास तेजी से होता है।

सरसों का तेल—बच्चों को सरसों के तेल की मालिश करके धूप में लिटाना, बैठाना चाहिए।

आलू—आलू का रस दूध पीते बच्चों और बड़े बच्चों को पिलाने से वे मोटे-ताजे हो जाते हैं।

लहसुन—दो चम्मच पानी में एक बूँद लहसुन का रस, चौथाई चम्मच शहद मिलाकर पिलाने से बच्चों की दुर्बलता दूर होती है।

बादाम—बादाम में चूना, लोहा, फासफोरस अधिक पाया जाता है जो बच्चों की हड्डियाँ मजबूत करता है। दूध पीते बच्चे के लिए रात को एक बादाम भिगो दें, प्रात: पीस कर दूध में मिला कर पिलायें। जहाँ तक हो सके बच्चों को दवाइयाँ नहीं देनी चाहिए। खान-पान की सामान्य चीजों से ही चिकित्सा करनी चाहिए। होम्योपैथिक चिकित्सा बच्चों के लिए निरापद है।

बालों के रोग

बालों को ठीक रखने के लिए प्रोटीन युक्त भोजन लाभदायक है। दूध, पनीर, ताजे फल, हरी सब्जियाँ, सलाद गुणकारी है। विस्तार के लिए "*शक्तिवर्धक भोजन*" पुस्तक पढ़ें।

फरास, रूसी (Dandruff)

सिर में रूसी हो जाने पर बाल झड़ने लगते हैं। रूसी अधिकतर बालों की भली प्रकार सफाई नहीं रखे जाने पर, बालों में से साबुन सही तरीके से नहीं धुल पाने पर हो जाती है। इस रोग में सिर पर सफेद रंग के छोटे-छोटे भूसी के समान कण बन जाते हैं। कंघी करते समय या सिर खुजलाते समय ये कण अलग-अलग होकर सम्पूर्ण बालों में 'रक्त बीज' की भाँति फैलने एवं पनपने लगते हैं। रूसी के कारण बहुत अधिक खुजली मचती है। बार-बार बेतहाशा खुजली करने पर सिर का वह स्थान गर्म हो जाता है। फलस्वरूप उस स्थान के बाल पतले रूखे एवं कमजोर होकर झड़ने लगते हैं।

स्वस्थ बालों की सबसे बड़ी शत्रु होती है—'रूसी'। रूसी न केवल बालों की जड़ों को कमजोर बनाती है बल्कि इससे त्वचा से सम्बन्धित रोग भी हो जाते हैं। हमारी त्वचा के अन्दर कोषों के टूटने और नवीनीकरण की प्रक्रिया सदा चलती रहती है। यह प्रक्रिया सिर की त्वचा में भी होती है और मृतकोष अपने आप झड़ जाते हैं। किन्तु यदि ये मृतकोष बहुत अधिक मात्रा में बनने व झड़नें लगें तो यह एक रोग है। इसका उपचार करना आवश्यक है।

रूसी दो प्रकार की होती है। शुष्क, जो खुजलाने पर झड़ती है और चिकनी, जो खोपड़ी पर चिपकी रहती है।

जब सिर में बहुत अधिक पपड़ी जम जाती है तो बालों की जड़ों में हवा नहीं पहुँच पाती और बाल कमजोर होकर झड़ने लगते हैं।

कारण—बहुत अधिक मात्रा में रूसी होने का कारण सिर में गंदगी का होना, रक्त संचार में गड़बड़ी, इन्फेक्शन, असंतुलित भोजन आदि हैं।

बचाव—यह एक छूत का रोग है, जिन लोगों को यह रोग है उनके कंघे, हेयरब्रश, तौलिया, तकिया आदि अलग रखने चाहिए। जब यह बीमारी अपनी चरम सीमा पर पहुँच जाती है तो चेहरे पर भौंहों और बरौनियों में भी हो जाती है।

डेटोल—नहाने के पानी में थोड़ा-सा डेटोल डालकर नहाने से छूत का रोग नहीं लगता।

खसखस—चार चम्मच खसखस दूध में पीस कर बालों की जड़ों में लगायें। आधे घंटे बाद सिर धोयें। धोने में शैम्पू या साबुन काम में ले सकते हैं। सप्ताह में दो बार इस तरह बाल धोयें। रूसी बालों से निकल जायेगी।

चना—चार बड़े चम्मच बेसन एक बड़े गिलास पानी में घोलकर बालों पर मलें, फिर सिर धो लें। इससे फरास या रूसी दूर हो जायेगी।

अरहर—रात को एक कप छिलके सहित अरहर की दाल पानी में भिगो दें। प्रातः इसे पीसकर सिर में लगा लें। आधा घंटे बाद सिर धोयें। फिर गीले बालों में ही कंघी करें। रूसी निकल जायेगी।

दही—सप्ताह में दो बार दही से बालों को धोने से फरास ठीक हो जाती है। सौन्दर्य विशेषज्ञ डॉ. सिल्वी ने यह जानकारी सौन्दर्य कार्यशाला में दी। रूसी से बाल झड़ते हैं, लोग गंजे हो जाते हैं। रूसी से ग्रस्त व्यक्ति को सरसों के तेल से मालिश करनी चाहिए, सिर में सरसों का तेल लगाना चाहिए। *—राज. पत्रिका, 11-4-2001*

एक कप दही में नमक मिलाकर बिलो लें, फेट लें। इससे बालों को मल कर धोयें। फरास दूर हो जायेगी।

आँवला—5 चम्मच पिसे हुए आँवले को रात को आधा कप पानी में भिगो दें, प्रातः इस पानी से सिर धोयें। इससे फरास जमना बन्द हो जाता है।

चुकन्दर—चुकन्दर के पत्तों को पानी में उबालकर सिर धोने से फरास दूर होती है। जुएँ भी मर जाती हैं।

तिल—बालों में तिल के तेल की मालिश करें। मालिश के आधा घण्टे बाद एक तौलिया गर्म पानी में भिगो कर, निचोड़ कर सिर पर लपेट लें, ठण्डा होने पर पुनः गर्म पानी में निचोड़ कर सिर पर लपेट लें। इस प्रकार पाँच मिनट गर्म लपेट रखें, फिर ठण्डे पानी से सिर धो लें। इस से रूसी दूर हो जायेगी।

रीठा—रीठे से सिर धोने से बालों की रूसी दूर हो जाती है।

जुएँ

सिर में जुएँ पड़ जाने पर बाल कमजोर हो जाते हैं। जुएँ पड़ने का मुख्य कारण बालों की समुचित सफाई नहीं करना है। जहाँ जुएँ स्वयं बालों की जड़ों को कमजोर कर देती हैं, वहीं इनके कारण होने वाली खुजली सिर में रूसी जैसी स्थिति पैदा कर बालों के झड़ने का आधार तैयार कर देती है।

काली मिर्च—6 काली मिर्च, एक कप दही, एक नीबू का रस मिलाकर सिर में लगायें। 20 मिनट बाद सिर धो लें। इससे जुएँ, फरास खत्म हो जायेंगी, बाल अधिक बढ़ेंगे। पूर्ण सावधानी रखें कि लगाते या सिर धोते समय किसी भी प्रकार से आँखों में न जाये। सिर धोते समय आँखें बन्द रखें तथा बहुत-सा पानी डालकर शीघ्र धोयें।

नीबू—(1) नीबू को काटकर बालों की जड़ों पर रगड़ें और आधा घण्टे बाद सिर धोयें। इससे बालों में लगा तेल निकल जाता है। इससे जुएँ भी नष्ट हो जाती हैं। नारियल के तेल में नीबू का रस मिलाकर लगायें। नीबू के रस को पानी में मिलाकर सिर धोने से बाल मुलायम होते हैं।

(2) नीबू के रस की सिर में मालिश करने से जुएँ नष्ट हो जाती हैं।

लहसुन—लहसुन को पीसकर नीबू के रस में मिलायें। रात को सोते समय इसको सिर पर मलें। सबेरे साबुन से सिर धोयें। इस तरह पाँच दिन लगातार नित्य करने से जुएँ मर जाती हैं।

नीम—नीम के पत्तों को पीसकर पानी में उबाल कर सिर धोने से जुएँ मर जाती हैं।

चुकन्दर—चुकन्दर के पत्तों को पानी में उबाल कर सिर धोने से जुएँ मर जाती हैं।

बथुआ—बथुए को उबाल कर इसके पानी से सिर धोने से जुएँ मर जायेंगी। बाल साफ हो जायेंगे।

काली मिर्च—6 काली मिर्च, सीताफल के 4 बीज पानी में पीसकर 1 चम्मच घी में मिलाकर सिर में लगावें। दो घंटे बाद सिर धो लें। इससे जुएँ मर जायेंगी। बाल धोते समय आँखें बन्द रखें तथा बहुत-सा पानी डालकर शीघ्र धोयें। आँखों में नहीं जाये, सावधानी रखें।

जम जूँ

यह त्वचा, पलकों, भौं एवं शरीर के बालों की जड़ों में होती हैं।

सरसों का तेल—20 ग्राम सरसों का तेल, 25 ग्राम नीबू का रस मिला कर लगायें। जम जूँ नष्ट हो जायेंगी।

गंज, बाल उड़ना, खल्वाटता (Alopecia)

'खल्वाट' रोग हो जाने पर मनुष्य में गंजापन आने लगता है। इसे अंग्रेजी में 'एलोपेसिया' कहते हैं तथा सामान्यतया इसे 'गंज-रोग' के नाम से भी जाना जाता है। इस रोग के हो जाने पर बाल बहुत तेजी से झड़ने लगते हैं। बालों में झड़े हुए स्थान पर नए बालों की उत्पत्ति समाप्त हो जाती है। इसका मुख्य कारण उस स्थान पर रोम कूपों का बंद होकर सिर की खाल का चिकनी और सपाट बन जाना होता है। बस, इसी चिकनी बाल उड़ी खाल के निकल आने को 'खल्वाट रोग' कहते हैं।

इस रोग के होने के कोई विशेष कारण नहीं होते हैं। फिर भी रक्त विकार, किसी विष का सेवन कर लेने, उपदंश, दाद, एक्जिमा आदि के हो जाने के कारण ऐसा होना संभव हो जाता है। वैसे मानसिक परिश्रम करने वाले व्यक्तियों तथा वृद्धावस्था की ओर पदार्पण कर चुके व्यक्तियों में इसका होना स्वाभाविक रूप से माना जाता है।

केला—केले के गूदे को नीबू के रस में पीस लें और लगायें, इससे लाभ होता है।

अनार—अनार के पत्ते पानी में पीसकर सिर पर लेप करने से गंजापन दूर हो जाता है।

नमक—नमक का अधिक सेवन करने से गंजापन आ जाता है। पिसा हुआ नमक, काली मिर्च एक-एक चम्मच, नारियल का तेल 5 चम्मच मिलाकर बाल उड़े, गिरे स्थान पर लगाने से बाल आ जाते हैं।

नीबू—सिर पर कहीं से बालों का गुच्छा या चकत्ता उड़ जाए तो वहाँ नीबू नित्य एक दो माह तक रगड़ते रहें। इससे बाल उग आयेंगे।

प्याज—सिर के कहीं से बाल उड़ने को गंज कहते हैं। बालों के चकत्ते उड़कर सिर में गंज के धब्बे बन जाते हैं। गंज के स्थान पर प्याज का रस रगड़ते रहने से बाल दुबारा पैदा होने लग जाते हैं और बाल गिरने बन्द हो जाते हैं।

नीम—सिर में खल्वाटता (Alopecia) अर्थात् बाल उड़ कर चकत्ते होने पर दो-तीन महीने नीम का तेल लगाने से बाल उग आते हैं।

लहसुन—खल्वाटता अर्थात् बालों का चकत्ता उड़ने पर लहसुन के आन्तरिक सेवन से लाभ होता है।

अरहर—बालों के चकत्तों को खुरदरे कपड़े से रगड़ कर अरहर की दाल पीसकर नित्य तीन बार लेप करें, दूसरे दिन सरसों का तेल लगा कर धूप में बैठें। चार घण्टे बाद पुन: लेप करें। इस तरह कुछ दिन करने से बाल आ जाते हैं।

उड़द—उड़द की दाल उबाल कर पीस लें। इसका सोते समय सिर पर गंजेपन की जगह लेप करें। बाल उगने लगेंगे।

धनिया—गंज पर हरे धनिये का रस लगाने से बाल निकलने लगते हैं।

तेल—चमेली के तेल से सिर-दर्द में आराम रहता है। बेले, नारियल, आँवले का तेल सिर के लिए उत्तम है।

सफेद बाल

बाल एपीडर्मिस नामक कोशिकाओं से बनते हैं। बालों की जड़ों में पाये जाने वाली सेबेक्वस ग्रंथियों से सेबम नाम का तैलीय तत्त्व निकलता है जिससे बालों का रंग निर्धारित होता है तथा साथ-ही-साथ इससे बालों को पोषण भी प्राप्त होता है। बालों को बाहरी तरीके से पोषक तत्त्व नहीं प्रदान किये जा सकते। बालों को पोषक तत्त्व रक्त से ही मिलते हैं।

शरीर में प्राकृतिक पदार्थ मेलेलिन है। इसका जब ज्ञात-अज्ञात कारणों से क्षय होता है, बालों की जड़, कोषों को पूरा तत्त्व नहीं मिलता या जड़ कोष दुर्बल होते हैं तब बाल असमय में सफेद होने लगते हैं। सफेद बाल होने के निम्नलिखित कारण माने जाते हैं—(1) मेलेलिन पदार्थ का क्षय, (2) अधिक शोक, चिन्ता ग्रस्त होना, (3) अधिक रात्रि जागरण, (4) अधिक, असमय में तथा खड़े-खड़े सम्भोग, (5) पैतृक वंशागत, (6) नजला युक्त, (7) अधिक गरम एवं अपरिपक्व रसायनों का सेवन, (8) दु:खी मन (हताशायुक्त) निराश प्रेमी, (9) अखाद्य तेलों का उपयोग, (10) सिर में रक्त का अपूर्ण भ्रमण, (11) सिर से तेल या पसीना निकलना, (12) शरीर में उपदंश का असर एवं क्षति, (13) ज्यादा धूप में रहना, (14) ज्यादा भूखा रहना, उपवास करना, (15) लम्बे व्यक्तियों में थाइराईड ग्रन्थि का विशेष स्राव, (16) मिक्स तेल से बनी वस्तुएँ अधिक खाना, (17) सिर में सफेद दागों का उद्‌भव, (18) शामक (जल जाने का) असर, (19) बालों में हाइड्रोजन पेरोक्साइड का बार-बार उपयोग, (20) मानसिक आघात का

सन्देश, (21) अति गर्म भोजन, बल से अधिक श्रम, क्रोध, भय, ईर्ष्या और असफलता, (22) भोजन में विटामिन बी, लोहा, जस्ता और आयोडीन की कमी, (23) बालों को गर्म पानी से धोना और ड्रायर से सुखाना, (24) कब्ज, (25) अति सुगन्धित तेल (26) रिफाइण्ड शक्कर, और इनसे बने अन्य पदार्थ, जैसे—चाय, कॉफी, साफ्ट ड्रिंक, पेस्ट्री, जैम और जैली खाने से बचना चाहिए। इन पदार्थों से शरीर की ऊर्जा जाती है और त्वचा में झुर्रियाँ पड़ती हैं तथा असमय में बाल सफेद होने लगते हैं।

(फिलीपाइन की राजकुमारी 'मैरी' के पति की दुर्घटना में मृत्यु का सन्देश सुनने से 21 वर्ष की मैरी के समस्त बाल एक रात में ही सफेद हो गये थे।)

बाल काले करना

सिर में सरसों का तेल औषधियुक्त—एक किलो सरसों का तेल, रतनजोत, मेहँदी के पत्ते, जल भाँगरा के पत्ते, आम की गुठलियाँ प्रत्येक 100 ग्राम—इन सब को कूट कर लुगदी बना लें और पानी में दो दिन भिगो दें। पानी इतना हो कि ये उसमें डूबी रहें। फिर इस पानी को छान लें और लुगदी को निचोड़ लें। इस पानी को सरसों के तेल में इतना उबालें कि पानी सारा जल जाये, केवल तेल ही रहे। इसे छान लें। यह तेल नित्य सिर में लगायें।

प्रात: शीश-आसन तथा सुबह-शाम 250 ग्राम दूध पीयें।

नीबू—नीबू के रस से सिर में मालिश करने से बालों का पकना, गिरना दूर हो जाता है। नीबू के रस में पिसा हुआ सूखा आँवला मिलाकर सफेद बालों पर लेप करने से बाल काले होते हैं। इससे बालों के अन्य रोग भी ठीक हो जाते हैं।

घी—घी खायें। बालों की जड़ों में घी की मालिश करें।

तुरई—तुरई के टुकड़ों को छाया में सुखा कर कूट लें। इनमें नारियल का तेल इतना डालें कि ये डूबे रहें। इस प्रकार चार दिन तेल में भिगोयें, फिर उबालें और छान कर बोतल भर लें। इस तेल की मालिश करें, लगायें। बाल काले होंगे।

गाजर—नित्य गाजर का रस पीने से बाल स्वस्थ रहते हैं।

प्याज—प्याज को पीसकर बालों पर लेप करने से बाल काले रंग के उगने शुरू हो जाते हैं।

दही—आधा कप दही में दस पिसी हुई काली मिर्च, एक नीबू निचोड़ कर मिला लें। इसे बालों पर लगा लें और बीस मिनट रहने दें, फिर सिर धोएँ इससे बाल मुलायम और काले हो जायेंगे।

तिल—जिनके बाल सफेद हो गये हों, बाल झड़ते हों यदि वे नित्य तिल खायें और तेल लगायें तो उनके बाल लम्बे मुलायम व काले हो जायेंगे।

क्रोध—अधिक क्रोध व चिन्ता से बाल सफेद हो जाते हैं। अत: चिन्ता न कर मानसिक सन्तुलन बनाये रखें।

मेथी—मेथी बालों को सफेद होने से रोकती है। इसे खायें, तेल में लगायें।

गेहूँ—गेहूँ के पौधे का रस पीने से भी बाल कुछ समय बाद काले हो जाते हैं। रस बनाने की विधि 'कैन्सर' में देखें।

काली मिर्च—जुकाम से बाल सफेद हो जाते हैं। यदि बाल जुकाम से सफेद हो गये हों

तो दस काली मिर्च नित्य भूखे पेट एवं शाम को चबा-चबा कर निगल जायें। इससे कफ-विकार नष्ट होगा तथा काले बाल पुनः उगना प्रारम्भ होंगे। यह प्रयोग कम-से-कम एक साल से अधिक करें। काली मिर्च तिल के तेल में मिलाकर लगायें तो अधिक लाभ होगा।

आँवला—(1) बालों की जड़ों में तुलसी व हरा धनिया पीसकर बराबर मात्रा में आँवले के रस के साथ कुछ दिन तक लगाएँ। बाद में सादे पानी से बालों को धो दें।

(2) 6 चम्मच मेहँदी, पिसा हुआ सूखा आँवला चार चम्मच, एक चम्मच कॉफी, चौथाई चम्मच कत्था—इन सबको मिला कर एक दिन लोहे के बर्तन में कॉफी के उबले हुए पानी में भिगोयें। दूसरे दिन बालों पर लेप करें। लेप 20 मिनट लगा रहने दें। फिर सिर धोयें। सिर में आँवले का तेल लगायें। आँवला बालों के लिए एक प्राकृतिक देन है। इसे बालों में किसी भी तरह लगाएँ व इसका रस पीएँ।

बाल गिरना, झड़ना

बाल प्रत्येक इन्सान के झड़ते हैं, यह एक स्वाभाविक प्रक्रिया है। बाल अपनी पूरी लम्बाई तक बढ़ जाने के बाद झड़ जाते हैं, उनकी जगह नए बाल उग आते हैं लेकिन यदि बहुत अधिक बाल झड़ें तो यह अवश्य ही एक समस्या है।

निश्चित अवधि के बाद प्रत्येक बाल की वृद्धि स्वतः रुक जाती है। मनुष्य की शारीरिक स्थिति के अनुसार केश ग्रंथि का निम्न भाग जब अभिशोषित हो जाता है तो पुराना बाल, रोम कूप से अलग हो जाता है। इसी रोमकूप से अलग हो जाने की क्रिया को 'बालों का गिरना' कहा जाता है तत्पश्चात् उसकी जगह नया बाल निकल आता है।

सामान्यतया एक महीने में बालों की लंबाई एक सेंटीमीटर बढ़ती है। प्रतिदिन 100 बाल तक गिरना सामान्य माना जाता है क्योंकि सिर की उतने बालों को उगाने की क्षमता होती है और सामान्यतया बालों का एक चक्र होता है जिसके अनुसार हर बाल को 3-4 साल के अन्दर-अन्दर गिरना होता है और नये बालों का निर्माण होता रहता है। प्रायः बहुतायत में चिकित्सक लौह तत्त्व के कैप्शूल और विटामिन की गोलियाँ बाल गिरने पर देते रहते हैं, जो जरूरी नहीं हैं। 100 से अधिक बाल नित्य गिरने पर चिकित्सक से सलाह लेनी चाहिये।

बालों के टूटने के मुख्य कारण हैं—खून की कमी, बालों की जड़ों में किसी रोग का होना, गरमी आदि की बीमारी, रूसी, बालों का पोषण रुक जाने अथवा धूप में हमेशा खुले सिर रहना।

आनुवंशिक कारण, जैसे—माँ के बाल कम उम्र में गिरते रहे हों तो बेटी के भी कम उम्र में ही बाल गिरने शुरू हो जाते हैं।

सिर में सफेद दाग की बीमारी (ल्यूकोडर्मा) होने से।

कैंसर के इलाज की दवाइयों के सेवन के बाद क्योंकि जिन महिलाओं में स्तन या गर्भाशय का कैंसर होता है और वे गोलियाँ या कैंसर के इलाज के इंजेक्शन का प्रयोग करती हैं, उससे भी बाल झड़ जाते हैं।

ग्रीवा की अग्र सतह पर एक ग्रंथि होती है जिसे थाइराइड ग्लेंड के नाम से जाना जाता है। इसमें से निकलने वाला स्राव शरीर की रासायनिक क्रिया को ठीक रखने में सहायक है। इसके द्वारा मनुष्य की 'सम्यक् वृद्धि' एवं संपुष्टि निश्चित होती है। इस ग्रंथि से होने वाला स्राव यदि

असंतुलित होता है तो उसका बालों पर सीधा प्रभाव पड़ता है। अधिक मात्रा में ग्रंथि के स्रावित होने पर बाल अपेक्षाकृत अधिक महीन और मुलायम बन जाते हैं। इसी प्रकार कम स्रावित होने पर बाल मोटे एवं रुक्ष होते हैं। दोनों स्थितियों में बालों का कमजोर होकर झड़ना संभव हो सकता है। अत: उक्त ग्रंथि का नियमित स्रावित होना न केवल बालों के लिए वरन् मनुष्य के स्वास्थ्य के लिए भी उपयुक्त है।

बालों की उचित सफाई नहीं होने तथा कृमि एवं फंगस के कारण सिर में कई बार फुंसी, फोड़े, एग्जिमा, दाद, खाज-खुजली इत्यादि हो जाते हैं। इनके कारण भी बालों के रोम कूप नष्ट होने लगते हैं तथा बालों का झड़ना-गिरना प्रारंभ हो जाता है। इसके अतिरिक्त मानसिक तनाव भी इसके लिए उत्तरदायी है।

बहुत-से रोगों के हो जाने के बाद भी बाल स्वाभाविक रूप से झड़ने लगते हैं। काला-आजार ज्वर में रोगी के बाल रूखे एवं निस्तेज हो जाते हैं तथा झड़ने लगते हैं। पर जैसे-जैसे ज्वर ठीक होने लगता है बालों का झड़ना स्वत: रुक जाता है। तत्पश्चात् गिरे बालों के स्थान पर नए बाल उगने लगते हैं। इसी तरह किसी पुरानी बीमारी या टाइफाइड आदि के बाद बालों का झड़ना प्रारंभ हो जाता है। इसका मुख्य कारण इन बीमारियों के कारण अन्य अंगों की तरह रोम कूपों में भी कमजोरी का आ जाना है। प्रारंभ में ये बाल झड़ते हैं मगर जैसे-जैसे व्यक्ति में शक्ति का नव-संचार होता है वैसे-वैसे रोमकूप भी सुदृढ़ होने लगते हैं। इस कारण बालों के नष्ट हुए स्थानों पर पुन: नए बाल आने शुरू हो जाते हैं। अत: इन बीमारियों के बाद बालों के लिए चिन्तित होने के स्थान पर शारीरिक संपुष्टता पर विशेष ध्यान दिया जाना चाहिए।

बहुत अधिक बाल झड़ने का कारण टाइफाइड जैसी लंबी बीमारी, गर्भावस्था, औषधियों की प्रतिक्रिया, बहुत अधिक सुगन्धित तेलों का प्रयोग, सस्ते और घटिया शैम्पू का प्रयोग, सन्तुलित भोजन में कमी आदि को माना जाता है।

बालों के झड़ने का एक कारण भोजन में पोषक तत्त्वों की कमी भी होती है इसके लिए आवश्यक है कि भोजन में प्रोटीन की मात्रा बढ़ाई जाए। चना, सोयाबीन, राजमा आदि में प्रोटीन की मात्रा अधिक होती है। दूध से बनी चीजों का इस्तेमाल भी लाभकारी सिद्ध होता है।

हमारे शरीर की त्वचा में चिकनाई बनाने वाली ग्रन्थियाँ होती हैं जो अपनी चिकनाई से बालों का पोषण करती हैं और इससे बाल कोमल रहते हैं तथा बढ़ते हैं। बालों का पोषण रक्त संचार द्वारा भी होता है। यदि खून का दौरा ठीक प्रकार से होता रहे तो बाल शीघ्र बढ़ते हैं और कोमल तथा चमकदार रहते हैं। यदि इन दोनों ही में कोई खराबी पैदा हो जाय तो बाल झड़ने लगते हैं।

तेल—बालों को स्वस्थ और सुन्दर बनाए रखने के लिए बालों में तेल डालना आवश्यक है। आजकल लोग अक्सर बालों को रूखा रखते हैं। बालों को रूखा रखने से बालों की जड़ें कमजोर हो जाती हैं और बाल झड़ने लगते हैं। तेल डालने के साथ ही आवश्यक है कि बालों में हेयर ब्रश से कुछ तेजी से ब्रश किया जाए, इससे बालों का व्यायाम होता है। खोपड़ी में रक्त का संचार बढ़ता है जिससे बालों की जड़ें मजबूत होती हैं और बालों का झड़ना कम हो जाता है।

सर्वप्रथम किसी अच्छे तेल जैसे नारियल, या बादाम रोगन की धीरे-धीरे अपने बालों में मालिश कीजिए। अँगुली की पोरों से रगड़ें। सुगन्धित तेलों के प्रयोग से यथासंभव बचना चाहिए, इससे बाल कमजोर पड़ जाते हैं और समय से पहले ही सफेद हो जाते हैं।

भाप—बालों को भाप देने से बाल रेशम की तरह नरम एवं स्वस्थ रहते हैं। झड़ना बन्द होता है। एक भगौने में गर्म पानी लें और एक तौलिया इसमें भिगोकर हल्का-सा निचोड़ कर सिर पर लपेटें। ठंडा होने पर दूसरा तौलिया भिगो कर लपेटें। इस तरह दस मिनट भाप दें। भाप देने से एक दिन पहले सिर में तेल लगायें।

स्नान—अधिक बाल गिरने की अवस्था में सिर जल्दी-जल्दी धोना चाहिये बाल धोने के बाद जहाँ तक संभव हो गीले बालों को कंघी न करें, क्योंकि गीले बाल कमजोर होते हैं और आसानी से जल्दी टूट सकते हैं इसलिए बालों को कुछ देर तक सूखने दें और फिर कंघी करें।

बालों को सुखाने के लिये रोजाना हेयर ड्रायर का प्रयोग न करें क्योंकि उससे बाल की तह कमजोर पड़ जाती है। हेयर ड्रायर उपकरण को बालों से 6-8 इंच की दूरी पर रखें। अधिक समय तक हेयर स्प्रे बालों में न रहने दें, क्योंकि इसमें कई हानिकारक रसायन होते हैं, जो बालों को नुकसान पहुँचाते हैं।

चाय—सिर धोने के बाद अन्त में चाय के पानी (बिना चीनी और दूध का) से सिर धोने से बालों में चमक आ जाती है और वे कम टूटते हैं।

नीम—सिर के बाल गिरना आरम्भ ही हुआ हो तो नीम और बेर के पत्तों को पानी में उबाल कर बालों को धोयें। बाल गिरना बन्द हो जायेगा। बाल काले ही रहेंगे और लम्बे भी होंगे। इससे जुएँ भी मर जाती हैं। सावधानी रखें कि सिर धोते समय यह पानी आँखों में न जाये। सिर धोते समय आँखें बन्द रखें।

नीबू—(1) नीबू के रस की सिर में मालिश करके सिर धोने से बाल गिरना दूर हो जाता है।

(2) एक गिलास पानी में दो चम्मच चाय डाल कर उबालें और फिर उसे ठंडा होने दें। ठंडा होने पर छान कर इसमें नीबू निचोड़ें। बालों को भली प्रकार साफ करके धोने के बाद अन्त में इस पानी से बाल धोयें। फिर साफ पानी से धोयें। इस प्रकार बाल धोने से बाल चमकदार, रेशम की तरह मुलायम हो जायेंगे और गिरना रुक जायेगा।

आँवला—सूखे आँवले को रात में भिगो दें। प्रातः इस पानी से सिर धोयें। इससे बालों की जड़ें मजबूत होती हैं, बालों की प्राकृतिक सुन्दरता बढ़ती है। मस्तिष्क व नेत्रों को लाभ पहुँचता है।

नारियल—नारियल का तेल सिर में लगाने से बाल गिरना बन्द होकर लम्बे होते हैं।

ककड़ी—ककड़ी के रस से बाल घने होते हैं।

चुकन्दर—चुकन्दर के पत्ते मेहँदी के साथ पीस कर लेप करने से बाल गिरना बन्द हो जाते हैं। तेजी से बढ़ते और उगते भी हैं।

करम कल्ला—पत्ता गोभी के 50 ग्राम पत्ते नित्य एक माह खाने से गिरे हुए बाल उग जाते हैं।

ककड़ी—ककड़ी में सिलिकन (Silicon) और सल्फर अधिक मात्रा में मिलते हैं। यह केशों को बढ़ाते हैं। ककड़ी, गाजर और सलाद (Lettuce) और पालक सबको मिलाकर रस पीने से बाल बढ़ते हैं। यदि ये सब उपलब्ध न हों तो जो उपलब्ध हों, वे ही मिलाकर रस बना लें।

गेहूँ—गेहूँ के पौधों का रस नित्य एक कप चालीस दिन पीने से बाल गिरना बन्द हो जाते हैं।

चोलाई—बाल गिरने पर चोलाई की सब्जी लाभदायक है।

तुलसी—कम आयु में बाल गिरते हों, सफेद हो गयें हों तो तुलसी के पत्ते और आँवले का चूर्ण पानी में मिलाकर सिर में मलें। दस मिनट बाद सिर धोयें। बाल गिरना बन्द हो जायेगा। बाल काले ही रहेंगे और लम्बे भी होंगे। इससे जुएँ भी मर जाती हैं।

अनावश्यक बाल

हल्दी—शरीर में, चेहरे या कहीं अन्य स्थान पर अनावश्यक बाल हों तो हल्दी मिलाकर उबटन रगड़ने से दूर हो जाते हैं।

यक्ष्मा (T.B.)

यक्ष्मा या क्षय रोग क्या है—इस शब्द का अर्थ है—क्षय हो जाना या गल जाना। यही होता है, वास्तव में इस रोग में, जहाँ का भी क्षय रोग हो वह हिस्सा क्षय हो जाता है, खोखला हो जाता है, खराब हो जाता है।

रोग-लक्षण—रोगी को खाँसी रहना, दिन-रात बुखार बने रहना और शाम को बुखार बढ़ना, भूख की कमी, छाती में दर्द, साँस लेने में कष्ट, दुर्बलता और शरीर की क्षीणता बढ़ते जाना, पीला सादा बहुतायत में कफ, कभी-कभी कफ में रक्त आना, खाँसी से स्वर-नली में घाव होकर आवाज बैठ जाना, रात को पसीना आना यक्ष्मा के लक्षण हैं।

यह बीमारी बड़ों से अधिक बच्चों में पायी जाती है। बच्चों के नाजुक फेफड़े व कोमल श्वास नलियाँ, टी.बी. जीवाणुओं के लिए आश्रय स्थल हैं। बच्चों में टी.बी. के लक्षण वयस्कों से भिन्न नहीं हैं। कई बार तो भूख न लगना, वजन गिरना, शीघ्र थकावट, हल्का बुखार, गिरी-पड़ी तबीयत ही केवल मात्र लक्षण होते हैं। बार-बार जुखाम, खाँसी व साँस की बीमारी होने वाले बच्चों में टी.बी. का निदान आवश्यक है। गले में गाँठें (कंठमाला) बच्चों में टी.बी. का विशेष लक्षण है।

शरीर के प्रभावित अंग

सबसे अधिक टी.बी. का असर फेफड़ों पर होता है। अन्य प्रभावित होने वाले अंगों में हड्डियाँ, आँतें, टांसिल्स, चमड़ी, गुर्दे व प्रजनन-अंग सम्मिलित हैं।

चाहे शरीर का कोई भी हिस्सा प्रभावित हो, सामान्य लक्षण एक से होते हैं। हरारत, हल्का सायंकालीन बुखार, भूख कम, वजन गिरना, टी.बी. के सामान्य लक्षण हैं।

फेफड़ों की टी.बी. में खाँसी, बलगम आना, छाती दर्द, साँस में दिक्कत, खाँसी के साथ खून आना प्रमुख लक्षण हैं। आँतों की टी.बी. में पेट में गैस का गोला बनना, बदहजमी, पेट फूलना, खास लक्षण हैं। सन्तानहीनता का प्रमुख कारण बदहजमी, पेट फूलना, स्त्रियों में बच्चेदानी की टी.बी. खास लक्षण हैं। गुर्दों की टी.बी. में पेशाब में खून आना और गुर्दों में सूजन आना खास संकेत हैं।

बी.सी.जी. का टीका एक बार लगवाने से जीवन भर टी.बी. से बचाव होता है। यह टीका एक दिन की उम्र के शिशु से लेकर जीवन भर कभी भी लगाया जा सकता है।

यह रोग यक्ष्मा, राजयक्ष्मा, तपेदिक, क्षय, ट्यूबरकुलोसिस आदि अनेक नामों से व्यक्त किया जाता है। वर्षों रोग भोगते-भोगते शरीर हड्डियों का कंकाल मात्र रह कर अन्त में रोग ठीक न हो तो रोगी मर जाता है। एक्स-रे कराने से इस रोग का पता लग जाता है।

कारण—टी.बी. के टुबरकिल बैसीलस नामक जीवाणु रोगी के कफ या थूक में होते हैं, जिनसे यह रोग हवा, पानी, दूध द्वारा फैलता है। दूषित हवा, गीले स्थान, साँस के साथ धूल कण जाना, अधिक स्त्री-प्रसंग, अपुष्टकर भोजन, शक्ति से ज्यादा मेहनत, अधिक सन्तान को

जन्म देना, शराब पीना, टी.बी. के रोगी के साथ आहार-विहार आदि कारणों से यह रोग फैलता है।

चिकित्सा—क्षय रोग के उपचार में सबसे मुख्य बात यह है कि दवा एक दिन भी नहीं छोड़नी चाहिए, अधिकतर रोगी डेढ़ दो-माह बाद जब क्षय रोग के लक्षण समाप्त होने लगते हैं, तब दवा लेना बंद कर देते हैं। इसीलिए धीरे-धीरे आगे चलकर ऐसे रोगियों में कई जटिलताएँ पैदा हो जाती हैं व कई बार ये जानलेवा साबित हो सकती हैं। चिकित्सक के बताए अनुसार नियमित रूप से निर्धारित समय तक इलाज सुचारु रूप से किया जाए तो रोग से पूरी तरह छुटकारा मिल जाता है व बीमारी जड़ से खतम हो जाती है।

टी.बी. के रोगी के भोजन पर विशेष ध्यान देना चाहिए, बल्कि भोजन को ही चिकित्सा समझना चाहिए। सूर्य का प्रकाश, स्वच्छ हवा, पौष्टिक भोजन एवं पूर्ण विश्राम मिलना रोगी के लिए आवश्यक है। स्त्री-प्रसंग और धूम्रपान से सख्त परहेज रखना चाहिए। संयमी जीवन स्वास्थ्य के लिए आवश्यक है। टी.बी. के रोगियों को यहाँ वर्णित चीजें देने से बहुत लाभ होता है—

शक्कर—अमरीकी वैज्ञानिक टिलबर्ट के अनुसार शक्कर को जलाने से क्षय, हैजा एवं चेचक आदि रोगों के कीटाणु समाप्त हो जाते हैं।

दूध—एक गिलास दूध में 5 पीपल डाल कर उबालें और फिर ठंडा होने पर शक्कर डालकर नित्य सुबह-शाम पीयें। इससे खाँसी, जुकाम, दमा, फेफड़े की कमजोरी, आरम्भिक टी.बी. में लाभ होता है।

मक्खन—यक्ष्मा रोग में मक्खन, मिश्री में घी मिलाकर खाने से क्षय रोग का नाश होकर बल मिलता है।

नीबू—यक्ष्मा में जिन्हें लगातार ज्वर रहता हो, उन्हें 11 पत्ती तुलसी, नमक, जीरा, हींग, एक गिलास गरम पानी में नीबू का रस 25 ग्राम मिलाकर तीन बार कुछ दिन पीना चाहिए।

—स्वामी साधनानन्द—भोजन द्वारा स्वास्थ्य

सेब—सेब खाना यक्ष्मा में लाभदायक है। आँतों, यकृत और मस्तिष्क के लिए लाभदायक है।

आम—एक कप आमरस में 60 ग्राम शहद मिलाकर सुबह-शाम दो बार नित्य पीयें। नित्य तीन बार गाय का दूध पीयें। इस प्रकार 21 दिन करने से यक्ष्मा में लाभ होता है।

अंगूर—यक्ष्मा में भोजन के रूप में अंगूर का सेवन करना चाहिए।

मुनक्का—मुनक्का, पीपल, देशी शक्कर—ये तीनों समान भाग पीस कर एक चम्मच सुबह-शाम खाने से यक्ष्मा (टी.बी.), श्वास, खाँसी दूर हो जाती है।

नारियल—नित्य 25 ग्राम कच्चा नारियल खाने से या पीस कर पीने से यक्ष्मा के कीटाणुओं का नाश होता है तथा फेफड़ों को बल मिलता है।

खजूर—आठ खजूर दो बार खाना क्षय-रोगियों के लिए लाभदायक है।

लौंग—लौंग क्षय रोग का नाश करने वाली है। यह भोजन के बाद लें।

गाजर—टी.बी. में गाजर का रस पीना लाभदायक है, इसमें भोजन के सन्तुलित तत्त्व होते हैं।

केला—केले के पेड़ का ताजा रस या सब्जी बनाने वाला कच्चा केला क्षय रोग को दूर करने में रामबाण है। जिसे क्षय रोग हो चुका हो, कष्टदायक खाँसी होती हो, जिसमें अधिक मात्रा में बलगम निकलता हो रात को इतना पसीना आता हो कि सब कपड़े भीग जायें, साथ ही बहुत

तेज बुखार रहता हो, दस्त आते हों, भूख न लगती हो, वजन भी गिर चुका हो, उनको केले के मोटे तने के टुकड़े का रस निकाल और छानकर एक-दो ताजा कप रस हर दो घण्टे बाद घूँट-घूँट करके पिलाया जाये। तीन दिन रस बराबर पिलाने से रोगी को बहुत लाभ होगा। दो माह तक इस चिकित्सा से क्षय रोग से छुटकारा मिल सकता है। केले का रस हर 24 घण्टे के बाद ताजा ही निकालना चाहिए। 8-10 केले के पत्ते 200 मिली लीटर पानी में डालकर पड़ा रहने दें। इस पानी को छानकर एक बड़ा चम्मच दिन में तीन बार पिलाते रहने से फेफड़ों में जमी गाढ़ी बलगम पतली होकर निकल जाती है। केले के पत्ते का रस मधु में मिलाकर क्षय रोगी को पिलाते रहने से भी उसके फेफड़ों के घाव भर जाते हैं। बलगम कम हो जाता है और फेफड़ों के घाव भर जाते हैं। बलगम कम हो जाता है और फेफड़ों से खून आना रुक जाता है। केले के तने न हों तो केले के पत्तों का रस इसी प्रकार काम में ले सकते हैं।

प्याज—यक्ष्मा के लिए बहुत सालों पहले इंगलैण्ड के डॉ. पर्स कच्चा प्याज बताया करते थे। डॉ. डब्ल्यू.सी. मिनचेन ने कहा है कि शरीर पर यक्ष्मा के कीटाणुओं के आक्रमण को प्याज का रस नष्ट कर देता है। कच्चे प्याज को खाने से भी समान प्रभाव होता है। यह स्वास्थ्यरक्षक, कीटाणुनाशक है। कच्चे प्याज पर नमक डालकर खाने से यक्ष्मा में लाभ होता है।

यक्ष्मा रोग में बलगम आना बन्द करने के लिये चौथाई कप प्याज का रस इतना ही पानी मिला कर पीयें। छोटे-छोटे टुकड़े करके एक गिलास पानी में डाल कर उबालें। आधा पानी रहने पर छान कर पिलायें। बलगम आना बन्द हो जायेगा।

लहसुन—डॉ. ई.पी. एन्शूज होम्योपैथ ने लिखा है कि लहसुन खाने वालों को क्षय रोग नहीं होता। इसके प्रयोग से क्षय के कीटाणु नष्ट हो जाते हैं। क्षय रोग के लिए लहसुन एक वरदान है। हर प्रकार के क्षय को दूर करने के लिए लहसुन अमृत से कम नहीं है। लहसुन में सल्फ्यूरिक एसिड अच्छी मात्रा में होता है, जो क्षय के कीटाणुओं को नष्ट करता है।

फेफड़े के क्षय में लहसुन के प्रयोग से कफ गिरना कम होता है रात को निकलने वाले पसीने को रोकता है, भूख बढ़ाता है और नींद सुखपूर्वक लाता है। फेफड़े में क्षय होने पर लहसुन के रस से रुई तर करके सूँघना चाहिए ताकि श्वास के साथ मिलकर इसकी गन्ध फेफड़ों तक पहुँच जाय। इसे बहुत देर तक सूँघते रहना चाहिए। इसकी तीव्र गन्ध ही है, जो प्रबल-से-प्रबल कीटाणुओं, कृमियों तथा असाध्य रोगों को मिटाती है। खाना खाने के बाद लहसुन का सेवन भी करना चाहिए।

आन्त्र क्षय में लहसुन का रस आठ बूँद 12 ग्राम पानी में पिलायें।

फूलगोभी—फूलगोभी की सब्जी खाने से या कच्ची ही खाने से रक्त की उलटी होना बन्द हो जाता है। क्षय रोगी इसे लें।

लौकी—ताजा लौकी पर जौ के आटे का लेप करें तथा कपड़ा लपेटकर भोभल (आग) में दबा दें। जब भुर्ता हो जाये तो पानी निचोड़ कर शक्ति अनुकूल पिलाते रहें। एक महीने पिलाने से रोगी यक्ष्मा से ठीक हो जायेगा।

मक्का—जिसे यक्ष्मा का पूर्व रूप हो उसे मक्का की रोटी खानी चाहिए।

अखरोट—अखरोट और लहसुन समान मात्रा में पीसकर गाय के घी में भूनकर सेवन करने से यक्ष्मा में लाभ होता है।

शहद—25 ग्राम शहद, 100 ग्राम मक्खन में मिलाकर देना चाहिए।

ज्वर या बुखार (Fever)

लक्षण—शरीर की गर्मी अचानक बढ़ जाना बुखार कहलाता है। थकावट मालूम होना, किसी काम में मन नहीं लगना, मुँह का स्वाद बिगड़ जाना, आँखों से पानी गिरना, जम्हाई आना शरीर में भारीपन होना, चित्त अप्रसन्न रहना, सर्दी लगना, शरीर गरम हो जाना, सारे शरीर में दर्द होना बुखार के सामान्य लक्षण माने गए हैं।

ज्वर क्यों होता है?—बुखार सामान्यतौर पर हानिकारक कीटाणुओं के संक्रमण से होता है। ये रोगाणु शरीर की कोशिकाओं में 'पायरोजन' नामक विषैला पदार्थ उत्पन्न कर देते हैं जिससे मस्तिष्क में स्थित ताप नियंत्रण केन्द्र में गड़बड़ी हो जाती है और हमें बुखार हो जाता है। वास्तव में बुखार बीमारी के कीटाणुओं को नष्ट करने में हमारी मदद करता है। इस दौरान शरीर में विभिन्न जैविक प्रक्रियाएँ तेजी से होने लगती हैं। शरीर में रक्त कोशिकाएँ, एंजाइम और हारमोन उत्पन्न होने की दर अचानक तेज होने लगती है और ये सभी बुखार के कीटाणुओं को नष्ट करने में जुट जाते हैं। लम्बे समय तक बुखार का रहना शरीर के लिए घातक है क्योंकि इस अवस्था में शरीर के भीतरी हिस्से का तापमान बढ़ने के कारण पानी की कमी हो जाती है जिससे रक्त व मूत्रनली की कोशिकाएँ सिकुड़ने लगती हैं, कोशिकाओं का प्रोटीन समाप्त होने लगता है और मस्तिष्क में अनेक विकार पैदा हो जाते हैं।

बुखार होने पर घबरा कर तुरन्त डॉक्टरों के पास जा कर दवाइयाँ नहीं लें। यह सामान्य रोग है, शान्तिपूर्वक सामना करें। ज्वर या बुखार कई प्रकार के होते हैं। कैसा भी ज्वर हो, जहाँ तक हो सके ज्वर-काल में खाना नहीं देना चाहिए। साधारण हल्का भोजन जैसे दूध, मूँग की दाल का पानी, मुनक्का, साबूदाना, ग्लूकोज, मौसमी, तरल पदार्थ, रसदार फल-सब्जियाँ, गर्म पानी आदि दे सकते हैं। ज्वर समाप्त होने पर दो-चार दिन बाद भी हल्का भोजन ही दिया जाना चाहिए। तली हुई चीजें, गरिष्ठ भोजन, मिठाइयाँ, मैथुन बिल्कुल बन्द कर देना चाहिए। खीरा और मेथी का सेवन बुखार में लाभदायक है।

तेज बुखार होने पर शरीर की अधिक कैलोरी नष्ट होती है। अत: उसकी आवश्यकता भी बढ़ जाती है, हालाँकि जब बुखार चरम सीमा पर होता है, रोगी को कुछ भी खाने की इच्छा नहीं होती है। अत: जैसे ही बुखार कुछ नियंत्रण में आये आप उसे समय-समय पर कुछ-न-कुछ खाने को अवश्य देते रहें। बुखार से ऊतकों के नष्ट हो जाने से रोगी को प्रचुर मात्रा में प्रोटीन की आवश्यकता पड़ती है। ऐसे में 50 प्र.श. अधिक प्रोटीन लेनी चाहिए। प्रोटीन देते समय ध्यान रखें कि वे आसानी से पचने वाले हों। माँस जैसे गरिष्ठ प्रोटीन नहीं देना चाहिए।

प्रोटीन दूध के रूप में लिया जा सकता है। सोयाबीन खायें।

कार्बोहाइड्रेट को सदैव ग्लूकोज के रूप में लेना चाहिए। यह आसानी से पच जाता है। बुखार के दौरान रोगियों को सिर्फ दूध और फलों का रस देना चाहिए।

रोगी को मक्खन, घी, तेल आदि के रूप में वसा नहीं देनी चाहिए। बुखार ठीक होने पर वसा की मात्रा में वृद्धि कर देनी चाहिए।

नीबू—जिसमें रोगी को बार-बार प्यास लगे, उबलते पानी में नीबू निचोड़ कर पिलाने से ज्वर का तापमान गिर जाता है। नीबू में सेंधा नमक और काली मिर्च भरकर गरम करके चूसने से बुखार में लाभ होता है।

मुनक्का—20 मुनक्का धोकर बीज निकालकर 250 ग्राम पानी में रात को भिगो दें। प्रात:

उसी पानी में उनको उबाल कर मुनक्का खा जायें और वह पानी पी जायें, ज्वर ठीक हो जायेगा।

इमली—गर्मी का बुखार होने पर इमली का पानी पिलाना लाभदायक है।

धनिया—धनिये की गिरी से ज्वर उतरता है। गर्मी के बुखार में धनिये की गिरी का सेवन गुणकारी है।

टमाटर—ज्वर में रक्त में हानिकारक पदार्थ बढ़ जाते हैं। टमाटर सूप इन पदार्थों को निकाल देता है। इससे रोगी को आराम मिलता है। हर ज्वर में टमाटर का रस ज्वर की गर्मी को शान्त करता है और बेचैनी दूर करता है, प्यास बुझाता है। शरीर को क्षीण नहीं होने देता, स्फूर्ति प्रदान करता है।

नारियल—नारियल का पानी पीने से ज्वर का ताप कम होता है, तेज ज्वर कम होता है।

टिण्डा—हल्के बुखार को यह ठीक कर देता है। यह उबाल कर सामान्य मसाले डाल कर खायें।

परवल—पुराने बुखार में इसकी सब्जी लाभदायक है।

मेथी—मेथी ज्वर दूर करती है। मेथी के पत्तों को पीस कर बाह्य लेप करने से जलन, दाह, भभका दूर होता है।

लौंग—एक लौंग पीस कर गर्म पानी से फँकी लें। इस प्रकार तीन बार लेने से सामान्य ज्वर दूर हो जायेगा।

जौ—एक कप जौ एक किलो पानी में उबालकर ठण्डा करके पीवें, ज्वर में लाभदायक है।

चाय—सर्दी, जुकाम के कारण बुखार होने पर चाय लाभदायक है।

पानी—प्राकृतिक चिकित्सा में माना जाता है कि पेडू यानी आँतें ही वह स्थान है, जहाँ से मल व सड़न आरम्भ होती है और शरीर में सड़न के कारण खमीर उठता है, जिससे हमारे शरीर का तापमान बढ़ने लगता है अर्थात् हमें बुखार आता है। अत: पेडू पर गीली पट्टी रखकर आँतों को साफ रखे जाने पर जोर दिया जाता है। यह तापक्रम कम करने में भी सहायक होता है।

तेज ज्वर में ठण्डे पानी का स्पन्ज लाभदायक है। ठण्डे पानी में तौलिया भिगो कर सिर पर रखें तथा सारे शरीर को गीले कपड़े से पौंछें। पौंछते समय शरीर को ढँका हुआ रखें।

गाजर—गाजर का रस शरीर के दूषित पदार्थ शरीर से बाहर निकालता है। गाजर का रस 185 ग्राम, चुकन्दर का रस 150 ग्राम, खीरा या ककड़ी का रस 125 ग्राम मिलाकर पीयें।

लहसुन—तेज ज्वर होने पर लहसुन कूटकर थोड़ा जल मिलाकर पोटली बनाकर सुँघायें। इससे ज्वर की तीव्रता दूर हो जाती है। लहसुन का रस 6 ग्राम तीन चम्मच पानी में मिलाकर प्रात:, दोपहर तथा शाम तीन बार पिलाने से ज्वर का शमन हो जाता है।

सौंफ—तेज ज्वर होने पर तीन चम्मच सौंफ दो कप पानी में उबाल कर दो-दो चम्मच बार-बार पिलाते रहने से ज्वर का ताप नहीं बढ़ता।

काली मिर्च—यदि ज्वर में उबासियाँ या जम्हाइयाँ आती हों, शरीर में दर्द हो, दुर्बलता और कम्पन हो तो सुबह-शाम बीस काली मिर्च कूट कर एक गिलास पानी में उबालें। चौथाई पानी रहने पर सुहाता-सुहाता गर्म पिलायें। ज्वर उतर जायेगा।

पोदीना—पोदीने की चाय में कुछ नमक डालकर पीने से ज्वर में लाभ होता है। ज्वर पीड़ित को यदि बार-बार प्यास लग रही हो तो पोदीने का रस तात्कालिक रूप से रोगी को पिलायें।

मूँग की दाल—ज्वर में मूँग की दाल लेना उत्तम है। यह छिलके सहित काम में लेनी चाहिए।

नमक—सेंधा नमक एक भाग, देशी चीनी (बूरा) चार भाग, दोनों मिलाकर बारीक पीस लें। आधा चम्मच नित्य तीन बार गरम पानी से लेने से मौसमी ज्वर में लाभ होता है।

अदरक—यदि सर्दी या सर्दी-गर्मी के कारण ज्वर हो, तेज ज्वर होने पर अदरक का रस 6 ग्राम, पान का रस 6 ग्राम और शहद 6 ग्राम मिलाकर चाटने से लाभ होता है।

तुलसी—(1) जीर्ण ज्वर हो और साथ ही ऐसी खाँसी हो, जिससे छाती में दर्द हो तो तुलसी के पत्तों के रस में मिश्री पिलाकर लेने से जीर्ण ज्वर में लाभ होता है।

(2) तीन ग्राम तुलसी का रस, 6 ग्राम मिश्री, तीन काली मिर्च मिलाकर लेने से जीर्ण ज्वर में लाभ होता है।

(3) दस तुलसी के पत्ते, तीन ग्राम सौंठ, पाँच लौंग, 22 काली मिर्च स्वाद के अनुसार चीनी डालकर उबालें। जब पानी आधा रह जाये तो रोगी को पिलायें। ज्वर उतर जायेगा। यदि ज्वर में घबराहट हो तो तुलसी के पत्तों के रस में शक्कर मिलाकर पिलायें।

(4) 20 तुलसी के पत्ते, 20 काली मिर्च, जरा-सी अदरक और दाल-चीनी एक गिलास पानी में चाय की तरह उबाल कर चीनी मिलाकर गर्म-गर्म पीने से हर प्रकार के ज्वर (बुखार) में लाभ करती है।

(5) 12 ग्राम तुलसी के पत्ते का रस नित्य पीते रहने से ज्वर ठीक हो जाता है।

जीरा—कच्चा पिसा हुआ जीरा एक ग्राम इतने ही गुड़ में मिलाकर तीन बार नित्य लेते रहने से पुराना बुखार ठीक हो जाता है।

बर्फ—तेज ज्वर होने पर बर्फ के पानी से स्पन्ज करें अर्थात् बर्फ के पानी में कपड़ा भिगोकर सिर से पैरों तक बार-बार बदन पोंछें, साफ करें। सिर और पेट पर गीला कपड़ा रखें।

नीम—जीर्ण ज्वर में 21 ग्राम नीम के पत्ते व 21 काली मिर्च, दोनों को मलमल के कपड़े में पोटली बाँधकर आधा किलो पानी में उबालें। चौथाई पानी रहने पर ठण्डा होने पर सुबह-शाम पिलायें।

मिट्टी—गीली मिट्टी की पट्टी पेट पर बाँधें, हर घण्टे से बदलते रहें। इससे ज्वर की तपन हट जायेगी।

गन्ने का रस—मन्द ज्वर में गन्ने का रस लाभदायक है।

लौंग—एक लौंग पीसकर गर्म पानी से फँकी लें। इस प्रकार तीन बार लेने से सामान्य ज्वर दूर हो जाएगा।

पीपल वृक्ष—पीपल वृक्ष की टहनी चबा-चबा कर दो बार नित्य चूसें, लकड़ी थूक दें।

बच्चों का बुखार

रोगाणु (बैक्टीरिया) और विषाणु (वायरस) ठण्डे वातावरण में ही ज्यादा पनपते हैं। किसी भी तरह से जब वे शरीर में घुस जाते हैं, तो प्रतिरोधी तंत्र शरीर का तापमान डिग्री बढ़ा देता है। बढ़े हुए तापमान पर रोगाणु या विषाणु जीवित नहीं रहते। अत: यदि बुखार को दवा या अन्य किसी तरीके से दबाया नहीं जाए, तो रोगग्रस्त करने वालों का स्वत: ही नाश हो जाता है। शोधकर्त्ताओं के अनुसार यह धारणा गलत है कि बचपन के बुखार से बच्चे का मस्तिष्क क्षतिग्रस्त हो जाता है या उसकी मृत्यु हो जाती है। वास्तविकता यह है कि बचपन में होने वाले संक्रामक रोगों के कारण हमारे शरीर में, रोग से बचाने वाला, आजीवन कवच तैयार हो जाता है। किन्तु स्वास्थ्य और साफ-सफाई के नाम पर एक ओर टीकों की भरमार शिशु के शरीर में होने लगी

है, तो दूसरी ओर बच्चे को किसी भी सम्भावित संक्रमण से एकदम बचाकर रखा जाता है। बच्चे को हल्का-सा जुकाम, खाँसी या बुखार होते ही डॉक्टर के पास ले भागते हैं। बचाव की ऐसी ही मानसिकता के कारण आजकल शिशु को सर्दी में जहाँ ऊनी वस्त्रों से लाद देते हैं वहीं गर्मी में उसे एकदम झीने कपड़े पहना देते हैं। दोनों ही बातें उसके लिए घातक हैं।

स्वास्थ्य के बारे में जागरूक पीढ़ी व उनके बच्चे आए दिन डॉक्टर के पास भागते नजर आते हैं। कारण छोटा-सा है। शिशु के शरीर को रोग से लड़ने का अनुभव ही नहीं होने देना। जितना उसे बचाकर रखा जाएगा उतना ही वह अक्षम होता जाएगा। बुखार होने पर शिशुओं को ही नहीं, बड़ों को भी कम-से-कम तीन दिन तक कोई दवा नहीं दें। यदि उसके बाद भी बुखार या पीड़ा बनी रहे तभी कोई औषधि देना वांछित है। लेकिन आज न किसी को फुर्सत है और न उनमें इतना धैर्य। अच्छा यही है कि शिशु को कुछ दिन बुखार में रहना सीखने दें और स्वयं भी इसे देखना सीखें।

इस धैर्य के परिणाम देखकर आप चकित रह जाएँगे छोटे-मोटे संक्रमण या मौसमी बुखार को स्वत: ठीक होने में इससे ज्यादा समय नहीं लगता।

जरूरत इतना-सा समझने की है कि जन्म लेने वाले हर प्राणी में प्रकृति, इसी संसार में जीने योग्य क्षमता भी देती है।

डेंगू

लक्षण—अचानक बिना खाँसी व जुकाम के तेज बुखार, शरीर में तेज दर्द, डेंगू बुखार होने पर हड्डियों में भी तेज दर्द होता है इसीलिए इसे हड्डी तोड़ बुखार भी कहते हैं। सिर के अगले हिस्से में गंभीर दर्द होना। आँख के पिछले भाग में दर्द। माँसपेशियों एवं जोड़ों में दर्द। भूख एवं स्वाद का कम होना। खसरा जैसे दाने छाती पर निकल आना। मितली व उल्टी का होना।

डेंगू बुखार में रक्तस्राव भी होने लगता है। रोगी को प्रकाश से चिड़चिड़ाहट-सी हो जाती है। उल्टी या बेचैनी की शिकायत भी संभव है। कई बार बुखार समाप्त होने के बाद फिर से आ जाता है। यह वर्षा के बाद अधिकतर होता है। ये डेंगू बुखार के सामान्य लक्षण हैं। डेंगू बहुधा बड़ी महामारी के रूप में फैलता है तथा बहुत-से लोगों को इसके कारण जान से हाथ धोना पड़ता है।

रक्त स्राव (हीमोरैजिक) के लक्षण—डेंगू ज्वर के लक्षण हैं—गंभीर तथा लगातार पेट दर्द; ठंडी पीली व चिपचिपी त्वचा, चेहरे और हाथ-पैरों पर लाल दाने या दरदराहट के लक्षण दिखाई दे सकते हैं। हीमोरैजिक डेंगू होने पर शरीर के अंदरूनी अंगों से रक्त स्राव हो सकता है। नाक, मुँह व टट्टी के रास्ते से खून आ सकता है, जिससे कई बार मरीज बेहोशी की हालत में चला जाता है। रक्त के बिना या रक्त के साथ बार-बार उल्टी, निद्रा के साथ व्यग्रता, लगातार चिल्लाना, ज्यादा प्यास या मुँह का बार-बार सूखना—ये सब डेंगू के लक्षण हैं। हीमोरैजिक डेंगू अत्यधिक खतरनाक होता है। सर्वाधिक मौतें इसी से होती हैं। डेंगू बुखार साधारण बुखार से काफी मिलता-जुलता-सा होता है इसलिए डॉक्टर तक इस रोग को पहचानने में कई बार गच्चा खा जाते हैं।

कैसे फैलता है—यह विषाणु से ग्रसित मादा एडीज एजिप्टाई मच्छर के काटने से फैलता है।

मच्छर पैदा कहाँ पर होते हैं?—रुके हुए पानी में यह मच्छर तेजी से पनपता है। अधिकतर कूलर, ड्रम, जार, बर्तन, बाल्टी, टैंक, पानी के हौज, बोतल या कोई ऐसी जगह जहाँ पानी इकट्ठा

होता है। इसीलिए बारिश के बाद खासतौर पर घरों के आस-पास पानी जमा नहीं होने देना चाहिए। मौसम में जगह-जगह पानी इकट्ठा हो जाता है।

जहाँ पानी को निकालना संभव नहीं होता वहाँ कीटनाशकों या जले हुए मोबिल ऑयल का प्रयोग करना चाहिए। मोबिल ऑयल या मिट्टी के तेल से पानी की सतह के ऊपर तेल की एक पतली परत-सी बन जाती है। जिससे मच्छर के लार्वा की श्वसन क्रिया बाधित होने से वह मर जाता है। उपयुक्त कीटनाशकों के प्रयोग से भी मच्छरों से बचा जा सकता है। मच्छर रोधी उपाय, जैसे—मच्छरदानी, मच्छर रोधी क्रीम, रिपेलेन्ट्स व अगरबत्तियों का प्रयोग भी जरूरत के हिसाब से किया जा सकता है। गाँवों में पशु रखने के बाड़ों और नम, अंधेरी व सीलनदार जगहों पर मच्छरों के पनपने की सम्भावना ज्यादा होती है। इसीलिए ऐसे स्थानों पर कीटनाशकों का उपयोग आवश्यक रूप से किया जाना चाहिए। इसके अलावा कपड़े इस तरह के पहनने चाहिए जिससे हाथ-पैरों समेत पूरा शरीर ठीक से ढँका रहे।

उपचार—साधारण तरह के डेंगू में मरीज को ज्यादा खतरा नहीं होता। इसके लिए लक्षण आधारित उपचार किया जाता है। मसलन तेज बुखार होने पर ठण्डे पानी की पट्टियाँ रखी जा सकती हैं। बुखार उतरने की दवाईयाँ भी जरूरत के हिसाब से दी जा सकती हैं। हीमोरैजिक डेंगू होने पर रोगी में रक्त प्लेटीनेट्स की संख्या बढ़ाने के लिए प्लेटीनेट्स की अतिरिक्त मात्रा देनी आवश्यक होती है। यहाँ खास बात यह है कि हीमोरैजिक डेंगू होने पर रोगी को दर्द निवारक दवा नहीं देनी चाहिए। कई बार दर्द निवारक दवाओं से रोगी में रक्त स्राव की संभावना बढ़ जाती है। इस दौरान शरीर में पानी की मात्रा और रक्त चाप को नियंत्रित करना भी जरूरी होता है। ज्वर, बुखार, मलेरिया ठीक करने वाले उपचार इसको ठीक करने के लिए काम में ले।

आन्त्र-ज्वर (Typhoid)

टायफायड में संचित ग्लाइकोजिन का तेजी से अपचय होता है और पानी का संतुलन बिगड़ जाता है। आँतों की नली फूल जाती है और दस्त शुरू हो जाता है। अत: प्रचुर मात्रा में प्रोटीनयुक्त आहार नहीं देना चाहिए। ऐसे में अंडा और माँस तो पूर्णतया वर्जित है।

इस काल में तरल, पचने योग्य कार्बोहाइड्रेट आहार ही लेना चाहिए। सब्जियों का सूप और फलों के रस का सेवन रोगी के लिए ठीक रहता है।

बुखार ठीक होने तथा कमजोरी खत्म होने के बाद प्रचुर मात्रा में प्रोटीन लेनी चाहिए ताकि शरीर में नष्ट तंतुओं की पूर्ति हो सके।

मुनक्का—पश्चिम के एक वैज्ञानिक डॉ. टार्टलिट ने किशमिश, मुनक्का तथा अन्य सूखे मेवों को जलाकर परीक्षण किए एवं यह पाया कि इससे मोतीझरा (टायफाइड) के कीटाणु समाप्त हो जाते हैं।

मौसमी—टाइफाइड में मौसमी लाभदायक है। यह दो बार नित्य पीयें।

लौंग—आन्त्र-ज्वर में लौंग का पानी पिलायें। पाँच लौंग दो किलो पानी में उबाल लें, आधा पानी रहने पर छान लें। इस पानी को नित्य बार-बार पिलायें। पानी भी उबाल कर ठंडा करके पिलायें।

नमक—एक चम्मच नमक सेक कर एक गिलास गर्म पानी में घोलकर एक बार नित्य तीन दिन पिलायें। यदि तेज प्यास लगने लगे तो एक घंटे तक पानी न पिलायें। जीभ तर रखने के लिए

घूँट-घूँट पानी पिलायें अधिक पानी न पिलायें। इससे ज्वर सामान्य हो जाता है तथा आन्त्र-ज्वर अपनी अवधि से पहले ही ठीक हो जाता है।

नारंगी—नारंगी ज्वर की गरमी और अशान्ति दूर करती है। रोगी को दूध में नारंगी का रस मिलाकर पिलायें या दूध पिलाकर नारंगी खिलायें। दिन में कई बार नारंगी खिलानी चाहिए। इससे आन्त्र-ज्वर में लाभ होता है।

सेब—इसका रस पीना आन्त्र-ज्वर में लाभदायक है।

केला—आन्त्र-ज्वर के रोगियों के लिए केला आदर्श भोजन है। यह भूख, प्यास कम करता है।

शहद—आन्त्र-ज्वर (Enteric Fever) और न्यूमोनिया में पाचन अंग भली प्रकार कार्य करने के अयोग्य हो जाते हैं। उबले हुए पानी में शहद डालकर रोगी को गरमा-गरम पिलाते रहने से आन्त्र-ज्वर में आँतों पर शामक प्रभाव पड़ता है और रोगी दुर्बल नहीं होता। रोगी को ठोस भोजन नहीं देना चाहिए। मधु खिलाते रहने से कमजोरी नहीं आती। उपचार भी होता है।

मलेरिया (Malaria)

मलेरिया बुखार सर्दी देकर आता है और पसीना देकर उतर जाता है। यह मच्छरों के काटने से होता है। मलेरिया के बाद कुछ दिन चावल नहीं खाने चाहिए।

नीबू—(1) मलेरिया में नमक, काली मिर्च, नीबू में भरकर गर्म करके चूसने से बुखार की गर्मी दूर हो जाती है। यह दो बार नित्य चूसें।

(2) दो नीबू का रस नीबू के छिलकों सहित 500 ग्राम पानी में मिलाकर मिट्टी की हाँडी या स्टील के भगोने में रात को उबाल कर आधा रहने पर रख दें। प्रातः इसे पीने से मलेरिया आना बन्द हो जाता है।

(3) पानी में नीबू निचोड़ कर स्वाद के अनुसार शक्कर मिलाकर पिलाने से चार दिन में मलेरिया आना बन्द हो जाता है। यदि कुनेन खाने से कानों में साँय-साँय की आवाज हो तो यह भी इससे ठीक हो जाती है। कुनेन के साथ नीबू और दूध अधिक प्रयोग करना चाहिए।

नारंगी—दो नारंगी के छिलके दो कप पानी में उबालें। आधा पानी रहने पर छानकर गर्म-गर्म पीयें।

सेब—ज्वर में सेब खाने से ज्वर जल्दी ठीक हो जाता है। मलेरिया में ज्वर आने के पहले सेब खाने से ज्वर आने के समय, ज्वर नहीं आता।

अमरूद—मलेरिया में अमरूद लाभदायक है। मलेरिया के रोगी को अमरूद खिलाना चाहिये।

जीरा—एक चम्मच जीरा बिना सेका हुआ पीस लें। इसका तीन गुना गुड़ इसमें मिलाकर इसकी तीन गोलियाँ बना लें। निश्चित समय पर सर्दी लग कर आने वाले मलेरिया के बुखार के आने से पहले एक-एक घंटे से एक-एक गोली खायें।

धनिया—धनिया और सौंठ दोनों पिसे हुए समान मात्रा में मिलाकर नित्य तीन बार पानी से फँकी लें। बुखार इससे ठीक हो जाता है।

पीपल—तीन पीपल पीसकर शहद में मिलाकर चाटने से श्वास, खाँसी के साथ ज्वर, मलेरिया ठीक होता है।

छाछ—छाछ पीने से हर चौथे दिन आने वाला मलेरिया ठीक होता है।

लहसुन—यदि मलेरिया नित्य निश्चित समय पर आता हो तो लहसुन का रस हाथ-पैरों के नाखूनों पर बुखार आने से पहले लेप करें तथा एक चम्मच लहसुन का रस, एक चम्मच तिल के तेल में मिलाकर जब तक बुखार न आये, एक-एक घंटे में 10-10 बूँद जीभ पर डाल कर चूसें। इस तरह चार दिन लगातार करने से मलेरिया ठीक हो जाता है।

फिटकरी—एक ग्राम फिटकरी, दो ग्राम चीनी में मिलाकर मलेरिया आने से पहले दो-दो घण्टे से दो बार दें। मलेरिया नहीं आयेगा और आयेगा तो कम। फिर दूसरी बार भी जब मलेरिया आने वाला हो तो इसी प्रकार से दें। रोगी को कब्ज नहीं होनी चाहिए। यदि कब्ज हो तो पहले कब्ज दूर करें।

हरी मिर्च—एक हरी मिर्च के बीज निकाल कर बीज रहित खोल को मलेरिया आने के दो घण्टे पहले अँगूठे में पहना कर बाँध दें। इस तरह दो-तीन बार बाँधने से मलेरिया बुखार आना बन्द हो जाता है। हरी मिर्च बाँधने से जलन होती है। जितनी देर सहन हो, बाँधे रखें, फिर खोल दें।

नमक—(1) सेंधा नमक एक भाग, देशी चीनी (बूरा) चार भाग—ये दोनों मिलाकर बारीक पीस लें। आधा चम्मच नित्य तीन बार गरम पानी से लेने से मलेरिया बुखार आना बन्द हो जाता है।

(2) पाँच चम्मच नित्य खाने में काम आने वाला नमक तवे पर ऐसा सेकें, भूनें कि नमक भूरे रंग का हो जाये। इस नमक की एक चम्मच एक गिलास गर्म पानी में मिलाकर एक बार नित्य मलेरिया आने से पहले पीयें। *मलेरिया ज्वर के रहते हुए नहीं पीयें।*

तुलसी—तुलसी के सेवन से सभी प्रकार के ज्वरों में लाभ होता है। नित्य तुलसी के पत्ते खाने से मलेरिया नहीं आता। यदि मलेरिया हो जाये तो बुखार उतरने पर 22 तुलसी के पत्ते और 20 पिसी हुई काली मिर्च दो कप पानी में चाय की तरह उबालें। चौथाई पानी रहने पर मिश्री मिलाकर ठण्डा करके पी लें। यदि यह सम्भव नहीं हो तो तुलसी के पत्ते और काली मिर्च चबा सकते हैं।

नीम—60 ग्राम नीम के हरे पत्ते, चार काली मिर्च—ये दोनों पीसकर 125 ग्राम पानी में छानकर पी लें। मलेरिया ठीक हो जाता है। यह विश्वसनीय नुस्खा है।

मधुमेह (Diabetes)

पेशाब के साथ जब चीनी जैसा मधु पदार्थ निकलता है, तो उसे मधुमेह रोग कहते हैं। यह रोग धीरे-धीरे होता है। डायबिटीज एक ऐसा रोग है जिसके रोगी को बहुत समय तक तो इस रोग का अहसास ही नहीं हो पाता। औरतों की अपेक्षा पुरुषों में यह रोग अधिक देखा गया है। मोटे आदमी अक्सर इस रोग से पीड़ित देखे जाते हैं। पहले यह रोग प्राय: 40-50 वर्ष की अवस्था में या इसके बाद होता था, लेकिन आजकल छोटे बच्चों के भी यह बीमारी देखी गयी है। मधुमेह रोग में पैतृक प्रभाव का भी बहुत अधिक हाथ है।

शरीर में इंसुलिन नामक तत्त्व पाचन क्रिया से सम्बन्धित पेनक्रियाज ग्रंथि से उत्पन्न होता है, इससे शक्कर रक्त में प्रवेश करता है और वहाँ ऊर्जा में परिवर्तित हो जाता है। उक्त पेनक्रियाज ग्रंथि जितनी शरीर को शुगर की आवश्यकता होती है उतनी रख लेती है शेष शुगर को जला देती है। मगर यह पेनक्रियाज ग्रंथि इंसुलिन पैदा करना बन्द कर दे या कम कर दे या किसी कारण से यह रस बाधक हो तो डायबिटीज (मधुमेह) रोग पैदा हो जाता है। ऐसी अवस्था में शक्कर रक्त में चला जाता है और ऊर्जा में परिवर्तित नहीं हो पाता है तथा मूत्र के द्वारा भी बाहर निकल जाता

है। यह रोग दो प्रकार का होता है—(1) डायबिटीज मेलिट्स (मधुमेह), (2) डायबिटीज इन्सिपिड्स (बहुमूत्र)।

लक्षण—मधुमेह की उत्पत्ति का कारण अग्न्याशय (पेनक्रियाज) में उत्पन्न होने वाले तत्त्व इन्सुलिन की कमी माना जाता है। मूत्र और रक्त की जाँच से दोनों में शर्करा आना इसका सही निदान है। अधिक प्यास, अधिक भूख लगना, बार-बार पेशाब जाना, बार-बार फोड़े-फुँसी होना, घाव न भरना, पैरों में दर्द, नेत्र दृष्टि में गिरावट, कब्ज रहना, टी.बी., शर्करा अधिक बढ़ने पर दुर्बलता, घबराहट, रक्त संचार की वृद्धि, बेहोशी होती है। सिर-दर्द, कब्जी, चमड़ा सूखा, खुरखुरा, खुजली, घावों का न भरना आदि मधुमेह के लक्षण हैं।

अधिक टीवी देखना मधुमेह का कारण—यदा-कदा टीवी देखने की आदत शौक में शुमार होती है और इससे सेहत को कोई खतरा नहीं होता लेकिन यदि सप्ताह में 20 घंटे तक टीवी देखें तो हो सकता है कि आप मधुमेह को आमंत्रण दे रहे हैं। अमरीकी शोधकर्त्ताओं ने एक अध्ययन में कहा है कि सप्ताह भर में बीस घंटे तक टीवी देखने वाले पुरुषों में आगे चलकर मधुमेह का खतरा बढ़ जाता है। कहा है कि टीवी देखने में अधिक समय व्यतीत करने से 40 वर्ष या उससे अधिक आयु के पुरुषों में मधुमेह का खतरा बढ़ जाता है। इस आयु वर्ग के अधिक वजनी वयस्क ही अमूमन रोग की चपेट में आते हैं। शोधकर्त्ताओं ने कहा है कि बैठे-ठाले टीवी देखने की जीवनशैली का मधुमेह से सीधा सम्बन्ध है। नियमित व्यायाम से मधुमेह से बचा जा सकता है।

चिकित्सा—मधुमेह के रोगी को मीठी चीजें, जैसे—चीनी, गुड़, मिश्री, मीठे फल, चावल, मैदा की बनी चीजें नहीं खानी चाहिएँ। शारीरिक व्यायाम, भ्रमण, अल्प भोजन करना लाभदायक है। अगर डायबिटीज कन्ट्रोल में नहीं हो तो केवल गेहूँ की रोटी नहीं खानी चाहिए, जौ, चना, गेहूँ (तीन किलो जौ, एक किलो गेहूँ, आधा किलो चना को मिलाकर आटा पिसवा लेना चाहिए) की रोटी खानी चाहिए। हरी सब्जी, दाल, दही का सेवन अधिक करना चाहिए। करेले की सब्जी या कच्चा करेला और जामुन खाना चाहिए। हरड़-बहेड़ा-आँवला (त्रिफला) को समान मात्रा में लेकर चूर्ण बनाकर सेवन करना चाहिए इससे कब्ज भी नहीं रहेगी। उचित भोजन और शारीरिक परिश्रम से मधुमेह को ठीक किया जा सकता है। औषधियों से भी बिना भोजन द्वारा चिकित्सा का सहारा लिये यह ठीक नहीं हो सकता। निम्न भोज्य पदार्थों का अधिकाधिक सेवन करके इस रोग को दूर करें—मधुमेह में शरीर में कमजोरी मालूम पड़ने लगती है। कमजोरी दूर करने हेतु हरा कच्चा नारियल खायें। काजू, मूँगफली, अखरोट भिगोकर खायें। दही, छाछ, सोयाबीन खायें।

मधुमेह के रोगी को हर सातवें दिन एक दिन का उपवास करना लाभदायक है। उपवास में फल, सब्जियाँ, फीका नीबू-पानी ही लें। अन्य चीजें नहीं खायें।

नीबू—प्यास अधिक होने पर पानी में नीबू निचोड़ कर पिलाने से मधुमेह में लाभ होता है। यह तीन बार नित्य पीयें।

नारंगी—मधुमेह के रोगी को 1 नारंगी दे सकते हैं। नारंगी के छिलके छाया में सुखा कर कूट लें। इनकी चार चम्मच एक गिलास पानी में उबाल कर छान कर नित्य पीयें।

आम—आम और जामुन का रस समान भाग मिलाकर कुछ दिनों तक पीने से मधुमेह रोग ठीक हो जाता है।

आँवला—ताजे आँवलों के चार चम्मच रस में एक चम्मच शहद मिलाकर पीने से मधुमेह ठीक हो जाता है।

जामुन—(1) मधुमेह के रोगी को नित्य जामुन खानी चाहिए। होम्योपैथी में मधुमेह के लिए जामुन का रस सीजीजीयम जेम्बोलिनम मदर टिंचर के नाम से काम में लिया जाता है।

जामुन की गुठली का चूर्ण आधा चम्मच शाम को पानी के साथ लेने से पेशाब में शर्करा आना ठीक हो जात' है।

(2) जामुन की गुठली और करेले सुखा कर समान मात्रा में मिला कर पीस लें। इसकी एक चम्मच सुबह-शाम पानी से फँकी लें।

टमाटर—मधुमेह के रोगी के लिए टमाटर बहुत लाभदायक है। मूत्र में शक्कर आना धीरे-धीरे कम हो जाता है। प्रमेह में भी यह उपयोगी है।

गाजर—गाजर का रस 310 ग्राम, पालक का रस 185 ग्राम मिलाकर नमक, जीरा डालकर पीने से मधुमेह रोग में फायदा होता है।

मूली—दो बार मूली खाने से या इसका रस पीने से मधुमेह में लाभ होता है।

करेला—(1) 15 ग्राम करेले का रस, 100 ग्राम पानी में मिलाकर नित्य तीन बार करीब 3 महीने पिलाना चाहिए। खाने में भी करेले की सब्जी खायें। छाया में सुखाए हुए करेलों का चूर्ण 6 ग्राम, दिन में एक बार लेने से मूत्र में शर्करा आनी बन्द हो जाती है।

(2) 250 ग्राम करेला, आधा किलो पानी में उबालें। चौथाई पानी रहने पर छानकर पीयें।

भिन्डी—भिन्डी के डाँड काट लें। इन डाँडों को छाया में सुखा कर पीस कर मैदा की चलनी से छान लें। इनमें समान मात्रा में मिश्री मिला कर आधा चम्मच प्रातः भूखे पेट ठंडे पानी से नित्य फँकी लें। मधुमेह ठीक हो जायेगा। यह रोगियों के अनुभव से ज्ञात हुआ है।

शलगम—मधुमेह के रोगी को शलगम की सब्जी नित्य खानी चाहिए।

गेहूँ—इसके छोटे-छोटे पौधों का रस पीने से मधुमेह में लाभ होता है।

मेथी—(1) दाना मेथी के बीजों के सेवन से मधुमेह ठीक हो जाता है। मेथी के बीजों से खून में चीनी की मात्रा कम होती है। इनसे मूत्र के साथ निकलने वाली चीनी की मात्रा 65 प्रतिशत कम हो सकती है। यह अपना असर सेवन करने के दस दिन बाद ही दिखा देती है। भोजन से 15 मिनट पूर्व पानी के साथ मेथी फाँकना अधिक लाभप्रद होता है। इसके सेवन की मात्रा 25 से 100 ग्राम तक प्रति खुराक है। इसे किसी भी तरह सब्जी बना कर, फँकी, पीसकर आटे में मिलाकर रोटी बनाकर; चावल, दाल, सब्जियों, चटनी अथवा इसके चूर्ण को दूध या पानी में मिलाकर किसी भी तरह ले सकते हैं। भोजन यदि 1200-1400 कैलोरीज तक प्रतिदिन किया जाये तो इसका प्रभाव शीघ्र होता है। जब तक रक्त व पेशाब में शक्कर आती रहे, इसका सेवन करते रहें। इसके सेवन से चीनी घटने के साथ-साथ कोलेस्ट्रोल भी कम हो जाता है। मेथी के सेवन से मधुमेह के लिए ली जाने वाली दवाइयाँ धीरे-धीरे कम करते जायें। अन्त में पूर्णतः दवाइयाँ बन्द कर दें तथा मेथी लेते रहें।

(2) दाना मेथी 60 ग्राम बारीक पीस कर एक गिलास पानी में भिगो दें। इसे 12 घंटे बाद छानकर पीयें। इस प्रकार सुबह-शाम दो बार नित्य 6 सप्ताह पिलाने से मधुमेह ठीक हो जाता है। इसके साथ मेथी के हरे पत्तों की सब्जी भी खायें।

चना—(1) रात को आधा छटाँक काले चने दूध में भिगो दें और सबेरे खायें। चने और जौ समान भाग मिलाकर इसके आटे की रोटी सुबह-शाम खायें। (2) केवल चने (बेसन) की रोटी ही दस दिन तक खाते रहने से पेशाब में शक्कर जाना बन्द हो जाता है।

हल्दी—यदि बार-बार और अधिक मात्रा में पेशाब आये, प्यास लगे तो आठ ग्राम पिसी हुई हल्दी नित्य दो बार पानी के साथ फँकी लें। लाभ होगा।

शहद—मीठा खाने की तीव्र इच्छा होने पर शक्कर के स्थान पर अति अल्प मात्रा में शहद लेकर मूत्र में शक्कर आने, गुर्दे (वृक्क) के पुराने रोगों से बच सकते हैं। शहद मीठा खाने की तीव्र इच्छा की पूर्ति के लिए ही लें, वरना न लें।

खजूर—मधुमेह और ऐसे रोग जिनमें मीठा खाना हानिकारक होता है और रोगी मीठा खाने की इच्छा व्यक्त करता है, वहाँ खजूर का सेवन अल्पमात्रा में कर सकते हैं।

सदाबहार फूल—एक कप तेज गर्म पानी में से आधा कप पानी अलग लेकर इसमें गुलाबी रंग के सदाबहार के तीन फूल पाँच मिनट पड़े रहने दें। पाँच मिनट बाद फूल निकाल कर फैंक दें और पानी एक बार नित्य सात दिन पीयें। आधा कप अलग रखा गर्म पानी इसके बाद पीयें। मधुमेह में बढ़ी हुई ब्लड-शुगर सामान्य हो जायेगी। कुछ दिन बाद पुनः इसी प्रकार से सदाबहार के गुलाबी फूलों का पानी पीयें। परहेज यथावत रखें। कई रोगियों ने यह प्रयोग मधुमेह का सफल इलाज बताया है। जो भी रोगी इसे सेवन करें, इससे मिलने वाली सफलता की सूचना भेजते रहें। उनके अनुभव से अन्य रोगियों में इसके प्रति विश्वास बनेगा तथा वे भी इसका लाभ लेंगे।

गुर्दे (Kidney) के रोग

नारंगी—प्रातः नाश्ते से पहले 1-2 नारंगी खाकर गर्म पानी पीने या नारंगी का रस पीने से गुर्दे के रोग ठीक हो जाते हैं, गुर्दे के रोगों से बचाव होता है। नारंगी गुर्दों को स्वच्छ रखने में उपयोगी है। सेब और अंगूर भी समान लाभ पहुँचाते हैं। गुर्दों को स्वस्थ रखने के लिए प्रातः भूखे पेट फलों का रस उपयोगी है।

शहद का सेवन गुर्दे के रोगों से बचाता है एवं गुर्दे के रोगों में लाभदायक है।

गाजर—गुर्दे के रोगों में गाजर के बीज दो चम्मच एक गिलास पानी में उबाल कर पीने से पेशाब ज्यादा आता है।

मूली—आधा गिलास मूली का रस पीने से पेशाब के समय होने वाली जलन और वेदना मिट जाती है।

बथुआ—गुर्दे के रोग में बथुआ लाभदायक होता है। पेशाब कतरा-कतरा-सा आता हो या पेशाब रुक-रुक कर आता हो तो इसका रस पीने से पेशाब खुलकर आने लगता है।

अरबी—गुर्दे के रोग, गुर्दे की कमजोरी अरबी खाने से दूर होती है।

तरबूज—वृक्क शोथ (Nephritis) में तरबूज खाना लाभदायक होता है।

—Ben Charles Harris : Kitchen Medicines.

ककड़ी—गाजर व ककड़ी या गाजर और शलजम का रस पीने से वृक्क रोग ठीक होते हैं।

आलू—वृक्क के रोगी को आलू खाने चाहिये। इसमें सोडियम की मात्रा बहुत पायी जाती है और पोटेशियम की मात्रा कम। पोटेशियम की अधिक मात्रा गुर्दे से अधिक नमक की मात्रा निकालती है।

आम—आम की बनावट गुर्दे जैसी होती है। नित्य आम खाने से गुर्दे (वृक्क) की दुर्बलता दूर हो जाती है।

गुर्दे का दर्द (Renal Colic)

अंगूर—अंगूर की बेल के 30 ग्राम पत्तों को पीस कर पानी मिलाकर छानकर, नमक मिलाकर पीने से गुर्दे के तड़पते रोगी को आराम मिलता है।

लौकी—लौकी के टुकड़े गर्म करके दर्द वाले स्थान पर इसके रस की मालिश करने और पीस करके लेप करने से गुर्दे का दर्द तुरन्त कम हो जायेगा।

पथरी

भोजन में आक्सलेट, कैल्शियम, फास्फेट और प्यूरीन का सेवन अधिक होने से पथरी की शिकायत हो सकती है। बिना छिलके वाले अन्नों का आटा फास्फेट का मुख्य स्रोत है। शाक सब्जियों में केल्शियम और आक्सलेट पर्याप्त मात्रा में होता है। कैल्शियम और फास्फेट का मुख्य स्रोत दूध है। अत: इन वस्तुओं और दूध का सेवन नहीं करना चाहिए। रोगी को कम आक्सिलिक अम्ल और प्यूरीन युक्त आहार देना चाहिए।

पथरी होने पर पेट में, गुर्दे, कमर में बड़ा तेज दर्द होता है। रोगी दर्द के मारे छटपटाता है। मूत्र रुक-रुक कर जलन के साथ, कभी-कभी रक्तमिश्रित आता है। इसके दर्द को वृक्क-शूल (Renal Colic) कहते हैं।

नारियल—नारियल का पानी पीने से पथरी निकल जाती है।

पालक—कई लोग यह मानते हैं कि पालक खाने से पथरी होती है, लेकिन यह निश्चित समझ लें कि कच्चे पालक के रस से कदापि पथरी नहीं होती। रस पीओ, काया कल्प करो।

—कान्ती भट्‌ट, मनहर डी.शाह।

करेला—करेला वृक्क या मूत्राशय की पथरी को तोड़कर पेशाब के साथ बाहर लाता है। इसके लिए दो करेले का रस नित्य पीवें, सब्जी खायें। पेशाब में रक्त आना भी बन्द हो जाता है।

चावल—जिन लोगों के गुर्दे और मसाने में पथरी हो उनके लिए चावल बहुत हानिकारक है।

लाजवन्ती या छुईमुई—लाजवन्ती की जड़ या पंचांग का काढ़ा पिलाने से मूत्रावरोध दूर होकर पथरी निकल जाती है तथा मूत्र-नलिका पर आई हुई सूजन मिट जाती है।

मक्का—मक्का के भुट्टे जलाकर राख कर लें, जौ को भी जलाकर राख कर लें। दोनों को अलग-अलग पीसकर अलग-अलग शीशियों में भर कर दोनों पर नाम लिख दें। एक कप पानी में मक्का की राख दो चम्मच घोलो फिर छानकर इस पानी को प्रात: पीएँ इससे पथरी गल जाती है। पेशाब साफ आता है। इसी प्रकार शाम को जौ की राख पीयें।

जीरा—जीरे और चीनी को समान मात्रा में पीसकर एक-एक चम्मच ठण्डे पानी में नित्य तीन बार फँकी लेने से लाभ होता है।

जौ—जौ का पानी पीने से पथरी निकल जाती है। पथरी के रोगियों को जौ से बनी चीजें, जैसे—जौ की बनी रोटी, पानी, जौ का सत्तू लेना चाहिए। इससे पथरी के पिघलने में सहायता मिलती है तथा पथरी नहीं बनती है।

मिश्री—15 दाने बड़ी इलायची के, 1 चम्मच खरबूजे के बीज की मिंगी, दो चम्मच मिश्री इन सबको पीसकर एक कप पानी में मिलाकर सुबह-शाम दो बार नित्य पीते रहें। इससे गुर्दे की पथरी गल जाती है।

दौब—पथरी में दौब को जड़ सहित उखाड़ कर उसकी पत्तियाँ तोड़कर अलग कर लें और

फिर इसके डण्ठल और जड़ों को पानी से धोकर पीसकर ठण्डाई की तरह छानकर इसमें स्वाद के अनुसार मिश्री मिलाकर छान लें, फिर पीजिए। नित्य दो बार पीते रहें। इससे पथरी गल जाती है और पेशाब खुल कर आता है। एक बार में दौब के आधा किलो ठण्डल और जड़ पीसें।

सहजन—इसकी सब्जी गुर्दे व मूत्राशय की पत्थरी को तोड़कर, पेशाब के साथ पथरी को निकाल देती है।

गर्मी के मौसम में पैदा होने वाली सब्जियाँ, फल अधिक खाने से पथरी निकल जाती है।

खरबूजा—पथरी के रोगियों के लिए खरबूजा खाना उपयोगी है। (शक्कर)

सेब—गुर्दे और मूत्राशय में पथरियाँ बनती हैं। ऑपरेशन कराके निकाल देने के पश्चात् भी प्राय: पथरी बन जाती है। सेब का रस पीते रहने से पथरी बनना बन्द हो जाता है तथा बनी हुई पथरी घिस-घिसकर मूत्र द्वारा बाहर आ जाती है। इससे रात को बार-बार पेशाब जाना कम हो जाता है। यह वृक्कों को शुद्ध करती है तथा गुर्दे का दर्द दूर होता है।

आम—आम के ताजे पत्ते छाया में सुखाकर बहुत बारीक पीस लें और 8 ग्राम नित्य बासी पानी के साथ प्रात: फँकी लें। रेत, कंकरी दूर हो जायेगी।

आँवला—आँवले का चूर्ण मूली के साथ खाने से मूत्राशय की पथरी में लाभ होता है।

धनिया—मिश्री, सौंफ, सूखा धनिया—प्रत्येक 50 ग्राम को डेढ़ किलो पानी में प्रात: भिगो दें। शाम को छानकर इन्हें पीसकर इसी पानी में घोलकर छान कर पीयें। एक बार में नहीं पीया जाये तो कुछ समय बाद पुन: पीयें। इसी प्रकार शाम को भिगोकर प्रात: तैयार करके पीयें। इससे पेशाब खुलकर आयेगा। पथरी निकल जायेगी।

जामुन—पका हुआ जामुन खाने से पथरी के रोग में आराम होता है। जामुन की गुठली का चूर्ण दही के साथ खायें।

छुहारा—छुहारे का सेवन पथरी में लाभदायक है।

गाजर—(1) पथरी, मूत्राशय की सूजन, गुर्दों की सफाई के लिए गाजर, चुकन्दर, ककड़ी, या खीरे का रस प्रत्येक 150 ग्राम मिलाकर पीने से लाभ होता है। गुर्दे और मूत्राशय की पथरी को गाजर का रस निकाल देता है। केवल गाजर का रस नित्य 3-4 बार पीने से भी पथरी में लाभ होता है। इसमें सलाद के पत्तों का रस 250 ग्राम मिलाकर पीने से पित्ताशय की पथरी (Gall Bladder Stone) में भी लाभ होता है। (2) एक-एक चम्मच गाजर और शलगम के बीज मोटी मूली को खोखला करके भर लें और मुँह बन्द कर दें। इसे आग में भून लें। फिर ठंडा करके बीज निकाल कर सुबह शाम दो बार एक माह पानी से फँकी लें। मात्रा आधा चम्मच पीना चाहिए।

खीरा—खीरे का रस पथरी में लाभदायक है। इसका रस 250 ग्राम दिन में तीन बार नित्य पीना चाहिए। पेशाब में जलन, रुकावट और मधुमेह में भी खीरा लाभदायक है। खीरे के रस को स्वादिष्ट बनाने के लिए इसमें एक चम्मच शहद और आधा नीबू मिला लेना चाहिए।

बथुआ—बथुआ का शाक पथरी से बचाता है।

चौलाई—चौलाई का शाक नित्य खाने से पथरी गल जाती है।

करमकल्ला—पथरी और मूत्र की रुकावट में इसका सेवन लाभदायक है। इसकी सब्जी घी से छौंककर बनानी चाहिए।

खरबूजा—इसका सेवन पथरी को निकालता है।

आलू—एक या दोनों गुर्दों में पथरी होने पर केवल आलू खाते रहने पर बहुत लाभ होता

है। पथरी के रोगी को केवल आलू खिलाकर और बार-बार अधिक पानी पिलाते रहने से गुर्दों की पथरियाँ और रेत आसानी से निकल जाती है।

प्याज—प्याज के रस में चीनी डालकर शर्बत बनाकर पीने से पथरी कट-कटकर बाहर आ जाती है।

मूली—(1) मूली के बीज 35 ग्राम आधा किलो पानी में उबालें। जब पानी आधा रह जाये तो छानकर पीयें। कुछ दिनों तक लेने से मूत्राशय की पथरी गल जाती है, निकल जाती है।

(2) मूली का रस 20 ग्राम नित्य पीयें तथा इसके पत्ते चबा-चबाकर खायें। पथरी चूर-चूर होकर पेशाब के साथ बाहर आयेगी। यह प्रयोग 2-3 माह करें।

गेहूँ—गेहूँ और चनों को औटाकर पानी पिलाने से गुर्दे और मूत्राशय की पथरी गल जाती है। गेहूँ के पौधों का रस भी मूत्राशय की पथरी में लाभदायक है।

चना—गुर्दे या मूत्राशय की पथरी हो तो रात को चने की दाल भिगो दें, प्रातः इस दाल में शहद मिलाकर खायें।

छाछ—मूत्राशय की पथरी में छाछ पीना लाभदायक है।

अखरोट—अखरोट साबुत (गिरी और छिलके सहित) कूटकर, छानकर एक चम्मच सुबह-शाम ठण्डे पानी से कुछ दिन लेने से पथरी निकल जाती है।

मेहँदी—6 ग्राम मेहँदी के पत्ते, 500 ग्राम पानी में उबालें, जब 150 ग्राम पानी रह जाये तो छानकर गरम-गरम यह पानी पिलायें। यह पाँच दिन करें। पथरी निकल जायेगी। गुर्दे के रोग ठीक हो जायेंगे।

गन्ना—गन्ना चूसते रहने से पथरी के टुकड़े-टुकड़े होकर यह निकल जाती है।

अजवाइन—6 ग्राम अजवाइन नित्य फाँकने से गुर्दे व मूत्राशय की पथरी निकल जाती है।

नीम—इसके पत्तों की राख 6 ग्राम ठण्डे पानी से तीन बार नित्य फँकी लें। कुछ ही दिनों में गुर्दे और मूत्राशय की पथरी गलकर निकल जाती है। **विधि**—नीम के पत्ते छाया में सुखाकर बर्तन में जलायें। जल जाने पर बर्तन का मुँह ढँक दें। चार घण्टे बाद पत्तियों को निकाल कर पीस लें। यह नीम की राख है।

इलायची—इलायची पथरी में लाभदायक है। पेशाब की जलन दूर करती है।

कुलथी—250 ग्राम कुलथी तीन किलो पानी में रात को भिगो दें, प्रातः उबालें। जब डेढ़ किलो पानी रह जाये तो उसे छानकर नमक, काली मिर्च, जीरा, हल्दी, शुद्ध घी से छौंक दें। इसे रोजाना पीते रहें। इससे वृक्क, मूत्राशय की पथरी बिना ऑपरेशन बाहर आ जाती है। जब तक पथरी रहे, यह लेते रहें। अधिक दिन लेने से कोई हानि नहीं है। छानने के बाद बची हुई कुलथी में और पानी डालकर दाल की तरह सब्जी बनाकर खायें।

हानिकारक—जिन लोगों के गुर्दे और मसाने की पथरी का रोग हो, उनके लिए चावल, पालक बहुत हानिकारक पदार्थ हैं।

चुकन्दर—चुकन्दर का रस या चुकन्दर को पानी में उबाल कर उसका सूप लेने से पथरी गलकर निकल जाती है। मात्रा 30 ग्राम दिन में चार बार। यह कुछ सप्ताह दें।

पेशाब में जलन (Burning in Urine)

फूल गोभी—इस रोग में फूल गोभी की सब्जी उपयोगी है।

पेठा—पेशाब में जलन होने पर आगरे के पेठे के दो-दो टुकड़े नित्य खायें। यदि पेठे का रस पीयें तो ज्यादा लाभदायक है।

भिण्डी—इसकी सब्जी खाने से पेशाब की जलन दूर होती है। पेशाब खुलकर साफ आता है।

तोरई—यह जलन दूर करती है तथा पेशाब खुलकर आता है।

चावल—आधा गिलास चावल के माण्ड में चीनी मिलाकर पिलायें, इससे जलन दूर होगी।

गेहूँ—रात को 12 ग्राम गेहूँ 250 ग्राम पानी में भिगो दें। प्रात: छानकर उस पानी में मिश्री मिलाकर नित्य तीन बार पीने से पेशाब की जलन ठीक होती है।

मक्का—पेशाब में जलन हो तो ताजा मक्का के भुट्टे पानी में उबाल कर उस पानी को छानकर मिश्री मिलाकर पी जायें।

दूध—कच्चे दूध में पानी मिलाकर दो बार नित्य पीयें।

बादाम—पाँच बादाम की गिरी भिगोकर, छीलकर इनमें सात छोटी इलायची और स्वादानुसार मिश्री मिलाकर पीसकर एक गिलास में पानी घोलकर सुबह-शाम पीयें।

जौ—एक कप जौ में एक किलो पानी डालकर उबालकर पी जायें। यह पेशाब की जलन में अति लाभदायक है।

कतीरा—यह पेशाब की जलन दूर करता है। यह रात को भिगोकर प्रात: शक्कर मिलाकर खायें।

पानी—ठण्डे पानी या बर्फ के पानी में कपड़ा भिगोकर नाभि के नीचे बिछाये रखें, इससे पेशाब खुलकर आता है।

आँवला—हरे आँवले का रस 60 ग्राम, शहद 30 ग्राम—इन दोनों को मिलाकर दिन में तीन बार पीयें। यह एक मात्रा है। ऐसी तीन मात्रा लें। इससे पेशाब खुलकर आयेगा, जलन और कब्ज ठीक होगी।

अनार—अनार का शर्बत पेशाब की जलन मिटाता है। नित्य दो बार पीयें।

फालसा—फालसा पेशाब की जलन को दूर करता है।

गेहूँ—12 ग्राम गेहूँ रात को एक गिलास पानी में भिगो दें। प्रात: छानकर उस पानी में 25 ग्राम मिश्री मिलाकर पीने से पेशाब की जलन दूर होती है।

धनिया—(1) 15 ग्राम धनिया रात को पानी में भिगो दें। सुबह उसे ठण्डाई की तरह पीस, छानकर मिश्री मिलाकर पीयें। इससे पेशाब की जलन दूर होगी। वासना नहीं सतायेगी। (2) धनिया और आँवला रात को भिगोकर प्रात: मसलकर उस पानी को पीने से पेशाब की जलन दूर हो जाती है। (3) सूखा धनिया कूट, पीसकर छान लें। इसमें सामान मात्रा में पिसी हुई चीनी मिलायें। सुबह भूखे पेट रात के बासी पानी से एक चाय के चम्मच की फँकी लें और एक घण्टे तक कुछ न खायें, पीयें। इसी प्रकार एक खुराक शाम को 5 बजे सवेरे के बासी पानी से लें। यदि कब्ज हो तो रात को सोते समय दो चम्मच ईसबगोल की भूसी गरम दूध से लें। इससे मूत्राशय की जलन ठीक हो जाती है।

इलायची—इलायची को पीस कर दूध के साथ लेने से मूत्र खुलकर आता है तथा मूत्रदाह बन्द होता है।

प्याज—50 ग्राम प्याज बारीक काटकर आधा किलो पानी में उबालें। आधा पानी रहने पर छानकर ठण्डा करके दो बार नित्य पिलायें। इससे पेशाब की जलन दूर होगी।

ईसबगोल—ईसबगोल को भिगोकर उसमें बूरा डालकर तीन बार नित्य पीने से पेशाब की जलन मिट जाती है।

तुलसी—पेशाब में जलन होने पर तुलसी की पत्ती चबाने से लाभ होता है।

तरबूज—ओस में रखे हुए तरबूज का रस निकाल कर प्रात: शक्कर मिलाकर पीने से पेशाब की जलन में लाभ होता है।

बहुमूत्रता (Polyuria)

अधिक मात्रा में मूत्र करना बहुमूत्रता रोग है। स्नायविक कारणों से मूत्र अधिक आता है। किसी गम्भीर बीमारी, जैसे—मधुमेह (Diabetes), गुर्दों की सूजन से भी मूत्र अधिक आता है। बुखार के बाद कुछ समय मूत्र अधिक आता है। इसमें मूत्र बार-बार अधिक मात्रा में होता है। बार-बार पेशाब जाना मूत्राशय के लिए अच्छा नहीं है। निम्नलिखित खान-पान की वस्तुओं का नियमित सेवन करने से इस रोग को दूर किया जा सकता है।

हल्दी—पिसी हुई हल्दी की एक चम्मच सुबह-शाम दो बार ठंडे पानी से फँकी लेने से बार-बार पेशाब जाना बन्द हो जाता है।

अंगूर—अंगूर खाने से बार-बार पेशाब जाना बन्द हो जाता है। अंगूर नित्य दिन में दो बार 100-100 ग्राम खायें।

आँवला—तीन आँवलों का रस पानी में मिलाकर सुबह-शाम चार दिन पीने से बार-बार पेशाब जाना बन्द हो जाता है।

केला—एक केला खाकर आँवले के रस में शक्कर मिलाकर पीयें। बार-बार पेशाब का आना बन्द हो जायेगा। अकेला केला खाने से भी बार-बार पेशाब जाना कम हो जाता है।

अनार—अनार के छिलके पाँच ग्राम की फँकी पानी से लेने से अधिक मूत्र आना कम हो जाता है। यह तीन सप्ताह नित्य दो बार लें। इसके साथ चावल नहीं खायें।

सेब—सेब खाने से रात को बार-बार पेशाब जाना कम हो जाता है।

चाय—चाय पीने से पेशाब अधिक व बार-बार आता है। बहुमूत्र के रोगी चाय नहीं पीयें।

छुहारा—बूढ़े आदमी बार-बार पेशाब जाते हों तो नित्य छुहारे खिलायें। पेशाब बार-बार होने पर दिन में दो बार छुहारे खायें। रात को छुहारे खाकर दूध पीयें।

पालक—रात को बार-बार पेशाब जाना शाम को पालक की सब्जी खाने से कम हो जाता है।

चना—बार-बार पेशाब आने पर एक छटाँक भुने, सिके चने खाकर, ऊपर से थोड़ा-सा गुड़ खायें। दस दिन लगातार खाने से बहुमूत्रता ठीक हो जायेगी। वृद्धों को अधिक दिन यह सेवन करना चाहिए।

मसूर की दाल—मसूर की दाल खाने से बहुमूत्रता में लाभ होता है।

तिल—(1) तिलों में पेशाब कम करने की विचित्र शक्ति है। समान मात्रा में तिल और गुड़ मिलाकर लड्डू बनाकर खाने से अधिक पेशाब जाना बन्द हो जाता है।

(2) **अजवाइन**—अजवाइन और तिल मिलाकर खाने से बहुमूत्रता ठीक हो जाती है।

पेशाब में सफेदी आना—250 ग्राम गाजर का रस नित्य तीन बार पीयें। पेशाब का रंग पीला हो तो शहतूत के रस में शक्कर मिलाकर पीने से रंग साफ हो जाता है।

पेशाब रुकना

धनिया—हरे धनिए की पत्तियों का रस दो तोले और एक तोला शक्कर मिलाकर दें। यदि एक बार देने से कोई लाभ न हो तो दुबारा भी दें।

प्याज—एक किलो पानी में 45 ग्राम प्याज के टुकड़े डालकर औटावें, उबालें। इसे छानकर शहद मिलाकर नित्य 3 बार पिलाने से पेशाब खुलकर तथा बिना कष्ट के आता है। बार-बार पेशाब जाना ठीक करता है। यदि पेशाब बन्द हो गया हो तो वह भी आने लगता है।

दूध—गर्म दूध में गुड़ मिलाकर पीने से मूत्राशय के रोगों में लाभ होता है। पेशाब साफ और खुलकर आता है। रुकावट दूर होती है। यह नित्य, एक गिलास दो बार पीयें।

मूली—गुर्दे की खराबी से यदि पेशाब बनना बन्द हो जाय तो मूली का रस दो औंस प्रति मात्रा पीने से वह फिर बनने लगता है। दो औंस मूली का रस पिलाने से पेशाब के समय होने वाली जलन और वेदना मिट जाती है।

नीबू—नीबू के बीजों को पीसकर नाभि पर रखकर ठण्डा पानी डालें। इससे रुका हुआ पेशाब होने लगता है।

जीरा—जीरा और चीनी—दोनों को समान मात्रा में पीसकर दो चम्मच तीन बार फँकी लेने से रुका हुआ पेशाब भी खुल जाता है।

शलगम—पेशाब रुक-रुककर आने पर एक शलगम और मूली कच्ची ही काटकर खानी चाहिए। रस भी पी सकते हैं।

करमकल्ला—मूत्र की रुकावट में करमकल्ला लाभदायक है। इसकी सब्जी घी में छौंककर खानी चाहिए। इसे कच्चा ही सलाद के रूप में खायें।

नारियल—नारियल मूत्र साफ लाता है। यह नित्य दो बार 50 ग्राम खायें।

ककड़ी—ककड़ी का रस लेने से मूत्र अधिक बनता है तथा मूत्र अधिक मात्रा में आता है। खरबूजा भी मूत्र अधिक लाता है।

केला—केले के तने का रस चार चम्मच, घी दो चम्मच मिलाकर नित्य दो बार पिलाने से बन्द हुआ पेशाब खुलकर आता है। यह मूत्राघात का उत्तम नुस्खा है। इस रस में मिला हुआ घी पेट में नहीं ठहर सकता और पेशाब शीघ्र आ जाता है।

चावल—आधा गिलास चावल के माण्ड में स्वादानुसार चीनी मिलाकर दो बार पिलायें। पेशाब की रुकावट दूर हो जायेगी।

मूत्रकृच्छ (पेशाब की वेदना) (Dysuria)

मूत्रकृच्छ में बारम्बार पेशाब करने की इच्छा होती है और कष्ट के साथ बूँद-बूँद पेशाब होता है या बिलकुल होता ही नहीं है। पेशाब करते समय भयानक वेदना होना इस रोग का प्रधान लक्षण है। सुजाक, पथरी, कृमि, मूत्रग्रन्थि का प्रदाह, जरायु की विकृति, गुर्दे के विकार, आँव आदि से मूत्रकृच्छ रोग उत्पन्न होता है। अतः इन कारणों को दूर करना चाहिए। इन कारणों को दूर करने से मूत्रकृच्छ अपने आप ठीक हो जाता है। एक रोगी ने अफीम खाकर आँव दबा ली। इसकी मूत्रकृच्छता आँव पुनः आरम्भ करते ही ठीक हो गयी।

पानी—हर प्रकार के मूत्रकृच्छ में गरम पानी पीना लाभदायक है। गरम जल वस्तिशोधक है। पानी जरा गुन-गुना पीया जाय। इससे पेशाब की वेदना में लाभ होता है।

गाजर—गाजर के रस का एक गिलास नित्य पीते रहने से पेशाब साफ आता है, पेशाब करते समय दर्द, जलन, मूत्रकृच्छ ठीक हो जाता है।

अदरक—पेशाब के समय दर्द और रक्त आता हो तो सौंठ पीस कर छान कर दूध में मिश्री मिलाकर दो बार सुबह और शाम को पिलावें। सौंठ सुखाई हुई अदरक है।

धनिया—मूत्रकृच्छ (पेशाब में रक्त आना और रुकावट)। रात को कोरी हाँडी में आधा किलो उबलता हुआ पानी भर कर उसमें तीस ग्राम अधकचरा कुटा धनिया डाल दें। प्रात: उसे मसलकर छान कर 30 ग्राम बतासे डाल दें। इसे दिन भर में पाँच बार पाँच हिस्से करके पिला दें। पेशाब में रक्त आना, रुकावट, दर्द, जलन, बेचैनी में लाभ होगा।

छोटी इलायची—इलायची को पीसकर दूध के साथ लेने से मूत्र खुलकर आता है तथा मूत्रदाह बन्द हो जाता है।

पेशाब सम्बन्धी रोगों में होम्योपैथी से बिना ऑपरेशन रोग ठीक हो जाते हैं। पेशाब सम्बन्धी रोगों की चिकित्सा हेतु लेखक की '*होम्योपैथिक व्यावहारिक चिकित्सा सार*' पुस्तक पढ़ें।

छाले (Stomatitis)

केला—जीभ पर छाले होने पर दो केले दही के साथ प्रात:काल सेवन करें।

शहतूत—छाले और गलग्रन्थियों में शहतूत का शर्बत एक चम्मच एक कप पानी में मिलाकर गरारे करने से लाभ होता है।

धनिया—मुँह के छालों में धनिये का महीन चूर्ण, बोरेक्स अथवा खाने के सोडे में मिलाकर छालों में लगाने से लाभ पहुँचता है। पिसा हुआ धनिया छालों पर डालने से भी लाभ होता है। लार आना भी छालों में ठीक होता है। हरे धनिये का रस भी छालों पर लगायें। साबुत धनिया पानी में उबाल कर गरारे करें।

ग्लिसरीन—मुँह में छालों पर ग्लिसरीन लगाने से लाभ होता है।

तुलसी—तुलसी और चमेली के पत्ते चबाने से छाले ठीक हो जाते हैं।

टमाटर—जिसे बार-बार छाले होते रहते हैं, उसे टमाटर अधिक खाने चाहिए। छालों के लिए टमाटर औषधि का काम करता है।

करेला—मुँह में छाले होने पर करेले के रस से कुल्ला करना चाहिए। करेले के रस को थोड़ा-सा गर्म करके उसमें पिसी हुई फिटकरी डाल कर कुल्ला करने से भी छाले ठीक होते हैं।

चमेली—मुँह में जहाँ छाले हों, चमेली के पत्तों को चबाकर रखें, दो मिनट बाद थूक दें, फिर पानी से कुल्ले कर लें, छालों में लाभ होगा। इससे मुँह में वेदना होगी, डरें नहीं।

हरड़—पिसी हुई हरड़ एक चम्मच नित्य रात को गर्म दूध या गर्म पानी से फँकी लें। शहद में पिसी हुई बारीक हरड़ मिलाकर छालों पर लगायें, लाभ होगा।

तुमरु के बीज—तुमरु के बीज पंसारी, अत्तार के मिलते हैं। इनको जीभ पर रखने से ठंडक लगती है, त्वचा में चुनचुनाहट-सी होती है। थोड़ी देर बाद लार निकलती है, दर्द बन्द हो जाता है। इन बीजों को बारीक पीस कर छालों पर डालें, भुरकायें। थोड़ी देर बाद थूक दें। ऐसा तीन बार नित्य करें।

नीबू—नीबू को गर्म पानी में निचोड़कर कुल्ले करें। छालों को ठीक करने हेतु अत्यधिक मात्रा में नीबू का सेवन करें।

फिटकरी पानी में घोलकर कुल्ले करने से छाले ठीक हो जाते हैं।

सौंफ—जिन लोगों के छाले होते रहते हैं, वे खाने के बाद थोड़ी सौंफ लिया करें, छाले नहीं होंगे।

कपूर—देशी घी में कपूर मिला कर नित्य चार बार लगायें और लार गिराते रहें, फिर कुल्ला करें।

पान—पान में चने की दाल के बराबर कपूर का टुकड़ा डालकर पान चबायें, पीक थूकते जायें। *पीक पेट में न जाने पाये, इसका ध्यान रखें।*

अरहर—अरहर की दाल छिलकों सहित पानी में भिगो कर उस पानी से कुल्ले करने पर छाले ठीक हो जाते हैं। गर्मी का प्रभाव दूर करती है।

घी—रात को सोते समय छालों पर घी लगाने से लाभ होता है।

मेहँदी—मेहँदी को पानी में भिगोकर उस पानी से कुल्ले करने से छाले मिटते हैं अथवा पत्तों को मुँह में रखकर चबाने से भी मुँह के छाले मिटते हैं।

हल्दी—15 ग्राम पिसी हुई हल्दी एक किलो पानी में उबालें, ठण्डा होने पर उस पानी से सुबह-शाम गरारे करने से लाभ होता है।

काली मिर्च—15 ग्राम काली मिर्च और 30 ग्राम किशमिश मिलाकर चबाने से मुँह के छाले ठीक हो जाते हैं।

जीरा—मसूड़े फूलना, दर्द, टीस आदि होने पर भुना हुआ जीरा और सेंधा नमक समान भाग पीसकर, छान कर मसूड़े पर रगड़ें और लार टपका दें, लाभ होगा।

टॉन्सिलाइटिस (Tonsillitis)

गले में तलवे के नीचे दो गाँठें होती हैं। इनमें से एक या दोनों कभी-कभी फूल जाती हैं जिससे खाना-पीना कठिन हो जाता है। निगलने में दर्द होता है, ज्वर हो जाता है। यह टॉन्सिलाइटिस है और हिन्दी नाम तुण्डिकाशोथ है। इसके हो जाने पर रोगी को बर्फ जैसी ठण्डी चीजें नहीं देना चाहिए। टॉन्सिल शरीर के आवश्यक अंग हैं। जहाँ तक हो सके इनका ऑपरेशन नहीं कराना चाहिए। यह होम्योपैथिक चिकित्सा, भोजन द्वारा चिकित्सा से ठीक हो जाते हैं। होम्योपैथी की बैराइटा कार्ब औषधि इसकी सफल एवं प्रमुख दवा है। इसकी 30 से एक लाख शक्तियों तक देते रहने से यह ठीक हो जाती है। निम्न भोजन की चीजों का प्रयोग रोग को निर्मूल करने में सहायक है। कैसी भी चिकित्सा चल रही हो, भोजन के द्वारा चिकित्सा में बताई गई वस्तुओं का प्रयोग लाभदायक है।

तुलसी—टॉन्सिलाइटिस, गले के रोग तुलसी की माला पहनने से नहीं होते।

अनन्नास—टॉन्सिल, गले में सूजन होने पर अनन्नास से लाभ होता है।

गाजर—टॉन्सिलाइटिस, कण्ठशालूक गाजर का रस पीने से ठीक हो जाते हैं। दाँत मजबूत रहते हैं।

लहसुन—टॉन्सिलाइटिस होने पर लहसुन को बारीक पीसकर गरम पानी में मिलाकर गरारे करने से लाभ होता है।

सिंघाड़ा—सिंघाड़े में आयोडीन अधिक होता है। गले के रोग, टॉन्सिल में इसे खाना चाहिए।

फिटकरी—गरम पानी में फिटकरी और नमक डाल कर गरारे करें। लाभ होगा।

नमक—गरम पानी में नमक डालकर गरारे करने से टॉन्सिल, गले में दर्द, सूजन में लाभ होता है। टॉन्सिल में जब तक दर्द रहे, नित्य गरारे करते रहना चाहिए।

ग्लिसरीन—गर्म पानी में ग्लिसरीन मिलाकर गरारे करने से टॉन्सिलाइटिस में लाभ होता है।

चाय—चाय की पत्तियों को उबालकर छानकर इसके पानी से भी गरारे करने से लाभ होता है।

कैन्सर (Cancer)

कैन्सर का अर्थ है—बिना उद्देश्य के आकारहीन गाँठ की वृद्धि, जिसकी बढ़ोत्तरी को रोका न जा सके। शरीर में कहीं भी कोई गाँठ होकर तेजी से बढ़ती रहे, एक जगह से काट देने पर दूसरी जगह पुनः बन जाय, यह कैन्सर है। इसमें शरीर का क्षय होता जाता है। गाँठ बढ़ती जाती है, गलकर फूट भी जाती है। आरम्भ में इसका पता ही नहीं लगता, किसी भी प्रकार का कष्ट नहीं होता और जब रोग का पता लगता है तो रोग ऐसी अवस्था में पहुँचा होता है कि फिर रोगी के प्राणों को बचाना कठिन होता है। इस प्राणान्तक बीमारी से रोगी रोग का नाम जानकर ही मृत्युभय से भयभीत हो जाता है। यदि कैन्सर होने का पता आरम्भ में ही लग जाय तो रोगी को बचाया जा सकता है। निम्न पूर्व संकेतों से कैन्सर को प्रारम्भ में ही पहचाना जा सकता है—

1. कोई भी घाव जो शीघ्र न भरे, विशेषकर मुँह में। त्वचा में घाव जो छह सप्ताह बीतने पर भी नहीं भरे और घाव बढ़ता जाये।
2. लगातार अस्वाभाविक रक्तस्राव, विशेषकर औरतों में मासिक धर्म रुकने (Climacteric period) के बाद। मल त्यागते समय कभी-कभी रक्त आना, जब कि बवासीर नहीं हो।
3. शरीर के किसी भी अंग में माँस-वृद्धि या अर्बुद, गाँठ, मोटापा (Tumour and lumps) विशेषकर औरतों में।
4. भोजन निगलने में कठिनाई एवं लगातार अपच।
5. लगातार खाँसी तथा स्वर भंग, आवाज में भारीपन या गला बैठना।
6. आँतों की स्वाभाविक प्रक्रिया में अन्तर, बराबर कब्ज या दस्त होना।
7. किसी भी तिल, मस्से, केलोइड (Keloid) गिल्टियों के रंग में अन्तर आना तथा दर्द होना।
8. अकारण वजन तथा शक्ति का ह्रास एवं भोजन से अरुचि।

उपर्युक्त किसी भी लक्षण के मिलने पर कैन्सर का सन्देह कर चिकित्सक से परामर्श लें।

सेकरिन

सेकरिन एक कृत्रिम दानेदार पदार्थ है जो शक्कर से तीन सौ गुना ज्यादा मीठा होता है। इसमें कोई खाद्य गुण या कैलोरियाँ नहीं होतीं। पैट्रोलियम तथा कोलतार से प्राप्त यह पदार्थ 1950 से मधुमेह के रोगियों के लिये चीनी के विकल्प के रूप में काम आ रहा है। चूँकि इसमें मिठास बहुत ज्यादा होता है और इसका चीनी के बदले में उपयोग करना व्यापारिक दृष्टि से ज्यादा लाभदायक है इसलिये डिब्बाबन्द खाद्यों व पेयों में इसका धड़ल्ले से उपयोग हो रहा है।

'सेकरिन के सेवन से मोटापे तथा मधुमेह के शिकार रोगियों को लाभ पहुँचेगा, उनके रक्त में चर्बी की मात्रा घट जायेगी!' यह केवल उपभोक्ता संस्कृति द्वारा अपने माल की बिक्री बढ़ाने की एक चाल है जबकि वास्तव में इससे ऐसा कोई लाभ नहीं मिलता।

अमेरिका तथा कनाडा में किये गये कई अध्ययनों व शोधों से पता चला है कि सेकरिन का उपयोग मानव शरीर में मूत्राशय के कैंसर की सम्भावना बढ़ा देता है। अमेरिका के विसकाउंसिन एल्युम्नी प्रतिष्ठान ने 1971 में, अमेरिका पेय तथा खाद्य संघ ने 1977 में तथा कनाडा की स्वास्थ्य संरक्षण शाखा ने 1974 में कुछ चूहों को सेकरिन खिलाकर उन पर उसके प्रभाव की जाँच की तो पता चला कि जिन चूहों को सेकरिन खिलाई गई उनमें अधिकांश के मूत्राशयों में रसोलियाँ (ट्यूमर) पैदा हो गईं। इन प्रयोगों से अमेरिका की राष्ट्रीय विज्ञान अकादमी ने 1978 में यह निष्कर्ष निकाला कि सेकरिन में कैन्सर पैदा करने वाले तत्त्व बहुत ज्यादा हैं। चूँकि सारे शीतल पेयों तथा डिब्बाबंद खाद्यों में सेकरिन का बहुत उपयोग होता है। इसलिये इन निष्कर्षों के बाद अमेरिका, कनाडा, न्यूजीलेण्ड तथा यूरोप ने सेकरिन के उपयोग पर प्रतिबन्ध लगा दिया है। पर भारत ऐसा देश है जो ऐसे मामलों में प्राय: उदासीन ही रहता है।

सौंदर्य प्रसाधन—महिलाएँ जो सौन्दर्य प्रसाधन सामग्रियों के रूप में साबुन, क्रीम, पाउडर, शैम्पू, लोशन आदि काम में लेती हैं उनमें खतरनाक कैमिकल्स होने के कारण वे चर्म रोग व कैन्सर सहज ही पैदा करने वाले होते हैं।

कैन्सर रक्त में उत्पन्न प्रदूषण-तत्त्वों का संचय है। भयभीत होने की अपेक्षा आशावादी बनें, मानसिक तनाव से बचें, अपनी दिनचर्या में परिवर्तन करके इस रोग को दूर कर सकते हैं। इग्लैण्ड के हीरी अनुसन्धान केन्द्र के अनुसार जो स्त्रियाँ 33 वर्ष की आयु से पूर्व गर्भ धारण करती हैं उनके स्तनों में गाँठ, कैन्सर नहीं होता। यह रोग प्रकृति की ओर जाने से, प्राकृतिक खान-पान पर निर्भर रहने से ठीक हो जाता है। जहाँ अब तक ऐलोपैथिक पद्धति ने इस रोग की असाध्यता का भान कराकर रोगी को भयभीत कर दिया है, वहीं भोजन के द्वारा चिकित्सा जीवन की आशा का बीज ध्वस्त होते शरीर में अंकुरित करती हुई आरोग्य की ओर ले जाती है। निम्न वस्तुओं का अमृत पान करते हुए जीने की ओर बढ़िये—

फूल गोभी—प्रात: भूखे पेट पौन कप गोभी का रस नित्य पीते रहने से लाभ होता है।

करमकल्ला—प्रात: खाली पेट सर्वप्रथम कम-से-कम आधा कप करमकल्ले का रस नित्य पीयें। इससे आरम्भिक अवस्था में कैंसर ठीक हो जाता है।

भोजन—निरन्तर चल रही शोध से ज्ञात हुआ है कि भोजन में पाया जाने वाला रसायन 'बीटा केरोटीन' कैंसर को नष्ट कर देता है। 'बीटा केरोटीन' साबुत दाल, पत्ता गोभी, फूल गोभी, गाजर, नीबू, मौसमी परिवार के फलों में बहुतायत में मिलता है। ये फल, सब्जियाँ कैंसर के रोगियों को काफी मात्रा में खिलानी चाहिएँ। तला हुआ भोजन कैन्सर पैदा करता है। तले हुए भोजन से कैन्सर कारक "पाइरोलाइसेट्स" की मात्रा हमारे पेट में जाती रहती है। अत: तला हुआ भोजन नहीं करना चाहिए।

अंगूर—कैंसर में पहले तीन दिन रोगी को उपवास करायें, फिर अंगूर सेवन कराना आरम्भ करें। कभी-कभी एनिमा लगायें। एक दिन में दो किलो से अधिक अंगूर न खिलायें। कुछ दिन के पश्चात् छाछ पीने को दी जा सकती है। अन्य कोई चीज खाने को न दें। इससे लाभ धीरे-धीरे महीनों में होता है। इसकी पुल्टिस घावों पर लगा सकते हैं। इस रोग की चिकित्सा में कभी-कभी अंगूर का रस लेने से पेट-दर्द, मलद्वार पर जलन होती है। इससे डरना नहीं चाहिए। दर्द कुछ दिनों में ठीक हो जाता है। दर्द होने पर सेक कर सकते हैं।

—The Grape Cure : Johanna Brandit

बेल—हड्डी का कैन्सर, रक्त कैन्सर, कैन्सर में बेल का सेवन लाभदायक माना गया है। बेल का रस या किसी भी रूप में बेल खाना चाहिये।

तुलसी—तुलसी के पत्तों से निकाला गया सत यदि रेडियोथेरेपी से पूर्व मरीजों को दिया जाए तो उन्हें रेडियोथेरेपी से नुकसान नहीं होता। दरअसल रेडिएशन देने से जहाँ कैन्सरग्रस्त कोशिकाएँ नष्ट हो जाती हैं, वहीं सामान्य कोशिकाओं पर भी विपरीत असर पड़ता है। जिससे मरीजों को रेडिएशन थेरेपी देने से उल्टी-दस्त हो सकते हैं। खाना निगलने में कठिनाई आ सकती है अथवा अन्य दुष्प्रभाव हो सकते हैं।

तुलसी का सत देने से कोशिकाओं की बर्दाश्त क्षमता (टोलरेंस लिमिट) बढ़ जाती है। कोशिकाओं में एन्टी-ऑक्सीडेन्ट्स तत्त्व बन जाते हैं जो विकिरणों से उत्पन्न हुए मुक्त मुलकों को नष्ट कर देता है। इससे रेडिएशन का असर कैन्सरग्रस्त कोशिकाओं तक ही सीमित हो जाता है।

गाजर—गाजर का रस लगातार पीने से शरीर के दूषित और विषैले पदार्थ बाहर निकल जाते हैं। बड़े-बड़े असाध्य रोग, कैन्सर तक भी दूर हो जाते हैं। गाजर का एक गिलास रस प्रात: नाश्ते से पूर्व और शाम को दो बार नित्य पीना चाहिए। गाजर का रस 12 औंस, पालक का रस 4 औंस मिलाकर पीने से कैन्सर में विशष लाभ होता है।

गेहूँ—गेहूँ का पौधा कैन्सर के उपचार में किस प्रकार सहायक है? डॉ. विगमोर ने कहा है कि कैन्सर भी शरीर की एक स्थिति मात्र है जो यह बताती है कि इस अद्‌भुत यन्त्र में कहीं कोई खराबी है। प्रकृति सदा शरीर को सन्तुलन में रखने का प्रयत्न करती है। कुछ लोग कैन्सर से पीड़ित होते हैं और कुछ को अन्य बीमारियाँ, यह इसलिए कि सबके जीवन जीने के ढँग अलग-अलग हैं। एक महिला की छाती में कैन्सर था। सब प्रकार की चिकित्सा करा कर वह निराश हो चुकी थी। इसको सब प्रकार के रसों का आहार दिया गया और कुछ महीनों में वह ठीक हो गई। गेहूँ के पौधे में प्रदूषण विरोधी तत्त्व हैं और इसके सेवम से कैन्सर और अन्य रोगों से बचा जा सकता है। इस रस को लोग Green Blood की उपमा देते हैं। कहते हैं यह रस मनुष्य के रक्त से 40 फीसदी मेल खाता है।

गेहूँ का रस बनाने की विधि

10-12 गमलों में साफ खाद रहित मिट्टी भर लें। इनमें प्रतिदिन एक गमले में आधी मुट्ठी गेहूँ बोयें और यदा-कदा पानी डालते रहें। गमलों को छाया में रखें। एक गमले में जब पौधे 6 इंच के हो जायें तो उखाड़कर जड़ काटकर फेंक दें और इनको धोकर साफ करके चटनी की तरह पीसकर कपड़े में लुगदी डालकर निचोड़ लें। इस रस को तत्काल नित्य सुबह-शाम पीयें। इस प्रकार गेहूँ बोते रहें और निरन्तर यह विधि चालू रखें। इसके साथ-साथ आधा कप गेहूँ लेकर धोकर किसी बर्तन में दो कप पानी में भिगोकर बारह घण्टे बाद वह पानी सुबह-शाम पीयें। बस, आप देखेंगे कि भयंकर रोग 8-10 या 15-20 दिन बाद भागने लगेंगे और 2-3 महीने में वह मरणप्राय प्राणी एकदम रोग मुक्त होकर पहले के समान स्वस्थ हो जायेगा। रस में नीबू, नमक नहीं मिलायें। पीने के बाद कुछ समय अन्य कोई चीज न खायें। प्रयोग करके देखें और परिणाम लेखक को सूचित करें जिससे एक रोगी के प्रयास और परिणाम को देखकर इसका लाभ उठाने के लिए अन्य रोगियों का मनोबल जाग्रत हो सके। गेहूँ का रस पीते हुए कच्चा खाना, जैसे—फल, सब्जी, अंकुरित अनाज आदि अधिकाधिक सेवन करने से शीघ्र लाभ होता है।

दही—करनाल, 24 जुलाई 1977। राष्ट्रीय डेयरी संस्थान के वैज्ञानिकों ने काफी परिश्रम के बाद अपना यह मत व्यक्त किया कि दही कई प्रकार के कैन्सर की सम्भावना को समाप्त कर देता है। दही का सेवन स्वास्थ्य के लिए बहुत उपयोगी है। यों दही दूध को जमाने से बनता है परन्तु दूध दही के रूप में बदलने पर अपने गुणों में वृद्धि कर लेता है।

पेट का कैन्सर—लहसुन के सेवन से पेट का कैन्सर नहीं होता। कैन्सर होने पर लहसुन को पीसकर पानी में घोलकर कुछ सप्ताह पीने से कैन्सर ठीक हो जाता है। खाना खाने के बाद तीन बार नित्य लहसुन लेने से पेट साफ रहता है। यह पेट की पेशियों में संकोचन पैदा करता है। जिससे आँतों को कम काम करना पड़ता है। यह यकृत को उत्तेजित करता है जिससे ऑक्सीजन एवं रक्त पेट की दीवार की सूक्ष्म नालियों (Capillaries) को मिलता है।

डबल रोटी—नई दिल्ली, 10 जून,1979 (क्फी)। यदि पेट के कैन्सर से बचाव करना हो तो भोजन में डबल रोटी की मात्रा बढ़ा देनी चाहिए। यह नवीन खोज लीडन विश्वविद्यालय (प.जर्मनी) के आहार विज्ञान प्रोफेसर ग्रोए ने की है। डबल रोटी और कैंसर एक-दूसरे से जुड़े हैं क्योंकि आहार विज्ञान के विशेषज्ञों ने पाया है कि डबल रोटी अन्य खाद्य पदार्थों की अपेक्षा शीघ्र पच जाती है जिससे आँतों का कैंसर होने का खतरा नहीं होता।

कच्चे फल, सब्जियों का रस कैन्सर रोगियों के लिए उत्तम भोजन है।

कैंसर के प्रभावशाली उपचार के लिए आवश्यक है कि आहार में पूरी तरह से परिवर्तन किया जाये, इसके अतिरिक्त पर्यावरण सम्बन्धी सभी कार्बनयुक्त साधनों से बचाव जरूरी है, जैसे—धूम्रपान और कार्सिजोनिक, रसायन, पानी और भोजन।

आहार में क्रांतिकारी परिवर्तन

सर्वप्रथम रोगी त्वचा, फेफड़े, गुर्दे और अंतड़ियों को साफ करें। गुर्दों की सफाई के लिए एनीमा लिया जाना चाहिए। 4 दिन रोगी केवल संतरे, अंगूर, नाशपाती, टमाटर, नीबू आदि रसयुक्त फल लें। गाजर आदि कच्ची सब्जियों का रस भी लाभदायक है।

कुछ दिनों तक इसके प्रयोग के बाद रोगी को प्राकृतिक आहार दिया जाना चाहिए, जैसे—लहसुन, टमाटर, गाजर, हरी पत्तियों वाली सब्जियाँ, बंद गोभी आदि; इनके अलावा अंकुरित अन्न, बादाम आदि।

प्राचीन समय में कैंसर-औषधि के रूप में लहसुन का प्रयोग करते थे। मिस्र के लोग बाह्य औषधि के रूप में प्रयोग करते थे। खाने के रूप में हेप्पोक्रेटस ने इसका प्रयोग किया है। जो लोग काफी मात्रा में लहसुन खाते हैं, उनको कैंसर की संभावना कम रहती है।

जापान के एक वैज्ञानिक डॉ. फुकुनीर मोरीश्क और उनके सहयोगी जो पिछले 33 वर्षों से विटामिन 'सी' की कैंसर उपचार की शक्ति का अध्ययन कर रहे हैं, उनका मानना है कि इससे कैंसर के रोगियों का जीवन काल बढ़ सकता है। इसके अनुसार विटामिन 'सी' और ताँबा भी कैंसर में लाभकारी है।

पीविया विश्वविद्यालय इटली के डॉक्टर लियेनेडा सन्तामारिया और उनके सहयोगियों ने यह तथ्य उद्घाटित किया है कि विटामिन में पाया जाने वाला वेटा कारीटविन नामक तत्त्व कैंसर की रोकथाम में प्रभावकारी सिद्ध होता है।

पूरी दुनिया में चल रहे अनुसंधान सिद्ध करते हैं कि हरी-पीली सब्जियों व फलों का उपयोग

कैंसर उपचार में लाभकारी है। जापान में चल रहे पिछले 23 वर्षों के अनुसंधान से पता चलता है, जो लोग प्रतिदिन हरी और पीली सब्जियाँ खाते हैं, उन्हें पेट के कैंसर की सम्भावना कम रहती है।

हेबर्ट विश्वविद्यालय द्वारा 1200 परिवारों पर किये गये अध्ययन के अनुसार जिन परिवारों में गाजर, टमाटर, सलाद, हरी पत्तेदार सब्जियाँ, मेवे, तरबूज का अधिकतम उपयोग होता है, उनमें कैंसर की संभावनाएँ उतनी ही कम पायी गयीं। इन सबके साथ-साथ यह आवश्यक है कि मस्तिष्क को भरपूर विश्राम दिया जाये और मानसिक अवसादों से दूर रखा जाये।

एड्स

बेल—बेल का सेवन एड्स में लाभदायक है। बेल किसी भी रूप में सेवन कर सकते हैं।

नकसीर (Epistaxis)

नीबू—नकसीर आने पर नथुनों में दो-दो बूँद नीबू का रस टपकाने से नाक से रक्त गिरना तुरन्त बन्द हो जाता है।

मिश्री—50 ग्राम सफेद कमल के सूखे हुए फूल (पंसारी के मिलते हैं), मिश्री 50 ग्राम दोनों को पीस कर मिला लें। इसकी एक चम्मच सुबह-शाम गर्म दूध से फँकी लें। एक सप्ताह तक लेने से नकसीर ठीक हो जाती है। गर्म प्रकृति की चीजें अचार, तेल की तली हुई चीजें नहीं खायें। यह अनुभूत है।

अंगूर—मीठे अंगूर का रस नाक से खींचने से नकसीर तुरन्त बन्द हो जाती है।

आँवला—जिन्हें प्राय: नकसीर आती रहती है, वे सूखे आँवलों को रात को भिगोकर उस पानी से प्रात: नित्य सिर धोयें। आँवले का मुरब्बा खायें। यदि नकसीर किसी भी प्रकार से बन्द न हो तो आँवले का रस नाक में टपकायें और आँवले को पीसकर सिर पर लेप करें, अवश्य लाभ होगा। यदि ताजे आँवले न मिलें तो सूखे आँवलों को पानी में भिगोकर उस पानी को सिर पर लगायें। इससे मानसिक गर्मी व खुश्की दूर होगी।

केला—दूध में शक्कर मिला कर केले के साथ निरन्तर दस दिन सेवन करें।

अनार—(1) नथुनों में अनार का रस डालने से नाक से रक्त आना बन्द हो जाता है।

(2) खट्टे-मीठे अनार के आधा कप रस में 2 चम्मच मिश्री मिलाकर रोज दोपहर को पीने से गर्मी में नाक से होने वाला रक्तस्राव बंद हो जाता है।

प्याज—नकसीर आने पर प्याज का रस नाक में डालें। प्याज का रस नाक और गले के संक्रमण (Infection) को ठीक करता है। प्याज एवं पुदीने का रस मिलाकर नाक में डाल देने से भी लाभ मिलता है। पुदीने के साथ अनार के फूलों का स्वरस भी मिलाया जा सकता है।

घी—रोगी की गर्दन पीछे झुकाकर लेटा दो और उसके दोनों नाक के नथुनों में चार-चार बूँद देशी घी की डालकर रोगी को इसे साँस से अन्दर खेंचने को कहो। इस तरह घी सूँघने से नकसीर आना बन्द हो जाता है। यह क्रिया एक सप्ताह करें। दूध में घी डाल कर नित्य पीयें।

फिटकरी—गाय के कच्चे दूध में फिटकरी घोलकर सूँघने से नकसीर ठीक हो जाती है। यदि नकसीर बन्द न हो तो फिटकरी पानी में घोलकर उसमें कपड़ा भिगोकर ललाट पर रख दें। 5-10 मिनट में रक्त बन्द हो जायेगा।

धनिया—हरे धनिये का रस सुँघाने और पत्तियों को पीसकर सिर पर लेप करने से गर्मी के कारण नाक से बहने वाला रक्त रुक जाता है।

तुलसी—तुलसी का रस नाक में टपकाने से रक्त-स्राव बन्द हो जाता है।

दोब—नाक से रक्त-स्राव होने पर पहले दोब का रस सूँघें, फिर नाक में कुछ बूँद डालें। इससे लाभ होगा।

मिट्टी—10 ग्राम मुलतानी मिट्टी रात को मिट्टी के बर्तन में आधा किलो पानी में भिगो दें। प्रात:पानी को निथार कर पीयें। वर्षों पुरानी नकसीर कुछ दिन पीने से ठीक हो जायेगी।

पानी—ठण्डा पानी सिर पर धार बाँधकर डालने से रक्त गिरना बन्द हो जाता है।

बर्फ—सिर पर बर्फ रगड़ें या बर्फ का ठंडा पानी सिर पर डालें। नकसीर आना बन्द हो जायेगी।

नारियल—प्रात: भूखे पेट नित्य नारियल खाने से नकसीर आना बंन्द हो जाता है।

पेठा—रात को आगरे के पेठे (मिठाई) के दो टुकड़े एक गिलास पानी में भिगो दें। पेठा प्रात: खा जायें और उस पानी को भी पी जावें। कुछ दिनों में नकसीर आना बन्द हो जायेगी।

उड़द—उड़द की दाल भिगोकर पीसकर ललाट पर लेप करने से नकसीर बन्द हो जाती है।

बवासीर (Haemorrhoids)

फास्ट फूड में रेशे की कमी होती है, जिससे कब्ज हो जाती है। यह कब्ज ही आगे जाकर बवासीर बीमारी बन जाती है। फास्ट फूड से बवासीर के रोगियों में वृद्धि हुई हैं। लगातार कब्ज रहने से मलद्वार की रुधिर वाहिकाएँ एकत्रित होकर गुच्छा-सा बना लेती है। इस गुच्छे (मस्से) में रक्त भर जाने से यह फूल जाती है जिससे मरीज को भारी दर्द और रक्तस्राव होता है। कब्ज न होने देना ही बवासीर रोग का बचाव है।

गुदा-द्वार की त्रिवली की नसें फूलती और बड़ी हो जाती हैं। ये मटर या इससे भी बड़े आकार की देखने में आती हैं। इसे अर्श या बवासीर (Piles) कहते हैं। बवासीर मल-द्वार के नीचे के भाग की शिराओं की स्फीत (Varicose), सूजन की अवस्था का नाम है। चिकित्सा-शास्त्र में इसका नाम (Medical Term) हेमोराइड्स (Haemorrhoids) है। बवासीर मल-द्वार के अन्दर या बाहर होते हैं। बाहर के बवासीर मल-द्वार खुलने के स्थान के बाहर लटके होते हैं। जब तक ये रगड़ खाकर छिलते (Chafed) नहीं या इनमें संक्रमण (Infection) नहीं होता, इनमें दर्द नहीं होता। जब ये छिल जाते हैं तो कई दिनों तक असहनीय दर्द करते हैं। अन्दर के बवासीर से रक्त (खून) गिरता है। बवासीर एक या कई हो सकते हैं। जब अन्दर का बवासीर मल-द्वार से बाहर निकल आता है तो मल-द्वार अवरुद्ध (Strangulate) हो जाता है, इसे जब तक अन्दर धक्का देकर नहीं पहुँचाया जाय, दर्द करता है। इस प्रकार अन्दर वाला बवासीर रक्तस्रावी, खूनी होता है और बाहर वाला अरक्तस्रावी होता है।

लक्षण—टट्टी जाते समय रक्त के टपके गिरना, काँटा चुभने जैसी वेदना, गुदा में जलन, खुजली आदि हो तो ये बवासीर के लक्षण हैं। लगातार कब्ज रहने से जब टट्टी करते समय जोर लगाते रहते हैं तो इससे बवासीर हो जाते हैं।

कारण—टट्टी सख्त, कब्ज, बार-बार दस्तावर दवायें लेना, चटपटी मसालेदार चीजें खाना, शराब पीना, यकृत (Liver) की खराबी, बिना शारीरिक परिश्रम के जीवन बिताना, रात

को जागना, बैठे रहने का काम अधिक करना, ऐसी दवाइयाँ या भोजन करना जो पेट में गर्मी पैदा करता है। इन कारणों से बवासीर हो जाते हैं।

अर्श या बवासीर में औषधि से आराम अवश्य होता है, किन्तु बीमारी सम्पूर्ण, जड़ से नहीं जाती है। कई लोग परेशान होकर शस्त्रकर्म (Operation) करवाते हैं किन्तु शस्त्रकर्म के बाद भी बवासीर फिर से होता देखा गया है। बवासीर पीढ़ी-दर-पीढ़ी बराबर चला आता है। मेरा चिकित्सानुभव यह है कि जब तक कोई विशेष विकार, कष्ट न हो, शल्य या शस्त्रकर्म नहीं कराना चाहिए। होम्योपैथिक चिकित्सा से इसमें सरलता से लाभ मिलता है। इसकी उत्तम चिकित्सा भोजन के द्वारा ही सम्भव है। अर्श के रोगी का मल साफ और नरम होते रहना चाहिए। इसके लिए कब्ज में बताई गई चीजें खाते रहना चाहिए। टट्टी जाने के बाद मध्यमांगुली से गुदा चक्र हो अच्छी तरह साफ कर देना चाहिए। यहाँ '*भोजन के द्वारा चिकित्सा*' पुस्तक में विस्तार से वर्णित वस्तुओं का संक्षिप्त विवरण दिया जा रहा है। इनके नियमित सेवन से इस रोग को दूर कर जीवन सुखमय बिता सकते हैं।

अरक्तस्रावी बवासीर (Non-Bleeding Piles)

नीबू—नीबू के रस को स्वच्छ महीन कपड़े से छानकर उसमें जैतून का तेल बराबर मात्रा में मिलाकर पाँच ग्राम की मात्रा में ग्लिसरीन सीरिंज द्वारा रात गुदा में प्रवेश कराते रहने से बवासीर की जलन, दर्द दूर हो जाता है, मस्से छोटे हो जाते हैं। पाखाना बिना कष्ट के आने लगता है। बवासीर में तेज दर्द, रक्तस्राव होने पर उपवास रखें और ताजा पानी में नीबू पीयें। चार कप अलग-अलग धारोष्ण दूध से भर लें। इनमें क्रमशः आधा-आधा नीबू निचोड़कर पीते जायें। एक सप्ताह सेवन करने से हर प्रकार के बवासीर नष्ट हो जायेंगे।

मालिश—नियमित रूप से नित्य शरीर की मालिश करने से मस्सों में लाभ होता है।

ज्वार—इसकी रोटी खाने से मस्सों में लाभ होता है।

बैंगन—बैंगन का दाँड पीसकर बवासीर पर लेप करने से दर्द और जलन में आराम मिलता है। बैंगन का दाँड और छिलके सुखा लें और फिर इनको कूट लें। जलते हुए कोयलों पर डालकर मस्सों को धूनी दें। बैंगन जलाकर इसकी राख शहद में मिलाकर मस्सों पर लगायें। मस्से सूख कर गिर जायेंगे।

तौरई—तौरई कब्ज दूर करती है। इसकी सब्जी नित्य खाने से बवासीर ठीक हो जाते हैं।

चौलाई—चौलाई की सब्जी नित्य खाने से बवासीर ठीक हो जाते हैं।

बथुआ—जब तक मौसम में बथुए का साग मिलता रहे, नित्य इसकी सब्जी खायें। बथुए का रस पीयें, उबाला हुआ पानी पीयें। इससे बवासीर ठीक हो जाते हैं।

चुकन्दर—बवासीर के मस्से चुकन्दर खाते रहने से झड़ जाते हैं।

गाजर—(1) कच्ची गाजर खाने या रस पीने से बवासीर में लाभ होता है, जब तक गाजर मिलती रहे, लगातार सेवन करें।

(2) गाजर का रस तीन भाग और पालक का रस एक भाग मिलाकर पीने से बवासीर में लाभ होता है।

आम—मीठा अमरस आधा कप, मीठा दही 25 ग्राम और एक चम्मच अदरक का रस, सब मिलाकर पीयें। ऐसी एक मात्रा नित्य तीन बार पीयें। इससे बवासीर ठीक होते हैं।

अमरूद—कुछ दिनों तक अमरूद खाने से अर्श ठीक हो जाते हैं।

प्याज—आचार्य बागभट्ट ने बताया है कि प्याज—रक्तस्रावी और अरक्तस्रावी—दोनों प्रकार के अर्शों को ठीक करता है। नित्य एक कच्चा प्याज खाना चाहिए। मैं अपने अर्श के रोगी को प्याज खाने की सलाह देता हूँ। *—वैद्य नवीन भाई ओझा, शुचि अर्श रोग विशेषांक।*

मूली—(1) कच्ची मूली खाने से बवासीर से गिरने वाला रक्त बन्द हो जाता है। इसके अतिरिक्त बवासीर खूनी हो या बिना रक्त गिरने वाला, एक कप मूली का रस लें, इनमें एक चम्मच देशी घी मिलायें। हिलाकर सुबह-शाम दो बार नित्य पीयें, लाभ होगा।

(2) एक सफेद मूली को काटकर नमक लगाकर रात को ओस में रख दें। इसे प्रातः भूखे पेट खायें। मल-त्याग के बाद गुदा भी मूली के पानी से धोयें।

(3) 125 ग्राम मूली के रस में 100 ग्राम देशी घी की जलेबी एक घण्टा भीगने दें। फिर जलेबी खाकर रस पी जायें। इस तरह एक सप्ताह सेवन करने से जीवन भर के लिए हर प्रकार के बवासीर ठीक हो जायेंगे। *—स्वामी जगदीश्वरानन्द सरस्वती: घरेलू औषधियाँ*

(4) मूली के टुकड़ों को भी घी में तल कर चीनी के साथ खायें।

लौकी—बवासीर पर लौकी के पत्तों को पीसकर लेप करने से कुछ ही दिनों में बवासीर नष्ट हो जाते हैं।

गवार—गवार के पौधे के 11 हरे पत्ते, 11 काली मिर्च पीसकर 62 ग्राम पानी में मिलाकर प्रातः एक बार कई दिन पीने से बादी बवासीर ठीक हो जाते हैं।

गेहूँ—गेहूँ के पौधे का रस पीना हर प्रकार के बवासीर में लाभदायक है।

तिल—60 ग्राम काले तिल खाकर ऊपर से ठण्डा पानी पीने से बिना रक्त वाले अर्श ठीक हो जाते हैं। नियमित रूप से तिल का तेल अर्श पर लगाने से लाभ होता है।

जायफल—दस जायफल देशी घी में इतना सेंकें कि सुर्ख हो जायें। फिर इनको पीस कर छान कर दो कप गेहूँ के आटे में मिलाकर घी डाल कर पुनः सेंके। सेंकने के बाद स्वादानुसार देशी बूरा (शक्कर) मिला लें। इसे एक चम्मच नित्य सुबह, भूखे पेट खायें। बवासीर में लाभ होगा।

सौंठ—समान मात्रा में सौंठ और गुड़ मिला आधा चम्मच सुबह-शाम नित्य खाने से बवासीर में लाभ होता है।

आकड़ा—सूर्योदय से पहले 3 बूँद आकड़े का दूध एक बताशे में डालकर नित्य खाने से बवासीर में लाभ होता है।

चाय—चाय की पत्तियों को पानी में पीस कर गर्म करके गर्म-गर्म ही मस्सों पर लेप करें। इससे मस्सों का दर्द ठीक हो जाता है।

हरड़—आधा चम्मच हरड़ का चूर्ण सुबह-शाम खाने के बाद गर्म पानी से लेने से लाभ होता है।

फूलगोभी और **जमीकन्द** की सब्जी कम मसाले डालकर खाने से लाभ होता है।

दूध—गरम दूध के साथ ईसबगोल की भूसी को सोते समय लें। इससे कब्ज दूर होगी और बवासीर में लाभ होगा।

छाछ—छाछ में नमक और पीसी हुई अजवाइन मिलाकर पीने से बवासीर में लाभ होता है। छाछ के उपयोग से नष्ट हुए बवासीर पुनः उत्पन्न नहीं होते। सेंधा नमक ज्यादा लाभ करता है। छाछ भोजन करने के अन्त में पीयें।

एरण्ड का तेल—अर्श बाहर निकले हुए होने पर एरण्ड का तेल लगाने से सूख जाते हैं, दर्द दूर होता है।

जीरा—जीरा और मिश्री पीसकर पानी से फँकी लेने से अर्श का दर्द दूर हो जाता है।

सौंठ—12 ग्राम सौंठ गुड़ के साथ दो बार लेने से बवासीर में लाभ होता है।

सौंफ और **मिश्री** दोनों पीसकर आधा चम्मच की फँकी दूध के साथ दो बार लें।

सरसों का तेल—अर्श रोग में जब दर्द अधिक हो तो सरसों का तेल हथेली पर डालकर उस पर थोड़ा-सा पानी मिलाकर हथेली पर मसलें और प्रतिदिन शौच से निवृत्त होकर गुदा पर लगायें। यह बड़ा उपयोगी है।

तुलसी—बवासीर पर तुलसी के पत्तों को पीसकर लेप करने या रस लगाने से लाभ होगा। तुलसी के पत्तों का सेवन भी करें।

नीम—10 नीम की निबौली की गिरी, सेंधा नमक या मिश्री के साथ ठण्डे पानी से सुबह-शाम फँकी लेने से लाभ होता है। चार दिन लेने के बाद से आराम होने लगेगा। भगन्दर (Fistula) भी इससे ठीक हो जाता है।

रक्तस्रावी बवासीर, अर्श (Bleeding Piles)

नीबू—(1) गरम दूध में आधे नीबू का रस डालकर तुरन्त हर तीन घण्टे से पिलायें।

(2) नीबू काटकर दोनों फाँकों में पिसा हुआ कत्था भरें। फिर दोनों टुकड़े ओस में रख दें। प्रातः दोनों टुकड़े चूस लें। इससे बवासीर से रक्त गिरना बन्द हो जायेगा।

आँवला—सूखे आँवले को बारीक पीसकर एक चाय की चम्मच सुबह-शाम दो बार छाछ या दूध से लेने से खूनी बवासीर में लाभ होता है। दूध गर्म हो।

अनार—सुबह-शाम ताजा पानी में 8 ग्राम अनार के पिसे हुए छिलकों की फँकी लें।

पपीता—रक्तस्रावी बवासीर में प्रतिदिन दोपहर में पपीता खाना लाभदायक है। पपीता अच्छा, पका हुआ होना चाहिए। कच्चे पपीते की सब्जी भी खानी चाहिए।

नारियल—रक्तस्रावी बवासीर में नारियल की जटा जलाकर बूरा मिलाकर दस-दस ग्राम की फँकी पानी के साथ लें।

लौकी (घीया)—लौकी के छिलके छाया में सुखा कर पीस लें। इसकी एक चम्मच सुबह-शाम दो बार ठंडे पानी से फँकी लेने से बवासीर में रक्त आना बन्द हो जाता है। यह प्रयोग सात दिन तक करें।

प्याज—प्याज का सेवन रक्तस्रावी और अरक्तस्रावी, दोनों प्रकार के अर्श ठीक करता है।

मूली—कच्ची मूली खाने से बवासीर से गिरने वाला रक्त बन्द हो जाता है। एक कप मूली का रस एक चम्मच देशी घी मिलाकर सुबह-शाम पीयें, लाभ होगा।

करेला—एक चम्मच करेले का रस शक्कर मिलाकर दो बार नित्य पीने से लाभ होता है।

चना—सिके हुए गरमा-गरम चने खाने से रक्तस्रावी बवासीर में लाभ होता है।

मसूर की दाल—खूनी बवासीर में प्रातः के भोजन के साथ मसूर की दाल खाने और एक गिलास खट्टी छाछ पीने से लाभ होता है।

तिल—60 ग्राम काले तिल चबा-चबाकर खाकर दही का सेवन करने से बवासीर से रक्त गिरना बन्द हो जाता है। अर्श पर तिल का तेल लगायें।

इमली—रक्तस्रावी बवासीर में इमली के पत्तों का रस पिलाने से लाभ होता है।

जमीकन्द—चावल और इमली के पत्तों के साथ जमीकन्द की सब्जी बनाकर खाने से लाभ होता है।

फूलगोभी—सलाद के रूप में कच्ची फूलगोभी खायें।

दही—जब तक बवासीर से रक्त आता रहे तब तक केवल दही ही खाते रहें, अन्य कोई चीज न खायें। रक्तस्राव बन्द हो जायेगा।

घी—घी, तिल और पीसी हुई मिश्री—प्रत्येक की एक-एक चम्मच लेकर मिलाकर नित्य तीन बार खायें। बवासीर से रक्त गिरना बन्द हो जायेगा।

मेथी—दाना मेथी का काढ़ा या इसे दूध में उबाल कर पीने से बवासीर में रक्त आना बन्द हो जाता है।

ईसबगोल—एक चम्मच ईसबगोल की भूसी गरम पानी या गरम दूध के साथ रात को सोते समय लें।

फिटकरी—मल-त्याग के बाद नित्य फिटकरी को पानी में घोलकर गुदा धोयें, अन्दर पिचकारी दें। इससे खूनी बवासीर में लाभ होता है।

राल—60 ग्राम पीली राल लेकर बारीक पीस लें। नित्य सवेरे 7 ग्राम चूर्ण आधा पाव दही में मिलाकर सेवन करें। खूनी बवासीर के लिए यह अचूक औषधि है। इसे एक सप्ताह सेवन करें। जब भी पेशाब करने जायें, अपने मूत्र की चुल्लू (अन्जलि) भरकर गुदा के मस्सों को धो लिया करें। दो महीने ऐसा करने से बवासीर रोग हमेशा के लिए दूर हो जायेगा। पीली राल पंसारी के मिलती है। खूनी बवासीर के अतिरिक्त हर प्रकार के बवासीर में इससे लाभ होता है।

छाछ—छाछ में सेंधा नमक और सिका हुआ पिसा हुआ जीरा एक चम्मच मिलाकर एक-एक गिलास चार बार नित्य पीयें। रात को सोते समय गुदा में दूध की मलाई मलें।

जीरा—जीरा, सौंफ, धनिया प्रत्येक एक चम्मच को एक गिलास पानी में उबालें। आधा पानी रहने पर छान कर एक चम्मच देशी घी मिलाकर नित्य सुबह-शाम पीने से बवासीर से रक्त गिरना बन्द हो जाता है। यह गर्भवती स्त्रियों के बवासीर में अधिक लाभदायक है।

धनिया—खूनी बवासीर में मिश्री मिलाकर हरे धनिये की पत्तियों का रस दो बार नित्य पीने से शीघ्र लाभ मिलता है।

सफेद दाग (Leucoderma)

धूप में रहने से हमारी त्वचा पर मेलानिन नामक पिगमेंट का बनना एक स्वाभाविक प्रक्रिया है। कभी-कभी आंतरिक मनोवैज्ञानिक कारणों से भी मेलानिन का उत्पादन बढ़ जाता है या मेलानिन त्वचा की भीतरी सतह से बाहरी सतह पर आ जाता है। मेलानिन त्वचा पर अनियमित तरीके से फैलता हुआ कहीं-कहीं काले दाग छोड़ता जाता है।

काले धब्बों से बचने के लिए सबसे पहली जरूरत है, तेज धूप से बचाव। सूर्य की रेडिएशन से समस्या ज्यादा गंभीर हो जाती है, इसलिए इलाज के तौर पर धूप में जाने से परहेज करना चाहिए।

जब मेलानिन त्वचा पर नहीं पहुँच पाता तो सफेद पैच या 'विटिलिगो' हो जाता है। सफेद पैच मिटाने के लिए पैचों को धूप में अधिक से अधिक समय तक रखना चाहिए।

Leuco-श्वेत, Derma-चर्म, Leucoderma=त्वचा के सफेद दाग। यह रोग अभी तक

बड़ी कठिनता से ठीक होता देखा गया है। रोगी व चिकित्सक दोनों धैर्य से लम्बे समय तक चिकित्सा करते रहें तो ठीक हो जाता है। चिकित्सा के मध्य धब्बों या दागों में छोटे-छोटे काले निशान पैदा होते हैं, ये काले निशान फैलते जाते हैं, और त्वचा का रंग सामान्य हो जाता है, सफेदी दूर हो जाती है। इस तरह यह ठीक हो जाता है। यह रोग संक्रामक नहीं है। इसमें केवल त्वचा का रंग ही सफेद होता है।

कारण—सफेद दाग क्यों होते हैं? अभी तक सही कारणों का पता नहीं लगा है। फिर भी निम्न कारण या शरीर पर इनसे पड़े दुष्प्रभावों से सफेद दाग होते हैं, तेजी से बढ़ते हैं :-

(1) चर्म में मेलानिन (Melanin) की मात्रा कम हो जाती है तो त्वचा का रंग सफेद हो जाता है, (2) पुराना कब्ज, (3) यकृत (Liver) के कार्य कमजोर होना, पीलिया, (4) आमाशय के विकार, (5) कृमि, (6) आन्त्रिक ज्वर (Typhoid) जैसे रोग जिनका आमाशय और आँतों पर प्रभाव पड़ता है, (7) पुरानी पेचिश, (8) खान-पान की अनियमितता, भोजन ठीक तरह न पचना, (9) पसीना ठीक तरह न निकलना, (10) वंशानुगत (Hereditary), (11) अत्यधिक मानसिक चिन्तायें, (12) उपदंश (Syphlis), (13) क्षय जन्य धातु (Tuberculer Constitution), (14) चोट, जलना, (15) कमर पर तंग कपड़े पहनना, (16) कान, दाँत, गले का खराब रहना, तथा (17) माँसाहार।

रोग लक्षण—सफेद दाग शरीर में कहीं भी हो सकते हैं। आरम्भ में हाथों, कोहनी, चेहरा, टखने, पैर और जो अंग दबाव से ग्रस्त जैसे कमर में नाड़ा बाँधने की जगह आदि स्थानों पर सफेद दाग होते हैं। धीरे-धीरे धब्बे एक-दूसरे से मिलते हुए सारे शरीर पर फैल जाते हैं। इन धब्बों से शरीर में किसी प्रकार की पीड़ा नहीं होती। इसलिए रोगी इनकी चिकित्सा की ओर छोटा-सा सफेद दाग होते ही ध्यान नहीं देता। जब अँगुलियों की नोंकें (Finger tips), हथेली, तलवे, होंठ आदि सफेद हो जाते हैं तो ऐसे रोगियों की चिकित्सा करने में लम्बा समय लगता है तथा सारे अंग सफेद होने के पश्चात् ठीक होने की सम्भावना बहुत कम होती है। जब धब्बे आरम्भ ही हुए हों, 2-3 इंच तक फैले हों, चिकित्सा करने से ठीक हो जाते हैं। सफेद दाग के अनेक रोगियों की चिकित्सा करते समय मैंने देखा है कि इनकी चिकित्सा करने से कुछ धब्बे ठीक हो जाते हैं तो कुछ नये भी निकल आते हैं।

इनकी चिकित्सा में एक-दो साल प्राय: लग जाते हैं। औषधि-जगत में होम्योपैथिक चिकित्सा से यह रोग दूर हो जाता है।

आन्तरिक सेवन—अनार के पत्तों को छाया में सुखाकर बारीक पीस कर कपड़े से छान लें। 8-8 ग्राम प्रात: व शाम को नित्य ताजा पानी से फँकी लें।

चना—(1) मुट्ठी भर काले चने और दस ग्राम त्रिफला चूर्ण (हरड़, बहेड़ा, आँवला) 125 ग्राम पानी में भिगो दें। 12 घण्टे बाद इन चनों को मोटे कपड़े में बाँध दें तथा बचा हुआ पानी कपड़े की पोटली पर डाल दें। फिर 24 घण्टे बाद पोटली खोलें। इस प्रकार इनमें अंकुर निकल आयेंगे। कहने का तात्पर्य है, चने अंकुरित कर लें। यदि किसी मौसम में अंकुर न निकलें तो ऐसे ही खा लें। इस प्रकार अंकुरित चने चबा-चबाकर लगातार 6 सप्ताह खाने से सफेद दाग दूर हो जाते हैं।

(2) सफेद दागों की चिकित्सा-काल में नमक का परित्याग करें तो शीघ्रता से लाभ होता है। चने के आटे की रोटी बिना नमक की लम्बे समय कई महीनों तक खायें। इसे ताजा देशी घी से चुपड़ कर घी डालकर खा सकते हैं। चने की दाल खायें। बिना नमक की चने की रोटी खाते

रहने से ही बिना किसी औषधि की सहायता से रोगी ठीक हो सकता है। यदि लम्बे समय तक केवल चने की रोटी खाना रोगी के लिए कठिन हो तो गेहूँ और चना दोनों समान मात्रा में मिलाकर सेंधा नमक डालकर रोटी खायें। चने की दाल की तरह कभी-कभी बिना धुली मूँग की दाल ले सकते हैं। अन्य सब्जियों में पालक, गाजर, परवल, अल्प मात्रा में आलू ले सकते हैं।

कैल्शियम युक्त भोजन और विटामिन-डी का प्रयोग लाभदायक है। धूप में विटामिन-डी मिलता है। सफेद दागों के रोगी के लिए धूप हितकर है।

परहेज—खट्टी चीजें, माँस, विशेषकर मछली, चावल, नमक, तेल, गुड़, मिर्च न खायें।

खाने के साथ-साथ लगाने के लिए भी निम्न में से कोई एक निरन्तर लम्बे समय तक लगाते रहना चाहिए—

बथुआ—नित्य बथुआ उबालकर निचोड़ कर इसका रस पीयें तथा सब्जी खायें। बथुए के उबले पानी से चर्म को धोयें। बथुए के कच्चे पत्ते पीसकर निचोड़ कर रस निकाल लें। दो कप रस में आधा कप तिल का तेल मिलाकर मंद-मंद आग पर गर्म करें। जब रस जलकर तेल ही रह जाये तो छान कर शीशी भर लें तथा नित्य सफेद दागों पर लगायें। लम्बे समय तक लगाते रहें, लाभ होगा।

अदरक—अदरक का रस 30 ग्राम और बापची 15 ग्राम—दोनों को मिलाकर भिगोयें। जब अदरक का रस व बापची दोनों सूख जायें तो इन दोनों के बराबर अर्थात् 45 ग्राम चीनी मिलाकर पीस लें। इसकी एक चम्मच की फँकी ठंडे पानी से एक बार नित्य प्रात: खाना खाने के एक घंटे बाद लें। बापची का तेल सफेद दागों पर लगायें। बापची का तेल लगाने से कभी-कभी किसी-किसी रोगी के फफोले हो जाते हैं, घाव हो जाता है। अत: पूर्ण सावधानी से लगायें। तनिक भी कष्ट होता प्रतीत हो तो बापची का तेल नहीं लगायें। आरम्भ में एक जगह आधा इंच जगह में चार दिन लगा कर देखें। यदि इस जगह कोई प्रतिक्रिया नहीं हो तो सभी सफेद धब्बों पर लगायें। आरम्भिक अवस्था में 5 महीने में ही धब्बे मिट जाते हैं।

अखरोट—अखरोट में ऐसा विषैला (Toxic) प्रभाव होता है कि अखरोट के पेड़ की जड़ों के पास की मिट्टी काली हो जाती है। पढ़ने में ऐसे उल्लेख मिले हैं कि अखरोट खाते रहने से सफेद दाग ठीक हो जाते हैं।

नीम—नीम की पत्ती, फूल, निबोली सब सूखे हुए समान मात्रा में लेकर पीस लें और प्रतिदिन एक चम्मच फँकी लें। मावली बापची पीस कर सुबह-शाम आधा चम्मच ठंडे पानी से फँकी लें।

रिजका (Alfalfa)—सौ ग्राम रिजका और सौ ग्राम ककड़ी का रस मिलाकर पीने से सफेद दाग ठीक हो जाते हैं। नित्य सुबह-शाम दो बार कुछ महीनों तक पीयें।

लहसुन—लहसुन के रस में हरड़ घिसकर लेप करते रहने से सफेद दाग मिट जाते हैं। लहसुन का आन्तरिक सेवन भी लाभदायक है।

छाछ—छाछ पीना सफेद दागों में उपयोगी है। यह दो बार नित्य पीयें।

उड़द—उड़द को पानी में भिगोकर, पीसकर सफेद दागों पर चार महीने लेप करने से सफेद दाग मिट जायेंगे।

हल्दी—125 ग्राम पिसी हुई हल्दी को पाँच सौ ग्राम स्प्रिट में मिलाकर शीशी में कार्क लगाकर धूप में रख दें। दिन में तीन बार जोर से हिलायें। तीन दिन बाद छानकर फिर शीशी में भर लें। यह

हल्दी का टिंचर है। इसे नित्य तीन बार सफेद दागों पर लगाने से लाभ होगा। एक चम्मच हल्दी सुबह-शाम दो बार गर्म दूध से लगातार छः महीने फँकी लें। सफेद दागों में लाभदायक है।

तुलसी—एक जड़ सहित तुलसी का ताजा हरा पौधा लें। इसे धोकर साफ कर लें। फिर इसे कूटकर आधा किलो पानी, आधा किलो तेल में मिलाकर धीमी-धीमी आँच पर पकायें। पानी जल जाने और तेल बचने पर मलकर छान लें। यह तुलसी का तेल बन गया। इसे सफेद दागों पर लगायें।

बेहया, बेश्रम विलायती आकड़ा (Ipomia Fistulosa)—यह जंगली पौधा है, सर्वत्र सरलता से मिलता है। इसका दूध एक-दो माह लगाने से सफेद दाग मिट जाते हैं। इसे आँखों के पास, होंठों पर न लगायें।

होम्यो औषधि, आन्तरिक सेवन का भोजन और दागों पर स्थानीय औषधि—इन तीनों का प्रयोग होने पर सफेद दाग दूर हो जाते हैं। औषधि-चिकित्सा के साथ भोजन के द्वारा चिकित्सा का उपयोग किया जाना चाहिए। जिज्ञासु लेखक से पत्र-व्यवहार कर आगे परामर्श लें।

फोड़ा (Abscess)

अमरूद—फोड़े,फुन्सी, रक्त विकार, खुजली हो गई हो तो चार सप्ताह तक नित्य दोपहर में 250 ग्राम अमरूद खायें। इससे पेट साफ होगा, बढ़ी हुई गर्मी दूर होगी, रक्त साफ होगा और फोड़े, फुँसी, खुजली ठीक हो जायेगी।

हरड़—फोड़ा पक गया हो तो हरड़ को जला कर बारीक पीस कर वैसलीन में मिलाकर मरहम बना कर लगायें। एक चम्मच पिसी हुई हरड़ एक गिलास पानी में उबाल कर पानी छान कर हल्के गर्म पानी से फोड़े का सेक करें, धोयें, खुजली ग्रस्त जगह को भी धो सकते हैं। लाभ होगा।

बथुआ—फोड़े, फुन्सी, सूजन पर बथुए को कूटकर, सौंठ और नमक मिलाकर गीले कपड़े में बाँध कर, कपड़े पर गीली मिट्‌टी लगाकर आग, भोभल में सेंकें। सिकने पर यह गर्म-गर्म बाँधें, फोड़ा बैठ जायेगा या पक कर शीघ्र फूट जायेगा।

मसूर की दाल—मसूर के आटे की पुल्टिस लगाने से फोड़े शीघ्र फूट कर मवाद सूख जाती है।

जीरा—दूध पिलाने वाली स्त्री के स्तन में गाँठ, फोड़ा हो जाये तो जीरे को पानी में पीस कर स्तन पर लगाने से लाभ होता है।

धतूरा—धतूरे के पत्ते पर घी लगाकर गर्म करके फोड़े पर बाँधने से दर्द ठीक हो जाता है, फोड़ा बैठ जाता है।

लाल मिर्च—फोड़े-फुन्सियों पर लाल मिर्च पीस कर लगायें।

पानी—फोड़े पर पहले तीन मिनट गर्म पानी से सेक करें। फिर एक मिनट ठंडे पानी में सेक करें। इस प्रकार दस मिनट सुबह-शाम दो बार सेकने से आशातीत लाभ होता है।

गाजर—गाजर की गर्म पुल्टिस बाँधने से फोड़े-फुन्सियों में लाभ होता है। यह फोड़े-फुन्सियों के जमे हुए रक्त को पिघला देती है।

इमली—फोड़े, फुन्सी, व्रण होने पर इमली को पानी में मथकर, मिलाकर पीने से लाभ होता है।

प्याज—यदि गाँठ या फोड़ा पक गया हो, असह्य दर्द हो रहा हो तो प्याज को कूट-पीसकर, उसमें हल्दी, गेहूँ का आटा, पानी और शुद्ध घी मिलाकर थोड़ी देर आग पर रखकर पकाकर

पुल्टिस बना लें, फिर गरम-गरम, फोड़े या गाँठ पर बाँधें। इससे फोड़ा फूट जायेगा, ऑपरेश की आवश्यकता नहीं रहेगी।

लहसुन—फोड़ा, जख्म होने पर लहसुन का प्रयोग बढ़ा देने पर जल्दी ठीक होते हैं। फोड़े फुन्सी होने पर प्रारम्भ में ही लहसुन का लेप करना अच्छा है, मवाद पड़ने पर उपयोगी नहीं है जिन फोड़ों में कीड़े पड़ जाते हैं उन पर लहसुन लगाने से वे अच्छे हो जाते हैं। विस्तार से जान के लिए मेरी पुस्तक *'लहसुन एवं प्याज'* पढ़ें।

चावल—पिसे हुए चावलों की पुल्टिस सरसों के तेल में बनाकर बाँधने से फोड़ा फूट जात है एवं पीव (Pus) निकल जाती है।

उड़द—यदि फोड़े से गाढ़ी और अधिक पीव निकले तो उड़द की पुल्टिस बाँधें।

दही—फोड़े में सूजन, दर्द, जलन हो तो पानी निकाला हुआ दही बाँधें। एक कपड़े में दह डालकर पोटली बाँधकर लटका दें। इससे दही का पानी टपक जायेगा। फिर इसे फोड़े पर लगाक पट्टी बाँध दें। दिन में तीन बार पट्टी बदलें।

अजवाइन—फोड़े,फुन्सी की सूजन हो तो अजवाइन को नीबू के रस में पीसकर लेप करें

मेहँदी—मेहँदी को उबालकर इसके पानी से धोने से फोड़े-फुन्सी में लाभ होता है।

नीम—फोड़े की पहली हालत में नीम के पत्ते पानी के साथ पीसकर लेप करने से बैठ जा हैं। बैठ जाने की हालत नहीं रहने पर, अर्थात् फोड़े के बीच वाली हालत में नीम के पत्ते शह के साथ पीसकर लेप करने से फोड़ा पककर फूट जाता है। फूट जाने के बाद नीम के पत्तों क पीसकर घी के साथ गरम करके लेप करने से घाव सूख जाता है। नीम के पत्तों को पानी में उबाल कर घावों को धोना चाहिए। इसकी छाल घिसकर फुन्सियों पर लगाने से लाभ होता है। नीम वे पत्तों को गरम करके बाँधने से भी फोड़ों में लाभ होता है।

फोड़े-फुन्सी की मलहम—रक्त-विकार के कारण फोड़े-फुन्सी होकर घाव हो जाते हैं घाव सरलता से ठीक नहीं होते। इन पर नीम की मलहम लाभ करती है। **विधि**—175 ग्राम नी के पत्ते पीसकर लुगदी बना लें। ताँबे के बर्तन में इतना ही सरसों का तेल डालकर गरम करें जब तेल में धुआँ आने लगे तो यह लुगदी तेल में डालें, जब काली पड़ जाये तो उतार लें, ठण्ड होने दें। फिर इसे इसी तेल में कपूर डाल कर पीस लें। मलहम तैयार है, इसे फोड़े, फुन्सियों प लगायें।

दोब—पके फोड़े पर रोज दोब पीस कर लेप करने से फोड़ा फूट जाता है।

मिट्टी—फोड़ा बड़ा और कठोर हो, फूट न रहा हो तो उस पर गीली मिट्टी का लेप करें इससे फोड़ा फूटकर मवाद बाहर आ जायेगी। बाद में गीली मिट्टी की पट्टी बाँधते रहें।

तुलसी—तुलसी के पत्ते पानी में उबालकर उस पानी से फोड़ों को धोयें। ताजा पत्ते पीसक फोड़ों पर लगायें। तुलसी के पत्तों का रस 250 ग्राम, नारियल का तेल 250 ग्राम—दोनों क मिलाकर धीमी आँच पर गरम करें। जल का भाग जल जाने पर गरम तेल में ही 12 ग्राम मो डालकर हिलायें। यह मलहम लगाना लाभदायक है।

खुजली (Itch)

खाज-खुजली में नमक का सेवन हानिकारक है। इसमें फलाहार और शाकाहार लाभदायव है। फलाहार, शाकाहार से रक्त का क्षार-तत्त्व बढ़ जाता है। क्षर-तत्त्व बढ़ना अच्छा स्वास्थ

दान करता है। खाज-खुजली के रोगी का नमक बन्द कर फल, सब्जियाँ बिना स्वाद बढ़ाये र्थात् उनमें कुछ भी नहीं डालें, कच्ची ही खायें, बहुत लाभ होगा।

केला—दाद, खाज, गंज हो तो केले के गूदे को नीबू के रस में पीस लें और लगायें, इससे ाभ होता है।

नीबू—नीबू चूसें तथा नारियल के तेल में नीबू का रस मिलाकर मालिश करें। खुजली में हुत लाभ होगा।

हरड़—पिसी हुई हरड़ दो चम्मच दो गिलास पानी में उबाल कर छान लें। इसके गर्म पानी े जहाँ खुजली चलती हो, धोयें, रूमाल भिगोकर पोंछें। इससे खुजली चलना बंद हो जाता है।

चमेली का तेल—(1) इसमें नीबू का रस समान मात्रा में मिलाकर मालिश करने से सूखी वुजली में बहुत लाभ होता है।

(2) चमेली के तेल में कपूर मिलाकर मालिश करने से खुजली मिट जाती है।

लहसुन—लहसुन को तेल में उबाल कर मालिश करने से खुजली में लाभ होता है। यह क्त को भी साफ करता है।

गेहूँ—गेहूँ के आटे का लेप करने से चर्म-रोग, चर्म-दाह, खुजली, टीस युक्त फोड़े-फुन्सी और अग्नि से जले हुए घाव में लाभ होता है।

अरहर की दाल—अरहर की दाल को दही के साथ पीस कर लगाने से खुजली में लाभ होता है।

चना—चने के आटे की रोटी बिना नमक की 64 दिन तक खाने से दाद, खुजली दूर हो जाती है।

दूध—दूध में पानी मिलाकर रुई के फोहे से शरीर पर मलें। थोड़ी देर बाद स्नान कर लें। इससे खुजली मिट जायेगी।

नारियल—नारियल के तेल में नीबू का रस मिलाकर मालिश करने से खुजली कम होती है।

जापान में यूनिटिका सेंट्रल हास्पिटल के डॉ. हैजीम किमाटा ने 26 व्यक्तियों पर एलर्जी उत्पन्न करने वाले कण जैसे बिल्ली के बाल इत्यादि डालकर उन्हें चार्ली चैपलिन की ऐतिहासिक हास्य फिल्म 'माडर्न टाइम्स' दिखाई। डॉ. किमाटा ने देखा कि फिल्म देखते समय लोग खूब हँस रहे थे और उस दौरान उन्हें किसी एलर्जी का एहसास नहीं हुआ। यही नहीं, फिल्म देखने के चार घंटे बाद तक भी व्यक्तियों को कोई परेशानी नहीं हुई। दूसरी ओर जब लोगों को 90 मिनट की साधारण मौसम सम्बन्धी फिल्म दिखाई गई तो उन्हें निरंतर एलर्जी का अनुभव होता रहा। इन परिणामों को देखने के बाद किमाटा ने बताया कि एलर्जी सम्बन्धी रोग के दौरान यदि हमेशा हँसते रहें तो रोग का प्रभाव नहीं होता है। हँसना सेहत के लिए अच्छा है, हँसना ही चाहिये।

जीरा—जीरे को पानी में उबालकर उस पानी से नहाने से बदन की खुजली और पित्ती मिट जाती है। यह अनुभूत है।

काली मिर्च—10 काली मिर्च पीसकर एक चम्मच घी के साथ दो बार नित्य लेने से सब प्रकार की खुजली एवं विष का प्रभाव दूर हो जाता है।

नीम—इसके सेवन से रक्त साफ होता है। प्रात: 25 ग्राम नीम के पानी का रस लेना लाभदायक है।

दोब—तिल के तेल में दोब का रस मिलाकर मालिश करने से खुजली अच्छी होती है। एक

पाव तिल के तेल में 63 ग्राम दोब का रस डालकर आग पर पकाकर ठण्डा होने पर छानकर यि एक सप्ताह तक मालिश की जाये तो शरीर का कोई भी चर्म रोग हो, इससे आरोग्य हो जाता है

लाल मिर्च—शोथ, खुजली और त्वचा के रोगों में लाल मिर्च में पकाया तेल लगाना प्राय लाभदायक रहता है। वर्षा ऋतु में होने वाली फुन्सियों के लिये तो यह विशेष लाभदायक है

तुलसी—खाज पर तुलसी के पत्तों का रस और नीबू का रस समान मात्रा में मिलाकर लगा से वह प्राय: ठीक हो जाती है। तुलसी के पत्तों का रस 250 ग्राम, नारियल का तेल 250 ग्राम— दोनों को मिलाकर धीमी आँच पर गरम करें। पानी का भाग जल जाने पर गरम तेल में ही 12 ग्रा मोम डालकर हिलायें। बस मरहम तैयार है। फुन्सी, खुजली पर लगाने से इससे बहुत लाभ होगा

सौंफ—सौंफ और धनिया समान मात्रा में पीस लें। इसमें डेढ़ गुना घी और दुगुनी चीनी मिलाक रख लें। सुबह-शाम 30-30 ग्राम सेवन करें। हर प्रकार की खुजली में इससे लाभ होता है।

फिटकरी—जननेन्द्रिय पर खुजली होने पर गरम पानी में फिटकरी मिलाकर उससे धोयें

टमाटर—टमाटर का रस एक चम्मच, नारियल का तेल दो चम्मच मिलाकर मालिश करें फिर गर्म पानी से स्नान करें, खुजली मिट जावेगी।

जमीकन्द—खुजली जमीकन्द की सब्जी खाने से ठीक होती है। इसे लम्बे समय तक खायें

बथुआ—नित्य बथुआ उबाल कर निचोड़ कर इसका रस पीवें तथा सब्जी खावें। उबले हुए पानी से चर्म धोवें। कच्चे बथुए का रस चार भाग, एक भाग तिल का तेल मिला कर गम करके पानी जला कर तेल की मालिश करें।

परवल—परवल का साग खुजली में नित्य खाना लाभदायक है।

मूँग—छिलके सहित मूँग की दाल इतने पानी में भिगोयें कि वह उस पानी को सोख ले दो घण्टे भीगने के बाद उसे पीसकर खाज पर लगायें। लाभ होगा।

गुड़—रक्त-विकार वाले व्यक्ति चीनी के स्थान पर गुड़ चाय, दूध, लस्सी आदि में लें इससे रक्त शुद्ध होकर खुजली दूर होगी।

अजवाइन—खुजली होने पर अजवाइन पीस कर लेप करें। अजवाइन को पानी में उबाल कर उस पानी से धोयें।

शक्कर—जिन्हें खुजली हो वे चीनी या चीनी से बनी चीजें, जैसे—टॉफी, मिठाइयाँ नहं खायें। इनके स्थान पर मीठे फल खायें। खुजली ठीक हो जायेगी।

कपूर—दस ग्राम कपूर को 100 ग्राम नारियल के तेल में मिलाकर लगाने से लाभ होत है। तेल को जरा-सा गर्म करके फिर कपूर मिलावें। कपूर में त्वचा को सुन्न करने का गुण है जिससे खुजली शीघ्र बन्द हो जाती है।

नीम—खुजली होने पर नीम का तेल या पानी में निबोली पीसकर लगायें। 25 ग्राम नीम की पत्ती का रस पीने से खुजली में लाभ होता है। यह कुछ दिन नित्य लें।

मुँहासे (Acnes, Pimples), मुख-सौन्दर्य

अधिकतर युवावस्था में चेहरे पर छोटी-छोटी फुन्सियाँ निकलती हैं। इससे चेहरा बदसूरत हो जाता है। इसे मुँहासे, कीलें कहते हैं।

मुँहासे हारमोनों की गड़बड़ी, पेट की खराबी, चर्म की सफाई में कमी से होते हैं। मुँहासे तैलीय त्वचा पर निकलते हैं। अत: चेहरे पर चिकनाई युक्त क्रीम, तेल नहीं लगाना चाहिए।

मुँहासों को हाथ से फोड़ने से निशान बन जाते हैं। चिकित्सा-काल में पेट साफ रहे, कब्ज न हो तो शीघ्र लाभ होता है।

मुँहासों का सम्बन्ध खाने-पीने की गलत आदतों से भी है, जैसे—अनियमित भोजन, अपर्याप्त भोजन, स्टार्चयुक्त भोजन या फिर चीनी या तैलीय खाद्य-पदार्थों की अधिकता। अगर पेट अपना काम सुचारु रूप से नहीं करता है तो बेकार चीजें जो जितनी जल्दी बाहर आ जानी चाहिएँ, उतनी जल्दी बाहर नहीं आतीं और रक्त में जहरीले पदार्थ फैल जाते हैं। अतिरिक्त प्रयास के रूप में त्वचा का एक प्रयास यह भी रहता है कि वह बेकार पदार्थों को शरीर के बाहर निकाले और जब यह क्रिया अवरुद्ध हो जाती है, तो ऐसी स्थिति का परिणाम है—मुँहासे।

मुँहासों के अन्य कारण हैं—अधिक मात्रा में चाय, कॉफी, शराब, तंबाकू, मानसिक तनाव, मासिक धर्म की खराबी।

मुँहासे दूर करने के लिए प्रारंभ में एक सप्ताह फलों का सेवन करना चाहिए। इस दौरान दिन में तीन बार भोजन करना चाहिए। भोजन के रूप में सेब व अंगूर, अनन्नास, अनार इत्यादि मौसम के फल खाना चाहिए। केला, सायट्रिक अम्ल वाले फल, टिनबंद फल इत्यादि का सेवन वर्जित है। पानी में नीबू डालकर (चीनी नहीं) या फिर सादा पानी (गरम या ठंडा) पीना चाहिए। इस बीच कम-से-कम दो बार गरम पानी पीना चाहिए।

एक सप्ताह बाद, मरीज को संतुलित भोजन करना चाहिए। प्रत्येक महीने तीन दिनों तक सिर्फ फलों का ही भोजन करना चाहिए।

भोजन जिनमें स्टार्च, प्रोटीन या वसा की अधिकता हो, उनसे बचना चाहिये। साथ-ही-साथ माँस, चीनी, कड़क चाय या कॉफी, अचार, रिफाइंड, प्रोसेस्ड भोजन, साफ्ट ड्रिंक्स, आइस क्रीम, सफेद चीनी और मैदा से बनी चीजें नहीं खानी चाहिये।

मुँहासों से बचाव—(1) सिर में जमने वाली रूसी से मुँहासे होते हैं। अतः रूसी हो तो इसे ठीक कराएँ। चेहरे को साफ रखें। (2) फलों का रस व सब्जी अधिक सेवन करें। (3) कब्ज़ नहीं रहने दें तथा नियमित व्यायाम करें। (4) कम-से-कम दस गिलास पानी नित्य पीएँ। (5) सकारात्मक सोचें और चिन्ता तथा तनाव से मुक्त रहें। (6) मेकअप से चेहरे को न ढँकें।

मुँहासों के उपचार के लिए—दो विटामिन निआसिन और विटामिन 'ए' का सफलतापूर्वक प्रयोग किया गया है। कील मुँहासों के दाग नहीं हों और पुराने दागों को मिटाने के लिए विटामिन 'इ' का सेवन आवश्यक है।

जहाँ तक स्थानीय चिकित्सा की बात है सर्वप्रथम त्वचा के छिद्रों को खोलने के लिए, गरम पानी से त्वचा को पोंछना चाहिए तथा बाद में ठंडे पानी से। धूप और वायु स्नान से विशेष फायदा होता है। नीबू के रस से, प्रभावित क्षेत्रों को साफ करने से विशेष फायदा देखा गया है।

मुल्तानी—कील-मुँहासों से पीड़ित लोग 250 ग्राम मुल्तानी मिट्‌टी, इतना ही चन्दन पाउडर व 50 ग्राम पिसी हुई हल्दी मिला लें। इसकी तीन चम्मच का पेस्ट तैयार कर उपयोग करें। इससे न केवल कील-मुँहासे ही साफ होंगे, बल्कि चेहरे का रंग भी साफ हो जायेगा। यह जानकारी सौन्दर्य विशेषज्ञ डॉ. सिल्वी ने दी। *— राज. पत्रिका, जयपुर, 11.4.2001*

पोदीना—यदि चेहरा दाग, मुँहासों से बिगड़ गया है तो रोजाना पोदीने की चटनी का लेप करें। एक माह में चेहरा सुन्दर हो जायेगा।

छाछ—बेसन को छाछ में गौंद कर चेहरे पर लेप करें। मुँहासे ठीक हो जायेंगे।

काली मिर्च — बीस काली मिर्चें गुलाब जल में पीस कर रात को चेहरे पर लगायें और प्रात: गर्म पानी से धोयें। इससे कील, मुँहासें, झुर्रियाँ साफ होकर चेहरा चमकने लगता है।

टमाटर—मुलतानी मिट्‌टी पीस कर टमाटर के रस में गोंद कर पेस्ट बना लें। चेहरे पर इसका लेप कर तीस मिनट रहने दें। इसके बाद गर्म पानी से धोयें। टमाटर का रस एक गिलास नित्य पीयें। मुँहासे ठीक हो जायेंगे।

नीम—नीम त्वचा के तेल को निकालता है। चेहरे को नीम के साबुन से धोयें। नीम के पत्ते उबाल कर इस पानी से भी चेहरा धो सकते हैं। त्वचा तैलीय नहीं होने से मुँहासे निकलना कम होते हैं।

बादाम—(1) चेहरे पर, विशेष कर आँखों के आस-पास बादाम का तेल मलें। इससे चेहरे पर झुर्रियाँ नहीं पड़ेंगी। (2) दो बादाम पीस कर आधा चम्मच शहद और दो चम्मच हल्के गर्म दूध में मिला कर चेहरे व हाथों पर मलें। बीस मिनट बाद धोयें। त्वचा कोमल रहेगी।

नारंगी—नारंगी के सूखे छिलके पानी में पीस कर चेहरे पर मलने से मुँहासे दूर हो जाते हैं।

नीबू—(1) गर्म दूध पर जमने वाली मलाई एक चम्मच पर नीबू निचोड़कर चेहरे पर मलने से मुँहासे मिट जाते हैं। (2) नीबू के रस को चार गुनी ग्लिसरीन में मिलाकर चेहरे पर रगड़ने से कील, मुँहासे मिट जाते हैं, चेहरा सुन्दर निकल आता है। सारे शरीर पर रगड़ने से त्वचा कोमल और चिकनी हो जाती है।

राई—3 चम्मच राई रात को पानी में भिगो दें। पानी कम और इतना ही डालें कि राई उसे सोख लें। प्रात: इसे पीस कर चेहरे पर लेप करें। 20 मिनट बाद धोयें। कील-मुँहासे मिट जायेंगे।

मसूर की दाल—मसूर की दाल इतने पानी में भिगोयें कि वह भीगकर उस पानी को सोख लें। फिर उसे पीसकर दूध में मिलाकर सुबह-शाम दो बार चेहरे पर लगायें, मलें। रात को सोते समय जायफल और काली मिर्च—दोनों कच्चे दूध में पीसकर चेहरे पर लगायें।

अजवाइन—30 ग्राम अजवाइन बारीक पीसकर 25 ग्राम दही में मिला कर फिर पीस कर रात को मुँहासों पर लगायें। प्रात: गरम पानी से चेहरा धोयें। मुँहासे मिट जायेंगे।

तुलसी—तुलसी के पत्तों का रस और नीबू का रस समान मात्रा में मिलाकर लगाने से छाइयाँ, झाँई, काले धब्बे या मुँहासे ठीक हो जाते हैं। इसके तीन घंटे बाद तुलसी के पत्ते पीस कर मक्खन में मिलाकर चेहरे पर मलें।

जायफल—चेहरे पर काले धब्बे या मुँहासे होने पर जायफल को दूध में घिसकर गाढ़ा लेप करें। इससे चेहरा निखरता है।

पानी—प्रात: दोब पर पड़ा पानी, ओस लगाने से मुँहासे निकलना बन्द हो जाते हैं।

जीरा—जीरे को उबाल कर उस पानी से चेहरा धोने से मुख-सौन्दर्य बढ़ता है।

खसरा (Measles)

यह बालकों को होने वाला छूत का रोग है। एक बालक से दूसरे बालक तक तेजी से फैलता है। इसका कारण एक प्रकार का वायरस माना गया है, जो श्वास क्रिया द्वारा एक से दूसरे तक फैलता है। इसके प्रमुख लक्षणों में बालक को छींकें, नाक बहना, आँखें लाल, लगातार खस-खस की आवाज से सूखी तेज खाँसी होती है। लगातार खाँसी से बालक खाँसता रहता है। ज्वर 103-104 तक पहुँच जाता है। ज्वर आरम्भ होने के तीसरे दिन से चेहरे, छाती पर लाल दाने

दिखाई देने लगते हैं। दाने निकल चुकने के बाद जैसे-जैसे दाने समाप्त होने लगते हैं, ज्वर, खाँसी भी कम होने लगती है। खसरे में कभी-कभी निमोनिया भी हो जाता है। रोगग्रस्त बच्चे के सम्पर्क में अन्य बच्चों को नहीं आने देना चाहिए।

लौंग—खसरा निकलने पर लौंग को घिसकर शहद के साथ देने से खसरा ठीक हो जाता है। यह प्रयोग अनुभूत है।

आँवला—खसरा निकलने के बाद शरीर में जलन, खुजली हो तो सूखे आँवलों को पानी में उबालकर ठण्डा होने पर इससे नित्य शरीर धोयें। खसरे की खुजली, जलन दूर हो जायेगी।

मक्खन—बोदरी माता से शरीर में गर्मी हो तो मक्खन और मिश्री समान मात्रा में मिलाकर दो चम्मच प्रातः नित्य चाटें।

हकलाना, तुतलाना (Stammering)

बोलते समय कुछ अक्षरों को ठीक तरह उच्चारण न कर पाना तुतलाना है। बोलने में काम आने वाली पेशियों के स्नायुओं का नियन्त्रण दोषपूर्ण होने से शब्दोच्चारण में तुरन्त अवरोध हो जाता है और यह बार-बार होता रहता है। जीभ और होंठों की आवश्यक गतिशीलता जो बोलने में होती है, कठिनाई से पूरी होती है एवं साथ ही स्वरयन्त्र में आवाज पैदा हो जाती है जिससे तुतला पड़ता है। यह कठिनाई अधिकतर कुछ ही अक्षरों, जैसे—प, ब, ट, ड, ग, क, जब ये शब्द के आरम्भ में होते हैं तो होती है। इनकी तुतलाई हुई आवाज, जैसे कबूतर का तबूतर उच्चारण होता है। जब ये अक्षर शब्द के मध्य होते हैं तो ठीक बोले जा सकते हैं। तुतलाने वाले को इन शब्दों का सही उच्चारण करना सिखाने का नियमित अभ्यास करायें एवं श्वास को रोकने का अभ्यास कराना चाहिए। धीरे-धीरे बोलने और बिना घबराहट के बोलने का प्रयत्न करना चाहिए।

आँवला—बच्चों का हकलाना, तुतलाना आँवला चबाने से ठीक हो जाता है। जीभ पतली होकर आवाज साफ आने लगती है। एक चम्मच पिसा हुआ आँवला घी में मिला कर नित्य चाटते रहें तुतलाना ठीक हो जायेगा।

बादाम—(1) नित्य 12 बादाम भिगोकर, छीलकर, पीसकर, आधी छटाँक (31 ग्राम) मक्खन में कुछ महीने खाने से तुतलाना, हकलाना ठीक हो जाता है।

(2) दस बादाम की गिरी, दस काली मिर्च, स्वादानुसार मिश्री—इन सब को बहुत बारीक पीसकर चाटने से तुतलाना ठीक होता है।

छुहारा : साफ आवाज—सोते समय छुहारा दूध में उबाल कर लें। इसे लेने के दो घण्टे बाद तक पानी न पीयें। इससे तीखी, भोंडी, आवाज साफ हो जायेगी।

अनिद्रा (Insomnia)

कहते हैं कि शैक्सपीयर के हेनरी चतुर्थ को अनिद्रा की शिकायत थी। उसका कहना था—"जो मुकुट धारण करता है उसके मस्तिष्क में अशान्ति व्याप्त रहती है।" अनिद्रा के रोगियों को सात श्रेणियों में विभाजित किया जाता है। पहली और सबसे बड़ी श्रेणी के लोग 'अनिद्रातिरेक' के शिकार होते हैं—ऐसे व्यक्ति जो रात्रि में जागते रहते हैं, जिन्हें नींद नहीं आ पाती है या एक बार यदि नींद में बाधा पड़ जाती है तो वे पुनः सो नहीं पाते। दूसरी श्रेणी ऐसे रोगियों की है जो

शराब पीते हैं, नींद की गोलियों का प्रयोग करते हैं या इसी प्रकार की अन्य औषधियों का प्रयोग करते हैं। तीसरी श्रेणी के रोगी बचपन से ही नींद की गड़बड़ी की शिकायत से परेशान होते हैं। चौथी श्रेणी के रोगी तीव्र विषाद या चिन्ता से ग्रस्त होते हैं। पाँचवीं श्रेणी के 'निद्रापस्मार' के शिकार होते हैं—ऐसे रोगी खूब सोना पसन्द करते हैं और हर समय सोते रहते हैं। चाहे वे कुछ भी कर रहे हों और कोई भी समय हो, बस सोना ही चाहते हैं। छठी श्रेणी के रोगियों को नींद में साँस की गड़बड़ी के कारण निरन्तर व्यवधान पहुँचता है। सातवीं श्रेणी के रोगियों को निद्रा में चलने, सोते समय दाँत चबाने या माँस-पेशी-संचालन की बीमारी होती है।

रोगियों को निद्राकारी औषधियों के प्रयोग के लिए प्रोत्साहित नहीं करना चाहिए। अन्य उपायों से इन रोगों पर काबू पाया जा सकता है। यथा रोगी को सायंकाल कॉफी का सेवन करने के लिए निरुत्साहित किया जाना चाहिए। इन्हें नियमित व्यायाम और समय पर सोने के लिए प्रोत्साहित किया जाना चाहिए। साथ ही, इन्हें दोपहर के समय सोने से रोकना चाहिए। माँस-पेशियों को आराम पहुँचाने वाली तकनीकों और तन्द्रा वाले तथा आराम पहुँचाने वाले व्यायाम सिखाने चाहिए। *—न्याय, अजमेर, 2-11-78*

विशेषज्ञों का मानना है कि एक वयस्क व्यक्ति के लिए आठ घंटे की नींद आवश्यक होती है।

दूसरी ओर यह भी सच है कि कुछ लोग केवल पाँच या छह घंटे ही सो पाते हैं, वह भी करवट बदल-बदलकर। विशेषज्ञों का मानना है कि नींद कितनी हो, महत्त्व इसका नहीं बल्कि नींद कैसी है, यह ज्यादा महत्त्वपूर्ण है। कई बार डिप्रेशन के कारण भी हम लोग अनिद्रा का शिकार हुए रहते हैं। इसके अलावा यदि शरीर में जिंक और आयरन जैसे पौष्टिक तत्त्वों की कमी हो तो अनिद्रा की स्थिति बनी रहती है।

सोने से पहले एक गिलास हल्का गरम दूध जरूर पिएँ। दिन में कोई-न-कोई व्यायाम जरूर करें और सोने से पहले सैर के लिए भी जरूर जाएँ। सोने और जागने का समय तय कर लें। सोने से पहले चाय, कॉफी, शराब आदि का सेवन न करें। रात को हल्का भोजन ही लें और कोशिश करें कि सोने के लिए जाने से डेढ़ घंटा पहले ही खाना खा लिया जाए। स्वाभाविक नींद लेने की कोशिश करें, किसी गोली या कैप्सूल पर निर्भर न रहें।

दिन में घटित तनाव भरी घटना को भूल जाएँ और सामान्य रहने की कोशिश करें। यदि इन बातों को ध्यान में रखा जाए तो कोई कारण नहीं कि अच्छी और गहरी नींद न आए।

नींद शारीरिक जरूरत ही नहीं मानसिक थकान को भी मिटाने का साधन है।

ठीक समय पर सोइए व जागिए—उम्र के बढ़ने के साथ-साथ नींद की मात्रा भी घटती जाती है। एक नवजात शिशु आमतौर पर दिन भर में 18 घण्टे तक सोता है और वही जब 10-12 साल का किशोर बन जाता है, तो उसकी नींद 9-10 घण्टे की रह जाती है। वैसे वयस्क व्यक्ति के लिए 7-8 घण्टे की नींद पर्याप्त रहती है।

अतः सोने और सुबह उठने का निर्धारित प्रोग्राम बनाएँ। सोने के पहले टीवी प्रोग्राम नहीं देखें और न ही वीडियो गेम खेलें, क्योंकि ये चीजें दिमाग को उत्तेजित एवं प्रोत्साहित करती हैं और नींद पास नहीं फटक पाती।

सोने से पहले सोचें—लोग अपने रोजमर्रा के काम-काज में इतना व्यस्त रहते हैं कि जब सोने का समय आता है, तो बिस्तर पर लेटकर वे दिन भर के काम-काज का लेखा-जोखा पसार लेते हैं, जिससे उनका दिमाग बहुत ज्यादा सक्रिय हो जाता है और नींद आने में देर लगती है।

इसलिए बिस्तर पर जाने से एक या दो घण्टे पहले ही अपने रोजमर्रा के कार्यों पर चिंतन-मनन कर लें। इस दिमागी कसरत से सबसे बड़ा फायदा यह होगा कि आपका दिमाग तनावों से मुक्त हो जाएगा चाहें तो सोते वक्त 1 गिलास गर्म दूध ले सकते हैं, लेकिन उसके साथ कोई मीठा स्नैक्स न लें, क्योंकि उसमें मौजूद शक्कर आपकी शारीरिक प्रणाली को उत्तेजित कर सकती है।

एक आरामदायक निद्रा व्यवस्था को प्राथमिकता दें—यदि आप चाहते हैं कि गहरी नींद आए तो अपने बेडरूम को आरामदायक बना लें। रोशनी से परेशानी न हो इस बात का भी ध्यान रखें। आपका बिस्तर भी आरामदायक होना चाहिए। यदि आप ढीले-ढाले कपड़े पहनकर सोते हैं, तो निश्चित ही आपको चैन की नींद आएगी।

एक्ससाइज करिए—प्रतिदिन शाम ढलने से पहले हल्की-फुल्की एक्ससाइज या वाकिंग करें, क्योंकि एक्ससाइज या मेहनत करने के बाद, जो माँसपेशियाँ टूटती हैं उन्हें रिपयेर करने के लिए शरीर स्वयं ही विश्राम लेता है और नतीजा है, चैन की नींद।

गर्म स्नान करें—निद्रा विशेषज्ञों के अनुसार जैसे-जैसे शरीर का तापमान घटने लगता है वैसे ही झपकियाँ आनी शुरू हो जाती हैं। लिहाजा सोने से 4 घण्टे पहले अगर गर्म पानी से नहा लिया जाए, तो शरीर का तापमान सामान्य से ज्यादा बढ़ेगा और तापमान में गिरावट आना शुरू हो जाएगी तथा झपकियाँ आने लगेंगी, नतीजतन आसानी से नींद आ जाएगी।

चिकित्सा-काल में अनेक अनिद्रा के रोगियों को देखने के बाद एक विशेषता मिली है कि अनिद्रा के रोगी सोते समय सोचते ज्यादा हैं, इसलिए नींद नहीं आती। होम्योपैथिक दवा कैल्केरिया कार्ब—200 से अधिकतर रोगियों को नींद आने लगती है।

नाम स्मरण—सोते समय भगवान का नाम स्मरण करते रहें। इससे नींद अच्छी और ताजगी देने वाली आती है।

मालिश—सोने से पहले गरदन, रीढ़ की हड्डी और कंधों की मालिश अच्छी तरह, दबा कर लगातार दस मिनट करें। रीढ़ की हड्डी पर नीचे से ऊपर व ऊपर से नीचे दोनों ओर मालिश करें। सोने से पहले टहलें। पेशाब करके सोयें। इससे अच्छी नींद आती है। यदि सोते ही तुरन्त नींद नहीं आये तो कुछ भी विचार, चिन्ता नहीं करें। यह विश्राम का अच्छा अवसर होता है। विश्राम के बाद अच्छी नींद आती है।

सोने का समय निश्चित रखें। समय पर नहीं सोने से बाद में नींद नहीं आती। जब नींद आने लगे तब बिस्तर पर अकेले सोयें। सोते समय श्वास पर ध्यान रखते हुए उल्टी गिनती, जैसे—100, 99, 98 गिनें।

निम्न खाद्य पदार्थों के सेवन से नींद आने लगती है—

(1) सेब का मुरब्बा खाने से

(2) गाजर का रस पीने से।

प्याज—यदि नींद नहीं आती हो तो कच्चा प्याज या पकाया हुआ प्याज या गरम राख में प्याज सेक कर इसका रस चार चम्मच पीयें या प्याज खायें। इससे नींद अच्छी आयेगी।

सरसों का तेल—भावप्रकाश में लिखा है कि पैरों के तलवों में तेल की मालिश करने से उनमें स्थिरता रहती है, नींद गहरी आती है।

सौंफ—10 ग्राम सौंफ आधा किलो पानी में उबालें, चौथाई पानी रहने पर छानकर 250 ग्राम दूध और 15 ग्राम घी तथा स्वादानुसार चीनी मिला कर सोते समय पिलायें।

आम—रात को आम खायें व दूध पीवें इससे नींद अच्छी आती है।

गाजर—गाजर में सन्तुलित भोजन के तत्त्व होते हैं। इससे अनिद्रा रोग दूर हो जाता है। नित्य एक गिलास गाजर का रस पीयें।

करमकल्ला—नींद की कमी में करमकल्ला लाभदायक है। इसकी सब्जी घी में छौंक कर खायें।

दूध—(1) रात को सोते समय दूध से बना मावा या खोवा 50 ग्राम खाने से नींद अच्छी आती है।

(2) रात्रि को सोते समय एक गिलास दूध में शक्कर व एक चम्मच घी मिलाकर पीयें। नींद शीघ्र आयेगी।

जायफल—इसे पानी या घी में घिस कर पलकों पर लगाने से नींद शीघ्र आ जाती है।

चाय—अनिद्रा के रोगी को चाय हानिकारक होती है, रात्रि में पीने से नींद नहीं आती है।

धनिया—नींद कम आने पर हरा धनिया पीसकर चीनी और पानी मिलाकर पीयें। इससे अच्छी नींद आती है, आँखों के आगे अँधेरा आना और सिर-दर्द बन्द हो जाता है।

दही—दही में पिसी हुई काली मिर्च, सौंफ तथा चीनी मिलाकर खाने से नींद आ जायेगी।

शहद—नीबू का रस और शहद 1-1 चम्मच मिलाकर रात को ये दो चम्मच पीने से नींद आ जाती है। नींद खुल जाने पर पुन: दो चम्मच पीने से नींद फिर आ जाती है। नीबू न हो तो पानी के गिलास में ही शहद की दो चम्मच डालकर पीने से नींद आ जाती है।

पानी—नींद न आने पर सोने से पहले 10 मिनट तक गरम पानी में पिंडलियों तक दोनों पैर रखने चाहिए। इसे उष्ण-पाद-स्नान कहते हैं। यदि चक्कर आते हों तो सिर पर गीला रुमाल रखना चाहिए। गर्मियों में ठंडे पानी से पैर धोकर सोने से निद्रा अच्छी आती है।

अतिनिद्रा

सौंफ—जिसे निद्रा अधिक आये, हर समय नींद, सुस्ती रहे, उसे 10 ग्राम सौंफ को आधा किलो पानी में उबालकर चौथाई रहने पर थोड़ा-सा नमक मिलाकर सुबह-शाम 5 दिन पिलायें इससे नींद कम आयेगी।

लाल मिर्च—होम्योपैथी में लाल मिर्च से बनी औषधि कैप्सीकम एनम है। इसके मदर टिंचर की पाँच-पाँच बूँद सुबह-शाम एक चम्मच पानी में मिलाकर पिलायें। इससे अधिक नींद नहीं आयेगी।

पागलपन (Insanity)

अनार—15 ग्राम अनार के ताजे हरे पत्ते, 15 ग्राम गुलाब के ताजे फूल, 500 ग्राम पानी में उबालें। चौथाई पानी रहने पर छानकर 20 ग्राम देशी घी मिलाकर नित्य पीयें। इससे पागलपन के दौरों में लाभ होता है।

अमरूद—इलाहाबादी मीठे अमरूद 250 ग्राम प्रात: और शाम को 5 बजे नित्य 6 सप्ताह खायें। नीबू, कालीमिर्च, नमक स्वाद के लिए अमरूद पर डाल सकते हैं। इससे मस्तिष्क की माँस-पेशियों को शक्ति मिलेगी, गर्मी निकल जायेगी, पागलपन दूर होगा। मानसिक चिन्तायें अमरूद खाने से दूर होती हैं।

अजवाइन—आधा चम्मच अजवाइन पिसी हुई, चार मुनक्का के साथ पीसकर आधा कप पानी में घोल कर दो बार नित्य लम्बे समय तक पिलाने से पागलपन दूर होता है।

चना—पित्त (गर्मी) के कारण पागलपन हो तो शाम को एक छटाँक चने पानी में भिगो दें। प्रातः पीसकर खाँड (Sugar) और पानी मिलाकर एक गिलास भरकर पीने से लाभ होता है। चने की भीगी हुई दाल का पानी पिलाने से भी पागलपन ठीक हो जाता है।

लाल मिर्च—होम्योपैथी में लाल मिर्च से बनी औषधि कैप्सीकम एनम मदर टिंचर की कुछ बूँदें पागलपन के दौरे में नाक में डालने से होश आ जाता है।

काली मिर्च — 12 काली मिर्च, तीन ग्राम ब्राह्मी की पत्तियाँ पीस कर आधा गिलास पानी में छान कर नित्य दो बार पीयें।

तरबूज—यदि वहम की तीव्रता से पागलपन हो तो तरबूज के रस का एक कप, दूध एक कप, मिश्री तीस ग्राम मिलाकर, एक सफेद बोतल में भरकर रात को खुले में चाँदनी में किसी खूँटी से लटका दें। प्रातः भूखे पेट रोगी को पीला दें। ऐसा 21 दिन करने से वहम दूर हो जायेगा।

यौन-रोग (Sexual Diseases)

यौन-ज्ञान के अभाव में यौन-रोग दिन-प्रतिदिन तेजी से बढ़ते जा रहे हैं। यौन-रोगों का प्रारम्भ युवावस्था के प्रारम्भ में 12 साल की आयु से ही होने लगता है और यौवन की परिपक्वावस्था 25-30 वर्ष की आयु तक पहुँचते-पहुँचते तो युवक हताश, निराश हो जाते हैं। यह कहानी हजारों युवकों की मेरे पास है। यौन-रोगों का मूल कारण जो मेरे चिकित्सालय में मिला है, वह है हस्तमैथुन (Masturbation, Onanism)। बचपन में ही मूत्र-अंग को अपने हाथों से रगड़ कर ऐसा कमजोर बना लेते हैं कि आगे जाकर विवाहित जीवन दुःखमय बन जाता है। बुरी संगत से होने वाले इस रोग के आगे स्वप्न दोष अर्थात् स्वप्न में रमणीक दृश्य से वीर्यस्राव होकर कपड़े गीले होना, वीर्य पतला हो जाना जिससे विवाह होने पर शीघ्र निकल जाने से नपुंसकता (Impotency), नामर्दी उत्पन्न हो जाती है। ये रोग गोपनीय होने से चिकित्सक को बता नहीं पाने और बाजीकरण की औषधियों, सेक्स विज्ञापनों के चक्कर में फँसकर युवक सारा स्वास्थ्य व जीवन नरक समान बना लेते हैं। सभी कामवर्द्धक, वीर्यस्तम्भक दवाइयाँ नशीले पदार्थों, भाँग, अफीम आदि से युक्त होती हैं जो विषय-भोगों में अधिक प्रवृत्त करके स्वास्थ्य को नष्ट करती हुई अनेक विकार उत्पन्न करती हैं। प्रत्येक युवक को याद रखना चाहिए कि बनावटीपन से कोई कार्य सफल नहीं होगा। प्राकृतिक चीजों के सेवन से ही आरोग्यता की ओर बढ़ते हुए यौन-रोगों से मुक्त हो सकेंगे।

अपनी धर्मपत्नी के अतिरिक्त स्त्री से संसर्ग रखने से यौन-रोग होते हैं। ये रोग घृणास्पद हैं। जो व्यक्ति यौन रोगी को देखता है, उसे मालूम पड़ जाता है कि अमुक व्यक्ति यौन रोग से ग्रस्त है और वह उससे घृणा करने लगता है। यौन-रोग-ग्रस्त व्यक्ति धीरे-धीरे जीवन में निराश होता हुआ मौत के दरवाजे पर पहुँच जाता है। यौन रोग से बचना व दूसरों को बचाना सर्वोत्तम पुण्य-कर्म है तथा सुन्दर स्वस्थ समाज बनाये रखने का आधारभूत कार्य है। यहाँ बताये यौन रोगों का परिचय प्राप्त कर उचित चिकित्सा द्वारा नव-जीवन प्राप्त करें व भविष्य में यौन-दुष्कर्म कभी नहीं करें।

आतशक—यह छूत का रोग है जो कई स्त्रियों से यौन सम्बन्ध रखने से होता है। यौन सम्बन्ध से इस रोग के कीटाणु शरीर में प्रवेश कर जाते हैं। फलस्वरूप अपनी धर्म पत्नी को भी ऐसा पापी पुरुष रोग-ग्रस्त कर देता है।

इसके कीटाणु दो-तीन सप्ताह में अपना प्रभाव दिखाते हैं। पुरुष के गुप्तांगों पर घाव हो जाते हैं। इन घावों में किसी प्रकार का दर्द या खुजली नहीं होती। पीड़ा रहित घाव होना आतशक का प्रथम चिह्न है। ऐसा घाव देखते ही तुरन्त चिकित्सा करा लेनी चाहिये। इलाज नहीं कराने पर भी यह घाव स्वत: ठीक हो जाते हैं और रोगी समझता है कि वह ठीक हो गया, लेकिन ऐसा सोचना गलत है और यह रोग अन्दर-ही-अन्दर बढ़ता हुआ पूरे शरीर पर अपना प्रभाव जमा लेता है।

दो-तीन सप्ताह में इसके कीटाणु पुन: अपना प्रभाव दिखाते हैं। रोगी के सारे शरीर में ददोरे उभरने लगते हैं। इन ददोरों में दर्द या खुजली नहीं होती। यह रोग का द्वितीय चरण है। यदि इस समय भी इलाज कराया जाये तो यह ठीक हो जाता है। धीरे-धीरे ये ददोरे भी अपने आप ठीक हो जाते हैं। फिर एक महीने में छाती पर घाव उभरने लगता है। रोगी लगातार बीमार रहने लगता है। यह इस रोग का तीसरा और अन्तिम चरण है। अब भी यदि चिकित्सा कराई जाये तो रोगी ठीक हो जाता है।

चिकित्सा नहीं कराने से यह रोग स्थाई हो जाता है और स्थाई होने पर इसकी चिकित्सा संभव नहीं होती। इस स्थिति में रोगी के शरीर के किसी भी महत्त्वपूर्ण अंग को क्षति पहुँच सकती है। रोगी को हृदय रोग, अंधापन, बहरापन, पागलपन, नपुन्सकता, यहाँ तक कि रोगी की मृत्यु तक हो सकती है।

इन रोग से ग्रस्त स्त्रियों की हथेलियों तथा तलवों पर काले धब्बे पड़ जाते हैं। इस स्थिति में पैदा होने वाले शिशुओं में भी कीटाणु अपना प्रभाव दिखाते हैं। नवजात शिशुओं के गुप्तांगों पर उपस्थित छालों से इस रोग को पहचाना जा सकता है।

सूजाक—पेशाब करते समय पीड़ा अनुभव करना और गुप्तांगों से पीव रिसना सूजाक है। सूजाक से पीड़ित स्त्रियों द्वारा पैदा किए गए नवजात शिशुओं में इस रोग का बाहरी लक्षण उनकी आँखों का लाल होना है।

रतिव्रण—गुप्तांगों पर कई घाव और रानों में पीड़ा देने वाली सूजन पैदा करने वाले रोग को रतिव्रण कहते हैं।

एड्स—एड्स (एक्वायर्ड इम्यूनो डेफिशियेंसी सिंड्रोम) आज भयंकर बीमारी के रूप में बड़ी समस्या बन चुका है। ९९ प्रतिशत एड्स फैलने का मुख्य कारण एक से अधिक यौनिक सम्बन्ध बनाना है।

एच.आई.वी. नामक वायरस के माध्यम से एड्स फैलता है। एच.आई.वी. लिम्फोसाइट में टी. लिम्फोसाइट के साथ सॉकिट की तरह का स्थाई सम्बन्ध बना लेता है और कोशिका में होनेवाली क्रियाओं को प्रभावित करता है और शरीर की प्रतिरोधक क्षमता को धीरे-धीरे समाप्त करता है। प्रतिरोधक क्षमता का ह्रास तुरन्त नहीं होता बल्कि धीरे-धीरे ह्रास होते हुए यह समाप्त हो जाती है और अंतत: व्यक्ति की मृत्यु हो जाती है।

एक से अधिक जीवनसाथी के साथ यौनिक सम्बन्धों से बचा जाना चाहिए, इस बात के लिये हमें आज जनसाधारण में जागरूकता पैदा करनी चाहिए।

गैनोवैनोसिस—गुप्तांगों पर गुलाबी रंग की निरन्तर बढ़त वाले रोग को गैनोवैनोसिस कहते हैं। चिकित्सा नहीं कराने पर यह बढ़ कर कैंसर का रूप भी धारण कर सकता है। रानों में पीड़ादायक सूजन होने पर लिफोग्रेनुलोमा विनिरियल हो सकता है।

रतिज मस्से (विनीरियल वार्ट्स)—गुप्तांगों पर गुलाबी रंग के मस्से धीमी गति से निरन्तर बढ़ते रहते हैं तथा इनसे पीड़ा अनुभव नहीं होती। ये रतिज मस्से होते हैं।

कैंडीडायासिस—यदि गुप्तांगों की त्वचा चित्तियों के रूप में चटक कर उनमें जलन प्रतीत हो तथा गुप्तांगों से मक्खन जैसा सफेद गाढ़ा द्रव रिसता हो तो इस रोग को कैंडीडायासिस कहते हैं। मधुमेह (डायबिटीज) के रोगी रतिक्रिया द्वारा इस रोग को शीघ्र ग्रहण कर लेते हैं। यह एक प्रतिशत जेनसन वायलेट लगाने से ठीक हो जाती है।

ट्राईकोमोनिआसिस—गुप्तांग से दुर्गन्धयुक्त पीले रंग का तरल पदार्थ रिसता हो तथा जलन भी होती हो तो इसे ट्राईकोमोनिआसिस रोग कहते हैं।

जननेंद्रीय विसीर्प (खुजली) रिविसर्प नामक रोग गुप्तांगों पर बहुत पीड़ादायक घाव पैदा कर देता है। स्त्रियों को इस रोग के विषय में मालूम नहीं पड़ता। यह घाव योनि में होता है तथा रतिक्रिया के कारण इसके कीटाणु संभोग करने वाले पुरुष के शरीर में भी पहुँच जाते हैं। इसे हरपीज जेनिटेलिस भी कहते हैं। इसमें भी एक प्रतिशत जेनशन वायलेट लाभदायक है। यह अंग्रेजी दवा वालों की दुकान पर मिलती है।

रतिरोगों से बचने का उत्तम उपाय है कि पुरुष अपनी पत्नी के अतिरिक्त अन्य स्त्री से संसर्ग नहीं करे तथा शुद्ध, सात्विक भोजन करे।

स्वप्न-दोष (Emission)

वीर्य अंडकोषों में बनता है। अंडकोष की दो छोटी-सी थैलियाँ लिंग के नीचे लटकी रहती हैं। उनमें वीर्य लगातार बनता रहता है। फलस्वरूप, वीर्य को रखने के लिए वहाँ स्थान की कमी पड़ जाती है। इसलिए अण्डकोष वीर्य को बार-बार बहा कर नए, ताजा वीर्य को रखने के लिए जगह बनाते हैं। इस तरह वीर्य का बाहर निकलना स्वप्न-दोष है। इस प्रकार स्वप्न-दोष होना प्राकृतिक क्रिया है। बार-बार स्वप्न-दोष होने से पुरुष को किसी भी प्रकार की शारीरिक या मानसिक हानि नहीं होती। अत्यधिक स्वप्न-दोष होने को निम्न उपायों से रोका जा सकता है।

जामुन—चार ग्राम जामुन की गुठली का चूर्ण सुबह-शाम पानी के साथ लेने से स्वप्न-दोष ठीक हो जाता है।

आँवला—(1) एक मुरब्बे का आँवला नित्य खाने से स्वप्न-दोष में लाभ होता है।

(2) काँच के गिलास में 20 ग्राम पिसा हुआ सूखा आँवला डालें। इसमें 60 ग्राम पानी भरें और फिर बाहर घंटे भीगने दें। फिर छानकर इस पानी में एक ग्राम पिसी हुई हल्दी डालकर पीयें। यह युवकों के स्वप्नदोष के लिए अच्छी औषधि है। आँवला वीर्य की निर्बलता दूर करता है।

अनार—पिसे हुए अनार के छिलके 5-5 ग्राम सुबह-शाम पानी से लेने से स्वप्न-दोष नहीं होता।

केला—केला स्वप्न-दोष और प्रमेह में लाभदायक है। दो केले खाकर ऊपर से एक पाव गरम दूध तीन महीने नित्य पीयें।

लहसुन—लहसुन की दो कली के टुकड़े करके पानी से निगल जायें। इससे स्वप्न-दोष नहीं होगा। यह प्रयोग रात को सोते समय हाथ-पैर धोकर नित्य करें।

प्याज—दस ग्राम सफेद प्याज का रस, अदरक का रस आठ ग्राम, शहद पाँच ग्राम, घी तीन ग्राम मिलाकर रात्रि को सोते समय पीने से स्वप्न-दोष नहीं होता। यह नित्य लें।

धनिया—(1) धनिये को पीसकर मिश्री मिलाकर ठण्डे जल से लेने से स्वप्न-दोष, मूत्र की जलन, सुजाक, उपदंश में लाभ होता है। जो लोग चाहते हैं कि कामवासना न सताये, वे 12 ग्राम सूखा धनिया पीसकर पानी में मिलाकर कुछ दिन पीयें।

(2) सूखा धनिया कूट, पीसकर छान लें। इसमें समान मात्रा में पिसी हुई चीनी मिलायें। सुबह भूखे पेट रात के बासी पानी से एक चाय के चम्मच की फँकी लें और एक घण्टे तक कुछ न खायें, पीयें। इसी प्रकार एक-एक खुराक शाम को 5 बजे सवेरे के पानी से लें। यदि कब्ज हो तो रात को सोते समय दो चम्मच ईसबगोल की भूसी गरम दूध से लें। इससे स्वप्न-दोष होना बहुत जल्दी बन्द होता है।

तुलसी—तुलसी की जड़ के छोटे-छोटे टुकड़े पीसकर पानी में मिलाकर पीने से लाभ होता है। रात को गरम दूध न पीयें। सीधे चित्त न सोयें। किसी करवट के बल सोयें और सोते समय हाथ, मुँह धोकर सोयें। सवेरे जल्दी उठें। बुरे मित्रों, खराब आदतों से बचें। स्नान करते समय मूत्रेन्द्री को अच्छी तरह धोकर साफ करें। वीर्य-नाश से रोग-निरोधक शक्ति दुर्बल होती है। स्वप्न-दोष वालों को हल्का गरम दूध रात को सोने से 3 घण्टे पहले पीना चाहिए। दूध पीकर तुरन्त नहीं सोना चाहिए।

वीर्यपुष्टि, शीघ्रपतन

चिन्ता, मानसिक तनाव का पुरुषों और महिलाओं की प्रजनन क्षमता पर सीधा असर पड़ता है। इसके कारण पुरुषों में नपुंसकता, यौन सम्बन्धों के प्रति अरुचि और असामान्य शुक्राणुओं में वृद्धि हो जाती है। तनाव के कारण गर्भवती महिला और उसके गर्भ में पल रहे बच्चे पर दुष्प्रभाव पड़ता है। बच्चे का जन्म समय से पहले हो सकता है या उसका वजन कम हो सकता है। तनाव को टालने के लिए रचनात्मक सोच रखना, नियमित दिनचर्या और नियमित व्यायाम करना आवश्यक है।

कतीरा—आधा चम्मच कूटा हुआ कतीरा रात को एक गिलास पानी में भिगो दें। प्रातः इसमें शक्कर मिलाकर खायें। इससे शुक्रतारल्य ठीक हो जाता है।

मुनक्का—रक्त और वीर्य वृद्धि—60 ग्राम मुनक्का धोकर भिगो दें। बारह घंटे बाद इनको खायें। भीगी हुई मुनक्का पेट के रोगों को दूर कर रक्त और वीर्य बढ़ाती है। मुनक्का धीरे-धीरे बढ़ा कर दो सौ ग्राम तक ले सकते हैं। वर्ष में इस तरह तीन-चार किलो मुनक्का खाना बहुत लाभदायक है।

जामुन—जिनका वीर्य पतला है, जरा-सी उत्तेजना से ही निकल जाता है, वे 5 ग्राम जामुन की गुठली का चूर्ण नित्य शाम को गरम दूध से लें। इससे वीर्य बढ़ता भी है।

नाशपाती—नाशपाती शुक्रवर्धक है।

छुहारा—शीघ्रपतन और पतले वीर्य वालों को पाँच छुहारे मय टोपी के प्रातः नित्य खाना चाहिए।

चना—(1) सिके हुए चने या भीगे हुए चने और बादाम की गुली समान मात्रा में खाकर ऊपर से दूध पीने से वीर्य गाढ़ा होता है।

(2) भीगी हुई चने की दाल में शक्कर मिलाकर रात को सोते समय खायें। इसे खाकर पानी न पीयें। इससे धातु पुष्ट होती है।

बादाम—जिनका वीर्य सम्भोग के आरम्भ होते ही निकल जाय वे बादाम की गुली 6, काली मिर्च 6, सौंठ 2 ग्राम, मिश्री इच्छानुसार—इन सब को मिलाकर खायें, ऊपर से गरम दूध पीयें।

बेर—बेर वीर्यवर्धक हैं।

दालचीनी—दालचीनी बारीक पीस लें। 4-4 ग्राम प्रात: व रात को सोते समय गरम दूध से फँकी लें। इससे वीर्य वृद्धि होती है, दूध पच जाता है।

ईसबगोल—ईसबगोल, शर्बत खशखश, मिश्री—प्रत्येक पाँच ग्राम पानी में मिलाकर पीने से शीघ्र वीर्य-पतन बन्द हो जाता है।

तुलसी—(1) तुलसी की जड़ या बीज पान में रखकर खाने से शीघ्रपतन दूर होता है। देर तक रुकावट होती है। वीर्य पुष्ट होता है।

(2) तुलसी के बीज 60 ग्राम, मिश्री 75 ग्राम—दोनों को पीस लें। नित्य 3 ग्राम दूध से लें। इससे धातु दौर्बल्य में लाभ होता है।

(3) 3 ग्राम तुलसी के बीज या जड़ का चूर्ण समान मात्रा में पुराने गुड़ में मिलाकर दूध के साथ सेवन करने से पुरुषत्व की वृद्धि होती है। पतला वीर्य गाढ़ा होता है तथा उसमें वृद्धि होती है।

नपुंसकता—मर्दाना शक्ति बढ़ाने के लिए

नपुंसकता के मुख्यत: दो कारण हैं—शारीरिक और मानसिक। शारीरिक नपुंसकता की चर्चा हम बाद में करेंगे। पहले इसके मानसिक कारणों पर विचार करते हैं। आधुनिक युग में मनुष्य चिंता और तनाव में अधिक जीता है। कई बार संभोग के संपादन के समय भी वह इन बेकार की चिंताओं से मुक्त नहीं हो पाता। ऐसी अवस्था में जब संभोग किया जाता है, तो या तो शिश्न में वांछित दृढ़ता नहीं आ पाती या अगर आती भी है तो वह अवस्था क्षणिक होती है और व्यक्ति शीघ्रपतन का शिकार हो जाता है। शिश्न में पूर्ण दृढ़ता के लिये नसें, रक्त प्रवाह की धमनियों और शिराओं, हार्मोन्स, माँसपेशियों तथा मस्तिष्क—इन सबका एक सुर और ताल में कार्य करना जरूरी है। किसी एक का भी सुर बिगड़ा नहीं कि संभोग का संगीत बेसुरा हो जाता है। आपके सहयोगी का भी संभोग के लिये तैयार होना जरूरी है। अगर आप तैयार हैं और वह तैयार नहीं है तो भी आपके सुर-ताल में गड़बड़ आ सकती है क्योंकि संभोग का शाब्दिक अर्थ ही है—सम+भोग अर्थात् जिसे दोनों ने समान रूप से भोगा हो। दोनों की मानसिक तैयारी के अलावा वातावरण भी आवश्यक है। अगर एकांत नहीं है, देखने या सुनने का भय है, किसी तरह की आहट हो रही है, तो भी संभोग के सुख में कमी आ सकती है। कई बार मानसिक तनाव या चिंता की अवस्था में व्यक्ति संभोग का प्रयास करता है और जब उसमें उसे पूरी सफलता नहीं मिल पाती तो एक नई चिंता उसे घेर लेती है। वह नपुंसकता के अज्ञात भय से पीड़ित हो जाता है और फिर इसका एक सिलसिला-सा चल पड़ता है। जब भी संभोग का प्रयास करता है यह अज्ञात भय उस पर हावी होने लगता है कि मुझे सफलता मिलेगी या नहीं। इस तरह के विचार उसे घेर लेते हैं और उसकी परिणति होती है शीघ्रपतन या नपुंसकता में। इस वजह से शिश्न में पर्याप्त दृढ़ता नहीं आ पाती। हमारे शरीर की रचना प्रकृति का सबसे बड़ा कमाल है। शिश्न में स्पंज जैसी दो नलिकायें होती हैं। जब हम संभोग के लिए स्वयं को तैयार पाते हैं तो इन नलिकाओं की ओर रक्तप्रवाह बढ़ता है और ये रक्त से भर जाती हैं। इसके परिणामस्वरूप ही शिश्न में दृढ़ता आती है। लेकिन इस दृढ़ता के लिए जैसा कि ऊपर बताया जा चुका है सभी सुरों का एक लय में होना आवश्यक है।

यह तो हुआ नपुंसकता का मानसिक कारण। अब जरा शारीरिक कारणों पर चर्चा कर ली जाए। यह आमतौर पर देखा गया है कि नपुंसकता के 50 प्रतिशत से अधिक मामलों में कोई

शारीरिक विकृति इसका कारण पाई गई है, जैसे—कोई बीमारी, ऑपरेशन, दुर्घटना, हस्तमैथुन, हार्मोन्स की गड़बड़ी या कुछ दवाओं का कुप्रभाव।

शक्कर की बीमारी (डायबिटीज)—शक्कर की बीमारी भी नपुंसकता का एक कारण है। जिस प्रकार शक्कर की बीमारी पैरों में न भरने वाले घाव, किडनी, आँखों को खराब करती है उसी प्रकार रक्तवाहिनियों और नसों को प्रभावित कर नपुंसकता उत्पन्न कर सकती है।

हृदय और रक्तवाहिनियों की बीमारियाँ—एक मुख्य कारण है रक्तवाहिनियों की दीवारों का मोटा होना जिससे कि शिश्न में रक्तप्रवाह कम हो जाता है और यह नपुंसकता का कारण बनता है। एथेरो एसक्लेरोसिस का मुख्य कारण अधिक चिकनाई (घी,तेल) युक्त भोजन और व्यायाम की कमी होता है। अन्य किसी भी कारण से (जैसे रक्तवाहिनियों में थक्का जमना, रक्तवाहिनी का पैदाइशी खोट इत्यादि) रक्त प्रवाह कम हो तो नपुंसकता हो सकती है।

अगर शिराओं की खराबी हो तो वे संभोग के समय रक्त को शिश्न में नहीं रोक पाती हैं और दृढ़ता नहीं आ पाती है।

उच्च रक्त दाब (हाई ब्लड प्रेशर) और इसके इलाज के लिये प्रयुक्त दवाइयाँ भी नपुंसकता उत्पन्न कर सकती हैं।

शराब—शराब हार्मोन्स की गड़बड़ी कर सकती है। शराब नसों को भी खराब करती है मगर इस तरह की नपुंसकता उचित समय पर रोक ली जाये तो पुरुष पूर्णतया सामान्य हो सकता है।

धूम्रपान एवं तंबाकू—सिगरेट, बीड़ी, हुक्का या गुटका किसी भी प्रकार से तंबाकू का सेवन रक्त प्रवाह में अवरोध उत्पन्न कर नपुंसकता पैदा कर सकता है।

लीवर या किडनी का खराब होना—ऑपरेशन—पेट के निचले हिस्से के ऑपरेशन (जैसे कि कैंसर के ऑपरेशन) प्रोस्टेट, रेक्टम या मूत्राशय पर इस प्रकार के ऑपरेशन में यदि नसों या वाहिनियों में किसी प्रकार का अवरोध आ जाये तो नपुंसकता आ सकती है।

स्पाइनल कोर्ड (मेरुदंड की नसें) में चोट के फलस्वरूप—मेरुदण्ड की नसों में चोट के फलस्वरूप भी नपुंसकता हो सकती है। कई प्रकार की दवाइयों के प्रतिकूल प्रभाव के रूप में नपुंसकता हो जाती है। इसका भी उचित उपचार संभव है। आधुनिक चिकित्सा विज्ञान द्वारा नपुंसकता का निदान बहुत आसान हो गया है।

यह प्रत्येक मरीज पर निर्भर करता है कि किस प्रकार की जाँचों की जरूरत है, पर रक्त के प्रवाह, रक्त के अवरोध, नसों में कोड का प्रवाह, शिश्न की बनावट और मानसिक नपुंसकता को विभिन्न जाँचों के द्वारा मालूम किया जा सकता है।

- ❑ मेडिकल हिस्ट्री
- ❑ सेक्स की हिस्ट्री
- ❑ सामान्य शारीरिक जाँच
- ❑ मानसिक जानकारी

खून की जाँच—

- ❑ ब्लड शुगर (डायबिटीज के लिये)
- ❑ लीवर और किडनी की जानकारी के लिये जाँचें
- ❑ हार्मोन्स

रात को इन्द्रिय में सोते वक्त परिवर्तन की जानकारी
रक्त प्रवाह की जानकारी

नपुंसकता का इलाज—नपुंसकता का इलाज इस बात पर निर्भर करता है कि नपुंसकता का कारण क्या है? फिर उसी के अनुसार चिकित्सा की जाए।

धूम्रपान—अधेड़ उम्र में धूम्रपान, चर्बीयुक्त भोजन करने से नपुंसकता आ जाती है।

आम—दो-तीन माह आम का अमरस पीने से मर्दाना ताकत आती है। शरीर की कमजोरी दूर होती है। शरीर मोटा होता है। वात संस्थान (Nervous System) और काम शक्ति को उत्तेजना मिलती है।

नारियल—नारियल कामोत्तेजक है। वीर्य को गाढ़ा करता है।

गाजर—गाजर हर व्यक्ति के लिए शक्तिवर्धक (Tonic) है। वीर्य को गाढ़ा करती है। मर्दाना कमजोरी को दूर करने में रामबाण है। गाजर का रस पीना चाहिए।

प्याज—प्याज कामवासना को जगाता है। वीर्य को उत्पन्न करता है। देर तक मैथुन करने की शक्ति देता है। ईरानी नागरिक याह्या अली अकबर बेग नूरी ने 88 वर्ष की आयु में 168 वाँ विवाह किया। इस आयु तक उसकी जवानी बरकरार रहने का कारण है, उसका एक किलो कच्चा प्याज खाना।

मर्दाना शक्ति बढ़ाने के लिए प्याज का रस और शहद मिलाकर पियें।

सफेद प्याज का रस, शहद, अदरक का रस, देशी घी, प्रत्येक 6 ग्राम—इन चारों को मिलाकर चाटें। एक महीने के सेवन से नामर्द भी मर्द बन सकते हैं।

अनार—प्रतिदिन अनार खाने से पेट मुलायम रहता है तथा कामेन्द्रियों को बल मिलता है।

छुहारा—शीघ्रपतन और पतले वीर्य वालों को छुहारे प्रातः नित्य खाने चाहिएँ, दूध में भिगोकर छुहारा खाने से इसके पौष्टिक गुण बढ़ जाते हैं।

सिगरेट—यौन शक्ति पर विपरीत प्रभाव : जयपुर 1-1-1980 (का.प्र.) डॉ. वीरेन्द्र सिंह चर्म व यौन रोग विशेषज्ञ ने सिद्ध किया है कि नियमित रूप से 10 सिगरेट या अधिक 6-12 माह तक पीने से यौनशक्ति में कमी हो जाती है।

धूम्रपान—विश्वविख्यात चिकित्सक एवं यौन शास्त्री डॉ. इर्शफील्ड के अनुसार अत्यधिक धुम्रपान पुरुषों के यौन क्रिया-कलापों पर घातक प्रभाव डालता है। इन्होंने अपनी पुस्तक 'सेक्सुअल पैथालोजी' में लिखा है कि अत्यधिक धूम्रपान नपुंसकता का कारण बन सकता है। इससे शरीर में स्थित यौन हारमोन उचित क्रिया नहीं कर सकते।

चिलगोजे—यह अत्यधिक मर्दाना शक्तिवर्द्धक है। यह 15 नित्य खायें।

शहद—शहद और दूध मिलाकर पीने से धातु क्षय में लाभ होता है। शरीर में बल-वीर्य की वृद्धि होती है। शुक्र-वर्द्धक है। मर्दाना ताकत बढ़ाने के लिए यह अत्यन्त लाभदायक है। इससे वीर्य दोष भी दूर हो जाता है।

तुलसी—तुलसी की जड़ या बीज चौथाई चम्मच, पान में रख कर खाने से शीघ्र-पतन दूर होता है। देर तक रुकावट आती है। वीर्य पुष्ट होता है।

उड़द—उड़द का एक लड्डू खाकर ऊपर से दूध पीने से वीर्य बढ़कर धातु पुष्ट होती है और रतिशक्ति बढ़ती है।

दूध—(1) प्रातः नाश्ते में एक केला, 10 ग्राम देशी घी के साथ खाकर ऊपर से दूध पीयें।

दोपहर के बाद दो केले, आधा छटाँक खजूर, एक चम्मच देशी घी खाकर ऊपर से दूध पीयें इससे वीर्यपुष्टि होगी। केला शुक्रवर्धक है।

(2) गरम दूध में पाँच बादाम पीस कर मिलायें। एक चम्मच देशी घी डालें। इसे स्त्री सं के साथ पीने से बल मिलता है। नामर्दी दूर करने के लिए सर्दी के दिनों में दूध में दो रत्ती केस डाल कर पीयें।

लहसुन—(1) 50 ग्राम लहसुन को देशी घी में तलकर प्रतिदिन खाने से नपुंसकता न होती है, कामशक्ति बढ़ती है।

(2) 200 ग्राम लहसुन को पीसकर 600 ग्राम शहद मिलाकर शीशी में भरकर गेहूँ के ढे या बोरी में एक माह दबा दें। एक माह बाद निकालकर 15 ग्राम प्रात: व शाम को खाकर गर दूध पीयें। यह प्रयोग एक माह करें। बहुत लाभ होगा। इससे बल, वीर्य बढ़ेगा।

(3) प्रात: 5 कली लहसुन को चबाकर दूध पीयें। यह प्रयोग पूरी सर्दी नियम से करें।

गेहूँ—(1) गेहूँ को बारह घण्टे पानी में भिगोयें, फिर मोटे कपड़े में बाँधकर चौबीस घण रखें, इस तरह छत्तीस घण्टे में अंकुर निकल आयेंगे। इन अंकुरित गेहुँओं को बिना पकाये ह खायें। स्वाद के लिए गुड़ या किशमिश मिलाकर खा सकते हैं। इन अंकुरित गेहूँओं में विटामि 'ई' (E) भरपूर मिलता है। नपुंसकता एवं बाँझपन में यह लाभकारी है। स्वास्थ्य एवं शक्ति क भण्डार है। केवल सन्तानोत्पत्ति के लिए 25 ग्राम अंकुरित गेहूँ 3 दिन और फिर 3 दिन इतने ह अंकुरित उड़द पर्यायक्रम से खाने चाहिए। यह प्रयोग कुछ महीने करें।

(2) 100 ग्राम गेहूँ रात को पानी में भिगो दें। सवेरे उसी पानी में उन्हें पत्थर पर पीसक लस्सी बना लें। स्वाद के लिए चीनी मिला लें। एक सप्ताह पीने से पेशाब के साथ वीर्य जान बन्द हो जाता है।

पिस्ता—पिस्ते में विटामिन 'ई' बहुत होता है। विटामिन 'ई' से वीर्य की वृद्धि होती है

हृदय-रोग (Heart Diseases)

विवाहितों की तुलना में अविवाहित पुरुषों के हृदय रोगों तथा जीवनकाल घटने का खतर बढ़ जाता है। यह निष्कर्ष ब्रिटेन के वैज्ञानिकों ने निकाला है।—*रा. पत्रिका, जयपुर, 31.3.200*

आधुनिक जीवन शैली, अनियमित दिनचर्या और अत्यधिक तनाव के कारण राजनीतिक नेताओं, डॉक्टरों, पत्रकारों, वकीलों, खिलाड़ियों अभिनेताओं और बौद्धिक पेशे से जुड़े लेगों म हृदय रोग बढ़ रहा है। तनाव के कारण एंजाइना और हृदयाघात के मामले बढ़ रहे हैं।

महिलाएँ पुरुषों की अपेक्षा अधिक दीर्घायु होती हैं तथा 50 वर्ष की आयु से पहले प्राय: उन्हें हृदय की धमनियों की रुकावट नहीं होती। 50 वर्ष की आयु के बाद भी पुरुषों की तुलन में स्त्रियों को कम प्रतिशत में यह रोग होता है। नारी की कोमलता एवं करुणामय स्वभाव ने उनकी कोरोनरी धमनी को कठोर होने से बचाया है। पुरुषों को भी अपने चरित्र में करुणा उत्पन्न करनी चाहिए एवं राक्षसी क्रोध के स्थान पर चेहरे को प्रेममय स्वभाव से कोमल बनाना चाहिये।

पुरुष अति महत्त्वाकांक्षा, तनाव और चुनौतियों का जीवन जीकर आत्मघाती होता जा रहा है, 30 से 40 वर्ष की आयु में ही हृदय की धमनियों में अवरोध का शिकार होता जा रहा है। व्यायाम एवं शारीरिक श्रम की कमी ने उसे निष्क्रिय एवं मोटा बना दिया है। 'खाओ-पीओ और मौज करो' के भ्रामक नारे ने उसे निकोटिन एवं नशे-पते का शिकार बनाकर नाश के द्वार पर खड़ा

किया है। भोजन में स्वाद एवं सुगन्ध की भरपूरता, भोजन में रेशे की कमी स्वास्थ्य को गिरा रही । तली-भुनी चीजें एवं मिष्ठान हमारी कोरोनरी को कठोर बनाते हैं। हमें जीभ एवं दाँतों को अपनी कब्र खोदने के औजार नहीं बनने देना है।

युवाओं में हृदय रोग अनियमित दिनचर्या, आरामदेह जिंदगी और फास्ट फूड के कारण बढ़ रहा है। खान-पान पर नियंत्रण, भोजन में वसा, कार्बोहाइड्रेट की कम मात्रा, धूम्रपान व मद्यपान के परहेज से हृदय रोगों से बचाव होता है।

यदि हृदय को स्वस्थ रखना है तो 40 वर्ष के बाद घी, चीनी और नमक कम खायें। खेलकूद, व्यायाम, घूमने जाएँ। थके-मांदे पुरुषों के घर आने पर नारियाँ अपनी मधुर मुस्कान एवं ताजा पोषक भोजन से उनकी थकान दूर करें। यह रास्ता हृदय रोगों से बचने का है।

क्या आप जानते हैं?

1. आपका हृदय आपके जन्म लेने से बहुत समय पहले से लेकर आपकी मृत्यु तक बिना विश्राम के अनवरत सेवा करता है। हृदय की माँस-पेशियाँ एक पहलवान की बाहों की माँस-पेशियों से भी अधिक मजबूत होती हैं।
2. आपके हृदय का औसतन वजन 250 से 300 ग्राम तक होता है। आपका हृदय केवल दो मुट्ठियों के बराबर है।
3 यह प्रतिदिन 1 लाख 4 हजार धड़कन करता हुआ 7200 लीटर रक्त पम्प करता है। हृदय की गति 3 मिनट के लिए रुक जाये तो मृत्यु हो जाती है। शरीर में रक्त वाहिनियों का 60,000 मील लम्बा जाल बिछा है।
4. हृदय-रोग अधिकतर मानसिक तनाव से ग्रस्त लोग, नेता, सेठ, अफसर, वकील, डॉक्टर और शहरी लोगों में पाया जाता है। अशिक्षितों में पढ़े-लिखे लोगों की अपेक्षा हृदय रोगों की सम्भावना 40 से 50 प्रतिशत तक अधिक होती है। जैसे-जैसे शिक्षा का स्तर बढ़ता जाता है वैसे-वैसे हृदय रोग होने की प्रवृत्ति घटती जाती है।
5. हृदय-रोग स्त्रियों, पोस्टमैनों, नियमित व्यायाम करने वालों तथा ग्रामीणों में बहुत कम पाया जाता है।
6. हृदय-रोग का मोटापा, मधुमेह, धूम्रपान, शराब पीना, चर्बीदार भोजन करना, चिंतायुक्त और आधुनिक तनावपूर्ण जीवन से घनिष्ठ सम्बन्ध है। धूम्रपान से धड़कन बढ़ती है। धूम्रपान करने वाले 51 प्रतिशत पुरुषों और 54 प्रतिशत महिलाओं के हृदय रोगों से प्रभावित होने की संभावना अधिक पाई गई है।

हृदय रोग के संभावित लक्षण

(1) आराम की नींद सोने के लिए दो से अधिक तकिये लगाना।
(2) सप्ताह में पैरों में तीन या ज्यादा बार ऐंठन (Cramps) आना।
(3) कसरत, व्यायाम, तेज मेहनत का काम करने के बाद, ठंड में साँस में घरघराहट प्रतीत करना।
(4) कमरे में बार-बार खाँसी आना।
(5) चलने पर धड़कन बढ़ना।
(6) नित्य की कसरतें जो सरलता से हो जाती थीं, अचानक कठिनाई से होना। यदि बैठे-बिठाए ही कोई व्यक्ति एकदम पसीने में नहा जाए (अक्सर दिल का दौरा पड़ने पर या उसके पहले

मनुष्य को बहुत पसीना आता है।) ये लक्षण हृदय रोग की सूचना है। इन लक्षणों के होने पर हृदय रोग विशेषज्ञ से जाँच करवायें।

(7) हृदय-रोग की तीव्र अवस्था (Acute Stage) के निम्न लक्षण हैं —
   (a) छाती में बाँई ओर भयंकर दर्द होना।
   (b) श्वास लेने में तकलीफ होना।
   (c) मूर्च्छित होना।
   (d) छटपटाना।
   (e) हार्ट अटेक में अचानक सीने में दर्द होता है और व्यक्ति शक्तिहीन होता, बैठता हुआ, बेहोश हो जाता है। यह चन्द मिनटों में हो जाता है।
   (f) अगर चलने, सोचने या किसी भी अन्य गतिविधियों के साथ शरीर के किसी भी भाग में दर्द होता है या अचानक ही छाती में दर्द उठता है और 15 से 20 मिनट तक नहीं रूकता है तो तुरन्त डॉक्टर की सलाह लेनी चाहिए।

(8) हृदय-रोग की जीर्ण अवस्था (Chronic Stage) के निम्न प्रमुख लक्षण हैं —
   (a) थोड़ा काम करने से साँस फूलना।
   (b) रात को बैठे-बैठे सोने के लिए मजबूर होना।
   (c) पैरों पर सूजन आना।
   (d) शारीरिक कमजोरी का अनुभव होना।
   (e) यकृत का बढ़ना तथा जलोदर का होना।
   (f) अगर चलने, सोचने या किसी भी अन्य गतिविधि के साथ शरीर के किसी भी भाग में दर्द होता है या अचानक ही छाती में दर्द उठता है और 15 से 20 मिनट तक नहीं रुकता है तो तुरन्त डॉक्टर की सलाह लेनी चाहिए।

(9) "क्या हृदय-रोग की रोकथाम हो सकती है?" उत्तर है—"हाँ",
   (a) यदि भोजन नियमित, परिमित और सन्तुलित करें। कभी भी अधिक न खायें।
   (b) यदि आप अण्डे की जर्दी न खायें, हलवा, मक्खन और नमक कम खायें। शाकाहारी भोजन करें।
   (c) यदि आप नियमित व्यायाम करके अपना मोटापा दूर कर सकें।
   (d) यदि आप धूम्रपान करना छोड़ दें।
   (e) यदि आप चिन्ताओं और आधुनिक तनावों से दूर रह सकें।
   (f) यदि आप अपने काम, आराम और व्यायाम में नियमितता और तालमेल बनाये रखें।
   (g) हृदय की सभी तरह की बीमारियों को टालने के लिए रोजमर्रा के काम-काज से हटना जरूरी है।

दरिद्र एवं दुःखियों पर दया से द्रवीभूत होने वाले, दिल के दौरे से दूर रहते हैं।

कठिन परिश्रम से मनुष्य दिल के दौरे से बच सकता है। 16 किलो मीटर तक चहलकदमी करने वाले व्यक्ति को दिल की बीमारी नहीं होती। 35 से 40 वर्ष में अधिक परिश्रम करने से भी इस बीमारी के आक्रमण की कम सम्भावना होती है।

हृदय रोगी को ठोस आहार, देर से पचने वाली चीजें, तेज मसाले, तली हुई चीजें, चाय, कॉफी, तम्बाकू, शराब, घी, मक्खन बिलकुल बन्द कर देने चाहिये।

द्वेष, क्रोध, स्वार्थ व लोभ भी हृदय रोग के कारण—मानसिक तनाव, अलगावपन, द्वेष, क्रोध, स्वार्थ, लोभ और आसक्ति—ये सब हृदय रोग के कारण हैं। हृदय रोग के मुख्य तीन कारण—रक्तचाप, कोलेस्ट्रॉल की अधिक मात्रा और मधुमेह का होना—हैं। इसके अलावा मोटापा और तनाव तथा हमारा खान-पान और बदली हुई जीवन शैली भी इसके कारक हैं। हमारा भोजन कुछ इस तरीके का है कि हम अधिक मात्रा में फैट्स खाते हैं पर उसकी तुलना में शारीरिक परिश्रम नहीं करते।

इन सब कारणों से हृदय को रक्त पहुँचाने वाली धमनियाँ सिकुड़ कर सख्त हो जाती हैं जिससे हृदय में रक्त की पर्याप्त आपूर्ति नहीं हो पाती।

हृदय रोगी योग की कुछ सामान्य क्रियाएँ, जैसे—ध्यान, शवासन, उदरीयश्वसन, प्राणायाम व प्रत्यक्षीकरण को दैनिक जीवन में शामिल कर लें तो बाईपास सर्जरी, एंजियोप्लास्टी वगैरह से बच सकता है।

हृदय सम्बन्धी रोगों में उचित आहार का सेवन औषधियों की तरह ही काम करता है। इस तरह के रोगियों को कम कैलोरीयुक्त भोजन खाना चाहिए। इसे संतृप्त वसा और कोलेस्ट्रोल से मुक्त होना चाहिए। खाने में सूरजमुखी का तेल या सफोला ही उपयोग में लेना चाहिए। केवल वसा रहित दूध ही रोगी को देना चाहिए। पनीर, सब्जियाँ फल आदि आहार में सम्मिलित की जा सकती हैं।

हृदय के रोगी को पूर्ण आराम करना चाहिए। टट्टी-पेशाब भी बिस्तर पर ही करना चाहिए। हृदय के रोगी को सीढ़ियाँ चढ़ना, दौड़ना नहीं चाहिये।

हृदय रोग से बचाव

नमक या सोडियम की मात्रा कम करने से उच्चरक्तचाप से छुटकारा व दिल के दौरे का खतरा कम हो जाता है। नमक की नियंत्रित मात्रा लगभग छह ग्राम प्रतिदिन अमेरिका के विशेषज्ञों ने मानी है।

नमक नियंत्रण में करने के साथ-साथ फल और अनाज के सेवन को भी ध्यान में रखना चाहिए। शराब बिल्कुल न छुएँ तो बहुत अच्छा है। वजन 4.5 कि.ग्रा. घटाना और 30 मिनट व्यायाम करना अत्यन्त लाभकारी है। कभी भी कोई बाजार की रेडीमेड खाने की वस्तु लेते समय नमक पर ध्यान देना चाहिए।

अखरोट और बादाम सप्ताह में 5 बार खायें तो हृदय रोगों से बचने का खतरा 50% कम हो जाता है। दिल की अन्दरूनी मजबूती के लिए अखरोट-बादाम को अपने भोजन में उचित स्थान दें।

—राज. पत्रिका, जयपुर, 8.4.2001

एस्प्रिन

क्या आप हार्ट अटैक से बचने के लिए रोज 'एस्प्रिन' खाने के आदी हैं? यदि ऐसा है, तो इससे आपको ब्रेन हेमरेज होने का खतरा सबसे ज्यादा रहेगा। सिरदर्द और मस्तिष्क सम्बन्धी अन्य छोटे-मोटे विकार भी घेर सकते हैं। 40 वर्ष की आयु के बाद लोग हार्ट अटैक से बचने के लिए अपने आप ही एस्प्रिन लेने लगते हैं। यह आदत खतरनाक है और इससे मस्तिष्क सम्बन्धी अनेक गम्भीर रोग होने की सम्भावना रहती है। किसी-किसी को हार्ट अटैक न होकर

छाती में तेज दर्द होता है। यह अत्यधिक तनाव और तैलीय खाद्य पदार्थों के सेवन से होता है। इनसे बचने के लिए भोजन के द्वारा चिकित्सा लें। *—राज. पत्रिका, जयपुर, 22.10.2001*

मेवे खाएँ हृदय रोग भगाएँ

जो हफ्ते भर के दौरान डेढ़ सौ ग्राम मेवे का सेवन करते हैं, उनको दिल का दौरा पड़ने का खतरा काफी कम हो जाता है। बादाम, काजू, मुनक्का, पिस्ता आदि मेवे में आते हैं।

हालाँकि मेवों में कैलोरी की मात्रा अधिक होती है, मगर इनकी तासीर मोटापा बढ़ाने की नहीं होती है।

इनमें मुख्य रूप से विटामिन-'ई', व 'बी', लोहा मैग्नीशियम, जिंक, कॉपर, सैलेनियम, पोटेशियम और फोलिक एसिड की प्रचुर मात्रा होती है। ये तत्त्व कोलेस्ट्राल को घटाकर ब्लडप्रेशर को काबू में रखते हैं।

यही नहीं इनमें प्रोटीन, फाइबर और ओमेगा-फ्री फेट भी होते हैं, जो शरीर की प्रतिरोधक शक्ति को बढ़ाते हैं। इनमें पाया जाने वाला विटामिन-'ई' 'ब्यूटी विटामिन' कहलाता है, क्योंकि विटामिन-ई के सेवन से त्वचा कांतिमान बनती है बालों को आवश्यक पोषण भी विटामिन-ई से मिलता है। सूखे मेवों से मिलने वाले पोषक तत्त्व आसानी से हजम हो जाते हैं। नाश्ते में सूखा मेवा लेना अच्छा रहता है, क्योंकि इससे भूख कम होती है। सूखे मेवों में इतने पोषक तत्त्व होते हैं कि कैलोरी की प्रचुरता बेमानी हो जाती है।

हृदय की धड़कन बढ़ना

प्याज—जिनके हृदय की धड़कन बढ़ गई हो, हृदय-रोगों से बचना चाहते हैं, वे एक कच्चा प्याज नित्य खाना खाते समय खायें। इससे धड़कन सामान्य हो जायेगी। जार्ज मैडिकल कॉलेज, लखनऊ के न्यूरोलोजी विभाग के अध्ययन से पता चला है कि प्याज का रस उचित मात्रा में लेना रक्तप्रवाह में सहायक है और दिल को कई बीमारियों से सुरक्षित रखता है।

अंगूर—रोगी यदि अंगूर खाकर ही रहे तो हृदय-रोग शीघ्र ठीक हो जाते हैं। जब हृदय में दर्द हो, धड़कन अधिक हो तो अंगूर का रस पीने से दर्द बन्द हो जाता है तथा धड़कन सामान्य हो जाती है। थोड़ी देर में ही रोगी को आराम आ जाता है तथा रोग की आपात-स्थिति (Emergency) दूर हो जाती है।

पिस्ता—पिस्ता हृदय की धड़कन कम करता है। रात को पाँच पिस्ता पानी में भिगो दें। प्रातः पानी फेंक दें। केवल पिस्ता खायें ऊपर से दो घूँट पानी पीयें।

दूध—धारोष्ण दूध एक गिलास में स्वादानुसार मिश्री या शहद, दस भीगी हुई किशमिश उसी भिगोये हुए पानी में पीस कर मिला कर नित्य 40 दिन पीयें। हृदय की धड़कन कम होगी, शरीर में शक्ति आयेगी।

गाजर—हृदय की धड़कन बढ़ना तथा रक्त गाढ़ा होने की बीमारी में गाजर लाभ करती है।

धनिया—हृदय की धड़कन यदि अधिक मालूम हो तो सूखा धनिया और मिश्री समान मात्रा में मिलाकर नित्य एक चम्मच ठण्डे पानी से लें।

अनार—अनार के ताजे 50 पत्ते पीस कर आधा कप पानी में घोल कर छान लें। इस तरह तैयार किया अनार के पत्ते का घोल सुबह-शाम दो बार पीने से हृदय की धड़कन में लाभ होता है।

हृदय-शक्ति-वर्धक

नीबू—हृदय की कमजोरी दूर करने हेतु नीबू में विशेष गुण हैं। इसके निरन्तर प्रयोग से रक्त-वाहिनियों में लचक और कोमलता आ जाती है और इनकी कठोरता दूर हो जाती है। इसलिए हाई ब्लडप्रेशर जैसे रोग को दूर करने में नीबू उपयोगी है। इससे बुढ़ापे तक हृदय शक्तिशाली बना रहता है एवं हार्टफेल होने का भय नहीं रहता। दिल घबराने, छाती में जलन होने पर ठण्डे पानी में नीबू निचोड़कर पीने से लाभ होता है।

अखरोट—अखरोट खाने से दिल तंदुरुस्त बना रहता है। सप्ताह में पाँच औंस की मात्रा में भी अखरोट के सेवन से हृदय रोगों की तकलीफ 50 प्रतिशत तक कम हो जाती है। इससे हृदय की धमनियों को नुकसान पहुँचाने वाले हानिकारक कोलेस्ट्रॉल (एलडीएल) की मात्रा नियंत्रित रहती है। अखरोट के असर से शरीर में वसा को खपाने वाला तंत्र कुछ इस कदर काम करता है कि हानिकारक कोलेस्ट्रॉल की मात्रा कम हो जाती है। हालाँकि रक्त में वसा की कुल मात्रा में कोई परिवर्तन नहीं होता। अखरोट के कैलोरी समृद्ध होने बावजूद मरीजों का वजन नहीं बढ़ता और ऊर्जा स्तर बढ़ता है।

अनन्नास—अनन्नास में कई ऐसे रस पाए जाते हैं जो 'पाचक रस' (एंजाइम) के रूप में कार्य करते हैं। इसके नियमित सेवन से हृदय सम्बन्धी सामान्य रोगों से मुक्ति मिलती है। इसका अम्लीय गुण शरीर में बनने वाले अनावश्यक पदार्थों को बाहर निकाल देता है और शारीरिक शक्ति में वृद्धि करता है।

सेब—ताजा सेब या सेब का मुरब्बा 15-20 दिन खाने से हृदय की दुर्बलता, दिल बैठना ठीक होता है।

अमरूद—100 ग्राम अमरूद में विटामिन 'सी' 299 से 450 मिली ग्राम तक होता है। यह हृदय को बल देता है स्फूर्ति और शक्ति देता है।

फालसा—(1) हृदय-रोग में पके फालसे का रस, पानी, सौंठ और शक्कर मिलाकर पीना चाहिए।

(2) हृदय की कमजोरी में दस ग्राम पके हुए फालसे, 5 दाने काली मिर्च, चुटकी भर सेंधा नमक लेकर घोट लें। उसमें एक कप पानी तथा थोड़ा-सा नीबू का रस मिलाकर कुछ दिनों तक नियमित रूप से पीने से हृदय की दुर्बलता, अत्यधिक धड़कन इत्यादि विकार शान्त होकर शरीर में वीर्य, बल की वृद्धि होती है। गरमी की तकलीफ भी दूर होती है।

हींग—हींग दुर्बल हृदय को शक्ति देती है। रक्त के जमने को रोकती है। रक्त-संचार सरलता से करती है।

गुड़—हृदय की दुर्बलता, शारीरिक शिथिलता में गुड़ खाने से लाभ होता है।

अदरक—हृदय दुर्बल हो, धड़कन कम हो, दिल बैठता-सा लगे तो सौंठ का गरम काढ़ा (क्वाथ) नमक मिलाकर एक प्याला प्रतिदिन पीने से लाभ होता है।

बैंगन,उड़द और लीची हृदय-शक्ति-वर्धक हैं।

उड़द—रात को 50 ग्राम उड़द की दाल भिगो दें। प्रातः इसे पीसकर आधा गिलास दूध, स्वादानुसार मिश्री मिला कर पीयें। यह हृदय को शक्ति देता है।

शहद—शहद हृदय को शक्ति देने के लिए विश्व की समस्त औषधियों से सर्वोत्तम है। इससे हृदय इतना शक्तिशाली हो जाता है जैसे घोड़ा हरे जौ खाकर शक्ति प्राप्त करता है। शहद के प्रयोग

से हृदय के पट्टों की शोथ दूर हो जाती है। जहाँ यह रोग-ग्रस्त हृदय को शक्ति देता है वहाँ स्वस्थ हृदय को पुष्ट और शक्तिशाली बनाता है, हृदय फेल होने से बचाता है। जब रक्त में ग्लाइकोजन के अभाव से रोगी को बेहोश होने का डर हो तो शहद खिलाकर रोगी को बेहोश होने से बचाया जा सकता है। शहद मिनटों में रोगी में शक्ति व उत्तेजना पैदा करता है। सर्दी या कमजोरी के कारण जब हृदय की धड़कन अधिक हो जाये, दम घुटने लगे तो 2 चम्मच शहद सेवन करने से नवीन शक्ति मिलती है। हृदय की दुर्बलता, दिल बैठना आदि कोई कष्ट हो तो शहद की एक चम्मच गरम पानी में डालकर पिलायें। एक चम्मच शहद प्रतिदिन लेने से हृदय सबल बनता है। एक चम्मच शहद में 100 कैलोरी शक्ति होती है।

हृदयरोग एवं कैंसर के उपचार में शहद—अमरीकी वैज्ञानिकों ने शहद को हृदयरोग एवं कैंसर से बचाव में काफी उपयोगी पाया है। शहद से प्रतिउपचायक रसायन स्रावित होते हैं जो डीएनए तथा कोशिकाओं को नुकसान पहुँचाने वाले मुक्त मूलज अणुओं को नष्ट करते हैं। शोधकर्त्ताओं ने विभिन्न वनस्पतियों से तैयार शहद के गुणों को ओरेक (ऑक्सीजन रेडिकल एब्सॉरबेन्स केपेसिटी) विधि से विश्लेषण किया। फिनॉलिक रसायन मिश्रण की उपस्थिति की वजह से शहद की प्रति उपचायक क्षमता अधिक और सस्ती पाई गई। शहद में फिनॉलिक मिश्रण, एस्कॉर्बिक एसिड तथा एन्जाइम ग्लूकोज, ऑक्सीडेस, केटालास तथा पेरोऑक्सीडेस जैसे प्रति उपचायक पाए गए। गहरे रंग वाले शहद में अधिक ओरेक तत्त्व होते हैं और इसे मुक्त मूलजों का सफाया करने में अधिक कारगर पाया गया।

तुलसी—सर्दी के मौसम में तुलसी के 7 पत्ते, 4 काली मिर्च, चार बादाम—इन सबको ठण्डाई की तरह पीसकर आधा कप पानी में घोल कर नित्य पीयें। इससे हृदय को शक्ति मिलती है।

मौसमी—मौसमी का रस पाचनांग, मस्तिष्क और यकृत को शक्ति तथा स्फूर्ति देता है। इसका निरन्तर प्रयोग रक्त-वाहिनियों को कोमल व लचकीली करता है। उनमें एकत्रित कोलेस्ट्रोल (विषैला पदार्थ जो हृदय को फेल करने में सहायक और रक्त-प्रवाह में बाधा डालता है) शरीर से निकल जाता है और शरीर में ताजा रक्त, विटामिन और आवश्यक खनिज लवण पहुँचा देता है। हृदय और रक्त संस्थान, रक्त-वाहिनियों और केपलरीज को शक्तिशाली बनाने में मौसमी सर्वोत्तम है।

सरसों का तेल—सरसों के तेल (मस्टर्ड ऑयल) में पकाया गया आहार खाने से हृदय-रोग होने की सम्भावना है। यह जानकारी अमेरिका के विख्यात हृदय-रोग चिकित्सक डॉ. ए. ओल्सन ने एक भेंट में दी। डॉ. ओल्सन का कहना है कि सरसों के तेल में खाना पकाने से तेल में उपस्थित एसिड 'कोलेस्ट्रोल' में परिवर्तित हो जाता है, जिससे हृदय-रोग होते हैं।

आँवला—(1) पिसा हुआ आँवला दूध के साथ पीने से हृदय के सारे रोग दूर हो जाते हैं। यह नित्य दो बार लें।

(2) सूखा आँवला और मिश्री समान भाग पीस लें। इसकी एक चम्मच की फँकी नित्य पानी से लेने से हृदय के सारे रोग दूर हो जाते हैं।

(3) आधा भोजन करने के बाद हरे आँवलों का रस 35 ग्राम, आधा गिलास पानी में मिलाकर पी लें, फिर आधा भोजन करें। इस प्रकार 21 दिन सेवन करने से हृदय तथा मस्तिष्क की दुर्बलता दूर होकर स्वास्थ्य सुधर जाता है।

चौलाई—चौलाई का रस हृदय के रोगियों के लिए लाभदायक है। इसकी सब्जी भी खाई जा सकती है।

अरबी—हृदय-रोग के रोगी को अरबी की सब्जी 25 ग्राम एक बार प्रतिदिन खाते रहने से हृदय-रोग में लाभ होता है।

चना—काला चना हृदय-रोग के रोगियों के लिए लाभदायक है।

लीची—लीची खाने से हृदय को शक्ति मिलती है।

दही—उच्च रक्त दाब, मोटापा तथा गुर्दे की बीमारियों में भी दही अत्यधिक लाभदायक बताया गया है। अमेरिका के प्रो. जार्ज शीमान के अनुसार दही हृदय-रोग की रोकथाम के लिए उत्तम वस्तु है। दही रक्त में बनने वाले कोलेस्ट्रोल नामक घातक पदार्थ को मिटाने की क्षमता रखता है, जो कि रक्त-शिराओं में जमा होकर रक्त-प्रवाह को रोकता है। अत: दही का प्रयोग उत्तम है।

हृदय-शूल

केला—2 केले 15 ग्राम शहद में मिलाकर खाने से हृदय के दर्द (हृदय-शूल) में लाभ होता है।

अजवाइन—हृदय-शूल में अजवाइन देने से शूल बन्द होकर हृदय उत्तेजित होता है।

अंगूर—अंगूर का रस पीने से हृदय-शूल में तुरन्त आराम आता है।

हृदय-दाह

इमली—मिश्री के साथ पकी हुई इमली का रस पिलाने से हृदय की जलन मिटती है।

आलू—हृदय की जलन में आलू का रस पीयें। यदि रस निकाला जाना कठिन हो तो कच्चे आलू को मुँह में चबायें तथा रस पी जायें और गूदे को थूक दें। इससे हृदयदाह में आराम मिलता है। हृदय-दाह में रोगी को हृदय पर जलन प्रतीत होती है। इसका रस पीने से तुरन्त ठण्डक प्रतीत होती है।

लहसुन—जब ऐसा लगे कि हार्टफेल होने जा रहा है तो व्यक्ति को लहसुन की 4-5 कलियों को तुरन्त चबा लेना चाहिए। ऐसा करने से हार्टफेल नहीं होगा। इसके बाद लहसुन दूध में उबाल कर देते रहना चाहिए। हृदय-रोग में लहसुन देने से पेट की वायु निकलकर हृदय का दबाव हल्का हो जाता है, हृदय को बल मिलता है। कोलेस्ट्रोल को कम करने में लहसुन बड़ा प्रभावशाली है और इस प्रकार दिल की बीमारी को रोकने में कारगर है। लहसुन धमनियों को सिकुड़ने से बचाता है। सिकुड़ी हुई रोगग्रस्त धमनियों में जमे कोलेस्ट्रोल को निकालकर पुन: ठीक कर देता है। लहसुन हृदय रोग को रोकता है।

लौंग—तीन लौंग ठंडे पानी में पीस कर एक कप पानी में मिलाकर इसमें स्वादानुसार पिसी हुई मिश्री मिलाकर दो बार नित्य पीने से हृदय की जलन मिट जाती है।

एंजाइना

हृदय को रक्त संचार करने वाली रक्त वाहिकाओं में रुकावट होने के कारण जो कष्ट और पीड़ा हो जाती है, उसे एंजाइना कहते हैं।

हृदय रोग में रक्त वाहिनी, जो हृदय को रक्त पहुँचाती है, के अवरुद्ध हो जाने पर ओपन हार्ट (बाईपास सर्जरी) द्वारा पैर या हाथ से नसें निकाल कर उनके स्थान पर लगाई जाती हैं। दूसरी नसें लगा देने के पश्चात् भी बहुत-से रोगियों को उन नसों में पुनः अवरोध हो जाता है, जिसके

कारण पुनः सर्जरी करके दूसरी नई नस लगाते हैं। यह पहले ऑपरेशन से और अधिक जोखिम भरा होता है। इस विषय में मुम्बई के डॉ. मनुभाई कोठारी ने नया प्रयोग किया है।

प्रयोग विधि—घिया (लौकी) को छिलके सहित धोकर घियाकस में कस लें। कसी हुई घिया को ग्राइंडर में डालकर अथवा सिलबट्टे पर पीस लें। इसके साथ 8 तुलसी के पत्ते, 6 पुदीना के पत्ते भी पीसने के समय घिया के साथ डालकर पीसें। पिसी गई घिया को पतले कपड़े से छानकर रस निकाल लें। छाने हुए रस की मात्रा 150 ग्राम ही होनी चाहिए। इसके साथ बराबर का स्वच्छ जल मिला लें। अर्थात् घिया के रस और पानी की कुल मात्रा 300 ग्राम होनी चाहिए। इस रस में चार पिसी काली मिर्च का चूर्ण तथा एक ग्राम पिसा हुआ सेंधा नमक मिलाकर भोजन के पौने घंटे पश्चात् प्रातः, दोपहर, रात्रि में तीन बार लेना चाहिए। प्रारम्भ में रस की मात्रा 4 दिन तक कुछ कम भी ली जा सकती है। बाद में अभ्यास एवं पेट सुधर जाने पर पूरी मात्रा में लेनी चाहिए। हर बार ताजी दवा बनानी चाहिए।

घिया का रस पेट में जो भी पाचन विकार होते हैं, उनको दूर करके मल के द्वारा बाहर निकालता है, जिसके कारण प्रारम्भ में 4 दिन तक पेट में खलबली, गड़गड़ाहट होती है। एक-आध दस्त भी अधिक लग सकते हैं। यह स्वाभाविक प्रतिक्रिया है। इससे भयभीत नहीं होना चाहिए। पेट के विकार दूर होते ही सामान्य स्थिति हो जाएगी।

इस प्रयोग को करते समय टहलना आवश्यक है। चाहे पहले दिन दस कदम ही चलें। इस प्रयोग के दस दिनों बाद कुछ आराम अनुभव होगा। धीरे-धीरे 10 किलोमीटर तक भ्रमण करने का अभ्यास करना चाहिए। अतः जो रोगी एंजाइना से पीड़ित हैं, वे बाईपास सर्जरी कराने से पहले इस चिकित्सा का प्रयोग करके देख सकते हैं।

रोगी अपने अनुभव सूचित करते रहें जिससे 'भोजन द्वारा चिकित्सा' को बल मिले।

सिर-दर्द (Headache)

सिर-दर्द, ललाट, कनपटियों, सिर के पीछे के भाग, ऊपर के हिस्से, सारे सिर में कहीं भी हो सकता है। सिर-दर्द कुछ बीमारियों में तो एक लक्षण मात्र होता है, जैसे—ज्वर, फ्लू, माता आदि में। कभी स्वतन्त्र रूप से केवल सिर-दर्द होता है। ऐसा सिर-दर्द स्वयं एक रोग है।

सिर-दर्द के कारण—

1. मस्तिष्क की शिराओं में रक्त संचय से सिर-दर्द होता है।
2. रक्तभार (Blood Pressure) की वृद्धि होने से लगातार सिर-दर्द रहने का लक्षण रहता है। रक्तभार कम होने से मस्तिष्क को रक्त-ऑक्सीजन कम मिलने से सिर-दर्द होता है।
3. ज्वरों में सिर-दर्द मस्तिषकावरणगत धमनियों के फैल जाने से होता है।
4. क्रोधादि तीव्र मानसिक आवेश से कपाल की धमनियों में शैथिल्य (Dilatation) होकर सिर-दर्द होता है। चिन्ता से चेहरे और कपाल की माँस-पेशियों में तनाव (Tension) बढ़ जाने से सिर-दर्द रहता है जो पिछले भाग (Occipital) में होता है।
5. नींद कम आने, न आने से सिर-दर्द होता है।
6. रक्त में विष, जैसे मूत्र रोग, कब्ज, अपच से उत्पन्न प्रभाव से सिर-दर्द हो जाता है।
7. मस्तिष्क में अबुर्द, शोथ, जलवृद्धि से सिर-दर्द होता है।
8. नेत्रों की कमजोरी, नेत्र रोग, कान, नाक, गले, दाँतों के रोगों से सिर-दर्द होता है।

9. कोई सिरा प्रसारक औषधि खाने से, शरीर में कोई बाह्य प्रतिकूल प्रोटीन आने से सिर-दर्द होता है।
10. लगातार रहने वाले सिर-दर्द के कारण अम्लपित्त (Acidity) और नेत्रों के रोग हैं।

चिकित्सा—सिर-दर्द के कारण, प्रकृति, स्थिति, रोगी के धातु के अनुसार चिकित्सा करने से सिर-दर्द ठीक हो जाता है। सबसे पहले तो कारणों को दूर करने का प्रयास करें।

जुकाम, अधिक श्रम, मानसिक चिंता, रात्रि-जागरण, रक्त-संचय से जो सिर-दर्द होता है, वह अपने आप चला जाता है। चिकनाई वाले पदार्थों के सेवन की कमी से आँखों में सफेदी, मस्तिष्क में रुक्षता हो जाती है। इससे सिर-दर्द हो जाता है। ऐसे सिर-दर्द में दूध, मक्खन, घी, हलुवा चिकने पदार्थ अधिक सेवन करने से लाभ होता है। शारीरिक और मानसिक श्रम अधिक करने से होने वाले सिर-दर्द में आराम करना चाहिए। निद्रा लेने से हर प्रकार के सिर-दर्द में आराम मिलता है। इस पुस्तक में वर्णित अलग-अलग रोग, जैसे—अनिद्रा, कब्ज, अम्लपित्त, गैस ही सिर-दर्द के कारण हों तो इनमें बताई चीजें खानी चाहिए। नीचे भोजन के द्वारा चिकित्सा में प्रयुक्त चीजों का वर्णन दिया जा रहा है जो सिर-दर्द दूर करती हैं।

पानी—जुकाम से सिर-दर्द हो तो दोनों पैरों को गर्म पानी में रखने से आराम मिलता है। रक्तभार की अधिकता से तेज सिर-दर्द हो तो सिर पर पानी की पट्टी रखें।

यूक्लिपटस ऑयल—यह दवा बेचने वालों की दुकान पर मिलता है। जुकाम से होने वाले सिर-दर्द में ललाट पर लगायें एवं सूँघें। तत्काल लाभ होता है।

नीबू—सिर-दर्द होने पर नीबू चाय में निचोड़ कर पीने से लाभ होता है। नीबू की पत्तियों को कूट कर, रस निकाल कर रस को सूँघें। जिन्हें हमेशा सिर-दर्द रहता है, वे यह उपाय करें। इससे सदा के लिए सिर-दर्द ठीक हो जायेगा। नीबू की पत्तियों को सुखाकर प्रतिदिन प्रातः सूँघने और चाय पीने से चमत्कारी फल मिलेगा। *—वैद्य सुशील कुमार, जयपुर*

सेब—सेब पर नमक लगाकर 20-25 दिन खाने से सिर-दर्द में लाभ होता है। एक या दो सेब नमक लगाकर प्रातः भूखे पेट चबाकर नित्य खायें। इसके बाद गर्म पानी या गर्म दूध पीयें।

नारियल—नारियल की सूखी गिरी और मिश्री सूर्य उगने से पहले खाने से सिर-दर्द बन्द हो जाता है।

गाजर—गाजर का रस 185 ग्राम, चुकन्दर का रस 150 ग्राम, खीरा या ककड़ी का रस 125 ग्राम मिलाकर पीने से सिर-दर्द ठीक होता है।

इमली—50 ग्राम इमली को एक गिलास पानी में भिगो कर मल कर चीनी डालकर छान कर सुबह-शाम दो बार पीने से गर्मी से उत्पन्न सिर-दर्द में लाभ होता है।

फालसा—पित्त प्रकोप के कारण होने वाले सिरदर्द में फालसे का शर्बत सुबह-शाम पीना लाभप्रद होता है।

प्याज—हर प्रकार का सिर-दर्द, लू लगने से सिर-दर्द हो तो प्याज को पीस कर पैरों के तलुओं पर लेप करने से लाभ होता है। प्याज को काटकर सूँघने से भी सिर-दर्द दूर होता है।

लहसुन—सिर-दर्द चाहे आधे सिर का दर्द हो, कैसा भी दर्द हो लहसुन पीसकर कनपटी पर जहाँ दर्द हो, लेप करने से दर्द मिट जाता है। लहसुन के लेप से त्वचा पर फफोले पड़ जाते हैं। अतः लेप करते समय सावधान रहना चाहिए। थोड़ी देर लेप करने के बाद धोकर जगह साफ कर देनी चाहिए। यदि आधे सिर का दर्द हो तो जिस ओर दर्द हो उस ओर के नथुने में दो बूँद

लहसुन का रस डालो। हर दो घण्टे से दो कलियाँ लहसुन चबवा कर ऊपर से पानी पिलायें।

उड़द—उड़द की दाल भिगो कर पीसकर ललाट पर लेप करने से गर्मी से हुआ सिर-दर्द ठीक हो जाता है।

घी—रात को सोते समय पैर की तलियों पर घी की मालिश करने से अचानक होने वाला सिर-दर्द ठीक हो जाता है।

सरसों का तेल—ठंड से सिर-दर्द हो, ठंडे पानी से स्नान करने से, ठंडी हवा में घूमने के कारण सिर-दर्द हो तो नाक, कान, नाभि और तलवों पर सरसों का तेल लगायें, लाभ होगा।

चाय—जब नाक बह रहा हो, छींकें आती हों, ठंड से सिर-दर्द हो तो चाय पीने से सिर-दर्द में लाभ होता है।

सौंफ—एक चम्मच सौंफ चबा कर दूध पीयें। सिर-दर्द में लाभ होता है। पुराने सिर-दर्द के रोगी नित्य ही दो बार सेवन करें।

गेहूँ—गेहूँ का आटा आग पर डालकर इसका धुआँ नाक से सूँघें, अन्दर खीचें। इससे सर्दी, जुकाम, नजला बिगड़ने से, साइनोसाइटिस के कारण, सूर्योदय के साथ बढ़ने वाला सिर-दर्द ठीक हो जाता है। गेहूँ के आटे का धुआँ तीन मिनट नित्य सुबह-शाम सूँघें। पुराने, असाध्य समझे जाने वाले सिर-दर्द ठीक हो जायेंगे।

ग्वार-पाठा—अन्दाजे से ग्वारपाठे का गूदा निकाल कर उसमें गेहूँ का आटा मिलाकर दो बाटी बनाकर सेक लें। सेकने के बाद हाथ से दबाकर देशी घी में डाल दें। प्रातःकाल सूर्योदय के पहले खाकर सो जायें। इस प्रकार 5-7 दिन तक सेवन करने से कैसा भी, कितना भी पुराना सिर-दर्द हो, इससे आराम हो जाता है।

चने—नुकती दाने या मोतीचूर के लड्डुओं पर घी और काली मिर्च डालकर खाने से कमजोरी से होने वाला सिर-दर्द ठीक हो जाता है।

लौंग—(1) लौंग को पीस कर लेप करने से सिर-दर्द तुरन्त बन्द हो जाता है, इसका तेल भी लगाया जा सकता है।

(2) पाँच लौंग पीस कर एक कप पानी में मिलाकर गर्म करें। आधा पानी रहने पर छानकर चीनी मिलाकर पीयें। शाम और सोते समय, दो बार लेते रहने से सिर-दर्द ठीक हो जाता है।

हींग—सर्दी से सिर-दर्द हो तो हींग गर्म पानी में घोल कर लेप करें।

काली मिर्च—एक काली मिर्च सुई में चुभोकर जलायें और इसका धुआँ सुँघायें। इससे वातजन्य सिर-दर्द भी ठीक हो जाता है।

पोदीना—पोदीने को पीस कर ललाट, कनपटियों पर लेप करने से सिर-दर्द में लाभ होता है।

धनिया—गर्मी के कारण सिर-दर्द—(1) सूखा धनिया दस ग्राम, गुठली रहित सूखा आँवला पाँच ग्राम रात को मिट्टी के पात्र में एक गिलास पानी में भिगो दें। प्रातः मलकर मिश्री मिलाकर छान कर पिलायें। यह सिर-दर्द में हितकर है।

(2) सिर-दर्द में खासकर पित्त की अधिकता से होने वाले सिर-दर्द में धनिया पीस कर लेप करें, आशातीत लाभ होगा।

नमक—एक चुटकी नमक जीभ पर रखें, दस मिनट बाद एक गिलास ठण्डा पानी पीयें, सिर-दर्द ठीक हो जायेगा।

(2) 62 ग्राम जल में 3 ग्राम या चने के बराबर नमक मिलाकर उस पानी को सूँघने से सिर-दर्द में आराम होता है।

अदरक—आधे सिर का दर्द, सारे सिर का दर्द यदि अपच से, पेट की गड़बड़ी से उत्पन्न हुआ हो तो सौंठ को पीस कर उसमें थोड़ा-सा पानी डालकर लुगदी बना लें। इसे हल्का-सा गर्म करें। फिर दर्द वाले स्थान पर लेप करें।

आरम्भ में हल्की-सी जलन प्रतीत होती है। दर्द शीघ्र ठीक हो जाता है। डॉ. बी.एल. जैन, वनस्पति विभाग, राज.विश्वविद्यालय, जयपुर का अनुभूत। जुकाम से सिर-दर्द हो तो सौंठ को पानी में पीस कर लेप करें।

इलायची—इलायची पीसकर सिर पर लेप करने से सिर-दर्द बन्द हो जाता है। इसके चूर्ण को सूँघना चाहिए। सूँघने से छींकें आकर मस्तक-पीड़ा घटती है।

तेजपात—सर्दी या गर्मी किसी भी कारण से सिर-दर्द हो, तेजपात डंठल सहित पीस कर हल्का गर्म करके ललाट पर लेप कर दें। दर्द मिट जायेगा।

जायफल—सर्दी लगने से सिर-दर्द हो तो ललाट पर जायफल घिसकर लेप करने से लाभ होता है।

दालचीनी—दालचीनी पानी में पीसकर गर्म करके कनपटियों व ललाट पर लेप करने से लाभ होता है।

तुलसी—तुलसी के पत्तों को छाया में सुखाकर रख लें। इन्हें पीस लें। इसे सिर-दर्द के रोगी को सुँघाने से पीड़ा शान्त होती है तथा पागलपन की उत्तेजना ठीक होती है। तुलसी के पत्तों का रस और नींबू का रस समान मात्रा में पीने से सिर-दर्द दूर होता है।

तरबूज—यदि सिर-दर्द गर्मी के कारण हो तो तरबूज का गूदा मलमल के कपड़े में डालकर निचोड़ें और रस को काँच के गिलास में भर लें। इसमें मिश्री मिलाकर प्रात: पिलायें।

मिट्टी—गीली मिट्टी की पट्टी सिर पर रखने से सिर-दर्द दूर होता है।

सिर-दर्द, आधे सिर का दर्द (Migraine, Hemicrania)

यह दर्द अधिकतर आधे सिर में होता है। 14-22 वर्ष की उम्र में या नवयुवावस्था में प्रधानत: नवयुवतियों में, मध्य आयु तक 15-15 दिन या महीनों के अन्तर से वेगों में शुरू होने वाला यह एक सिर-दर्द है जो पहले सिर के एक भाग में प्रारम्भ होकर आधे सिर में और कभी-कभी सारे सिर और गर्दन में फैल जाता है। यह पितृ-परम्परा से आने वाला रोग है।

कारण—अतिभावुकता, मानसिक-शारीरिक थकावट, क्रोध, चिन्ता, आँखों के अधिक थक जाने से, भोजन सम्बन्धी गड़बड़ी, अनपच, किसी द्रव्य की प्रत्यूर्जता (Allergy) आदि।

लक्षण—प्रात: उठते ही चक्कर आते हैं। आँखों के सामने अँधेरा-सा आ जाता है या उस अँधेरे में चमकारे-से दीखते हैं। इसके साथ रोगी में अरुचि, क़ै होने का लक्षण भी होता है। इसके बाद कनपटी में चुभने वाला दर्द आरम्भ होता है। जिस आँख में अँधेरा-सा आता है उसके विपरीत दिशा की ओर यह दर्द आरम्भ होता है। दर्द धीरे-धीरे फैलता हुआ तेज हो जाता है। हिलने, प्रकाश, शोरगुल से दर्द बढ़ता है। क़ै होने से दर्द कम होता है। 2-4 घण्टे दर्द रहने के बाद क्रमश: घटने लगता है। जिधर दर्द होता है, उधर पुतली बहुधा फैली रहती है। अन्त में रोगी को नींद आ जाती है, जब जागता है तो दर्द समाप्त हो चुका होता है। इस प्रकार यह प्राय: एक

दिन रहता है। रोगी को देखने पर चेहरा फीका-सा लगता है। दर्द के दौरे बहुत वर्षों तक रहते हैं। मध्यमायु के बाद हल्के पड़ जाते हैं और बन्द हो जाते हैं। आधे सिर का दर्द सूर्य के साथ भी घटता-बढ़ता है।

चिकित्सा—सिर बाँधने, ठंडी पट्टी रखने, शान्त जगह में सोने से आराम मिलता है। सिर की मालिश करने से दर्द शीघ्र घट जाता है। इसके रोगी को अधिक श्रम, कब्ज, अजीर्ण से बचना चाहिए। तेल, घी में तली गई चीजें, माँस, चाय, कॉफी सेवन नहीं करनी चाहिए। आँखों पर अधिक जोर न डाला जाए। नीचे बताई गई चीजों का नियमित सेवन करते रहने से आधे सर के दर्द में लाभ होता है—

अंगूर—अंगूर का रस एक कप नित्य प्रात:सूर्य निकलने से पहले पीने से आधे सिर का दर्द ठीक हो जाता है।

दूध—आधे सिर का दर्द सूर्य के साथ घटता-बढ़ता हो तो सूर्योदय के पहले गर्म दूध के साथ जलेबी या रबड़ी खायें।

दही—यदि सिर-दर्द सूर्य के साथ बढ़ता है तो—(1) प्रात: सूर्योदय से पहली दही और चावल मिलाकर खायें। (2) दही, चावल और मिश्री मिलाकर भी इसी तरह खा सकते हैं। सिर-दर्द इससे ठीक हो जाता है।

घी—आधे सिर का दर्द सूर्योदय के साथ बढ़ता-घटता हो तो सुबह-शाम घी सूँघें। सिर-दर्द गर्मी से हो तो ठंडा और बादी का हो तो गर्म घी से सिर की मालिश करें।

हींग—हींग को पानी में घोल कर सूँघने से आधे सिर का दर्द ठीक हो जाता है। इसका ललाट पर लेप भी करें।

नमक—आधे सिर में दर्द हो तो आधा चम्मच नमक, आधा चम्मच शहद में मिलाकर चटायें, आशातीत लाभ होगा।

सौंठ—आधे सिर का दर्द हो या पूरे सिर का, सौंठ पानी में पीस कर गर्म करके सिर पर लेप करें। इसे सूँघें। सिर-दर्द में लाभ होगा।

सरसों का तेल—यह आधे सिर के दर्द में लाभदायक है। सिर के जिस आधे भाग में दर्द हो उस नथुने में 8 बूँद सरसों का तेल डाल कर सूँघने से आधे सिर का दर्द शीघ्र बन्द हो जाता है। यह प्रयोग पाँच दिन करें।

गुड़—आधे सिर का दर्द सूर्य के साथ घटे-बढ़े तो 12 ग्राम गुड़, 6 ग्राम देशी घी के साथ खायें।

काली मिर्च—आधे सिर में दर्द हो तो 12 ग्राम काली मिर्च चबा कर खायें और ऊपर से 30 ग्राम देशी घी पीयें। ऊपर वर्णित अदरक भी पढ़ें।

शहद—(1) सिर-दर्द सूर्योदय से शुरू हो, जैसे-जैसे सूर्य ढलने लगे, सिर-दर्द बन्द हो जाये, ऐसे आधे सिर के दर्द में जिस ओर सिर-दर्द हो रहा हो, उसके दूसरे नथुने में एक बूँद शहद डाल दें। दर्द में आराम आ जायेगा।

(2) सिर-दर्द, आधे सिर में (Migraine)—कभी-कभी अचानक आधे सिर में तेज दर्द हो जाता है, रोगी दर्द में उलटी तक करता है। उलटी होने पर दर्द बन्द हो जाता है। यह दर्द बार-बार होता रहता है। नित्य भोजन के समय दो चम्मच शहद लेते रहने से यह दर्द नहीं होता। कभी दर्द हो भी जाय तो उसी समय दो चम्मच शहद लेने से ठीक हो जाता है।

तुलसी—आधे सिर के दर्द में तुलसी के पत्तों का चूर्ण शहद के साथ सुबह-शाम चाटने से लाभ होगा।

शक्कर—आधे सिर में दर्द यदि सिर-दर्द सूर्य उदय होने के साथ बढ़े और सूर्य ढलने के साथ कम होता जाय तो ऐसे सिर-दर्द में उदय होते समय सूर्य के सामने खड़े हो जायें और 150 ग्राम पानी में 60 ग्राम शक्कर मिलाकर धीरे-धीरे पीयें। आधे सिर का दर्द ठीक हो जायेगा।

उच्च रक्तचाप (High Blood-pressure or Hypertension)

शरीर में रक्त का संचालन हृदय धमनियों द्वारा करता है। जब रक्त धमनी में जाता है तब उसकी दीवारें भी दबाव देकर रक्त संचालन में सहायता करती हैं कभी-कभी धमनी की दीवार मोटी होकर अपना लचीलापन नष्ट कर देती है, तब हृदय को अधिक जोर से दबाव डालकर रक्त भेजना पड़ता है। उस अतिरिक्त दबाव या चाप को रक्त चाप कहते हैं।

ब्लड प्रेशर बढ़ने के दुष्परिणाम—दिल का दौरा, दिल की धड़कन बन्द होना, मस्तिष्क का पक्षाघात (लकवा), गुर्दे बेकार होना, दृष्टिपटल में खराबी, मृत्यु।

उच्च रक्तचाप के लक्षण—सिर-दर्द, जी मिचलाना व सिर चकराना, थकावट, सामान्य दर्द व पीड़ा, सामान्य से तेज हृदय व नाड़ी की धड़कन। उच्च-रक्तचाप अपने-आपमें बहुत बार कोई लक्षण नहीं दर्शाता। 35 वर्ष की उम्र के पश्चात् यदि उच्च-रक्तचाप हो जाए तो हृदय, नेत्र और गुर्दों की नियमित जाँच समय-समय पर होनी चाहिए। विशेषकर जब परिवार की उच्च रक्तचाप की पृष्ठभूमि हो या आप ऐसे वर्ग के हों, जहाँ तनावपूर्ण जीवन एक सामान्य बात हो।

उच्च रक्तचाप के कारण—गुर्दे की खराबी, भावनात्मक तनाव, व्यस्तता, अशान्ति, आनुवंशिकता (वंश परम्परागत), अधिक वजन व मोटापा, अधिक धूम्रपान व मद्यपान।

उच्च रक्तचाप हो तो चिकित्सक के परामर्शानुसार नियमित उपचार, भोजन व व्यायाम करें। सदैव संतुलित, नियमित, नियंत्रित व कम नमक वाले भोजन का सेवन करें। योगासन (शवासन) लाभप्रद होता है। तनाव, क्रोध व चिन्ता से बचिए एवं शान्त जीवन व्यतीत कीजिए। 35 वर्ष से अधिक आयु होने पर समय-समय पर अपने रक्तचाप की जाँच करवाइये। रात्रि में नौ घण्टे भरपूर नींद लें। दिन में भोजन के बाद कुछ समय सोयें। उच्च रक्तचाप को कम करने के लिए दिन भर में आधे से एक ग्राम तक नमक लें। हर सातवें दिन तरल भोजन (Liquid diet) लें। पानी अधिक पीयें। नशीली चीजें न लें। डॉ. ईवेन्स की पुस्तक 'कार्डियोजोजी' में लिखा है कि साधारण ब्लडप्रेशर में औषधि चिकित्सा असन्तोषजनक एवं असफल प्रमाणित हुई है। डॉ. जेम्स सी.थाम्पसन की पुस्तक 'हाई एण्ड लो ब्लडप्रेशर' में लिखा है कि उच्च रक्तचाप में दवाइयों द्वारा प्राप्त लाभ पर कदापि विश्वास नहीं किया जा सकता। वह अस्थाई ही होता है। होम्योपैथी के सिद्धान्तानुसार रोग की नहीं, रोगी की चिकित्सा करनी चाहिए।

चिकित्सा—उच्च-रक्तचाप में पेट साफ रखें। पेट साफ करने के लिए नीबू पानी, ईसबगोल, आँवले का रस, अंकुरित मूँग, मोठ, चना, सलाद अनिवार्य रूप से सेवन करने चाहिए।

उपवास—इस रोग में उपवास लाभदायक है। सप्ताह में एक दिन उपवास करना चाहिए। उपवास में फलों, सब्जियों का रस लें।

तम्बाकू, कॉफी, चाय, माँसाहार रक्तचाप में हानिकारक हैं।

शवासन—सीधे लेट जायें। हाथ-पैर सीधे रखें। एड़ियाँ मिली रहें। आँखें बन्द करके शरीर

को बिल्कुल ढीला छोड़ दें। सोचना बन्द कर दें। ध्यान साँस पर रखते हुए साँस धीरे-धीरे लें। इससे पाँच मिनट में ही शान्ति और ताज़गी मिलेगी।

लौकी (घीया)—लौकी का रस आधा कप, थोड़ा-सा पानी मिलाकर तीन बार नित्य पीने से लाभ होता है।

केला—केले के तने का रस आधा कप दो बार नित्य पीने से बढ़ा हुआ रक्तचाप सामान्य हो जाता है।

नीबू—हृदय की कमजोरी दूर करने हेतु नीबू में विशेष गुण हैं। इसके निरन्तर प्रयोग से रक्तवाहिनियों में लचक और कोमलता आ जाती है और इनकी कठोरता दूर हो जाती है। इसलिए हाई ब्लड प्रेशर जैसे रोग को दूर करने में नीबू उपयोगी है। इससे बुढ़ापे तक हृदय शक्तिशाली बना रहता है एवं हार्टफेल होने का भय नहीं रहता। कैसा भी ब्लड प्रेशर हो, पानी में नीबू निचोड़कर दिन में कई बार पीने से लाभ होता है। प्रातः एक नीबू का रस गर्म पानी में मिलाकर पीना हितकारी है।

सेब—हाई ब्लडप्रेशर होने पर सेब खाने से लाभ होता है।

पपीता—उच्च रक्तचाप के रोगियों के लिए पपीता राम बाण औषधि है। उच्च रक्तचाप का रोगी प्रतिदिन प्रातःकाल एक पपीते का सेवन करें तो कुछ ही दिनों में रक्तचाप की पीड़ा कम हो जाती है। इसे औषधि मान कर सेवन करें।

पुदीना—पुदीना निम्न एवं उच्च रक्तचाप का नियमन करता है, इसके लिए पुदीने की चटनी एवं रस का उपयोग किया जा सकता है। उच्च रक्तचाप से पीड़ितों को बिना चीनी एवं नमक डाले ही पुदीने का सेवन करना चाहिए।

टमाटर—टमाटर रक्तचाप को घटाता है। टमाटर खायें, रस भी पी सकते हैं।

आँवला—उच्च रक्तचाप, रक्त की गर्मी में आँवले का मुरब्बा प्रातः नित्य खाने से लाभ होता है। आँवला रक्त शोधक है।

ककड़ी—इसमें पोटाशियम तत्त्व बहुत मिलते हैं। ककड़ी का रस—उच्च एवं निम्न—दोनों रक्तचापों में पीना लाभदायक है।

आलू—आलू रक्तचाप को सामान्य बनाने में लाभ करता है। पानी में नमक डाल कर आलू उबालें। छिलका होने से आलू में नमक कम पहुँचता है और यह आलू का नमकीन भोजन बन जाता है। इस प्रकार उच्च रक्तचाप में लाभ करता है। आलू में मैग्नीशियम पाया जाता है जो रक्तचाप को कम करता है।

पेठा—पेठा उच्च रक्तचाप से बचाता है।

अरबी—उच्च रक्तचाप अरबी खाने से कम होता है।

टिण्डा—उच्च रक्तचाप को टिण्डा कम करता है। पेशाब लाता है।

चावल—लम्बे समय तक चावल खाते रहने से कोलेस्ट्रोल कम हो जाता है, बढ़ता नहीं है। रक्तचाप भी ठीक रहता है।

मालिश—नियमित रूप से मालिश करने से ब्लड प्रेशर में सुधार आता है।

तरबूज—तरबूज के बीजों के रस में एक तत्त्व, जो कुरकुर बोसाइट्रीन कहलाता है, मिलता है जो रक्त कोशिका नली (Capillaries) को चौड़ा करता है। इसका प्रभाव गुर्दों पर पड़ता है जिससे उच्च रक्तचाप कम हो जाता है। तरबूज के छाया में सुखाये बीज दो चम्मच कूट-पीस

कर एक कप उबलते हुए गर्म पानी में डालकर एक घण्टा भीगने दें। उसके बाद हिलाकर छान कर पी जायें। ऐसी चार खुराक नित्य पीयें। तरबूज का रस पीने से भी लाभ होता है।

गाजर—हर प्रकार का रक्तचाप (Blood Pressure) गाजर का रस 310 ग्राम और पालक का रस 125 ग्राम मिलाकर नित्य पीने से दूर हो जाता है।

लहसुन—उच्च रक्तचाप में 6 बूँद लहसुन का रस 3 चम्मच पानी में मिलाकर चार बार पिलायें। कच्चा लहसुन खाना खाने के बाद सेवन करने से उच्च रक्तदाब (Hypertension) ठीक हो जाता है। लहसुन की पत्तियों का रस पानी में मिलाकर पीना अधिक लाभदायक है। लाभ होने पर सेवन कम करते जायें।

चौलाई—चौलाई का रस ब्लडप्रेशर के रोगियों के लिए लाभदायक है। इसकी सब्जी भी खाई जा सकती है।

छाछ—छाछ से रक्तचाप (ब्लडप्रेशर की कमी या अधिकता) में लाभ होता है।

मेहँदी—उच्च रक्तचाप वाले रोगियों को पैरों के तलवों और हथेली पर मेहँदी का लेप समय-समय पर करने से आराम मिलता है।

शहद—उच्च रक्तचाप होने पर शहद शरीर पर शामक प्रभाव डालकर रक्त वाहिकाओं की उत्तेजना को घटाकर, उनको सिकोड़कर उच्च रक्तचाप को घटा देता है।

नीम—ब्लडप्रेशर में प्रात:25 ग्राम नीम की पत्ती का रस लेना लाभदायक है।

त्रिफला—त्रिफला चूर्ण दो चम्मच, मिश्री आधा छटाँक मिट्टी के बर्जन में रात को भिगो दें। प्रातः छानकर पीने से उच्च रक्तचाप में लाभ होता है।

रुद्राक्ष—पंचमुखी रुद्राक्ष पहनने से लाभ होता है।

अल्परक्तदाब (Hypotension) में छाछ और हींग का सेवन लाभदायक है। इसमें नमक अधिक लेना चाहिए।

पुदीना—निम्न रक्तचाप के रोगी पुदीने की चटनी या रस में सेंधा नमक, कालीमिर्च, किशमिश डालकर सेवन कर सकते हैं।

इन्फ्लूएन्जा (Influenza)

इन्फ्लूएन्जा को संक्षेप में फ्लू कहते हैं। इसमें अचानक शरीर की माँसपेशियों में दर्द के साथ बुखार आता है। अधिकतर यह शीत ऋतु या बसन्त में होता है। यह संक्रमण से फैलता है। हमेशा इसके लक्षणों में कुछ-न-कुछ परिवर्तन होता रहता है। पहले अचानक सर्दी लगती है और फिर बुखार 102-103 डिग्री तक हो जाता है। बुखार के साथ प्रधान पहचान के लक्षण हैं—छींकें, बदन में दर्द, सिर-दर्द, सूखी खाँसी, अरुचि और कमजोरी। दो दिन बुखार रहकर फिर उतरने लगता है। एक व्यक्ति को होने पर यह दूसरों को प्रभावित करता हुआ फैलता जाता है।

बचाव—भीड़ में नहीं जाना चाहिए, काम करते समय थकान नहीं होनी चाहिए। नित्य गर्म पानी में नमक डालकर गरारे करते रहना चाहिए। शरीर पर सरसों के तेल की मालिश करें तथा नित्य प्रातः सरसों का तेल सूँघें।

चिकित्सा—शरीर के विभिन्न अंग और हड्डियाँ टूटने, दर्द करने, नजला, जुकाम और फ्लू होने पर गर्म पानी में नीबू का रस पीते रहने से इन रोगों से बचा जा सकता है। ये रोग होने पर इसे बार-बार पीना चाहिए।

नारंगी—संसार के कुछ भागों में विश्वास है कि जब इन्फ्लूएन्जा हो रहा हो या महामारी के रूप में फैल रहा हो तो नारंगी खाने से बचा जा सकता है, फ्लू होने पर भी यह लाभदायक है।

अजवाइन—(1) 3 ग्राम अजवाइन और 3 ग्राम दालचीनी—दोनों को उबाल कर इनका पानी पिलायें। (2) बारह ग्राम अजवाइन दो कप पानी में उबालें, आधा रहने पर ठण्डा करके छान कर पीयें। इसी प्रकार नित्य चार बार पीने से फ्लू शीघ्र ठीक हो जाता है।

अदरक—3 ग्राम अदरक या सौंठ, 7 तुलसी के पत्ते, 7 काली मिर्च, जरा-सी दालचीनी, सब को 250 ग्राम पानी में उबाल कर शक्कर मिलाकर गर्म-गर्म पीने से इन्फ्लूएन्जा, जुकाम, खाँसी और सिर-दर्द दूर हो जाता है। रोग फैलने के समय इसके द्वारा अच्छा बचाव होता है।

दालचीनी—इन्फ्लूएन्जा होने पर दालचीनी पाँच ग्राम, दो लौंग, चौथाई चम्मच सौंठ को पीसकर एक किलो पानी में उबालें। चौथाई पानी रहने पर छान कर इस पानी के तीन हिस्से करके दिन में तीन बार पिलायें।

पीपल—दूध में दो पीपल या चौथाई चम्मच सौंठ डालकर उबालकर पीयें।

शहद—2 चम्मच शहद, 200 ग्राम गर्म दूध, आधा चम्मच मीठा सोडा मिलाकर सुबह और इसी मात्रा में शाम को पिलायें। इससे बहुत पसीना आयेगा। पसीने में हवा न लगने दें। इससे जुकाम, फ्लू ठीक हो जायेगा। फ्लू होने पर शहद के सेवन से खाँसी के कीटाणु नष्ट होते हैं, बुखार और सिर-दर्द कम होता है।

तुलसी—12 ग्राम तुलसी के पत्तों को 250 ग्राम पानी में औटा (Boil) लें। जब चौथाई पानी रह जाये जो छानकर सेंधा नमक मिलाकर गर्म-गर्म पिला दें।

बुखार जब तक रहे, अन्न की कोई चीज खाने में न दें। चाय, दूध, मौसमी का रस, मुनक्का दें।

नाखूनों से रोगों की पहचान

नाखून आपके स्वास्थ्य व सौन्दर्य का श्रेष्ठ दर्पण है। नाखूनों का स्वयं का कोई रंग नहीं होता। वे पारदर्शी होते हैं। स्वस्थ दशा में नखों का जो मोतियों की तरह गुलाबी रंग दिखाई देता है वह नाखून के नीचे के स्वस्थ रक्त के कारण चमकता है। यदि आप किसी नख को जोर से दबाकर देखें तो वह रक्त के इधर-उधर सिमट जाने के कारण दूधिया रंग का दिखाई पड़ने लगता है।

जिन व्यक्तियों में रक्त की कमी होती है या जो तनावग्रस्त रहते हैं या रुग्ण रहते हैं उनके नाखून गुलाबी न होकर पीले या सफेद नजर आते हैं। चिकने, सफेद धब्बों व धारियों से रहित नाखून आपकी स्वस्थता व सौन्दर्य की सही पहचान हैं।

हृदय-रोग—अँगुलियों के अन्तिम सिरे के ऊपर नख मुड़े हुए होना हृदय या फेफड़े के रोग का प्रतीक है।

स्नायविक दुर्बलता—नाखून टेढ़े या तवाकार हों तो रक्तहीनता से पीड़ित होने के कारण ऐसा होता है। नाखूनों में आड़े उभार पैदा होना नख वृद्धि में रुकावट से होता है। इसका कारण दुर्बलता एवं मुख्यत: अत्यधिक स्नायविक दुर्बलता से पीड़ित होना है। कभी-कभी बिना नाखूनों की अँगुलियों वाले बच्चे भी पैदा होते हैं। इस लक्षण वाले शिशु में बहुधा पैदायशी गंजापन पाया जाता है।

नाखून टूटना— यदि नाखून टूटे, फटे, त्वचा से अलग हो गये हों तो सरसों के गुनगुने तेल में अँगुलियाँ दस मिनट तक डुबायें। बाद में धीरे-धीरे मलें जिससे उनमें रक्त प्रवाह हो। यदि

आपके नाखून आसानी से टूट जाते हैं तो कैल्शियम से युक्त भोजन व दूध प्रचुर मात्रा में लें। नाखूनों की सभी तरह की शिकायतों में दूध उपयोगी रहता है।

नाखूनों को मजबूत और चमकीला बनाने के लिए जैतून के तेल की मालिश करनी चाहिए। नाखूनों पर नियमित रूप से फिटकरी का पाउडर जैतून के तेल में मिलाकर लगाया जाए तो नाखूनों का टूटना बंद हो जाता है।

नारियल या तारपीन का तेल भी नाखूनों की स्वाभाविक चमक और मजबूती को बनाए रखता है। इसी प्रकार ग्लिसरीन को नाखूनों पर मलने से उनका सूखापन दूर हो जाता है और वे सुन्दर लगने लगते हैं।

कैल्शियम की कमी—नाखूनों में खुरदरापन है, समतलता नहीं है, छोटे बच्चे नाखून चबाते हैं, ये सब कैल्शियम की कमी से होते हैं। कैल्शियम की कमी से नाखून छोटा रह जाता है व चमक जाती रहती है या नाखून बढ़ता है तो बहुत पतला व मुलायम रहता है।

—न्याय, 16-12-1979

नीबू—(1) यदि आपके नाखून न बढ़ते हों तो गर्म पानी में नीबू निचोड़ कर उसमें पाँच मिनट अँगुलियाँ रखें, फिर तुरन्त हाथ ठंडे पानी में रखें। इससे नाखून बढ़ने लगेंगे।

(2) नाखूनों पर नीबू का रस लगाने से बहुत मजबूत और सुन्दर रहते हैं। अँगुलियों को धोकर उनके अग्रभाग नीबू में रगड़ कर सुखा लें।

(3) नीबू का रस निकालने के बाद छिलकों को हाथों और नाखूनों पर रगड़ने से नाखूनों की चमक बढ़ जाती है।

बिस्तर में पेशाब करना (Enuresis)

आँवला—एक ग्राम पिसा हुआ आँवला, एक ग्राम पिसा हुआ काला जीरा और दो ग्राम पिसी हुई मिश्री मिलाकर फँकी लें। ऊपर से ठण्डा पानी पीयें। बिस्तर में पेशाब करने का रोग दूर हो जायेगा।

जामुन—जामुन की गुठली को पीसकर एक चाय की चम्मच भर फँकी पानी से लेने पर बिस्तर में पेशाब करने का रोग दूर हो जाता है।

छुहारा—बच्चा बिस्तर में पेशाब करता हो तो नित्य रात को कुछ दिन छुहारे खिलायें। बूढ़े आदमी बार-बार पेशाब जाते हों तो नित्य छुहारे खिलायें। दिन में दो बार छुहारे खायें, रात को छुहारा खाकर दूध पीयें।

तिल—50 ग्राम काले तिल, 25 ग्राम अजवाइन, 100 ग्राम गुड़ में मिला लें। इसे 8 ग्राम सुबह-शाम दो बार नित्य खाते रहने से बार-बार पेशाब जाना एवं बच्चों का बिस्तर पर पेशाब करना बन्द हो जायेगा।

अखरोट—जो बच्चे बिस्तर में पेशाब करते हैं, उन्हें दो अखरोट और 20 किशमिश नित्य दो सप्ताह खिलायें। इससे बच्चे बिस्तर में पेशाब करना छोड़ देते हैं।

शहद—सोते समय शहद का सेवन कराते रहने से बच्चों को नींद में मूत्र निकल जाने का रोग दूर हो जाता है।

मुनक्का—5 मुनक्का रोजाना सोते समय खाते रहने से बिस्तर में पेशाब करना बन्द हो जाता है।

गर्भस्राव (Abortion)

तीन माह से पूर्व यदि गर्भ गिरता है तो गर्भस्राव कहलाता है। जब गर्भस्राव होता है तो रक्तस्राव होने लगता है। केवल रक्तस्राव ही होता है, तो यह Threatened Abortion कहलाता है। यदि रक्त स्राव के साथ दर्द रहे तो गर्भस्राव होने की अत्यधिक सम्भावनायें होती हैं।

कारण—नई बीमारियाँ, जैसे—निमोनिया, संक्रामक-ज्वर,पुरानी बीमारियाँ, जैसे—सिफलिस, टी.बी.। गर्भाशय सम्बन्धी खराबी, पेट में आघात लगना, भय, मानसिक आघात, बच्चे का ठीक ढँग से विकास व निर्माण न होना, गर्भस्राव होने की प्रवृत्ति, विटामिन 'ई' की कमी, अन्तःस्रावी ग्रन्थियों की खराबी आदि अनेक कारणों से गर्भस्राव होता है। यदि किसी स्त्री को लगातार दो बार गर्भपात हो चुका है तो अगला गर्भ भी गिरने की सम्भावना हो सकती है। तीन बार गर्भ गिरने पर तो चौथी बार गर्भस्राव होने की अत्यधिक संभावना होती है। क्षयग्रस्त स्त्रियाँ जो नाजुक, कोमल प्रकृति की होती हैं, प्रायः गर्भस्राव करती हैं।

गर्भस्राव रोकने के सहायक उपाय—जिस स्त्री को गर्भस्राव होता हो, उसे भारी बोझा नहीं उठाना चाहिए। आराम करना चाहिए। रक्तस्राव तथा पेट-दर्द होने पर तो पूर्ण आराम करना चाहिए। रक्तस्राव की स्थिति में चारपाई के पाँव की ओर के पायों के नीचे ईंट लगाकर ऊँची कर देनी चाहिए। जो कारण समझ में आयें उन्हें दूर करना चाहिए। पति-सहवास नहीं करना चाहिए। माँ को स्वस्थ रहना चाहिए। स्वस्थ माँ ही स्वस्थ बच्चे को जन्म देती है।

चिकित्सा—जिन्हें बार-बार गर्भस्राव हो उन्हें गर्भधारण के प्रथम माह से ही चिकित्सा आरम्भ कर देनी चाहिए। जिन्हें गर्भस्राव की प्रवृत्ति हो उन्हें बिना गर्भ के ही सतर्कता, गर्भस्राव रोकने वाली वस्तुयें सेवन करते रहना चाहिए।

विटामिन 'ई'—यह गेहूँ और अन्य बीजों के फूटते अंकुरों में मिलता है, कोमल पत्तों एवं दूध में मिलता है। गर्भधारण एवं स्वस्थ गर्भस्थ के लिए यह आवश्यक है। विटामिन 'ई' की कमी से पुरुष में शुक्रों (sperms) को उत्पन्न करने वाली थैली नष्ट हो जाती है, जिससे शुक्र-कणों में क्षीणता आ जाती है और पुरुष में बच्चा पैदा करने की शक्ति नष्ट हो जाती है। जिन पुरुषों के वीर्य में शुक्र नहीं होते उन्हें विटामिन 'ई' निरन्तर लेना चाहिए। निम्न वस्तुओं में विटामिन 'ई' बहुत मिलते हैं—

गेहूँ—गेहूँ को बारह घंटे पानी में भिगोयें, फिर गीले मोटे कपड़े में बाँध कर चौबीस घंटे रखें। इनमें अंकुर निकल आयेंगे। इन अंकुरित गेहुँओं में भरपूर विटामिन 'ई' मिलता है। विस्तृत ज्ञान के लिए '*भोजन के द्वारा चिकित्सा*' पुस्तक में गेहूँ के गुण पढ़ें।

पिस्ता—पिस्ते में भी विटामिन 'ई' मिलता है। विटामिन 'ई' गर्भस्राव रोकता है।

अनार—100 ग्राम अनार के ताजा पत्ते पीसकर, पानी में छानकर पिलाने और पत्तों का रस पेडू पर लेप करने से गर्भस्राव रुक जाता है।

सिंघाड़ा—गर्भाशय की निर्बलता से गर्भ नहीं ठहरता, गर्भस्राव हो जाता है। इसमें कुछ सप्ताह ताजे सिंघाड़े खाने से लाभ होता है।

चना—यदि गर्भपात का भय हो तो काले चनों का काढ़ा पिलायें।

फिटकरी—पिसी हुई फिटकरी चौथाई चम्मच एक कप कच्चे दूध में डालकर लस्सी बनाकर पिलाने से गर्भपात रुक जाता है। गर्भपात के समय जब दर्द, रक्तस्राव हो रहा हो तो हर दो-दो घण्टे से एक खुराक दें।

सौंफ—यदि बार-बार गर्भपात होता हो तो—(1) गर्भधारण करने के बाद 62 ग्राम सौंफ, 31 ग्राम गुलाब का गुलकन्द पीसकर पानी मिलाकर एक बार नित्य पिलाने से गर्भपात नहीं होता।

(2) पूरे गर्भकाल में सौंफ का अर्क पीते रहने से गर्भ स्थिर रहता है।

जौ—12 ग्राम जौ का छाना हुआ आटा, 12 ग्राम काले तिल और 12 ग्राम शक्कर महीन पीसकर शहद में मिलाकर चाटने से गर्भपात नहीं होता।

प्रदर (Leucorrhoea)

यह नारियों के गुप्तांग से बहने वाला पानी जैसा स्राव है। प्रदर स्वयं में कोई रोग नहीं है बल्कि अनेक रोगों के परिणामस्वरूप होता है।

दूर करने के उपाय—उत्तम स्वास्थ्य बनाये रखना, पूर्ण सफाई, हल्का व्यायाम, कब्ज दूर करना, चाय, मैदा, तली हुई चीजों का त्याग, फल, सब्जियाँ खाना। काम, क्रोध, शोक, चिन्ता आदि भावनात्मक उद्वेगों से बचना चाहिए।

आँवला—(1) तीन ग्राम पिसा हुआ आँवला (चूर्ण), 6 ग्राम शहद में मिलाकर नित्य एक बार 30 दिन लेने से श्वेत प्रदर में लाभ होता है। परहेज खटाई का रखें। (2) बीस ग्राम आँवले का रस शहद में मिलाकर एक माह लगातार पीने से श्वेत-प्रदर में लाभ होता है।

केला—(1) केला खाकर ऊपर से दूध में शहद मिलाकर पीने से श्वेत प्रदर में लाभ होता है। (2) एक केला आठ ग्राम घी के साथ सुबह-शाम दो बार दस दिन तक खायें। केले की दूध में खीर बनाकर खाने से भी लाभ होता है। (3) कच्चे केले की सब्जी बनाकर खायें। (4) दो केले और 3 चम्मच शहद मिलाकर खायें।

फालसा—श्वेत-प्रदर में फालसा लाभदायक है।

टमाटर—टमाटर का सेवन श्वेत प्रदर में लाभदायक है।

सिंघाड़ा—सिंघाड़े के आटे का हलुवा खाने से श्वेत प्रदर एवं रोटी खाने से रक्त प्रदर ठीक हो जाता है।

अनार—अनार के ताजा हरे पत्ते 30 तथा दस काली मिर्च पीस कर आधा गिलास पानी में घोल कर छान कर नित्य सुबह-शाम पीयें।

चावल—आधा कप चावल एक कप पानी में भिगो दें। 100 ग्राम मूँग तवे पर सेक कर पीस कर शीशी भर लें। एक चम्मच मूँग का यह चूर्ण भीगे हुए चावल के पानी के एक कप में घोल कर नित्य एक बार पीयें। श्वेत प्रदर में लाभ होगा।

चना—सिके हुए चने पीसकर उनमें खाण्ड (Sugar) मिलाकर खायें। ऊपर से दूध में देशी घी मिलाकर पीयें। इससे श्वेत प्रदर गिरना बन्द हो जाता है।

मसूर की दाल—मसूर के आटे का चूरमा, मलीदा बनाकर खाने से प्रदर में लाभदायक है।

फिटकरी—श्वेत प्रदर व रक्त प्रदर—दोनों में चने के बराबर फिटकरी पानी से नित्य तीन बार फँकी लेने से ठीक हो जाते हैं। फिटकरी पानी में मिलाकर मूत्रांग को गहराई तक सुबह-शाम धोयें, पिचकारी दें।

जीरा—श्वेत प्रदर होने पर जीरा भूनकर चीनी के साथ दें।

सौंठ—10ग्राम सौंठ पाव भर पानी में डालकर उबालें। चौथाई पानी रहने पर छानकर पीयें। इस प्रकार तीन सप्ताह पीयें।

तुलसी—(1) तुलसी के पत्तों का रस और शहद समान मात्रा में मिलाकर प्रात: और शाम को चाटने से लाभ होता है। (2) तुलसी के रस में जीरा मिलाकर गाय के दूध के साथ सेवन करें। तुलसी के पत्ते के रस में मिश्री मिलाकर सेवन करने के रक्त प्रदर ठीक हो जाता है।

हिस्टीरिया (Hysteria)

लक्षण—हिस्टीरिया को पहचानने के निश्चित लक्षण नहीं होते। हिस्टीरिया का प्रमुख लक्षण मूर्च्छा या बेहोशी का दौरा है। दौरा 24 से 48 घंटे तक रहता देखा गया है। किसी-किसी को बार-बार, जल्दी-जल्दी दौरा आता है। दौरे के समय रोगी को कुछ ज्ञान नहीं रहता है। इसमें रोगी के मन और मस्तिष्क के लक्षणों पर अधिक ध्यान देना चाहिए। यह रोग अधिकतर स्त्रियों को होता है।

कारण—यह ऐसी नवयुवतियों को होता है जिन्हें मन में विश्वास होता है कि उनकी देखभाल एवं सहानुभूति रखने वाले हैं। यदि यह सहानुभूति का भाव निकल जाये तो यह रोग तत्काल चला जाये। प्रधान कारण पति-पत्नी में द्वेष, काम की अतृप्ति, चिन्ता, भय, शोक, पारिवारिक कष्ट, आकस्मिक मानसिक आघात, गर्भ, मासिक धर्म सम्बन्धी कारण, अपच आदि से हिस्टीरिया होता है।

चिकित्सा—कारणों को दूर करें। रोगी की बेहोशी से तनिक भी चिन्तित न हों। खुली हवा में घूमना, भोजन में फलों का सेवन अधिक, सत्साहित्य पढ़ना, दूध में चीनी के स्थान पर शहद मिलाकर पीना अधिक उपयोगी है।

उपचार की दृष्टि से दौरा पड़ते ही तुरंत रोगी को आराम से लिटाकर उसके मुँह पर शीतल जल के छींटे डालने चाहिए। ऐसे समय में तीव्र गंध वाली वस्तुएँ रोगी को सुँघाना तथा नाक के आसपास मलना भी लाभप्रद रहता है।

यह तो तात्कालिक उपचार है लेकिन इस मानसिक रोग का स्थाई इलाज केवल उन मानसिक उलझनों को दूर करना ही है, जिनके कारण यह रोग हुआ। इसके लिए रोगियों से मानसिक स्तर पर आत्मीय व स्नेहपूर्ण सम्बन्ध स्थापित कर उनकी परेशानियों का कारण जानना तथा उन्हें दूर करना ही सार्थक व कारगर उपचार है। तनाव के कारण दूर होते ही धीरे-धीरे यह रोग खुद खत्म हो जाता है। कई बार उम्र के साथ यह कम होता जाता है। कई मामलों में विवाह के बाद काम संतुष्टि मिलने पर भी यह रोग समाप्त हो जाता है।

हिस्टीरिया के रोगी को पौष्टिक भोजन, दूध, घी, चावल, अंगूर का रस, सेब, अनार, संतरा आदि दिए जाने चाहिए।

हिस्टीरिया दिमागी बीमारी है, इसका उपचार औषधियों की अपेक्षा मनोवैज्ञानिक स्तर पर किया जाना चाहिए। इसकी उपेक्षा करना व समुचित उपाय न करना बाद में घातक साबित हो सकता है।

नीबू—गर्म पानी में नीबू, नमक, जीरा, हींग भुना हुआ और पोदीना मिलाकर पीयें। यह प्रयोग कम-से-कम एक माह करें।

अनार—15 ग्राम अनार के पत्ते, 15 ग्राम गुलाब के ताजे फूल, 500 ग्राम पानी में उबालें। चौथाई पानी रहने पर छान कर 20 ग्राम घी मिलाकर नित्य पीयें। इससे हिस्टीरिया में लाभ होता है।

दूध—धारोष्ण दूध में मिश्री या शहद तथा भिगोई हुई दस किशमिश डालकर नित्य प्रात: 40 दिन लें। लाभ होगा।

प्याज—स्त्रियों के हिस्टीरिया या बेहोश होने पर प्याज का रस सुँघाने से होश में आ जाती हैं। मूर्च्छा भी इससे ठीक हो जाती है।

लहसुन—लहसुन का रस नाक में टपकाने से होश आ जाता है।

हींग—इसमें हींग सुँघाने से होश आ जाता है।

लाल मिर्च—होम्योपैथी में लाल मिर्च से बनी औषधि केप्सिकम एनम (Capsicum Annum) है। इसके मदर टिंचर की कुछ बूँदें, हिस्टीरिया की बेहोशी में नाक में डालने से होश आ जाता है।

दूध-वृद्धि

शिशुओं का सर्वोत्तम भोजन माँ का दूध है। बच्चे को दूध प्रसन्न मुद्रा में पिलाना चाहिए। क्रोध में दूध पिलाने से पेट में दर्द, ऐंठन होने लगती है। शिशु-जन्म के प्रथम तीन दिन माँ का दूध बच्चे को नहीं पिलाना चाहिए। यदि माँ के दूध कम हो, बच्चे का पेट न भरे तो निम्न वस्तुओं के सेवन से दूध बढ़ जाता है—

अंगूर—अंगूर खाने से दूध में वृद्धि होती है, कम दूध वाली स्त्री को ये खाने चाहिएँ।

पपीता—कच्चे पपीते की सब्जी खिलाने से स्तनों में दूध की वृद्धि होती है। पका हुआ पपीता खाने से भी दूध बढ़ता है।

गाजर—दूध पिलाने वाली माताओं को गाजर का रस पिलाने से भी दूध बढ़ता है।

प्याज—भोजन के साथ कच्चे प्याज का सेवन अधिक मात्रा में करने से माताओं के दूध बढ़ता है। जब भी भोजन करें, कच्चा प्याज भी साथ में खायें।

मटर—मटर स्त्रियों का दूध बढ़ाता है। मटर के कच्चे गुले खायें, सब्जी खायें।

उड़द—उड़द की दाल में घी मिलाकर खाने से स्तनों में दूध अधिक आता है।

चना—62ग्राम काबुली चने रात को दूध में भिगो दें। सवेरे दूध को छानकर अलग कर लें। इन चनों को चबा-चबाकर खायें, ऊपर से इसी दूध को गर्म करके पी लें। स्तनों में दूध बढ़ जायेगा।

एरण्ड का तेल—एक दो-माह तक सुबह-शाम एरण्ड का तेल मलते रहने से स्तनों में अधिक दूध पैदा हो जाता है।

जीरा—स्तनों में दूध की कमी होने पर जीरा भूनकर चीनी के साथ दो बार दें, दूध बढ़ेगा।

होंठ फटना

मूँगफली—नहाने से पहले हथेली में चौथाई चम्मच मूँगफली का तेल लेकर अँगुली से हथेली में रगड़ें और फिर होंठों पर इस तेल की मालिश करें। होंठों के लिए यह लाभप्रद है।

सरसों का तेल—सोने से पहले सरसों का तेल नाभि पर लगाने से होंठ नहीं फटते।

मौसमी—होंठों पर मौसमी का रस नित्य तीन बार लगायें। इससे होंठों का कालापन दूर होकर होंठ प्राकृतिक रूप से लाल रहते हैं। *—केयर 31-10-1988.*

घी—घी में जरा-सा नमक मिलाकर होंठों व नाभि पर लगाने से होंठ फटना बन्द हो जाते हैं।

बादाम—5 बादाम नित्य सुबह-शाम खाने से होंठ नहीं फटते।

ग्लिसरीन—नित्य दो बार होंठों पर ग्लिसरीन लगाने से लाभ होता है।

इलाचयी—होंठों पर पपड़ी जमकर उतरती है, दर्द करती है, होंठ फटते हैं तो इलायची पीस कर मक्खन में मिलाकर नित्य दो बार कम-से-कम सात दिन लगायें।

गुलाब—गुलाब के एक फूल को पीसकर उसमें थोड़ी-सी मलाई या दूध पर जमने वाली मलाई मिलाकर होंठों पर मलकर लेप कर दें। आधे घंटे बाद धो दें। कुछ दिनों के प्रयोग से ही आपके होंठों की रंगत गुलाब जैसी सुन्दर हो जायेगी, होंठ नहीं फटेंगे।

हड्डी टूटना

टमाटर—हड्डियों की कमजोरी दूर करने के लिए टमाटर का सेवन उपयोगी है। टमाटर में अन्य फल-सब्जियों की अपेक्षा चूना अधिक पाया जाता है। चूना हड्डियों को मजबूत बनाता है।

लहसुन—हड्डी टूट गयी हो, स्थान से हट गयी हो, हड्डी का कोई भी रोग हो, लहसुन के सेवन से लाभ होता है।

गेहूँ—12ग्राम गेहूँ की राख इतने ही शहद में मिलाकर चाटने से टूटी हुई हड्डियाँ जुड़ जाती हैं।

हल्दी—हड्डी टूटने पर हल्दी के नियमित सेवन से लाभ होता है।

शहद—हड्डी टूट जाने पर नित्य शहद का सेवन करते रहने से हड्डी जुड़ने में सहायता मिलती है। लेखक की '*शक्तिवर्धक भोजन*' पुस्तक पढ़ें।

हड़फूटन

कतीरा—यह एक प्रकार का गोंद होता है जो पंसारी के मिलता है। इसे कूटकर छोटे-छोटे टुकड़े कर लें। यह पानी में फूलकर बहुत बढ़ता है। अत: बड़े बर्तन में भिगोना चाहिए। यह आधा चम्मच एक गिलास पानी में रात को भिगो दें। प्रात: फूल जायेगा। इसमें शक्कर मिलाकर प्रात: खायें। इसे खाने से हड़फूटन टीक हो जाती है।

उड़द—छिलकेदार उड़द की दाल 5 चम्मच एक गिलास पानी में उबालें। आधा पानी रहने पर छानकर नित्य दो बार पीने से हड़फूटन ठीक हो जाती है।

शक्कर—हड़फूटनी हो, बदन में दर्द हो, बेचैनी हो तो आधा कप शक्कर की गर्म चाशनी पीकर चद्दर ओढ़ कर सो जायें, शीघ्र आराम होगा।

स्नायु रोग

स्नायु रोग के लक्षण—सहन शक्ति की कमी, नींद कम आना, जल्दी थक जाना, काम में मन नहीं लगना, जल्दी क्रोध आना, जीवन से निराशा, नकारात्मक मानस, आत्म-विश्वास की कमी इसके प्रधान लक्षण हैं।

कारण—आर्थिक हानि, चिन्ता, शोक, पारिवारिक अशान्ति, अधिक मेहनत, हस्तमैथुन, अति संभोग, असंतुलित आहार से यह रोग होता है।

उपचार—इस रोग में पाचन-क्रिया कमजोर होती है, इसलिए माँसाहार नहीं करना चाहिये। नित्य घूमना, व्यायाम, पौष्टिक पदार्थों का सेवन विशेषकर प्रोटीन, बी-काम्पलेक्स, फासफोरस वाले पदार्थ सेवन करें। '*शक्तिवर्धक भोजन*' पुस्तक में बताया मानसिक आहार करें।

आमवात (Rheumatism)

आमवात के अन्य नाम वात, गठिया वात, संधिवात भी है। इस रोग में जोड़ों में दर्द व सूजन होती है। तरुणावस्था में दर्द और ज्वर रहता है और पुराना होने पर नहीं रहता। रोगी चलने-

फिरने में असमर्थ हो जाता है। पैरों में ज्यादा दर्द रहता है। दुर्गन्धयुक्त पसीना, प्यास, सिर-दर्द रहता है। आमवात अनेक प्रकार का होता है। ठोड़ी का जकड़ना, स्वाद नष्ट होना, गर्दन, कमर, हाथ-पैर अकड़ना, पक्षाघात होना भी आमवात में ही शामिल है। जब जोड़ विकृत, टेढ़े-मेढ़े हो जाते हैं तो रूमैटाइड संधिशोथ (Rheumatoid Arthritis) कहलाता है। इसमें प्रातः उठने पर अँगुलियों, हाथों में अकड़न होती है।

कारण—दाँत गन्दे रहना, चिन्ता, अशान्ति, भय, शोक, अनिच्छा का काम-व्यापार, पानी में भीगना, ठंड लगना, आतशक, सूजाक, अधिक स्त्रीप्रसंग, ठंडी रूखी चीजें खाना, ज्यादा रात्रि-जागरण, टट्टी-पेशाब का वेग रोकना, चोट लगना, अधिक रक्त-स्राव, अति श्रम, मोटापा आदि कारणों से आमवात होता है।

जोड़ों में यूरिक एसिड जमा होने, अम्लविष एकत्रित होने, यक्ष्मा, विभिन्न रोगाणुओं के आक्रमण, भोजन में खनिज लवण और विटामिनों की कमी से यह रोग पैदा होता है।

चिकित्सा—आमवात में सेक, मालिश, पसीना लेना, भाप-स्नान लाभदायक है। आमवात के साथ निमोनिया भी हो जाता है। निमोनिया हो जाय तो पहले निमोनिया की चिकित्सा करें। रक्तशोधक भोजन चिकित्सा करें। सूजाक कारण रूप में मिले तो इसको आधार मानते हुए चिकित्सा करें। चावल आदि वायु बढ़ाने वाली चीजें न खायें। इसमें अंकुरित अन्न का सेवन लाभदायक है।

अध्यात्म से गठिया के दर्द में राहत

बीमारियों को अपने बुरे कर्मों का नतीजा मानने के बजाय यदि सकारात्मक सोच से धार्मिक आस्था और अध्यात्म का सहारा लिया जाए तो मरीजों को काफी राहत मिल सकती है। अमरीकी वैज्ञानिकों ने एक अध्ययन में पाया है कि जोड़ों के गठिया (रुमेटॉइड आर्थराइटिस) के असाध्य दर्द से पीड़ित मरीजों को धर्म एवं अध्यात्म की जीवन शैली अपनाने से दर्द कम करने और स्वस्थ होने में काफी मदद मिली।

सकारात्मक धार्मिक एवं आध्यात्मिक प्रवृत्तियों वाले मरीजों को अधिक प्रभावी ढंग से दर्द से मुक्ति एवं नियंत्रण पाते देखा गया। अपनी बीमारियों को पापों या ईश्वरीय प्रकोप मानने की नकारात्मक सोच दर्द बढ़ाती है। इसके विपरीत ईश्वर के निकट अथवा जीवन के प्रति जुड़ाव रखने वाले मरीजों को अधिक सामाजिक समर्थन भी मिलता है।

कुछ ध्यान रखने योग्य बातें

सामान्यतः संधिशोथ में व्यक्ति को कब्ज की शिकायत रहती है। रोगी को चाहिए कि वह शरीर में कब्ज न होने दे। इसके लिए एरण्ड-तेल का उपयोग लाभप्रद होता है।

रोगी को तेल, मक्खन, घी आदि में तले गए पदार्थों से परहेज करना चाहिए। इसी प्रकार, भिण्डी, कटहल, भात (चावल) का निषेध करना चाहिए, गेहूँ, ज्वार, जौ का प्रयोग करना उपयुक्त होता है। अपने आहार में अत्यन्त गरम मसालों तथा मिर्च का प्रयोग उचित नहीं है। सौंठ, काली मिर्च, जीरा, लौंग तथा दालचीनी जैसे मध्यम मसालों का प्रयोग लादायक होता है।

अचार, इमली, सिरका आदि पदार्थों से रोगी को दूर रहना चाहिए। रोगी की इच्छा हो, तो वह थोड़ी मात्रा में छाछ ले सकता है, परन्तु वह खट्टी न हो।

नीबू—मौसम के अनुसार ठंडे या गर्म पानी में नीबू निचोड़ कर नित्य नीबू-पानी पीना लाभदायक है। स्वाद के लिए इसमें शहद मिला सकते हैं, अर्थात् नीबू, शहद, पानी मिला कर पीयें।

हरे पत्ते वाली सब्जियाँ, यथा—पालक, बथुआ, चौलाई का रस हानिकारक है।

अखरोट, पेठा, लौकी, खीरा, खरबूजा खाना लाभदायक है।

गेहूँ—गेहूँ के घास का रस पीना इस रोग में बहुत लाभदायक है। इस तथ्य को सही समझने के लिए '*भोजन के द्वारा चिकित्सा*' पुस्तक पढ़ें। खट्टे फलों के रस, सब्जियाँ जैसे लौकी, टमाटर का रस पीकर ही रहने से यह रोग ठीक हो जाता है।

दही—आमवात के रोगी के लिए दही का सेवन हानिकारक है। ताजा मीठा दही अल्पमात्रा में केवल दोपहर के भोजन में लिया जा सकता है। माँस, मसूर की दाल भी इसमें हानिकारक है।

कैल्शियम, फास्फोरस—यदि रोग का प्रभाव हड्डियों पर हो जाये तो कैल्शियम, फास्फोरस वाले पदार्थ अधिक लें। इसके लिए लेखक की '*शक्तिवर्धक भोजन*' पुस्तक पढ़ें।

अंकुरित अन्न का सेवन भी आमवात में लाभकारी है।

टमाटर—गठियावाय (Gout) के रोगी के लिए टमाटर लाभदायक है।

पोदीना—50 पत्ती हरा पोदीना या आधा चम्मच पिसा हुआ सूखा पोदीना एक गिलास पानी में उबालें। उबालते हुए आधा पानी रहने पर छानकर नित्य दो बार पीयें। गठिया के दर्द में यह लाभ करता है।

गाजर—गाजर का रस सन्धिवात, गठिया को ठीक करता है। गाजर, ककड़ी, चुकन्दर (Beet) तीनों का रस समान मात्रा में मिलाकर पीने से शीघ्र लाभ होता है। यदि तीनों सब्जियाँ उपलब्ध न हों तो जो मिलें उन्हीं का मिश्रित रस पीना चाहिए।

आलू—पजामें या पतलून के दोनों जेबों में लगातार एक छोटा-सा आलू रखें तो यह आमवात से रक्षा करता है। आलू खिलाने से भी बहुत लाभ होता है। कच्चा आलू पीसकर वातरक्त (Gout) में अँगूठे पर लगाने से दर्द कम होता है। दर्द वाले स्थान पर लेप भी करें।

प्याज—(1) स्नायविक व वातरोग में प्याज लाभदायक है। होम्योपैथिक डॉ. युनान रोगियों को प्याज पकाकर खाने की अनुमति देते थे।

(*देखें—'युनान्स थेराप्यूटिक हिन्ट्स'—लेखक : डॉ. के.डी. गोस्वामी।*)

(2) प्याज का रस तथा सरसों का तेल समान मात्रा में मिला कर दर्द ग्रस्त अंगों पर मालिश करने से लाभ होता है।

लहसुन—(1) एक गाँठ लहसुन छील कर रात को एक कप पानी में डाल दें। प्रातः पीस कर उसी पानी में घोल कर पीजिये। इसके बाद एक चम्मच मक्खन खायें। इस प्रकार एक सप्ताह लें। एक सप्ताह बाद दो गाँठ इसी प्रकार दूसरे सप्ताह में, तीसरे सप्ताह में तीन गाँठ नित्य इसी प्रकार लें। वात रोग में लाभ होगा।

(2) लहसुन के तेल की मालिश प्रतिदिन करनी चाहिए। लहसुन की एक बड़ी गाँठ को साफ करके, दो-दो टुकड़े करके दूध में उबाल लेना चाहिए। इस प्रकार तैयार की गई लहसुन की खीर 6 सप्ताह पीने से गठिया दूर हो जाती है। यह दूध रात को पीना चाहिए। दूध की खीर, लहसुन को दूध में पीसकर, उबाल कर भी ले सकते हैं। मात्रा धीरे-धीरे बढ़ाते जाना चाहिए। खटाई,मिठाई का परहेज रखना चाहिए। लहसुन को पीसकर तिल के तेल में मिलाकर खाने से वात रोग में शीघ्र लाभ होता है। यह परीक्षित है। *—वैद्यराज पं. रामनारायण शर्मा।*

(3) आधा चम्मच लहसुन का रस एक चम्मच गर्म घी में मिला कर सुबह-शाम दो बार नित्य पीने से आमवात में लाभ होता है।

हींग—जोड़ों में दर्द हो, पैर में दर्द हो तो चने की दाल के बराबर हींग की फँकी पानी से एक बार नित्य एक महीना लें।

नमक—गठिया के रोग में रक्त में खटाई की प्रधानता हो जाती है, नमक खाने से यह खटाई बढ़ती है। अत: गठिया रोग के रोगी को नमक का सेवन नहीं करना चाहिये।

मेथी—(1) वायु एवं वात रोगों में मेथी का शाक लाभ करता है। मेथी को घी में भूनकर पीसकर छोटे-छोटे लड्डू बनाकर दस दिन सुबह-शाम खाने से वात-पीड़ा में लाभ होता है। गुड़ में मेथी का पाक बनाकर खिलाने से गठिया मिटती है।

(2) चाय की चार चम्मच दाना मेथी रात को एक गिलास पानी में भिगो दें। प्रात: पानी छानकर हल्का गर्म करके पीने से लाभ होता है। भीगी मेथी को अंकुरित करके खायें।

(3) दो चम्मच दाना मेथी को दो कप पानी में उबालकर जब आधा पानी रहे तो पानी नित्य दो बार एक महीना पीएँ। इससे गठिया, कमर-दर्द और कब्ज में लाभ होता है।

अदरक—वात, कमर, जाँघें, गृधसी दर्दों में अदरक के रस में घी या शहद मिलाकर पीना चाहिए। दस ग्राम सौंठ, सौ ग्राम पानी में उबालकर ठण्डा होने पर स्वादानुसार शक्कर या शहद मिलाकर पिलायें। यह अनुभूत है। सौंठ और हरड़ समान मात्रा में मिलाकर पीस कर दो बार रोजाना गर्म पानी से फँकी लें। जोड़ों के दर्द में लाभ होगा।

शहद—संधिवात ग्रस्त लोगों को लम्बे समय तक शहद बहुतायत में खाना चाहिए। इससे बहुत लाभ मिलता है। जोड़ों का दर्द कम होता है।

तुलसी—तुलसी के पत्तों को उबालते हुए इसकी भाप वात ग्रस्त अंगों पर दें तथा इसके गर्म पानी से धोयें। तुलसी के पत्ते, काली मिर्च, गाय का घी—तीनों मिलाकर सेवन करें। इससे वातव्याधि में लाभ होता है।

असगंद—असगंद और देशी बूरा (खांड) समान मात्रा में पीस कर मिलाकर तीन चम्मच सुबह-शाम गर्म दूध से फँकी लें।

रेत—रेत तवे पर सेक कर कपड़े में पोटली बाँध कर दर्द ग्रस्त अंगों का सेक करें।

चुकन्दर—चुकन्दर खाने से जोड़ों का दर्द दूर होता है।

ककड़ी—यूरिक एसिड की अधिकता से वात रोग हो तो ककड़ी और गाजर का रस आधा-आधा गिलास मिलाकर पीने से लाभ होता है। केवल ककड़ी का रस भी पी सकते हैं।

कुलथी—60 ग्राम कुलथी एक किलो पानी में उबालें। चौथाई पानी रहने पर छानकर उसमें थोड़ा सेंधा नमक और आधा चम्मच पिसी हुई सौंठ मिलाकर पीने से लाभ होता है।

तिल—तिल के तेल की मालिश करने से वात रोग में लाभ होता है।

गठिया या वायु के कारण शरीर में दर्द हो तों सौंठ 20 ग्राम, अखरोट की गिरी 40 ग्राम तथा काला तिल 160 ग्राम एक साथ कूट-पीसकर 100 ग्राम गुड़ के साथ मिलाकर रख लें। सुबह-शाम 20-20 ग्राम की मात्रा में गरम जल से सेवन करें।

नमक—सूजन वाले स्थान पर नमक या बालू मिट्टी की पोटली से सेक करें।

अजवाइन—(1) अजवाइन का अर्क या अजवाइन का तेल जोड़ों पर मलने से दर्द दूर हो जाता है। अजवाइन को तिल के तेल में उबाल कर तेल बना लें।

(2) एक चम्मच पिसी हुई अजवाइन में स्वादानुसार नमक मिलाकर प्रात: भूखे पेट गर्म पानी से नित्य फँकी लें।

(3) दो गिलास पानी में दो चम्मच अजवाइन और दो चम्मच नमक डालकर उबालें। फिर इसे सहन होने जैसा गर्म रहने पर कपड़ा भिगो कर दर्द वाले अंग का सेक करें।

चाय—चाय पेशाब में यूरिक एसिड बढ़ाती है। उससे जोड़ों का दर्द व वजन बढ़ता है। अत: वात के रोगियों को चाय नहीं पीनी चाहिए।

घुटनों का दर्द

खीरा—घुटनों का दर्द दूर करने के लिए भोजन में खीरा अधिक खायें और एक पोतिया लहसुन खायें।

आलू—घुटने के श्लेषकला-शोथ (Synovitis), सूजन व इस जोड़ में किसी प्रकार की बीमारी हो तो कच्चे आलू को पीसकर लगाने से बहुत लाभ मिलता है।

मोठ—घुटनों में दर्द नया हो या बहुत पुराना, मोठ के लड्डू खाने से शीघ्र ठीक हो जाता है।

यह मेरी माताजी श्रीमती भौंरी देवी का अनुभूत है। समान मात्रा में मोठ, चीनी, और गाय या भैंस का घी लें। मोठों को गर्म मिट्टी में सेक लें। फिर उनको पीस कर छान लें। उस आटे में घी डाल कर सेकें। फिर उसमें चीनी की चासनी बना कर मिला कर लड्डू बना लें। दो लड्डू एक बार प्रात: भूखे पेट खायें। तेल, तेज मसाले, खटाई जब तक लड्डू खायें, तब तक नहीं खायें। दर्द ठीक हो जायेगा।

जाँघ में दर्द

अदरक—जाँघ में दर्द होने पर एक चम्मच अदरक के रस में आधा चम्मच घी मिलाकर प्रात: भूखे पेट पीयें, लाभ होगा।

कमर का दर्द

नीबू—एक चम्मच नीबू का रस, एक चम्मच लहसुन का रस, दो चम्मच पानी—सब मिला कर पीयें। ऐसी दो खुराक सुबह-शाम नित्य पीयें। कमर का दर्द ठीक हो जायेगा।

—डॉ. पोद्दार जालेन्द्र महारथी।

मेथी—मेथी की सब्जी खाने से कमर-दर्द में लाभ होता है।

सहजन—कमर-दर्द में सहजन की सब्जी (फूल या फली) लाभदायक है।

छुहारा—कमर के दर्द में छुहारा लाभदायक है। दो छुहारे सुबह-शाम खाएँ।

आलू—कच्चे आलू की पुल्टिस कमर में लगायें।

गेहूँ—12ग्राम गेहूँ की राख इतने ही शहद में मिला कर चाटने से कमर और जोड़ों के दर्द में आराम होता है। गेहूँ की रोटी एक ओर सेक लें तथा एक ओर कच्ची रखें। कच्ची की ओर तिल का तेल लगा कर दर्द वाले अंग पर बाँध दें। इससे दर्द दूर हो जायेगा।

एरण्ड का तेल—कमर-दर्द होने पर एरण्ड के बीज की 5 मींगी दूध में पीसकर पिलाने से लाभ होता है।

जायफल—जायफल पानी में मिला कर तिल के तेल में मिला कर गर्म करें। अच्छी तरह गर्म होने पर ठण्डा करके कमर-दर्द पर मालिश करने से लाभ होता है।

अदरक—अदरक के रस में घी मिलाकर पीना चाहिए। कमर-दर्द में आराम मिलेगा।

दाँतों के रोग

लोगों के दाँत जल्दी कमजोर हो जाते हैं, खराब हो जाते हैं। इसका प्रमुख कारण यही समझा जा रहा है कि पहले का आदि मानव बहुत कड़ी खाद्य वस्तुओं का सेवन करता था जिससे दाँतों और मसूड़ों का पूरा व्यायाम हो जाता था और आज का मानव सरल, पका हुआ मुलायम भोजन जो सरलता से बिना अधिक श्रम के खाया जाता है, खाता है। चीनी, बिस्कुट, टाफी, चॉकलेट, आइसक्रीम, बर्फ आदि खाद्य पदार्थों का प्रचलन व प्रयोग बहुत बढ़ गया है। ये पदार्थ दाँतों के क्षय के लिए कुछ सीमा तक उत्तरदायी हैं।

कुछ बच्चों के दाँत बचपन से ही बहुत कमजोर एवं पीले होते हैं। इसका प्रमुख कारण यह है कि गर्भावस्था में उनकी माँ का पोषण ठीक से नहीं हुआ। गर्भवती महिलाओं को दूध व कैल्शियम का नियमित सेवन करना चाहिये। इससे बच्चे के दाँत अच्छे रहेंगे।

दाँतों की सुरक्षा के लिए कुछ भी खाने के बाद दाँतों की अच्छी तरह सफाई करें ताकि दाँतों के बीच फँसे खाद्य पदार्थों के कण निकल जायें। खाना ठीक प्रकार से खूब धीरे-धीरे व चबा-चबा कर खाना चाहिए।

दाँतों के स्वस्थ रहने पर सारे शरीर का स्वास्थ्य निर्भर करता है। दाँतों के खराब होने का सम्बन्ध पेट से है। दाँतों के रोग से पीड़ित व्यक्ति कब्जी, अपच, भूख की कमी से पीड़ित रहते हैं। अत: दाँतों के रोगों की चिकित्सा करते समय पेट को ठीक करने का प्रयत्न करते रहना चाहिए। चीनी, मीठी चीजें खाना दाँतों के लिए हानिकारक है। मिठास दाँतों में लगा रह कर दाँतों को गला (Decay) देता है। अत: जब कभी भी कुछ भी खायें दाँतों को अँगुली से रगड़ कर साफ करें, कुल्ले करें। यह सावधानी जीवन भर दाँतों को स्वस्थ रखेगी।

दूध—ऊपर का दूध पीने से बच्चों के दाँत जल्दी खराब होते हैं। शैशवावस्था में ही बच्चों में दन्त-रोगों का बीजारोपण हो जाता है। माँ का स्तन पान करने वाले शिशुओं की अपेक्षा ऊपर का दूध पीने वाले शिशुओं के दाँत आगे चल कर जल्दी खराब हो जाते हैं।

दूध पीने वाले शिशु शक्कर का सेवन करने से मीठे के आदि हो जाते हैं। इसीलिए तीन-चार वर्ष के होने तक वे मीठी वस्तुएँ खाना ही अधिक पसन्द करते हैं। जिससे आगे चलकर उनके दाँत जल्दी खराब हो जाते हैं। यदि इस दिशा में पहिले से ही सावधानी बरती जावे तो बच्चों के दाँत अधिक मजबूत हो जावेंगे और उनके जल्दी खराब होने का भय भी नहीं रहता। दूध में मिलायी जाने वाली चीनी ही बच्चों के दाँत खराब करती है। इसलिए दूध में चीनी नहीं मिलायें।

नीबू—ताजा पानी में नीबू निचोड़कर कुल्ला करने से दाँतों के रोगों में आराम मिलता है। निचोड़े हुए नीबू से दाँत रगड़ने से दाँत साफ, सुन्दर चमकदार होते हैं।

दाँतों की सफाई

यहाँ घरेलू दंत-मंजन के प्रयोग बताए जा रहे हैं जो दाँतों की सफाई के साथ-साथ दाँतों को स्वस्थ रखने और सामान्य रोगों को मंजन से ही ठीक कर सकते हैं।

तेजपात—सूखे तेज पत्तों को बारीक पीस कर हर तीसरे दिन एक बार मंजन करने से दाँत चमकने लगते हैं।

हल्दी—50 ग्राम पिसी हुई हल्दी में 5 ग्राम भुनी हुई फिटकरी मिलाकर नित्य मंजन करने

से **दाँतों में पानी लगना**, ठंडे पदार्थों से दर्द होना, रक्त आना बन्द हो जाता है। दाँत साफ रहते हैं और मजबूत हो जाते हैं।

नीबू—नीबू के छिलकों को सुखा कर पीस लें और मंजन के रूप में काम में लें। इससे दाँत साफ होंगे और साँस की बदबू दूर होगी। नमक, सरसों का तेल और नीबू का रस मिलाकर नित्य मंजन करने से दाँत मजबूत होते हैं और प्राय: सभी रोग मिट जाते हैं। निचोड़े हुए नीबू के छोटे टुकड़े करके दाँत साफ करने से दाँत चमकने लगते हैं। दाँत पीले पड़ गये हैं, और मसूड़े कमजोर और काले पड़ गये हैं, तो सवेरे दाँत साफ करने से पहले आधा चम्मच नमक में पाँच बूँद नीबू का रस मिला कर दाँतों और मसूड़ों पर लगा लें। पाँच मिनट बाद कुल्ला कर लें। टूथपेस्ट या मंजन से दाँत साफ कर लें। मसूड़ों पर कभी भी टूथब्रुश न रगड़ें, इससे मसूड़े ढीले पड़ते हैं। दाँतों में चमक लाने के लिए ग्लिसरीन लगायें और गुनगुने पानी से कुल्ला करें।

नीम—नीम की टहनी, पत्तियों सहित छाया में सुखा कर जलाकर राख बना लें। इसे पीस कर मंजन बना लें। स्वाद व सुगन्ध के लिए लौंग, पीपरमेन्ट, नमक मिला लें। इससे पायोरिया ठीक होता है। दाँत मजबूत होते हैं। नीम की टहनी से दातुन करना भी लाभदायक है।

—श्री भोजराज बापना

हरड़—हरड़ के चूर्ण से मंजन करने से दाँत साफ होते हैं। इसकी फँकी भी लें।

बादाम—(1) बादाम का छिलका जला कर ढक दें। दूसरे दिन पीसें और राख का पाँचवाँ भाग फिटकरी मिलाकर पुन: पीस लें। इससे मंजन करने से दाँत साफ होंगे एवं प्राय: सभी रोग दूर रहेंगे। (2) दाँतों की मजबूती के लिए बादाम के छिलके जला कर, बुझाकर, पीस कर सेंधा नमक मिला कर मंजन करें। सेंधा नमक और फिटकरी दोनों बादाम की पीसी हुई राख में मिला सकते हैं।

दाँतों की मजबूती

दाँतों की सफाई के पश्चात् आवश्यक है जीवन भर दाँत मजबूत रहें, कभी हिलें नहीं और उनमें छेद न हो, गलना आरम्भ नहीं हो। तेज गर्म और ठंडी चीजें जैसे आईसक्रीम खाने, केवल नर्म चीजें खाने से दाँतों की जड़ें कमजोर हो जाती हैं। अत: खान-पान में सावधानी रखनी चाहिए। यदि दाँत हिलते हों, दर्द करते हों, तो जब तक विवशता न हो जाये, दाँत को उखड़वाना नहीं चाहिए। यदि दाँत में छेद हो गया है तो उसे भरवा लेना चाहिए। चने चबा-चबा कर खाने से दाँतों का व्यायाम होता है जो दाँतों को मजबूत रखने में सहायक है। नीचे दाँतों को मजबूत रखने के प्रयोग बताये जा रहे हैं।

आम—आम के ताजा पत्ते खूब चबायें और थूकते जायें। थोड़े दिनों के निरन्तर प्रयोग से हिलते दाँत मजबूत हो जायेंगे। मसूड़ों से रक्त गिरना बन्द हो जायेगा। आम के हरे पत्ते छाया में सुखाकर जलाकर पीस लें। इससे मंजन करने से दाँत मजबूत और सफेद चमकने लगते हैं। दाँतों से रक्तस्राव भी बन्द हो जाता है।

तिल—32 ग्राम काले तिल सुबह दांतुन के बाद बिना कुछ खाये-पीये धीरे-धीरे खूब चबा कर खायें। इसमें गुड़, चीनी कुछ भी न मिलायें। ऊपर से एक गिलास ठण्डा पानी पीयें, चाहें तो रात को भी इस तरह तिल खा सकते हैं। इस प्रयोग से दाँत मजबूत होंगे।

हल्दी—हल्दी, नमक और सरसों का तेल मिलाकर नित्य मंजन करने से दाँत मजबूत होते हैं।

मिट्टी—दाँत हिलते हों, लगता हो कि टूटने वाला है तो चिकनी मिट्टी (चाहे काली हो या लाल) भिगोकर नित्य प्रात: व शाम को मसूड़ों पर लगायें। दाँत मजबूत हो जायेंगे।

टमाटर—टमाटर खाने से दाँत मजबूत होते हैं। टमाटर का सलाद नित्य लें।

गाजर—गाजर का रस प्रतिदिन पीने से मसूढ़ों और दाँतों में रोग पैदा नहीं होते। दाँतों की जड़ें मजबूत होती हैं।

नमक—बारीक पिसा हुआ सेंधा नमक दाँतों पर मलने से चमक आती है।

दाँत निकलना

छाछ—छोटे बच्चों को नित्य छाछ पिलाने से दाँत निकलने में कष्ट नहीं होता और दाँत का रोग भी नहीं होता।

शहद—दाँत निकलने वाले बच्चों के मसूड़ों पर शहद रगड़ने से दाँत बिना कष्ट के निकलते हैं।

तुलसी—तुलसी के पत्तों का रस शहद में मिलाकर मसूड़ों पर लगाने से और थोड़ा-सा चटाने से दाँत बिना कष्ट से निकल आते हैं। तुलसी के पत्तों का चूर्ण अनार के शर्बत के साथ देने से भी बच्चों के दाँत सरलता से निकल आते हैं।

अंगूर—दाँत निकलने के समय अंगूर का रस दो चम्मच नित्य पिलाते रहें। इससे दाँत शीघ्र निकल आते हैं। बच्चा सुडौल रहता है। स्वाद के लिए चाहें तो शहद मिलाया जा सकता है।

सौंफ—बच्चे के दाँत निकलते समय यदि बच्चा रोता हो तो दो चम्मच मोटी सौंफ एक कप पानी में उबाल कर छान लें। इसकी एक-एक चम्मच चार बार पिलायें। सौंफ का पानी दूध में मिलाकर भी पिला सकते हैं। इससे दाँत सरलता से निकल आयेंगे।

दाँतों में पानी लगना

मांजूफल—मांजूफल पंसारी के पास मिलता है। इसे बारीक पीस लें। नित्य इसका मंजन करने से दाँतों में पानी लगना बन्द हो जाता है। दाँत मजबूत होते हैं, रक्त निकलना बन्द होता है। सामान्य दन्त रोग मिटते हैं। (दाँतों की सफाई में हल्दी के प्रयोग भी पढ़ें।)

दाँतों से रक्तस्राव

टमाटर—दाँतों से रक्त निकलता हो तो टमाटर का रस दिन में 3 बार पीने से लाभ होता है।

दाँत खट्टे होना

बादाम—दाँत खट्टे हो जायें तो बादाम खायें। इससे दाँतों का खट्टापन दूर हो जायेगा।

नमक—खटाई खाने से दाँत आम गये हों तो पिसा हुआ नमक दाँतों पर मलें। गर्म पानी में नमक डालकर कुल्ले करें। गर्म चीज खायें।

दाँत-दर्द (Toothache)

प्याज—दाँत में दर्द या मसूढ़ों में पीड़ा होने पर प्याज का टुकड़ा उस जगह रख देने से दर्द दूर हो जाता है। प्याज चबाकर लुगदी दाँतों के पास रखें।

लहसुन—दाँतों में छेद होकर काले हो गये हों, दर्द करते हों तो दो कली लहसुन को सेक कर दर्द वाले दाँतों में दबाकर रखें। दर्द दूर हो जाएगा।

लौकी—लौकी या घीया 24ग्राम, लहसुन 20 ग्राम दोनों को पीस कर एक किलो पानी में उबालें। आधा पानी रह जाने पर छान कर कुल्ले करने से दाँत-दर्द ठीक हो जाता है।

सरसों का तेल—एक-दो बार सरसों का तेल एक नथुने से सूँघने पर दाँत का दर्द कुछ समय के लिए बन्द हो जाता है। सरसों का तेल, नीबू का रस, सेंधा नमक मिलाकर मंजन करने से दाँत साफ होते हैं, दर्द और हिलना बंद होता है। सरसों के तेल में नमक बहुत बारीक कपड़े से छान कर मिलाकर मंजन करने से भी दाँत-दर्द, मसूड़े फूलना ठीक हो जाता है।

हींग—दाँतों में कीड़े लगे हों, दाँत में दर्द हो तो दर्द वाले दाँतों के नीचे हींग रखकर दाँतों से दबा लें, दर्द बन्द हो जायेगा। होम्योपैथी में हींग से बनी औषधि ऐसाफिटिडा (Asasfoetida) है। इसके मूलार्क (Mother Tincture) को दाँत में कीड़ा लगने पर लगायें। दर्द ठीक हो जायेगा। हींग के गर्म पानी में रुई का फुआ भर कर दाँतों में दबाने से दर्द कम होता है।

नमक—दाँत-दर्द होने पर गर्म पानी में नमक डालकर कुल्ले करने से लाभ होता है। दाँतों, मसूड़ों में दर्द हो तो बारीक पिसा हुआ सेंधा नमक मलने से लाभ होगा। दाँत हिलता हो तो तिल के तेल में काला नमक पिसा हुआ मिलाकर मंजन करें।

अजवाइन—हर प्रकार का दाँत का दर्द अजवाइन के प्रयोग से ठीक होता है। आग पर अजवाइन डालकर दुखते हुए दाँतों पर धूणी दें। उबलते हुए पानी में नमक और एक चम्मच पिसी हुई अजवाइन डालकर ढँक कर रख दें। पानी जब गुनगुना रहे तो इस पानी को मुँह में लेकर कुछ देर रोकें, फिर कुल्ला थूक दें। इस प्रकार कुल्ला करें। अजवाइन का धुआँ और कुल्ला करने के बीच दो घण्टे का अन्तर रखें। इस प्रकार दिन में तीन बार करने से दाँत-दर्द ठीक हो जाता है।

तुलसी—तुलसी का पानी और काली मिर्च पीस कर गोली बना लें। इसे दुखते दाँत के नीचे दबाए रखने से दाँत-दर्द शान्त होता है।

पोदीना—पिसे हुए पोदीने से मंजन करने से दाँत-दर्द ठीक हो जाता है।

पानी—पहले दो मिनट गर्म पानी मुँह में रखें, फिर बहुत ठण्डा पानी दो मिनट मुँह में रखें, इस प्रकार चार बार करें। गर्म पानी से शुरू करें, ठण्डे से समाप्त करें। दर्द मिटने के बाद भी तीन दिन करें। मसूड़े फूलते हों तो गर्म पानी से कुल्ले करें। गर्म पानी से कुल्ले करने से दाढ़-दाँत की पीड़ा ठीक हो जाती है।

नीबू—एक नीबू के चार टुकड़े करके ऊपर नमक डालकर एक के बाद एक गर्म करके एक-एक टुकड़े को दुखते दाढ़-दाँत पर रख कर दबावें, इससे दर्द में लाभ होगा।

आँवला—दाँत में कीड़ा लगा हो, दर्द हो तो आँवले के रस में जरा-सा कपूर मिलाकर दाँत पर लगावें। दर्द दूर हो जावेगा।

मिट्टी—साफ मिट्टी से नित्य तीन बार मंजन करने से दाँत-दर्द ठीक हो जाता है।

लौंग—(1) पाँच लौंग पर नींबू का रस निचोड़ कर, पीस कर दाँतों पर मलने से दर्द दूर हो जाता है। यह दो बार मलें। (2) पाँच लौंग एक गिलास पानी में उबाल कर इससे नित्य तीन बार कुल्ले करने से दर्द ठीक हो जाता है। (3) दाँत में कीड़ा लगने पर लौंग को रखना या लौंग का तेल लगाना चाहिए।

नीम—नीम के पत्तों को पानी में उबाल कर कुल्ले करने से दाँतों का दर्द जाता रहता है।

कपूर—दाँत दर्द हो तो दर्द वाले दाँत पर कपूर दबायें। दाँत में छेद हो तो कपूर भर दें। दर्द दूर होगा, कीड़े मर जायेंगे।

हल्दी—हल्दी को आग पर भूनकर पीस लें। इसे दुखते दाँतों पर मलने से दर्द दूर हो जाता है। दाँतों के कीड़े मर जाते हैं। केवल हल्दी से मंजन करने से दाँत-दर्द ठीक होता है। हल्दी का टुकड़ा दर्द वाले दाँत में दबाये रखने से दाँत-दर्द कम होता है।

अमरूद—अमरूद के पत्तों को चबाने से दाँतों की पीड़ा दूर होती है। अमरूद के पत्तों को उबाल कर कुल्ले करने से दाँतों का दर्द, मसूड़ों का दर्द, सूजन दूर होती है।

फिटकरी—दाँत में छेद हो, दर्द हो तो फिटकरी रुई में रख कर छेद में दबा लें और लार टपकायें। दाँत दर्द ठीक हो जायेगा।

अदरक—दाँत-दर्द सर्दी से हो तो अदरक पर नमक डाल कर दाँतों के नीचे रखें।

मसूड़ों के रोग (Diseases of Gums)

नीबू—ताजे पानी में नीबू निचोड़ कर कुल्ला करें, पीयें। इससे मसूड़े फूलना, मुँह की दुर्गन्ध दूर होती है।

फिटकरी—एक भाग नमक, दो भाग फिटकरी बारीक पीसकर मसूड़ों पर नित्य तीन बार मलें। फिर एक गिलास गर्म पानी में पाँच ग्राम फिटकरी मिलाकर कुल्ले करें। इससे मसूड़े व दाँत मजबूत होंगे, रक्त, मवाद आना बन्द हो जायेगा।

पानी—गर्म पानी में नमक मिलाकर प्रति दिन दो बार कुल्ले करें। मसूड़े स्वस्थ होंगे।

सेब—दाँत गलते हों, छेद हों, मसूड़े फूलते हों तो खाना खाने के बाद नित्य सेब खायें इससे दाँत और मसूड़े ठीक हो जायेंगे और खराब नहीं होंगे।

गाजर—70 ग्राम गाजर का रस प्रतिदिन पीने से मसूड़े और दाँतों के राग पैदा नहीं होते।

प्याज—दाँत में दर्द या मसूड़ों में पीड़ा होने पर प्याज का टुकड़ा उस जगह रख देने से दर्द दूर हो जाता है।

शलगम—शलगम को कच्ची चबा-चबा कर खाने से मसूड़ों और दाँतों के रोग ठीक हो जाते हैं तथा दाँत साफ रहते हैं।

मेहँदी—मसूड़ों के ऐसे असाध्य रोग जो दूसरी औषधियों से न मिटते हों, मेहँदी के पत्तों के उबले हुए पानी से कुल्ला करने से मिटते हैं।

जीरा—मसूड़े फूलना, दर्द, टीस आदि होने पर भुना हुआ जीरा और सेंधा नमक समान भाग में पीस कर छान कर मसूड़ों पर रगड़ें और लार टपका दें।

अदरक—मसूड़े फूल जायें तो 3 ग्राम सौंठ दिन में एक बार गर्म पानी से फँकी लें। इससे दाँत का दर्द भी ठीक होगा।

अजवाइन—अजवाइन को तवे पर जला कर पीस कर मंजन करने से मसूड़ों के रोग मिटते हैं, दाँत साफ होते हैं।

पायोरिया (Pyorrhoea)

नमक—पायोरिया दूर करने के लिए सेंधा नमक बारीक पीस कर कपड़े में से छान लें। फिर एक भाग नमक चार भाग सरसों के तेल में मिला कर नित्य इससे ही मंजन करें। इससे लम्बे समय तक मंजन करते रहने से पायोरिया ठीक हो जाता है। यही नहीं दाँतों के अन्य सामान्य रोग जैसे दाँतों में दर्द, पानी लगना आदि भी ठीक हो जाते हैं। इसके साथ गाजर

अधिक खायें या इसका रस पीयें। चीनी, चाय, कॉफी आदि का सेवन नहीं करें। आपके दाँत स्वस्थ रहेंगे।

नारंगी—पायोरिया में नित्य नारंगी खाने से लाभ होता है। नारंगी के छिलकों को छाया में सुखा कर पीस लें। इससे नित्य मंजन करें।

आम—आम की गुठली की गिरी को महीन पीस लें और इससे नित्य मंजन करें। इससे पायोरिया एवं दाँतों के सभी रोग ठीक हो जाते हैं।

करमकल्ला—करमकल्ला या पत्ता गोभी के कच्चे पत्ते खाने से पायोरिया व दाँतों के अन्य रोगों में लाभ होता है।

कपूर—पायोरिया हो तो देशी घी में कपूर मिलाकर नित्य चार बार लगायें और लार गिराते रहें। फिर कुल्ले कर लें।

एरण्ड का तेल—एरण्ड का तेल और कपूर मिला कर नित्य दो बार सुबह-शाम मसूड़ों पर मलने से पायोरिया में लाभ होता है।

पालक—पालक का सेवन पायोरिया होने से बचाता है।

फिटकरी—पायोरिया, मसूड़ों में दर्द, सूजन, रक्त आता हो तो एक भाग नमक, दो भाग फिटकरी बारीक पीसकर मसूड़ों पर नित्य तीन बार मलें। फिर एक गिलास गर्म पानी में पाँच ग्राम फिटकरी डाल कर हिलाकर कुल्ले करें। इससे मसूड़े व दाँत मजबूत होंगे, उनसे रक्त मवाद आना बन्द हो जाएगा।

मिट्टी का तेल—इससे कुल्ला करने से पायोरिया दूर होता है। ध्यान रखें कि यह पेट में नहीं जाये।

पान—पान में चने की दाल के बराबर कपूर का टुकड़ा डाल कर पान चबायें। पीक थूकते जाएँ। ध्यान रहे कि पीक पेट में न जाए। इससे शीघ्र लाभ मिलेगा।

लहसुन—पायोरिया, मसूड़ों की सूजन, दर्द, बदबू हो तो एक चम्मच शहद में बीस बूँद लहसुन का रस मिला कर चाटें। 60 ग्राम सरसों के तेल में लहसुन को पीस कर डालें और गर्म करें। जब लहसुन जल जाये तो तेल को ठण्डा करके छान लें। इस तेल में तीस ग्राम जली हुई अजवाइन और 15 ग्राम सेंधा नमक पीस कर मिलायें। इससे मंजन करें। इससे दाँतों के सामान्य रोग ठीक हो जायेंगे। पायोरिया भी दो-तीन महीने प्रयोग करने से ठीक हो जाएगा।

रीठा—250 ग्राम रीठा के छिलके तवे पर जला कर पीस कर मेदा की चलनी से छान कर रख लें। नित्य चौथाई चम्मच रीठे की इस राख में 5 बूँद सरसों का तेल मिलाकर मंजन करें। यह मंजन दो महीने करें।

आँवला—आँवला जलाकर सेंधा नमक मिलाकर पीस लें। इसमें सरसों का तेल मिला कर मंजन करने से पायोरिया मिटता है।

नीबू—नीबू अत्यधिक सेवन करें, नीबू पानी में निचोड़ कर कुल्ले करें। नीबू का रस और शहद मिलाकर मसूड़ों पर मलते रहने से रक्त और पीव आना बन्द हो जाता है। दाँत मजबूत होते हैं।

पालक—पालक का रस दाँतों को मजबूत बनाता है। कच्चा पालक दाँतों से चबाकर खाना चाहिए। प्रात: भूखे पेट पालक का रस पीने से पायोरिया ठीक हो जाता है। इसमें गाजर का रस मिलाने से रक्त-स्राव भी बन्द हो जाता है।

मिट्टी—साफ मिट्टी पानी में भिगोकर कुछ समय मुँह में रखें। फिर थूक कर कुल्ला करें। मिठाई न खावें, इससे पायोरिया में लाभ होगा।

दाँत किटकिटाना

अजवाइन—पिसी हुई चौथाई चम्मच अजवाइन में जरा-सा सेंधा नमक मिलाकर खाने या फँकी लेने से दाँत किटकिटाना बन्द हो जाता है।

जीभ कटना

नारियल—पान खाने से जीभ फट गई हो तो सूखे नारियल की गिरी और मिश्री मिलाकर चबाने से लाभ होता है।

लौंग—पान खाने से जीभ कट गई हो तो एक लौंग मुँह में रखने से जीभ ठीक हो जाती है।

जीभ का मैलापन

टमाटर—लाल टमाटर पर सेंधा नमक डालकर खाने से जीभ का मैलापन दूर होता है।

मुँह की दुर्गन्ध

अनार—मुँह में दुर्गन्ध, मुँह में पानी आता हो तो अनार के छिलके पिसे हुए आधा चम्मच सुबह-शाम पानी से फँकी लें। छिलका उबाल कर कुल्ले करें।

जीरा—मुँह में बदबू आती हो तो जीरे को भून कर खाने से दूर हो जाती है।

तुलसी—तुलसी का पत्ता सब तरह की दुर्गन्ध का नाश करने वाला है। खाना खाने के बाद तुलसी के पत्ते चबाने से मुँह में दुर्गन्ध नहीं आती।

नीबू—ताजे पानी में नीबू निचोड़ कर कुल्ले करें, पीयें। मुँह की दुर्गन्ध दूर होगी।

पुदीना—यदि मुँह से दुर्गन्ध आती है तो पुदीना पीसकर जल में घोल लीजिए। इस पुदीना-मिश्रित पानी से दिन में दो-तीन बार कुल्ले करते रहने से मुख सुवासित हो उठता है।

धनिया—हरा धनिया खाने से मुँह में सुगन्ध रहती है।

अदरक—एक चम्मच अदरक का रस एक गिलास गर्म पानी में मिलाकर कुल्ले करने से मुँह की दुर्गन्ध दूर हो जाती है।

इलायची या **मुलैठी** चबाने से मुँह की दुर्गन्ध दूर होती है।

पानी—जब भी पानी पीयें, हाथ धोयें, पानी देखें, बार-बार पानी के कुल्ले करें।

मुनक्का—दस मुनक्का नित्य 15 दिन तक खाने से मुँह की दुर्गन्ध ठीक हो जाती है। मुँह में बदबू, कब्ज और दाँतों की सफाई की कमी से आती है। अतः इन पाठों में बताई बातों का भी प्रयोग करें।

गला बैठना, स्वर-भंग (Aphonia, Hoarseness)

स्वर-यंत्र में सूजन आने, जोर-जोर से अधिक बोलने, सर्दी, जुकाम, अधिक खाँसी, गले में घाव आदि कारणों से आवाज बैठ जाती है। गले में कैंसर, हिस्टीरिया, पक्षाघात हो जाने से भी गला बैठ जाता है। अधिक दिनों तक आवाज बैठी रहे तो बहुत सावधानी से चिकित्सा करानी चाहिए। विशेषज्ञों की सलाह ले लेनी चाहिए।

'*भोजन के द्वारा चिकित्सा*' के निम्न नुस्खों से गले की आवाज साफ आने लगती है। यदि रोगी कोई अन्य प्रकार की होम्योपैथिक, एलोपैथिक चिकित्सा भी कर रहा हो तो इन नुस्खों का

प्रयोग करने से लाभ शीघ्रता से होगा, हानि किसी प्रकार की नहीं होगी। **'जुकाम'** पाठ में वर्णित प्रयोग भी काम में लें।

घी—घी एक चम्मच, मिश्री एक चम्मच और 15 पिसी हुई काली मिर्च मिलाकर सुबह-शाम चाटने से गला बैठना ठीक हो जाता है। इसे चाटने के बाद कुछ घण्टे पानी न पीवें।

आँवला—एक चम्मच पीसे हुए आँवले की गर्म पानी से फँकी लेने से गला खुल जाता है। आवाज साफ आने लगती है।

नमक—गरम पानी में थोड़ा-सा नमक मिला कर कुल्ले करना चाहिए, यह सुबह तथा रात को सोते समय करना चाहिए।

मुलहठी—मुलहठी को मुँह में रखकर उसका रस चूसना चाहिए, मुलहठी का सत्व थोड़ा-थोड़ा मुँह में रखकर रस चूसने से भी लाभ होता है।

नीबू—गला बैठ जाए, गले में ललाई या सूजन हो जाये तो ताजा पानी या गर्म पानी में नीबू निचोड़कर नमक डालकर तीन-चार गरारे करने से लाभ होता है।

अदरक—(1) अदरक में छेद कर उसमें एक रत्ती हींग भरकर कपड़े में लपेट कर सेक लें। फिर पीसकर मटर के दाने के बराबर गोली बना लें। दिन में एक-एक गोली आठ बार तक चूसें। यह स्वर-भंग में लाभकारी है। अदरक का रस शहद में मिलाकर चाटने से बैठी हुई आवाज खुल जाती है। (2) आधा चम्मच अदरक का रस चौथाई कप गर्म पानी में मिलाकर आधा-आधा घण्टे में चार बार पीने से सर्दी, खट्टी चीजों के खाने से बैठा हुआ गला ठीक हो जाता है। अदरक के रस को गले में कुछ समय रोकना चाहिए। इससे गला साफ हो जाता है।

जामुन—जामुन की गुठलियों को पीस कर शहद में मिलाकर गोलियाँ बना लें। दो-दो गोली नित्य चार बार चूसें। इससे बैठा हुआ गला खुल जाता है। आवाज का भारीपन ठीक हो जाता है। ज्यादा दिन उपयोग करने से बिगड़ी हुई आवाज ठीक हो जाती है। अधिक बोलने, गाने वालों के लिए विशेष चमत्कारी उपयोग है।

लहसुन—गर्म जल में लहसुन का रस मिलाकर सुबह-शाम गरारे करें।

हींग—जुकाम का पानी गले में गिरने या जलवायु परिवर्तन से आवाज बैठ जाये तो आधा ग्राम हींग गर्म पानी में घोलकर दो बार गरारे करने से आवाज ठीक हो जायेगी।

काली मिर्च—(1) गला बैठने पर पिसी हुई काली मिर्च और घी मिलाकर भोजन करते समय पीने से लाभ होता है। (2) रात को सोते समय 12 काली मिर्च 6 बताशे हर बताशे में दो काली मिर्च रखकर चबाकर सो जायें। इसके ऊपर पानी न पीयें। सर्दी-जुकाम से बैठा हुआ गला ठीक हो जायेगा।

शहद—एक कप गर्म पानी में एक चम्मच शहद डालकर गरारे करने से आवाज खुल जाती है।

मूली—मूली के 12 बीज पीस कर गर्म जल के साथ फाँक लेने से गला साफ हो जाता है।

शलगम—शलगम को पानी में उबाल कर, पानी को छान कर उसमें शक्कर मिलाकर दो बार नित्य पीने से लाभ होता है।

पानी—एक भगोने में पानी डालकर उबालें। जब भाप उठने लगे तो गले में भाप खींचें। गर्म पानी में नमक डाल कर गरारे करें। गले का सेक करें।

अजवाइन—अजवाइन और शक्कर उबालकर दो बार पीने से गला खुल जाता है।

पान—पान में मुलहठी डाल कर रात को सोते समय खायें और सो जायें। प्रातः आवाज साफ हो जायेगी।

जौ—प्रातः 25 जौ चबा कर निगल जायें। इससे आवाज ठीक हो जायेगी।

कंठ सूखना

छुहारा—कंठ सूखने पर छुहारे की गुठली मुँह में रखने से लाभ होता है।

आलू बुखारा—आलू बुखारा दिन में चार बार चूसने व खाने से गले की खुश्की मिट जाती है।

गले में दर्द

गर्म प्रकृति की चीजें, औषधि सेवन, सर्दी, फ्लू, गले में सूजन होने पर गले में दर्द होता रहता है। गले में दर्द होने पर शीतल पेय (Cold Drinks) नहीं लेने चाहिएँ।

धनिया—हर तीन-तीन घण्टे से दो चम्मच सूखा साबुत धनिया चबा-चबा कर रस चूसते रहें। यह हर प्रकार के गले के दर्द के लिए लाभदायक है।

नमक—गर्म पानी में नमक डालकर गरारे करने से लाभ होता है।

इमली—इमली के पानी से कुल्ला करने से गले का दर्द दूर हो जाता है।

नीबू—(1) एक नीबू एक गिलास पानी में निचोड़कर कुल्ले और गरारे करें। गर्म पानी में नीबू निचोड़ कर पीएँ। (2) एक छोटा चम्मच नीबू के रस में एक बड़ा चम्मच शहद मिलाकर दिन में दो-तीन बार थोड़ी-थोड़ी मात्रा में खाने से गले का दर्द ठीक हो जाता है।

पालक—250 ग्राम पालक के पत्ते दो गिलास पानी में उबालकर आधा रहने पर छान लें। इस गर्म-गर्म पानी से गरारे करने से गले का दर्द ठीक हो जाता है।

शहतूत—शहतूत का शर्बत पीने से गले की खुश्की, दर्द ठीक हो जाता है।

गले के घाव

मूली—मूली का रस और पानी समान मात्रा में मिला कर नमक मिला कर गरारे करने से गले के घाव ठीक हो जाते हैं।

गले के काग (कौआ) की वृद्धि

दालचीनी—दालचीनी बारीक पीस कर अँगूठे से प्रातः काग पर लगायें और लार टपका दें। इससे काग-वृद्धि ठीक हो जायेगी।

नेत्रों के रोग

नेत्र रोगियों को नमक, लाल मिर्च, खटाई, तेल नहीं खाना चाहिए।

नेत्र रोगों के सामान्य कारण—अति सूक्ष्म, तेज चकाचौंध करने वाली वस्तुओं को अधिक देखने, रात्रि में अधिक जागने, शोक, क्रोध, अति मैथुन, मादक वस्तुओं के अति सेवन तथा नेत्र शक्तिवर्धक, पौष्टिक वस्तुओं के नहीं खाने से नेत्र रोग होते हैं। यहाँ बताई जा रही भोजन के द्वारा चिकित्सा की वस्तुओं के प्रयोग नेत्र-रोगें को दूर करने और प्राकृतिक रूप से नेत्रों को स्वस्थ रखने में लाभदायक है।

आँखों को स्वस्थ रखने के लिए कब्ज नहीं रहने देना चाहिए। प्रातः स्नान करते समय बालटी में पानी भर कर मुँह डुबो कर बार-बार आँखें खोलें। ऐसा करते समय मुँह में पानी का कुल्ला भरा रखें। रात को सोते समय हाथ, पाँव और आँखों को धोकर कुल्ले करें। फिर पाँवों के तलुओं पर सरसों के तेल की मालिश करें। ऐसा करते रहने से नेत्र स्वस्थ रहते हैं एवं अनेक विकार दूर हो जाते हैं। सिर पर सरसों का तेल लगाने और हरी दौब पर घूमने से नेत्रों को बल मिलता है। आँखों में थकान, तनाव मालूम पड़ने पर अन्धकार दर्शन पामिंग क्रिया करें। पौष्टिक पदार्थों का सेवन आँखों की ज्योति में गहरा सहयोग देता है। सूर्य ग्रहण कभी नहीं देखना चाहिए, इससे नेत्र का बिन्दु जल जाता है।

पानी—आँखों के रोगों में ठण्डा सेक आवश्यक है। नेत्र श्लेष्मा-कला शोथ के लिए यह अति आवश्यक है। जब नेत्र लाल हों, उष्मा बढ़ गई हो, सूजन हो, बार-बार ठण्डा पानी, गुलाब जल या कपड़े में बर्फ का टुकड़ा लपेट कर सेकना चाहिए। ठण्डे प्रयोग से छोटी धमनियों व शिराओं में संकोचन (Contraction) उत्पन्न होकर उष्मा, प्रदाह को शान्ति मिल जाती है। यदि शोथ की उत्पत्ति हो गई है तो शोथ की प्रथमावस्था के पश्चात् ठण्डा सेक अधिक नहीं करना चाहिए। **सेक की विधि**—कपड़े को पाँच बार मोड़कर 2 इंच की गोल गद्दी बना लें। फिर उसे बर्फ या पानी में भिगोकर ठण्डा कर लें, फिर अदल-बदल कर पलकों पर रखें। बर्फ न होने पर ठण्डे पानी से सेक करें।

ठंडे पानी का सेक—आँखों में दर्द, लाली, खड़का, सूजन चकाचौंध होने पर ठंडे पानी में कपड़ा भिगोकर आँखों पर रखें। गर्म होने पर पुनः ठंडे पानी में कपड़ा भिगो लें। यदि सर्दी से ये रोग हों तो इसी प्रकार गर्म पानी से सेक करें। मुँह में रूमाल रखकर फूँक मार कर मुँह की भाप से गर्म कर आँखों पर रखें।

नेत्र व्यायाम—(1) नेत्रों को गोल-गोल घुमायें। नेत्रों को पहले बाईं ओर, फिर दाईं ओर घुमाएँ। फिर नेत्रों को हथेली से दबायें और कुछ देर के लिए छोड़ दें। इससे इन्हें आराम मिलेगा। (2) नेत्रों से सीधे सामने की ओर देखें। फिर सिर की तरफ ऊपर, इसके बाद पैर की तरफ नीचे देखें। इस क्रिया को दस बार दोहराएँ। (3) नेत्रों को बाईं तरफ ऊपर की ओर ले जायें, फिर दाईं तरफ नीचे की ओर, फिर बाईं तरफ नीचे की ओर, फिर सामने की ओर देखें। ऐसा 10 बार करें।

अन्धकार दर्शन—दोनों हाथों की हथेलियों को कटोरी जैसी बनाकर आँखों को ढक लें। इससे आँखों के चारों ओर अन्धकार हो जायेगा। फिर आँखें खोल कर एक मिनट इस अन्धकार को देखें। इससे आँखों की थकान, खड़का, दर्द, लाली दूर होती है।

थकान, तनाव, पामिंग (PALMING)—लम्बे समय तक पढ़ते रहने से, तेज रोशनी में काम करने से आँखों में थकान पैदा होती है। किसी वस्तु को जोर लगा कर या बहुत दूर निगाह डालने से आँखों में तनाव पैदा होता है। ऐसी स्थिति में अन्धकार दर्शन के साथ पामिंग क्रिया भी लाभदायक है। हथेली के गूदे से आँखों को बार-बार धीरे-धीरे मलें। यह पामिंग क्रिया है। इसके बाद अन्धकार दर्शन करें। इससे थकान, तनाव शीघ्र दूर होता है।

आँखों में लाल डोरे अधिक सिगरेट पीने, नशा करने से दिखाई देते हैं। आँखों के नीचे काले घेरे रक्त की कमी, आँखों में अधिक तनाव से होते हैं। खीरा-ककड़ी के दो टुकड़े आँखों पर रख कर लेटने से तनाव कम हो जाता है।

नेत्रों का भेंगापन (Squint)

भेंगापन या तिरछा देखना सही और सीधा देखने के अभ्यास से ठीक हो सकता है। इसके लिए चश्मे के फ्रेम में बिना नम्बर का ग्लास लगवा कर उसके बीच का भाग सफेद रहने दें और चारों ओर काला रंग (paint) कर दें या काला कागज चिपका दें। इस ग्लास को भेंगी आँख पर पहन कर देखने के काम लें। इससे तिरछा देखने की आदत छूट जाती है।

अँगुली देखने का अभ्यास—भेंगापन दूर करने का यह सरल उपाय है। दायें हाथ के अँगूठे के पास वाली अँगुली को नाक के अगले भाग पर रखें, और इसे दोनों नेत्रों से देखने का अभ्यास करें। फिर अँगुली दाँयी कनपटी की ओर ले जाते हुए दोनों नेत्रों से देखें, फिर वापस भौंहों के बीच में लाकर देखें, फिर अँगुली को बाँयी कनपटी की ओर ले जाते हुए देखें। इस प्रकार पहले दाँयी और फिर बाँयी ओर देखने का चक्र आरम्भ करके देखें। इससे आँखों की नस-नाड़ियों को सीधी करने में सहायता मिलती है। देखने की क्रिया करते समय बार-बार पलक झपकते रहें।

नेत्र-स्वास्थ्यवर्धक प्रयोग

रात में देर तक जागने; तनाव ग्रस्त रहने; एलर्जी, नींद कम आने; धूल, धूप तथा प्रदूषित वातावरण में रहने से आँखें थकी-थकी, कान्तिहीन लगती हैं। अत: इन दोषों से बचें। ठंडी ककड़ी या कच्चे आलू की स्लाइस काटकर दस मिनट आँखों पर रखें। पानी अधिक पीएँ। पानी की कमी से आँखों पर सूजन दिखती है। सोने से 3 घंटे पूर्व भोजन करें।

त्रिफला—रात को मिट्टी के बर्तन में दो चम्मच त्रिफला एक गिलास पानी में भिगो दें। प्रात: छानकर उस पानी से आँखें धोने से प्राय: आँखों के समस्त रोग दूर हो जाते हैं।

गुलाब जल—गुलाब जल का फोहा आँखों पर एक घंटा बाँधने या रखने से गर्मी से होने वाले नेत्र-रोगों में आराम मिलता है।

बादाम—आँखों के हर प्रकार के रोग—आँखों से पानी गिरना, आँख आना, आँखों की दुर्बलता, आँखों की थकान आदि में रात को आठ बादाम की गिरी भिगोकर प्रात: पीस कर पानी मिलाकर पी जायें। ऊपर से दूध पीयें। सब चक्षु रोग ठीक हो जायेंगे। बादाम की आकृति आँख जैसी होती है। यह आँखों के लिए शक्तिप्रद है।

दूध—आँखों में चोट लगी हो, जल गई हों, मिर्च-मसाला गिरा हो, कोई कीड़ा गिर गया हो या डंक मारा हो, आँख लाल हो, दुखती हो, कीचड़ आती हो, प्रकाश सहन न होता हो तो रुई का फुआ गर्म दूध में भिगोकर ठंडा करके आँखों पर रखने से लाभ होता है। रात भर फुआ बाँधे रखें तो ज्यादा लाभदायक है। दो बूँद दूध की आँख में भी डालें।

नारियल—सूखे नारियल की गिरी और शक्कर 60 ग्राम प्रतिदिन एक सप्ताह खाने से आँखों के सामान्य रोगों में लाभ होता है। घी, बूरा या शक्कर, काली मिर्च से रोटी खायें।

केला, गन्ना—केला, गन्ना खाना आँखों के लिए हितकारी है। गन्ने का रस पीयें।

नीबू—एक नीबू एक गिलास पानी में नित्य पीते रहने से जीवन भर नेत्र ज्योति बनी रहती है।

पानी—गर्मी में आँखों के अनेक प्रकार के रोग हो जाते हैं—आँखें आना, खुजली होना, लाल हो जाना आदि। ऐसे समय गीली पट्टी का उपचार सबसे अधिक लाभदायक होता है, चित्त लेटकर दो-तीन इंच चौड़ी और आठ-नौ इंच लम्बी कपड़े की पट्टी लें, उसको शीतल जल में डाल दें और बारी-बारी से आँखों पर लगाएँ। ध्यान रहे कपड़ा आँखों की पलकों को भली प्रकार

से स्पर्श करता रहे। अँगुलियों के हल्के से दबाब से कपड़े को पलकों पर चिपका देना चाहिए। सुखद ठंडक अनुभव होगी और आँखें तरो-ताजा हो जाएँगी।

नेत्र-शक्तिवर्धक

आँवला—आँवले के सेवन से आँखों की दृष्टि बढ़ती है। पाव भर पानी में 6 ग्राम सूखा आँवला रात को भिगो दें। प्रातः इस पानी को छानकर आँखें धोयें। इससे आँखों के सब रोग दूर होते हैं और दृष्टि बढ़ती है। सूखे आँवले के चूर्ण की एक चाय की चम्मच की फँकी रात को पानी से लें।

गाजर—गाजर में विटामिन 'ए' होने से इसका रस आँखों की कमजोरी दूर करता है। बुढ़ापे में भी बिना ऐनक पढ़ सकते हैं। एक गिलास गाजर का रस शाम को चार बजे 40 दिन पीयें।

मसूर की दाल—इसकी दाल घी से छौंक कर तलकर खाने से नेत्रों को शक्ति मिलती है।

प्याज—प्याज के रस को आँखों में डालते रहने से नेत्र ज्योति बढ़ती है। इसको निरन्तर करें।

लौंग—लौंग नेत्रों के लिए हितकारी है।

आँखों की सफाई—गुलाब जल 12 ग्राम, नीबू का रस 5 बूँद, शहद 5 बूँद मिलाकर एक-एक बूँद नित्य चार बार आँखों में डालने से आँखें साफ रहती हैं। यदि इससे जलन तेज हो तो गुलाब जल और मिला लें।

नीबू—एक चम्मच पानी में एक बूँद नीबू का रस डालकर दो-दो बूँद आँखों में डालें। इससे आँखें स्वस्थ रहेंगी तथा सामान्य रोग दूर होंगे।

नेत्र-ज्योतिवर्द्धक

डरावने चित्र, चिन्ता, सिर-दर्द, रूसी (Dandruff), विषय भोगों में अत्यधिक आसक्ति से नेत्र दृष्टि दुर्बल होती है। नेत्र दृष्टि चाहे पास की हो या दूर की, चिन्ता ओर मानसिक तनाव से कमजोर होती है। दृष्टि कमजोर होते ही तुरन्त चश्मा नहीं लें। नेत्रों को आराम दें। नेत्र-शक्ति बढ़ाने का प्रयास करें।

नेत्र ज्योति बढ़ाने के लिए दिन में आँखों के चारों तरफ चेहरे पर सूखी मालिश करें अर्थात् चिकनाई न लगायें। रात को सोते समय ललाट पर घी की मालिश करें।

कटि स्नान—कटि स्नान करने से नेत्र दृष्टि बढ़ती है।

सूर्य दर्शन—सूर्योदय के समय, सूर्य के सामने खड़े होकर हाथों की अँगुलियाँ आँखों पर इस तरह रखें कि जाली-सी बन जाये, जिसमें से सूर्यकिरणें आँखों पर पड़ें। इस प्रकार दस मिनट सूर्य-दर्शन करके ठंडे पानी से नेत्र धोकर चेहरे की मालिश करें। प्रतिदिन शाम को जब धूप तेज न हो आँखें बन्द करके सूर्य के सामने बैठ जायें तथा शरीर को बायें से दायें और दायें से बायें घुमायें। ऐसा नित्य 20 मिनट तक करें। फिर आँखों को ठंडे पानी से धोयें। इससे नेत्रों को आराम मिलता है तथा नेत्र स्वस्थ रहते हैं।

चन्द्र-दर्शन—हर पूर्णमासी की रात को 15 मिनट चन्द्र-दर्शन करें।

दिन में कई बार आँखें बन्द करके ठंडे पानी से छींटे दें। साफ मोटे कपड़े की चार पर्त करके ठंडे पानी में भिगोकर आँखों पर रखें। गर्म होने पर हटा दें। यह दिन में कई बार करें। इस क्रिया से नेत्र स्वस्थ रहेंगे। आँखों में कोई भी रोग हो, इन क्रियाओं से लाभ होगा।

फूलगोभी—गोभी का रस पीने से आँखों की कमजोरी दूर होती है।

परवल—परवल का साग नेत्र रोगों में हितकारी है।

आँवला—आँखों के आगे अँधेरा आता हो तो आँवले का रस पानी में मिलाकर सुबह-शाम चार दिन पीने पे लाभ होता है।

प्याज—इसके निरन्तर प्रयोग से नेत्र दृष्टि बढ़ जाती है। रस को गुलाब जल में मिलाकर आँखों में डालते रहने से नेत्र ज्योति बढ़ती है। धुन्ध, जाला, नाखूना (Ptrigium), गुबार और मोतियाबिन्द दूर हो जाते हैं। यह अनुभूत औषधि है।

दूध—ताजा दूध (धारोष्ण) छानकर बिना गर्म किये मिश्री या शहद, भीगी हुई 20 किशमिश खाकर इनका पानी मिलाकर चालीस दिन पीने से नेत्र ज्योति बढ़ती है।

बेर—बेर ठण्डा, रक्त शोधक और नेत्र ज्योति बढ़ाता है।

टमाटर—अल्प दृष्टि में टमाटर लाभदायक है। इसके रस का एक गिलास नित्य पीयें।

गाजर—गाजर और पालक प्रत्येक का रस 125 ग्राम मिलाकर पीयें। इससे नेत्र ज्योति बढ़ेगी।

गेहूँ—गेहूँ के पौधे का रस पीने से आँखों की ज्योति बढ़ती है। यह 40 दिन लें।

घी—(1) नेत्र ज्योति बढ़ाने हेतु घी और मिश्री मिलाकर खायें। घी खाना भी आँखों के लिए उपकारी है। *हृदय रोगी यह नहीं खायें।*

(2) एक चम्मच गर्म घी में दस काली मिर्च पीसकर मिला लें और प्रात: पी जायें। इससे नेत्र ज्योति बढ़ती है। लम्बे समय तक पीते रहने से चश्मा उतर जाता है।

सरसों का तेल—पैरों के तलवों में सरसों के तेल की मालिश करने से आँखों की रोशनी बढ़ती है।

बादाम—10 बादाम रात को भिगो दें। सुबह छिलका उतार कर 12 ग्राम मक्खन और मिश्री मिलाकर एक-दो माह खाने से नेत्र ज्योति तेज हो जाती है। 40 दिन तक 7 बादाम, मिश्री, सौंफ—ये दोनों दस-दस ग्राम पीसकर रात को गर्म दूध से लेने से नेत्र ज्योति तेज हो जाती है। इसके बाद रात भर पानी न पीयें। इससे चश्मा लगाने की आवश्यकता नहीं रहेगी।

सौंफ—(1) भोजन के बाद सौंफ खाने से नेत्र ज्योति बढ़ती है। (2) आधा चम्मच पिसी हुई सौंफ, एक चम्मच शक्कर मिलाकर दूध से फँकी लें। नेत्र ज्योति बढ़ेगी।

काली मिर्च—(1) घी, काली मिर्च, मिश्री मिलाकर चाटें। इससे नेत्र ज्योति बढ़ती है।

(2) पिसी हुई काली मिर्च घी में मिलाकर चाँदनी रात में खुला हुआ रखें। यह आधा चम्मच नित्य खायें।

धनिया—हरा धनिया अकेले या आँवले के साथ पीसकर खाने से आँखों की कमजोरी दूर होती है, ज्योति बढ़ती है।

दोब—प्रात: नंगे पाँव हरी दोब पर तीन माह गर्मी में चलने से नेत्र ज्योति बढ़ती है।

नीबू—9 भाग छोटी मक्खी का शहद, 1 भाग अदरक का रस, 1 भाग नीबू का रस और 1 भाग सफेद प्याज का रस—सब मिलाकर छानकर एक बूँद सुबह-शाम लम्बे समय तक आँखों में डालते रहने से मोतियाबिन्द दूर हो जाता है। इसमें 9 की जगह 12 भाग गुलाब जल डालकर नित्य इसी प्रकार डालते रहने से नेत्र ज्योति बढ़ती है, चश्मा हट जाता है। यह नुस्खा प्राकृतिक चिकित्सक डॉ. हीरालाल ने डॉ. एस.आर.चावला को उनके अनुभूत विश्वास द्वारा बताया है।

पालक—पालक का रस पीने से नेत्र ज्योति बढ़ती है।

प्याज—आँखों की पुतली पर उत्पन्न सफेदी को जाला कहते हैं। रुई की बत्ती प्याज के रस में भिगोकर सुखा लें। इसे तिल के तेल में जलाकर काजल बना कर लगाने से जाला दूर हो जाता है। प्याज के निरन्तर प्रयोग से नेत्र ज्योति बढ़ती है। रस को गुलाब जल में मिलाकर आँखों में डालते रहने से नेत्र ज्योति बढ़ती है। यह अनुभूत औषधि है।

नेत्र दुखना (Conjunctivitis)

लक्षण—आँखें दुखने या आँखें आ जाने पर नेत्र का सफेद भाग लाल हो जाता है। आँखों से पानी, गीड़, कीचड़-सा निकलता है। पलकें चिपक जाती हैं, सूजन, मिट्टी गिर कर रड़कने, काँटा चुभने जैसा दर्द होता है। रोशनी सहन नहीं होती। किसी को गर्म अच्छा लगता है तो किसी को ठंडा।

कारण—तेज धूप, ठंडी वायु, तेज रोशनी, धुँआ, चेचक, सूजाक के बाद आँखें दुखने लगती हैं। वर्षा कम होकर गर्मी या ठंड अधिक होने से आँखें दुखने लगती हैं। कभी-कभी संक्रामक रूप से आँखें दुखने लगती हैं।

उपचार—आँखें दुखने पर सफाई रखें। गर्म पानी में बोरिक एसिड मिलाकर सुबह-शाम धोयें। पेट साफ रखें।

नमक—आँखें दुखने पर नमक न खायें या कम-से-कम खायें। एक कप पानी में चुटकी भर जरा-सा नमक मिलाकर रुई भिगोकर बार-बार आँख पर रखें। इससे दुखती हुई आँखों में लाभ होगा।

बथुआ—आँखों में सूजन, लाली हो तो प्रतिदिन इसकी सब्जी खायें।

जीरा—जीरा सेक कर पीस कर एक चम्मच लेकर एक चम्मच शहद में मिलाकर खाना खाने के बाद नित्य चाटने से नेत्र दुखने में लाभदायक रहता है।

शक्कर—आँखें दुखने पर देशी शक्कर (बूरा) या बताशे के साथ रोटी खाने से लाभ होता है।

फिटकरी (Alum)—एक ग्राम फिटकरी, चालीस ग्राम गुलाब जल में मिलाकर शीशी भर लें। इसकी दो-दो बूँद आँखों में कई बार डालें। आँखों का दर्द, लाली, कीचड़ आना बन्द हो जायेगा। रात को सोते समय डालने से आँखों में तरावट रहती है। इसे नित्य डाल सकते हैं।

हल्दी—आँखों में लाली और टीस जैसा दर्द हो, पीप आती हो तो एक चाय की ¼ चम्मच हल्दी पिसी हुई, 100 ग्राम पानी में इतनी उबालें कि चौथाई पानी रह जाये। फिर उसे बारीक कपड़े में छानकर सुबह-शाम आँखों में डालने से लाभ होता है। यह हर तीसरे दिन ताजा बनाकर काम लें। आँखों में लाली, शोथ, पानी बहने पर हल्दी पानी में घिसकर किंचित् गर्म करके पलकों पर लेप करने से लाभ होता है।

अनार—अनार के छिलके पीसकर आँखों की पलकों पर बाँधने या लेप करने से आँखों के दर्द में लाभ होता है।

लाल मिर्च—आँखें दुखने पर लाल मिर्च पीसकर, थोड़ा-सा पानी मिलाकर लुगदी बना लें। जिस ओर आँख दुख रही हो उस पैर के अँगूठे के नाखून पर मिर्च का लेप करें। यदि दोनों आँखें दुख रहीं हों तो दोनों अंगूठों के नाखूनों पर लेप करें।

धनिया—(1) बच्चों की आँखें दुखती हों तो थोड़ा-सा साबुत धनिया साफ कपड़े में पोटली बाँध कर ठंडे पानी में डुबो दें। दस मिनट बाद निकालकर उसे बालक की आँख पर फेरें।

(2) हरे धनिये को कुछ देर पानी में रखें फिर उसे मसलकर छान लें। इस पानी से आँखें धोने से खूब फायदा होता है। दुखती आँखें ठीक हो जाती हैं।

गुहेरी (Stye)

आँख की पलकों पर फुन्सी होने को गुहेरी कहते हैं। फुन्सी होकर पककर फूट जाती है और आराम हो जाता है। कभी-कभी बार-बार गुहेरी निकलती है।

इमली—इमली के बीजों की गिरी पत्थर पर चन्दन की तरह घिसकर गुहरे पर लगायें। इससे तत्काल ठण्डक पहुँचेगी। गुहरी के लिए यह उत्तम प्रयोग है।

पानी—आँख की पलक पर फुन्सी हो तो पहले गर्म पानी में कपड़ा भिगोकर तीन मिनट सेक करें, फिर ठंडे पानी में कपड़ा भिगोकर तुरन्त ही सेक करें। दो दिन में फुन्सी ठीक हो जायेगी।

छुहारा—छुहारा की गुठली को पानी में घिसकर गुहेरी पर लगाने से आराम होता है।

लौंग—आँखों पर छोटी-छोटी फुन्सियाँ निकलने पर लौंग घिसकर लगाने से वे बैठ जाती हैं तथा सूजन भी कम हो जाती है।

होम्योपैथी की पल्सेटिया-30 गुहेरी के लिए उत्तम औषधि है। इसकी आठ-आठ गोली, पाँच बार दें। यदि गुहेरी बार-बार निकलती हो, पत्थर की तरह सख्त हो गई हो तो स्टेफिसिग्रिया-200 की दो खुराक नित्य दें। ये किसी होम्योपैथिक डॉक्टर से दो ड्राम गोलियाँ ले लें।

रतौंधी (Night Blindness)

आम—विटामिन 'ए' की कमी से रतौंधी होती है। आम में सभी फलों से अधिक विटामिन 'ए' होता है। आम का सेवन रतौंधी में लाभदायक है। चूसने वाला आम ज्यादा लाभदायक है।

शहद—आँखों में काजल की तरह शहद सोते समय लगाने से रतौंधी दूर होती है। दृष्टि-क्षीणता दूर हो जाती है।

टमाटर—टमाटर ज्यादा खाने से रतौंधी, अल्पदृष्टि में लाभ होता है।

गवार—गवार की फली की सब्जी रतौंधी में लाभदायक है। गवार के पत्तों के साग से भी रतौंधी दूर होती है।

हरा धनिया—हरे धनिये की पत्तियों की चटनी को कुछ अधिक परिमाण में नित्य आहार के साथ उपयोग किया जाए तो रतौंधी मिट जाती है। इसे दाल, चटनी, कढ़ी, साग, सब्जी तथा रायता इत्यादि में मिश्रित कर सेवन किया जा सकता है।

गाजर का रस—रतौंधी में गाजर का रस तथा दूध पीना लाभदायक है।

पानी—ठण्डे पानी में डुबकी लगाकर पानी में देखने से दिन में साफ दिखने लगता है। दिवान्धता दूर होती है।

रोहे (Trachoma)

काजल नहीं लगायें। उपवास रखें। उपवास में पानी पीयें। भोजन के बाद बेल का शर्बत पीयें।

नेत्रों में पानी आना

मुनक्का—60 ग्राम मुनक्का रात को एक कप पानी में भिगो दें। प्रातः मुनक्का खाकर पानी पी जायें।

नेत्रों में कंकरी

दूध—आँख में तिनका या अन्य चीज गिर जावे तो आँख में दूध की तीन बूँद डालें। दूध की चिकनाहट से वह आँख से निकल जायेगी।

एरण्ड का तेल—आँख में मिट्टी, कंकरी गिर जाये, धुआँ, तीव्र गंध से दर्द हो तो पानी से धोकर आँख साफ करके एरण्ड के तेल की एक बूँद आँख में डालने से लाभ होता है। तेल डालने के बाद हर 25 मिनट में सेक करें।

नेत्रों में जाला एवं फूला

नेत्रों की पुतली पर उत्पन्न सफेदी को जाला कहते हैं।

आलू—कच्चा आलू पत्थर पर घिसकर रस निकाल कर सुबह-शाम काजल की तरह लगाने से 5-6 वर्ष पुराना जाला और 4 वर्ष का फूला 3 मास में साफ हो जाता है।

प्याज—(1) रुई की बत्ती प्याज के रस में भिगोकर सुखा लें। इसे तिल के तेल में जलाकर काजल बनाकर लगाने से जाला दूर हो जाता है।

(2) प्याज का रस गुलाब जल में मिलाकर आँखों में डालने से जाला दूर हो जाता है।

मोतियाबिन्द (Cataract)

आँखों में मोतियाबिन्द बनना आरम्भ होते ही दृष्टि धुँधली होती जाती है। एलोपैथिक चिकित्सा में इसे शल्य क्रिया (ऑपरेशन) से निकालते हैं। मोतियाबिन्द बनना रोकने के लिए नित्य हरी सब्जियाँ अधिक खायें, हरी सब्जियों का रस पीयें। निरन्तर ऐसा करने से मोतियाबिन्द नहीं बनता। ललाट पर चंदन लगाने से मोतियाबिन्द नहीं होता।

शहद—जयपुर, 25 जून,1977 (स)। आँखों के काले मोतियाबिन्द एवं शेयों जैसे भयानक रोग से बचने के लिए शहद का उपयोग बड़ा लाभकारी सिद्ध हुआ है। सवाई मानसिंह अस्पताल, जयपुर के नेत्र विशेषज्ञ डॉ. आर.जी. शर्मा ने बताया है कि प्रतिदिन एक बूँद शहद डालने से मोतियाबिन्द से बच सकते हैं। इतना ही नहीं, जिनके मोतियाबिन्द हो गया हो यदि वे प्रारम्भिक अवस्था में चार सप्ताह शहद का उपयोग करें तो निश्चित रूप से लाभ होगा। स्वामी साधनानन्दजी ने '*मोतियाबिन्द के प्राकृतिक उपचार*' में लिखा है कि रात्रि को सोते समय नीम या कमल के फूल का शहद आँखों में लगाने से मोतियाबिन्द ठीक हो जाता है।

नीबू—9 भाग छोटी मक्खी का शहद, 1 भाग अदरक का रस, 1 भाग नीबू का रस और 1 भाग सफेद प्याज का रस, सब मिलाकर छानकर एक बूँद सुबह-शाम लम्बे समय तक डालते रहने से मोतियाबिन्द दूर हो जाता है। इसमें 9 के स्थान पर 12 भाग गुलाब जल डालकर नित्य इसी प्रकार डालते रहने से नेत्र-ज्योति बढ़ती है, चश्मा हट जाता है। यह नुस्खा प्राकृतिक चिकित्सक डॉ. हीरालाल का है, जो उन्होंने डॉ. एस.आर.चावला को उनके अनुभूत विश्वास द्वारा बताया है।

गाजर—गाजर का रस 310 ग्राम, पालक का रस 125 ग्राम मिलाकर पीने से मोतियाबिन्द दूर हो जाता है।

धनिया—पिसा हुआ धनिया एक चम्मच, एक कप पानी में उबालें। फिर छानकर ठण्डा होने पर आँखों में डालें, अवश्य लाभ होगा।

ग्लोकोमा (Glaucoma)

यों तो ग्लोकोमा अधिकतर 40 साल बाद होता है परन्तु इससे कम आयु में भी हो जाता है। ग्लोकोमा के अन्य नाम हैं—काला पानी, काला मोतिया, घूबा का दर्द, सबलबाय, आधिमन्य आदि।

ग्लोकोमा के आरम्भ में सिर में कभी-कभी दर्द होता है, नेत्रों की ज्योति गिरने लगती है, आँखों में तनाव होने लगता है।

ग्लोकोमा अपने-आपमें कोई रोग नहीं है, बल्कि इसका कारण शरीर के अन्य रोग हैं। यदि आरम्भ में ही उपचार हो जाए तो रोगी को ग्लोकोमा से बचाया जा सकता है। उच्च रक्तचाप के रोगियों की आँखों में तनाव रहता है। जब शरीर के दूसरे रोगों के कारण ग्लोकोमा होता है तो ऑपरेशन से स्थाई लाभ नहीं मिल सकता क्योंकि ऑपरेशन से वे बीमारियाँ दूर नहीं होतीं जिनके कारण ग्लोकोमा हुआ है। सोवियत मेडिकल इंस्टीट्यूट के डॉ. माइकेल एम.क्रेनोव का भी यह मत है कि बिना ऑपरेशन ही ग्लोकोमा से मुक्ति पाना श्रेष्ठ है।

मादक पेय

मादक या नशा लाने वाले पदार्थ एक बार सेवन करना चालू करने पर आदत बन जाती है जिसे छोड़ना कठिन होता है। प्रारम्भ में सेवन करने पर ऐसा लगता है कि थकान दूर होकर स्फूर्ति आती है, मन को प्रसन्नता होती है। परन्तु यह प्रभाव स्थायी नहीं रहता। ज्यों-ज्यों इनकी आदत बनती जाती है आराम देने वाले प्रभाव की क्षमता कम होती जाती है और पियक्कड़ मादक द्रव्यों की मात्रा बढ़ाता जाता है। यह दुर्गुण सभी मादक द्रव्यों में है। इसलिए धूम्रपान, भाँग, शराब कोई भी नशा लाने वाला पदार्थ सेवन नहीं करना चाहिए। भाँग पीने से तो लोग पागल हो जाते हैं जो किसी चिकित्सा से अच्छे नहीं होते।

नशीले पदार्थ, शराब, धूम्रपान की आदत को त्यागने का एक अच्छा तरीका यह है कि अपने इरादे की घोषणा मित्रों के बीच कर दें। कहें कि मैं अब शराब, सिगरेट नहीं पीऊँगा।

ऐसी घोषणा करने से आपके निश्चय को सहारा मिलेगा। चुपचाप अपने मन में किए गए संकल्प की जिम्मेदारी केवल अपने मन पर होती है। उसे हम पूरा करें या तोड़ें, इसमें केवल हमारा आत्मसम्मान ही घटता या बढ़ता है, किन्तु सबके सामने किए गए संकल्प को तोड़ना कठिन होता है, क्योंकि ऐसा करने से हमको यह भय रहता है कि हम मित्रों की नजर में गिर जाएँगे।

अपना संकल्प सार्वजनिक तौर से स्वीकार करते ही हम एक प्रकार से कसौटी पर कस जाते हैं। हमको लगता है कि अब अगर सफल नहीं हुए तो अपने ही साथ नहीं, वरन् मित्रों के साथ भी एक प्रकार से विश्वासघात होगा।

आदत को पहचान कर उसे छोड़ने की घोषणा करने के बाद बहानों या ढिलाई से निश्चय को डिगने न दें।

धूम्रपान

सिगरेट का धुआँ महिलाओं की प्रजनन क्षमता पर बुरा प्रभाव डालता है। सिगरेट पीने वाली महिलाओं में अंडाशय की खराबी की आशंका बढ़ती है, जिससे उनकी प्रजनन अवधि घट जाती है और उनमें रजोनिवृत्ति समय से पूर्व आरम्भ हो जाती है। सिगरेट के धुएँ में मौजूद पोलीसाइक्लिक एरोमेटिक हाइड्रोकार्बन [पी.ए.एच.] नामक रसायन अंडाशय में मौजूद अंडों को नष्ट करता है।

जो लम्बे समय तक बीड़ी, सिगरेट एवं जर्दे का सेवन करते हैं, उनके स्वास्थ्य परीक्षण के दौरान 40 से 60 प्रतिशत तक के फेफड़े खराब पाये गये।

धूम्रपान करने वाले व्यक्ति में मानसिक विकलांगता आ जाती है।

—राजस्थान पत्रिका, जयपुर, 1-5-1995

शिशुओं के आस-पास धूम्रपान का धुआँ छोड़ने से शिशुओं की आकस्मिक मृत्यु हो जाती है। अत: शिशुओं को धूम्रपान के धुएँ से बचाएँ।

धूम्रपान से नपुंसकता का खतरा

धूम्रपान हर तरह से स्वास्थ्य को नुकसान पहुचाता है और सिगरेट-बीड़ी का हर कश मौत के करीब ले जाता है। फिर भी आदमी इसे मर्दानगी का प्रतीक समझते हुए या लत के कारण छोड़ नहीं पाता। ऐसे पुरुषों के लिए खतरे की घंटी बजाते हुए एक अध्ययन में अमरीकी वैज्ञानिकों ने कहा है कि उच्च रक्तचाप से पीड़ित व्यक्ति के धूम्रपान करने पर नपुंसक होने का खतरा 27 गुना अधिक बढ़ जाता है। यहाँ तक कि धूम्रपान छोड़ चुके ऐसे पुरुषों के धूम्रपान नहीं करने वालों की तुलना में नपुंसक होने की आशंका 11 गुना अधिक रहती है।

सभी तम्बाकू उत्पादों में निकोटीन होता है जो एल्कोहल, मैरीजुआना, हेरोइन तथा कोकीन से भी अधिक दुष्प्रभाव डालता है।

नीबू—बीड़ी, सिगरेट, जर्दे के सेवन की आदत हो तो इनका सेवन करना बन्द कर दें तथा जब इनको सेवन करने की इच्छा हो नीबू चूसें। कुछ बूँदें नीबू के रस की जीभ पर डालकर स्वाद खट्टा कर लें। इससे इसके सेवन की इच्छा तुरन्त समाप्त हो जायगी। इस प्रकार जब-जब भी इच्छा उत्पन्न हो, नीबू का सेवन करें।

सौंफ—यदि आप सिगरेट, बीड़ी पीना छोड़ना चाहते हैं तो सौंफ को घी में सेककर शीशी भर लें। जब भी सिगरेट पीने की इच्छा हो तो इसी सौंफ को आधा-आधा चम्मच चबाते रहें। इससे सिगरेट पीने की इच्छा समाप्त हो जायेगी। मन पर भी संयम रखें।

अजवाइन—50 ग्राम अजवाइन और 50 ग्राम मोटी सौंफ—इन दोनों में स्वादानुसार काला नमक डालकर नीबू के रस में भिगोकर आपस में चम्मच से मिलायें। फिर छाया में सुखाकर तवे पर सेक लें। जब भी बीड़ी, सिगरेट या जर्दा खाने की इच्छा हो, इस चूर्ण की आधा चम्मच चबायें। इससे धूम्रपान की आदत छूट जायेगी। इसके साथ-साथ गैस मिटेगी, पाचन शक्ति बढ़ेगी, भूख लगेगी। गैस, वायु निकालने के लिए यह सफल नुस्खा है।

हरि ॐ—प्रात:काल जल्दी उठें। बिस्तर पर बैठकर दृढ़ निश्चय करें कि आज दो बीड़ी या सिगरेट कम पीनी है। हरि ॐ—ॐ—ॐ—। इतना बल तो मुझ में है ही। हरि ॐ—ॐ—ॐ—। इस प्रकार प्रतिदिन करने से 12 दिन में धूम्रपान की आदत छूट जायेगी।

नशा

प्याज—किसी भी नशे में धुत्त व्यक्ति को एक कप प्याज का रस पिलाने से नशा बहुत कम हो जाएगा।

नमक—कैसा भी नशा किया हो, विष सेवन किया हो, 60 ग्राम नमक पानी में धोलकर पिलायें। इससे उलटियाँ होंगी और नशीला, विषैला पदार्थ बाहर आ जाएगा।

पानी—अत्यधिक मात्रा में पानी पीने से नशा करने के दुष्प्रभाव दूर हो जाते हैं।

अंगूर—सिगरेट, चाय, कॉफी, जर्दा, शराब की आदत केवल अंगूर खाकर रहने से छूट जाती है।

इमली—50 ग्राम इमली आधा किलो पानी में दो घण्टे भिगोकर मथें और मसलें। इसमें

स्वाद के अनुसार बूरा, मिश्री या चीनी कोई भी मीठी वस्तु मिलाकर छान लें और पी जायें। इससे भाँग और शराब का नशा उतर जाता है।

चौलाई—चौलाई का साग नशे के प्रभाव को कम करता है।

कॉफी—तेज कॉफी लेने से मदिरा और अफीम के विष का प्रभाव नष्ट होता है।

—मेडिसिन फॉर दी मिलियन बाई फेमिली फिजीशियन, लन्दन।

चाय—नशीली दवा खाने वालों के लिए चाय हानिकारक है। चाय पीने से उनका रोग और गम्भीर बन जावेगा।

मदिरापान (शराब की आदत)

नारंगी—नाश्ते से पहले नारंगी खाने से मदिरापान की इच्छा घटती है।

सेब—सेब का रस बार-बार पीने से, भोजन के साथ सेब खाने से, शराब और अफीम की आदत छूट जाती है।

ककड़ी—शराब का नशा ककड़ी खाने से उतरता है। शराब के नशे में बेहोश व्यक्ति भी ककड़ी का रस पीने से नशा उतर कर होश में आ जाता है।

घी—मिश्री पीसकर घी में मिलाकर चाटने से शराब का नशा नहीं चढ़ता।

फिटकरी—(1) 6 ग्राम फिटकरी को पानी में घोलकर पिलाने से शराब का नशा उतर जाता है।

(2) एक चम्मच पिसी हुई फिटकरी, 250 ग्राम दूध में घोलकर पिंलाने से शराब का नशा उतर जाता है।

कॉफी—तेज कॉफी लेने से मदिरा और अफीम के विष का प्रभाव नष्ट हो जाता है।

—मेडिसिन फॉर दी मिलियन बाई फेमिली फिजीशियन (लंदन)

भाँग का नशा

अमरूद—भाँग का नशा अमरूद खाने से या इसके पत्तों का रस पिलाने से उतर जाता है।

इमली—पकी इमली को पानी में भिगोकर रस पीने से भाँग का नशा उतर जाता है।

चावल—चावल का धोवन पीने से भाँग का नशा उतर जाता है।

अरहर—31ग्राम अरहर की दाल को पानी में उबाल कर या पानी में भिगोकर उसका पानी पिलाने से भाँग का नशा उतर जाता है।

दही—ताजा दही खिलाने से भाँग का नशा उतर जाता है।

छाछ—खट्टी छाछ पीने से भाँग का नशा उतर जाता है।

सफेद कागज—सफेद कागज को पानी में रगड़ें, फिर पानी को छानकर पिलाने से भाँग के नशे में बेहोश को शीघ्र होश आ जाता है।

तुलसी—12 तुलसी के पत्ते और छः काली मिर्च पीसकर एक कप पानी में मिलाकर पिलाने से भाँग का नशा उतर जाता है।

भाँग का नशा होने पर दूध बार-बार पिलायें। कानों में सरसों के तेल की दो-दो बूँद डालें। अदरक का रस एक चम्मच और एक नीबू का रस, एक गिलास पानी में मिलाकर पिलाने से भाँग का नशा उतर जाता है।

कान के रोग

कानों में पानी जाने से, चोट लगने, तेज आवाज से, कान में मैल जमने से, मिट्टी जाने से, कुरेदने से, फुन्सी होने से, ठण्ड लगने से, कीड़ा-मकोड़ा घुसने से अनेक रोग पैदा होते हैं। मेरी पुस्तक *'शक्तिवर्धक भोजन'* की शून्य मुद्रा करने से कान के रोगों में लाभ होता है। इनका ध्यान रखते हुए कानों की सुरक्षा का प्रयत्न करना चाहिए।

कान में दर्द

कभी-कभी कान में भयानक तेज दर्द होता है। यह ठण्ड लगने, चोट लगने, फुन्सी होने से होता है। कारण का पता लगाकर चिकित्सा करनी चाहिए।

सरसों का तेल—(1) सरसों के तेल को गर्म करके कान में डालने से दर्द ठीक हो जाता है। (2) सरसों के तेल में लौंग जलाकर, तेल कान में डालने से लाभ होता है। कान में कीड़ा चला गया हो, कान में आवाज होती हो, बहरापन हो तो सरसों का तेल डालें। लाभ होगा। (3) सरसों के तेल में लहसुन उबाल कर छान लें। इसे कान में डालने से कान का दर्द, घाव, मवाद बहना ठीक हो जाता है। (4) प्याज को भूनकर इसके रस को कान में डालने से राहत मिलती है।

नीम—नीम के पत्ते पानी में डालकर उबालें। इसकी भाप का बफारा देने से कान का मैल निकल जाता है, कान के दर्द में आराम होता है।

ब्राण्डी—ब्राण्डी की बूँद कान में डालने से कान का असह्य दर्द ठीक हो जाता है।

अदरक—सर्दी लगने, मैल जमने, फुन्सियाँ निकलने, चोट लगने से कान में दर्द हो तो अदरक के रस को कपड़े से छानकर गुनगुना गर्म करके तीन-चार बूँद डालने से दर्द ठीक हो जाता है। दर्द रहने पर थोड़ी देर बाद पुन: डाल सकते हैं।

तुलसी—तुलसी के पत्तों का रस गरम करके कान में डालने से दर्द ठीक हो जाता है। कान बहता हो तो लगातार कुछ दिन डालने से लाभ होता है।

कान बहना

नीबू—प्रात: पानी में नीबू निचोड़ कर नित्य पीने से कान बहने में लाभ होता है।

लहसुन—एक कली लहसुन और 1 तोला सिन्दूर को एक छटाँक तिल्ली के तेल में डालकर अग्नि पर पकायें। जब लहसुन जल जाये तो तेल को छानकर शीशी भर लें। इसकी दो बूँद नित्य कान में डालने से मवाद आना, खुजलाहट, कर्णनाद आदि रोग नष्ट हो जाते हैं। लहसुन को सरसों के तेल में उबाल कर कान में टपकाने से कान का दर्द, जख्म, पीप बहना ठीक हो जाते हैं।

प्याज—कान में दर्द, कान में पीप और कान में शायें-शायें की आवाज हो और बहरापन होने पर प्याज के रस को थोड़ा गर्म करके 5-7 बूँद कान में डालने से लाभ होता है।

कान में कीड़ा

सरसों का तेल—कान में कीड़ा चला गया हो तो सरसों के तेल को गर्म करके डालने से कीड़ा बाहर आ जाता है।

फिटकरी—कान में चींटी चली जाए, इससे कान में सुरसुरी हो तो फिटकरी को पानी में घोलकर कान में डालें।

पानी—कान में कीड़ा घुस जाए तो पानी गर्म करके इसमें थोड़ा-सा नमक मिलाकर कान में डालें, फिर कान उलटा कर दें। कीड़ा मर कर बाहर निकल आएगा।

कान में पानी भरना

स्नान करते समय, तैरने पर, भीगने से कभी-कभी कान में पानी भर जाता है और पूरा बाहर नहीं निकलता। कान में पानी रह जाए तो—(1) तिल का तेल गर्म करके कान में डालें।

(2) जिस कान में पानी भरा हो, उसी ओर के एक पैर पर खड़े हो कर, उसी ओर सिर झुका कर कुछ देर कूदें। पानी बाहर निकल जाएगा।

बहरापन

लहसुन—लहसुन की आठ कलियों को एक छटाँक तिल के तेल में तल कर उसकी दो बूँद कान में टपकाने से कुछ दिनों में कान का बहरापन ठीक हो जाता है।

सरसों का तेल—सरसों का तेल गर्म करके कान में डालने से बहरेपन में लाभ होता है।

तुलसी—तुलसी के पत्तों का रस गर्म करके कान में डालने से सुनने की गड़बड़ में लाभ होता है।

कर्णनाद (Tinnitus)

कभी-कभी कान में सीटी बजने, भन-भन की आवाज होती रहती है। यह रात को अधिक सुनाई देती है। यह रोग यदि ठीक न हो तो धीरे-धीरे बहरापन उत्पन्न हो जाता है। कान में आवाज होना असाध्य रोग माना जाता है, लेकिन निराश नहीं होकर निम्न उपचार करें—कान में होने वाली आवाज की ओर ध्यान ही न दें। मस्तिष्क की कमजोरी दूर करने वाली चीजें खायें।

लहसुन—कान बहने के लिए बताया गया प्रयोग कर्णनाद में भी लाभदायक है।

सरसों का तेल—सरसों का तेल गर्म करके कान में डालने से सर्दी से होने वाली कान की गुनगुनाहट मिटती है।

सौंठ—एक चम्मच सौंठ में गुड़ और घी मिलाकर गर्म करें फिर प्रतिदिन दो बार खायें। उससे कान में साँय-साँय की आवाज ठीक होती है।

चक्कर (Vertigo)

नीबू—यकृत (Liver) में गड़बड़ी, पेट की गैस से चक्कर आता हो तो गर्म पानी में नीबू निचोड़ कर दो बार पीने से लाभ होता है। **मात्रा**—गर्म पानी एक कप, नीबू रस डेढ़ चम्मच।

मुनक्का—25 ग्राम मुनक्का धोकर, बीज निकाल कर घी से सेक कर सेंधा नमक डाल कर दो बार 7 दिन खाने से चक्कर आना बन्द हो जाता है।

आँवला—(1) गर्मियों में चक्कर आते हों, जी घबराता हो तो आँवले का शर्बत पीयें।

(2) यदि आप अध्यापक, वकील अथवा विद्यार्थी हैं या अधिक मानसिक काम करते हैं, सिर गर्म हो जाता है या चक्कर आने लगते हैं तो आपके लिए आँवले का मुरब्बा रामबाण है। इसका प्रतिदिन प्रात:कालीन प्रयोग आपकी बौद्धिक एवं मानसिक शक्ति को बलवान बनाएगा। आँवले का मुरब्बा खाकर ऊपर से गर्म-गर्म दूध पी सकते हैं।

काली मिर्च—काली मिर्च कूट कर घी में तलें। निथार कर, इसमें गेहूँ का आटा सेक कर, गुड़ या शक्कर डाल कर, हलुवा बना कर उसमें तली हुई काली मिर्च डाल कर, सुबह-शाम भोजन से पहले खायें। चक्कर आना बन्द होगा।

धनिया—सिर में चक्कर आने पर सूखा धनिया चार चम्मच, एक गिलास पानी में उबाल कर छान कर मिश्री मिला कर प्रतिदिन दो बार पीयें।

शक्कर—दो चम्मच शक्कर और दो चम्मच पिसा हुआ धनिया मिला कर चबाने से लाभ होता है।

तुलसी—तुलसी के पत्तों का रस चीनी में मिला कर पीने से चक्कर नहीं आते।

स्मरण-शक्तिवर्धक

औषधियों से स्मरण-शक्ति नहीं बढ़ती—व्यापार जगत में विज्ञापन के आधार पर स्मरण-शक्ति बढ़ाने की औषधियाँ बेची जाती हैं, इनसे स्मरण-शक्ति बिल्कुल नहीं बढ़ती। इन औषधियों में 50% चासनी होती है तथा शुद्ध तत्त्व भी नहीं होते। बार-बार विज्ञापन पढ़कर, देख और सुनकर मनोवैज्ञानिक प्रभाव होने लगता है कि इनके सेवन से स्मरण-शक्ति बढ़ती है। इनसे बचना चाहिए, सेवन नहीं करना चाहिए। यदि पेटेन्ट औषधियों से ही स्मरण-शक्ति बढ़े तो धनवान लोग ही स्मरण शक्ति बढ़ाकर अपना वर्चस्व बनायेंगे।

स्मरण-शक्ति एकाग्रचित्त होकर पढ़ने तथा याद किया हुआ दोहराने से, तथा स्वस्थ रहते हुए प्रकृति के नियमों पर चलने से बढ़ती है।

स्वास्थ्य की दृष्टि से स्मरण-शक्ति कमजोर होने के कारण शारीरिक और मस्तिष्क की कमजोरी तथा वीर्य का अप्राकृतिक ढँग से नष्ट करना, अति चंचलता एवं कामुकता है। भोजन के द्वारा चिकित्सा की निम्न चीजें लाभकारी हैं।

सेब—जिन व्यक्तियों के मस्तिष्क और स्नायु दुर्बल हो गए हों, विद्यार्थियों को याद नहीं रहता हो, सेब के सेवन से स्मरण-शक्ति बढ़ जाती है। इसके लिए एक या दो सेब बिना छीले चबा-चबा कर भोजन से 15 मिनट पहले खाइये।

आँवला—स्मरण-शक्ति बढ़ाने के लिए नित्य प्रात: आँवले का मुरब्बा खायें।

गाजर—(1) प्रात: सात बादाम खाकर ऊपर से सवा सौ ग्राम गाजर का रस आधा किलो दूध में मिलाकर पीने से स्मरण-शक्ति बढ़ती है।

(2) लगातार दो माह तक गाजर का हलुआ खाने से स्मरण-शक्ति बढ़ती है।

गेहूँ—गेहूँ के पौधे का रस 40 दिन पीने से स्मरणशक्ति बढ़ती है। गेहूँ के पौधे का रस बनाने की विधि जानने के लिए लेखक की '*भोजन के द्वारा चिकित्सा*' पुस्तक पढ़ें।

घी—सिर पर घी की मालिश करने से स्मरण-शक्ति बढ़ती है।

बादाम—दस बादाम रात को भिगो दें। प्रात: छिलका उतार कर 12 ग्राम मक्खन और मिश्री मिला कर एक-दो माह खाने से मस्तिष्क की कमजोरी दूर होती है। यदि यह सम्भव न हो तो 40 दिन तक सात बादाम, मिश्री, सौंफ प्रत्येक दस ग्राम पीस कर रात को गर्म दूध से लेने से मस्तिष्क की दुर्बलता दूर होती है। स्मरण-शक्ति बढ़ती है। यदि यह भी सम्भव न हो तो दस बादाम बारीक पीस कर आधा किलो दूध में मिलायें। जब तीन उफान आ जायें तो उतार कर ठण्डा करके चीनी मिला कर पीयें। बादाम की गिरी, सौंफ समान मात्रा में बारीक कूट लें। एक चममच रात को सोते समय ठण्डे पानी से लें। इससे स्मरणशक्ति बढ़ेगी, कमजोरी दूर होगी।

सौंफ—सौंफ को हल्की-हल्की कूट कर ऊपर के छिलके उतार कर छान लें। इस तरह अन्दर की मींगी निकाल कर एक चम्मच सुबह-शाम दो बार ठण्डे पानी से या गर्म दूध से फँकी लें। इसके सेवन से स्मरणशक्ति बढ़ती है, मस्तिष्क में शीतलता रहती है।

काली मिर्च—30 ग्राम मक्खन में आठ काली मिर्च और शक्कर मिला कर नित्य चाटने से स्मरण-शक्ति बढ़ती है। मस्तिष्क में तरावट आती है। कमजोरी दूर हो जाती है।

तुलसी—दस तुलसी के पत्ते, पाँच काली मिर्च, पाँच बादाम पीसकर थोड़ा-सा शहद और पानी मिला कर ठंडाई की तरह पीने से स्मरणशक्ति बढ़ती है।

गुलाब का गुलकन्द—गुलाब का गुलकन्द नित्य तीन बार खाने से स्मरणशक्ति बढ़ती है।

आम—एक कप आम का रस, चौथाई कप दूध, एक चम्मच अदरक का रस, स्वाद के अनुसार चीनी, सब मिलाकर नित्य पीयें। इससे मस्तिष्क की कमजोरी दूर होती है। मस्तिष्क की कमजोरी के कारण-पुराना सिर दर्द दूर होता है। शरीर स्वस्थ रहता है।

आँवला—आधा भोजन करने के बाद हरे आँवलों का रस 30 ग्राम पानी में मिलाकर पी लें, फिर आधा भोजन करें। इस प्रकार 21 दिन सेवन करने से हृदय तथा मस्तिष्क सम्बन्धी दुर्बलता दूर होकर स्वास्थ्य सुधर जाता है।

नारियल, लीची और पिस्ता खाने से मस्तिष्क की दुर्बलता दूर होती है।

उड़द—रात को आधा छटाँक उड़द की दाल भिगो दें। प्रातः इसे पीस कर दूध मिश्री मिला कर पीयें। यह मस्तिष्क के लिए लाभदायक है।

तिल—तिलों में प्रोटीन मिलता है। मस्तिष्क की बनावट लैसीथीन द्रव्य से होती है। यह तिलों में अधिक मिलता है। तिल और गुड़ समान मात्रा में मिलाकर लड्डू बना लें। एक लड्डू नित्य प्रातः-शाम खाकर दूध पीएँ। इससे शक्ति मिलती है। मानसिक दुर्बलता एवं तनाव दूर होते हैं।

अखरोट—अखरोट की बनावट मस्तिष्क जैसी होती है अखरोट खाने से मस्तिष्क की शक्ति बढ़ती है।

धनिया—125 ग्राम धनिया कूट कर 500 ग्राम पानी में उबालें, जब पानी चौथाई भाग रह जाए तो छानकर 125 ग्राम मिश्री मिलाकर गर्म करें। जब गाढ़ा हो जाए तो उतार लें। यह प्रतिदिन दस ग्राम चाटें। मस्तिष्क की कमजोरी ठीक होगी।

मस्तिष्क की गर्मी

मेहँदी—मेहँदी रचाने से शरीर की बढ़ी गर्मी बाहर निकलती है। तन-मन में ठंडक महसूस होती है। दिमाग ठण्डा और शान्त रहता है।

तुलसी—5 तुलसी के पत्ते और पाँच काली मिर्च पीस लें। इसे एक गिलास पानी में मिलाकर प्रातः 21 दिन पीयें। इन्हें चबाकर भी खा सकते हैं। यह मस्तिष्क की गर्मी को दूर करने की शक्ति देती है।

सूखा रोग (Marasmus)

दूध—तीन बादाम भिगोकर पीसकर दूध में मिलाकर पिलाने से सूखा रोग में लाभ होता है।

आम—अमचूर को भिगोकर उसमें शहद मिलाकर बच्चे को नित्य दो बार चटाने से सूखा रोग ठीक होता है।

टमाटर—टमाटर का सेवन बच्चों के सूखा रोग में लाभदायक है। बच्चे को कच्चे लाल टमाटर का रस चार बार नित्य एक माह पिलाने से बच्चा हृष्ट-पुष्ट हो जाता है।

अंगूर—अंगूर का रस बच्चा जितना पी सके, दो बार रोजाना पिलायें। इसे टमाटर के रस के साथ पर्यायक्रम से पिलाने से अधिक लाभ होता है। *—डॉ. पोद्दार जालेन्द्र महारथी।*

सूजन (Oedema)

लक्षण—जहाँ सूजन होती है, वह स्थान फुलावटयुक्त और पिलपिला होता है तथा हाथ से दबाने पर गड्ढा पड़ जाता है। सूजन की जगह पानी भर कर स्थान फूल जाता है। सूजन होने पर अरुचि, प्यास, बुखार या हल्का ज्वर, कमजोरी, त्वचा शुष्क प्रतीत होती है।

सूजन अपने आप में कोई रोग नहीं है। यह किसी अन्य बीमारी के फलस्वरूप होती है। हृदय-रोग से होने वाली सूजन पहले जाँघ और हाथों पर होती है। तिल्ली या यकृत (Liver) के कारण सूजन पहले पेट पर होती है। गुर्दों की बीमारी से उत्पन्न सूजन पहले चेहरे पर होती है। स्त्रियों में मासिक धर्म की गड़बड़ के कारण हाथ, पैर और मुँह पर सूजन होती है।

जिस कारण से सूजन पैदा हो, उसकी चिकित्सा करने से सूजन अपने आप चली जाती है। अत: कारण का पता लगा कर चिकित्सा प्रारम्भ करें। सामान्य उपचार यहाँ बताये जा रहे हैं।

दस्तावर औषधि देकर पेट साफ करने से हर प्रकार की सूजन में लाभ होता है। सूजन होने पर अन्न और नमक छोड़ कर केवल दूध पर ही रखा जाय तो बहुत जल्दी लाभ होता है। खाने में दूध, फल, हरी सब्जियाँ, परवल, बैंगन, मूँग की दाल, गर्म पानी से स्नान करना, कोई भी चिकित्सा पद्धति से चिकित्सा की जा रही हो लाभदायक है। होम्योपैथिक चिकित्सा सूजन में अधिक सफल रही है।

राख—गोबर के छाने या उपले जला कर इनकी राख सूजन वाली जगह बाँधने से पानी सोखने से सूजन कम हो जाती है।

केला—केला सब तरह की सूजन में हितकारी है।

अनन्नास—शरीर की सूजन के साथ पेशाब कम आता हो, एल्ब्यूमिन मूत्र में जाता हो, यकृत बढ़ गया हो, मन्दाग्नि हो, नेत्रों के आस-पास और चेहरे पर विशेष रूप से सूजन हो तो नित्य पकी हुई अनन्नास खायें और केवल दूध पर रहें। तीन सप्ताह में लाभ हो जाएगा।

हल्दी—(1) एक गिलास गर्म दूध में स्वाद के अनुसार पिसी हुई मिश्री, एक चम्मच हल्दी दोनों मिला कर घोल कर नित्य एक बार पीयें। यह सूजन में लाभदायक है। सारे शरीर, हाथ-पैर सूज गये हों, इससे लाभ होता है। यह कुछ सप्ताह नित्य पीयें।

(2) चौथाई चम्मच पिसी हुई हल्दी नित्य पानी से फँकी लेते रहने से सूजन मिट जाती है।

आलू—250 ग्राम कच्चा आलू काटकर 500 ग्राम पानी में उबालें। फिर इससे सूजन ग्रस्त अंग का सेक कर आलुओं का लेप कर दें। इससे चोट लगने से आई सूजन ठीक हो जाती है।

जीरा—जीरा और चीनी समान मात्रा में पीस कर एक-एक चम्मच तीन बार नित्य फँकी लेने से सूजन में लाभ होता है।

पानी—गर्म-ठंडे पानी के पर्यायक्रम से सेक करने से सूजन में लाभ होता है। पहले तीन मिनट गर्म पानी से सेक करें, फिर एक मिनट ठंडे पानी से सेक करें।

खजूर—खजूर खाने से सूजन दूर होती है।

गाजर—सूजन, गुर्दे के रोगों में गाजर के बीज दो चम्मच एक गिलास पानी में उबाल कर पिलाने से पेशाब ज्यादा आता है।

गेहूँ—गेहूँ उबाल कर गर्म-गर्म पानी से सूजन वाली जगह को धोने से सूजन कम होती है।

काली मिर्च—काली मिर्च पीस कर एक रत्ती मक्खन के साथ देने से बालकों की सूजन दूर होती है।

लाल मिर्च—125 ग्राम लाल मिर्च 375 ग्राम सरसों का तेल, दोनों को गर्म करें, उबलने पर छान लें। जहाँ सूजन हो यह तेल लगायें।

नमक—गर्म पानी में नमक डाल कर सेक करने से चोट की सूजन में लाभ होता है। अन्य किसी कारण से सूजन हो तो नमक नहीं खायें।

सौंठ—12 ग्राम सौंठ गुड़ के साथ लेने से सूजन कम होती है।

जौ—एक कप जौ, एक किलो पानी में उबाल कर ठण्डा होने पर पीयें। यह सूजन में बहुत लाभदायक है।

तरबूज—तरबूज के बीजों का रस पीने से सूजन में लाभ होता है। इसका प्रभाव गुर्दों पर पड़ता है। इससे टखनों के आस-पास की सूजन घटती है। **बनाने की विधि**—तरबूज के बीज छाया में सुखा कर पीस लें। फिर एक कप उबलते हुए पानी में 3 चम्मच बीज डालकर एक घंटा भीगने दें। इसके बाद छान कर पी जायें। इस प्रकार चार खुराक नित्य लें।

मोटापा बढ़ाना

पतले-दुबले शरीर वाले मोटापा बढ़ाना चाहते हैं। '*भोजन के द्वारा चिकित्सा*' पुस्तक में वर्णित निम्न चीजों का लम्बे समय तक सेवन करते रहने से मोटापा बढ़ता है।

जौ—जौ पानी में 12 घंटे भिगोकर, फिर चारपाई पर कपड़ा बिछाकर जौ फैलाकर सुखायें। कुछ सूख जाने पर, कूट कर इनका छिलका उतार दें। बिना छिलके के जौ भी मिलते हैं। इस छलके रहित जौ का एक कप लेकर दूध में खीर बनाकर नित्य प्रात: खायें। कुछ ही सप्ताहों में दुबले-पतले व्यक्ति मोटे हो जाते हैं।

केला—दो केला खाकर ऊपर से एक पाव गर्म दूध तीन महीने नित्य सेवन करने से मोटे हो जाओगे।

अनार—अनार रक्तवर्धक है, इससे रक्त-संचार बढ़ता है। शरीर मोटा होता है।

नारियल—नारियल शरीर को मोटा करता है। प्रतिदिन दो बार 50-50 ग्राम खायें।

छुहारा—छुहारा रक्त बनाता है, बल देता है, शरीर को मोटा करता है। दूध में छुहारे उबाल कर खायें। सर्दी के मौसम में अधिक लाभ करता है।

मटर—मटर खाने से रक्त और माँस बढ़कर शरीर मोटा होता है।

मूँगफली—थोड़ी मात्रा में नित्य मूँगफली खाने से मोटापा बढ़ता है।

उड़द—छिलके सहित उड़द की दाल खाने से माँस बढ़ता है।

घी—घी और शक्कर मिलाकर खाने से शरीर मोटा होता है।

गाजर—गाजर का रस पीते रहने से मोटापा बढ़ता है।

मालिश—नियमित मालिश करने से क्षीण देह का वजन बढ़ता है।

बादाम—सात बादाम की गिरी रात को पानी में भिगो दें। प्रात: छिलका उतार कर पीस

लें। इसमें आधा छटाँक मक्खन और स्वादानुसार शक्कर मिलाकर डबल रोटी के साथ खायें। ऊपर से एक पाव दूध पी लें। छः महीने में मोटे हो जाओगे और मस्तिष्क भी तेज होगा।

मुनक्का—प्रतिदिन रात के समय 11 मुनक्का खाकर ऊपर से स्वच्छ जल पीकर सो जाएँ। एक माह में कमजोरी दूर होकर शक्ति व वजन दोनों में वृद्धि होगी। दूध के साथ मुनक्का को पका कर मक्खन व शहद मिलाकर खाने से भी वजन बड़ी तेजी से बढ़ता है।

शहद—मोटापा बढ़ाने के लिए शहद नित्य दूध में मिलाकर पीयें।

पानी—पतलापन होने पर पानी व पानी युक्त खाद्य अधिक लेने चाहिएँ। ताजा जल चार घण्टे धूप में रख दें। फिर इससे बच्चों को नित्य एक निश्चित समय पर स्नान कराने से बच्चा मोटा हो जाता है।

मोटापा घटाना

मोटापा कई बीमारियों को जन्म देता है। जैसे कि मोटापे के कारण हार्ट अटैक, ब्लड प्रेशर, थकान आदि रोग जन्म लेते हैं। खासकर महिलाओं में श्वेत प्रदर, मासिक धर्म में अनियमितता, बाँझपन, साँस फूलना जैसे रोग होने का खतरा ज्यादा रहता है। मोटापे से गुर्दे की बीमारी, मधुमेह ग्रस्त मोटे लोगों की मृत्यु दर बढ़ती है। भारी बदन के लोगों को शल्यक्रिया के दौरान ज्यादा खतरा रहता है। गठिया जैसे रोग उन्हें जल्दी होते हैं।

शरीर का बढ़ा हुआ वजन घटना बहुत कठिन है, इसलिए वजन को बढ़ने से रोको। पुरुष के लिए 70 किलो एवं महिला के लिए 60 किलो वजन 'लक्ष्मण रेखा' है। मोटापा एक अभिशाप, मुसीबतों की जड़ है। मोटापा मौत को जल्दी बुलाता है। मोटे शरीर में मोटी बीमारियाँ, मोटी जाँच, मोटी फीस एवं डॉक्टर की जरूरत रहती है। यदि मधुर मुस्कान एवं मस्ती चाहिए तो मोटापे से मुक्ति पायें। इतना नहीं खायें कि रोगी बन जायें। कम खायें, लम्बी जिन्दगी जियें। खुराक घटाओ, घूमना बढ़ाओ, मोटापे से मुक्ति पाओ। खाना खाने का स्वभाव बदले बिना बदन का बढ़ा हुआ वजन कम करना आसान नहीं। चखो पर चरो मत। बदन का बढ़ा हुआ वजन बाई पास सर्जरी का वारन्ट है। बदन के बढ़े हुए वजन में यदि बुनियादी बदलाव लाना है तो बाटी, बर्फी, बादाम, बड़े और बिस्कुट कम-से-कम खाओ, व्यायाम करो, घूमने जाओ।

शारीरिक मेहनत कम करने वालों को शरीर की दैनिक क्षतिपूर्ति के लिए केवल 1500 से 2000 कैलोरीवाला भोजन पर्याप्त है फिर भी ऐसे लोग 3000 से 4000 कैलोरीवाला भारी भोजन करते हैं। इस अतिरिक्त कैलोरी से शरीर में चर्बी जमा होने लगती है।

मोटापा शरीर में चर्बी जमा होने से बढ़ता है। अतः चर्बी (Fats) तथा कार्बोहाइड्रेट्स (मीठे) पदार्थों का सेवन नहीं करना चाहिए। मोटापे से उच्च रक्तचाप, मधुमेह, जोड़ों का दर्द तथा चलने में दर्द होता है।

मोटापे के कारण—चर्बी बढ़ाने वाली चीजों के अधिक सेवन, जैसे—माँस, घी, चावल, आलू, तली हुई चीजें, मिठाइयाँ, दानेदार चीनी, केला, अंगूर, चिकने पदार्थ मोटापा बढ़ाते हैं। दिन में अधिक सोना, आवश्यकतानुसार शारीरिक श्रम न करना, बार-बार खाना, पाचन-शक्ति ठीक न होने से भी मोटापा बढ़ता है। मोटापे के मामलों में इसके पीछे आवश्यकता से अधिक भोजन करना सबसे बड़ा कारण होता है। मासिक धर्म कम होने से स्त्रियों में मोटापा बढ़ता है।

मोटापा घटाने के लिए भोजन कम मात्रा में लें। भोजन के स्थान पर फल, सब्जियों का

सेवन, भोजन करने से एक घंटे बाद पानी पीयें, ठंडे पानी से स्नान करें। शारीरिक श्रम अधिक और कभी-कभी उपवास करें। मोटापा घटाने के लिए भोजन की इच्छा पूरी होने से पहले ही खाना बन्द कर उठ जाना चाहिए। डॉक्टरों ने कम खाने के लिए संगीत सुनने या पुस्तक पढ़ने की सलाह दी है ताकि ध्यान बँटा रहे।

किसी भी प्रकार का भोजन न करके केवल फलाहार पर कुछ सप्ताह रहना चाहिये। घी, शक्कर, चावल, मिठाई नहीं खानी चाहिये।

शरीर को सुडौल, सुन्दर बनाने और मोटापा-जनित कुरूपता को दूर करने के लिए—

(1) सन्तुलित, स्वास्थ्यवर्धक और आन्तरिक शुद्धि करने वाला भोजन करें जिससे शरीर में व्याप्त विष नष्ट हो जायें।

(2) शरीर में व्याप्त विषों को मल, मूत्र एवं पसीने द्वारा बाहर निकालें। इसके लिए कब्ज दूर करें, पेशाब अधिक हो, इसके लिए तरल पदार्थ अधिक लें। शरीर से पसीना निकालें।

(3) गहरे लम्बे श्वास लें। इससे शरीर में ऑक्सीजन अधिक पहुँचेगी और शरीर में व्याप्त विष इससे नष्ट हो जायेंगे।

(4) नियमित व्यायाम करें। इससे शरीर सुडौल और सुन्दर बनता है, अंग विशेष पर जमी चर्बी नष्ट हो जाती है।

(5) मालिश करें। अंग विशेष में व्याप्त मोटापे पर भी मालिश करें।

(6) विश्रांति (Relaxation)—शरीर तथा मस्तिष्क—दोनों को शिथिल कर दें। इससे तनाव दूर हो जाता है, रक्त संचार बढ़ता है तथा शरीर में व्याप्त विष निकल जाते हैं।

(7) स्त्री, पुरुष दोनों भूखे पेट या खाने के पाँच घंटे बाद रस्सी कूदें।

(8) वैज्ञानिकों ने अब स्लिम एंड थिन बनने के लिए एक्सरसाइज या डाइटिंग करने के बजाय सिर्फ कैल्शियम खाने पर भी जोर दिया है। कैल्शियम से एक तरह का हार्मोन रिलीज होता हे जो मेटाबोलिज्म और रक्त संचार को संतुलित करता है। इससे कैलोरीज जलती है और मोटापा अपने-आप घट जाता है। भोजन में कैल्शियम की मात्रा बढ़ायें।

वजन जानने का सरल माप दण्ड—वयस्क होने पर लम्बाई के अनुसार एक इंच का वजन एक किलो मानना चाहिए। जैसे 5 फीट के व्यक्ति का वजन 60 किलो होना चाहिए।

मोटापा से शरीर बेडौल, भद्दा लगता है। नारियों के नितम्ब, कूल्हे (Hips) प्राय: मोटे हो जाते हैं। निरन्तर गत्यात्मकता के अभाव में नितम्ब मोटे हो जाते हैं। गत्यात्मकता की कमी से माँसपेशियाँ लचीलापन छोड़ देती हैं। इससे उनका आकार समाप्त होने लगता है, वे बाहर फैलने लगते हैं। नितम्ब न केवल भारी ही होते हैं अपितु आकार में भी बढ़ जाते हैं। अत: बिना चर्बी के भी नितम्ब बढ़ सकते हैं।

शरीर को गतिशील रखने एवं उचित भोजन के द्वारा ही शरीर को सुडौल रखा जा सकता है। सुडौल शरीर के लिए व्यायाम आवश्यक है। नित्य आधा घंटा तेजी से घूमने जायें, कोई व्यायाम करें। रस्सी कूदना भी बहुत अच्छा है। कोई भी व्यायाम 15 मिनट नित्य करें।

घूमना—मोटापे को एक दम नहीं घटाना चाहिए। तीन मील प्रति घंटा, प्रति दिन घूमने से एक महीने में एक किलो वजन की कमी आती है जो कि आदर्श अभ्यास है।

करेला—करेले के रस में एक नीबू का रस मिलाकर प्रात: पीने से मोटापा कम होता है।

फल-सब्जियाँ—सब्जियों और फलों में कैलोरी कम होती है, अत: ये अधिक खायें। केला,

चीकू मोटापा बढ़ाते हैं, अत: ये नहीं खायें। स्वाद के लिए फल-सब्जियों पर नमक नहीं डालें। नमक कम-से-कम खायें। शक्कर, चिकनाईदार चीजें जैसे घी, मक्खन, शकरकंदी नहीं खायें।

चाय—चाय में पोदीना डालकर पीने से मोटापा कम होता है।

नमक—मोटापा कम करने के लिए नमक रहित भोजन करना चाहिए। इससे वजन कम होता है।

मालिश—यदि पेट, तोंद बढ़ गई हो तो मालिश करके नित्य उठ-बैठ करें। रस्सी कूदने से पेट आगे नहीं बढ़ता।

नीबू—(1) एक नीबू स्वाद के अनुसार सेंधा नमक, एक पाव गर्म पानी में मिलाकर प्रात: भूखे पेट दो माह पीने से मोटापा कम होता है। यह प्रयोग गर्मी के मौसम में ज्यादा उपयोगी है।

(2) एक नीबू, एक गिलास गर्म पानी और दो चम्मच शहद मिलाकर चार महीने तक पीने से मोटापा कम होता है।

(3) पालक के रस में नीबू मिलाकर पीने से मोटापा कम होता है।

चना—चने की भीगी हुई दाल और शहद मिलाकर नित्य प्रात: खाने से मोटापा कम होता है।

टमाटर—जिनका भार अधिक है व अन्नाहार पर नियन्त्रण करते हैं, व्यायामों और योगासनों पर ध्यान देते हैं—टमाटर उनके लिए हितकारी है क्योंकि शरीर से विजातीय द्रव्य, पदार्थ व आँतों में रुका, अटका खाना शरीर से बाहर निकालने में पूरी मदद करता है। नित्य कच्चा टमाटर, नमक और प्याज के साथ खाने से आप विश्वास करें, आपका मोटापा धीरे-धीरे कम होने लगेगा।

दही—दही मोटापा कम करने में लाभप्रद है।

छाछ—छाछ में काला नमक और अजवाइन मिलाकर पीने से मोटापा कम होता है।

तुलसी—तुलसी के पत्तों का रस, शहद तथा एक कप पानी में मिलाकर पीने से मोटापा घटता है।

आलू—आलू मोटापा नहीं बढ़ाता। आलू को तलकर तीखे मसाले, घी आदि लगाकर खाने से चिकनाई पेट में जाने से मोटापा बढ़ता है। इसलिए आलू उबाल कर या गर्म रेत, राख में सेंक कर खाना लाभदायक है, निरापद है।

कुलथी—100 ग्राम कुलथी की दाल नित्य खाने से मोटापा कम होता है।

रस—मोटापा घटाने के लिए सात दिन में एक बार केवल रस, फलाहार पर ही रहें। इस दिन रोटी, दूध आदि नहीं लें।

पीपल—चार पीपल पीसकर आधा चम्मच शहद में मिलाकर नित्य चाटें। इससे मोटापा घटता है।

सलाद

सामग्री—दो-तीन तरह के मौसमी फल, सलाद पत्ती, मूली, गाजर, टमाटर, पत्ता गोभी, अदरक, हरी मिर्च, हरा धनिया, नीबू, भिगोये हुए काले चने, काली मिर्च और सेंधा नमक—सब अन्दाज से और आवश्यक मात्रा में।

विधि—सलाद पत्तियों और गोभी के पत्तों को धो कर प्लेट में फैला कर रखें। फलों को काटकर इन पत्तियों पर रखें। टमाटर को गोल-गोल काटकर तथा मूली, गाजर व अदरक के बारीक लच्छे काटकर इन फलों पर फैला दें और चने डाल दें। ऊपर से हरी मिर्च और हरा धनिया काटकर बुरक दें। नीबू निचोड़कर काली मिर्च व सेंधा नमक डालें। यह सलाद बहुत स्वादिष्ट और

पोषक तत्त्वों से युक्त है। इसे भोजन के साथ खाएँ या दोपहर के बाद की चाय के साथ खाएँ या फिर भोजन न करके इस सलाद को ही भोजन की जगह भूख के अनुसार मात्रा में खूब चबा-चबा कर शाम को खाएँ।

जिन्हें अपने पेट, कमर और कूल्हों का मोटापा दूर करना हो वे शाम के भोजन में सिर्फ इस सलाद को ही खाएँ और टमाटर व पालक का सूप बनाकर पिएँ। 40 दिन बाद अपना वजन देख लें। इस उपाय से जितना चाहें उतना वजन कम किया जा सकता है। वजन धीरे-धीरे कम होगा पर निश्चित रूप से होगा। परीक्षित है।

मिश्रित रस—एक नीबू, गर्म पानी में प्रात: पीयें। इसके बाद 12 औंस गाजर का रस और 4 औंस पालक का रस मिलाकर पीयें। इससे मोटापा कम होता है।

पानी—(1) जिनका शरीर मोटा हो गया है, उन्हें सदा गुनगुना पानी अधिक मात्रा में पीना चाहिए। भोजन से पहले एक गिलास गुनगुना पानी पी लिया जाय तो भोजन अधिक नहीं किया जा सकता। इस प्रयोग से दो महीने में चर्बी घटने लगेगी। डॉ. ल्यूकस की राय में सर्वोत्तम तरीका यह है कि तीन गिलास पानी में चुटकी भर नमक डालकर उबाल कर रख लिया जाये और इस पानी का एक गिलास प्रात: भूखे पेट, दोपहर एवं रात को सोने से पहले पीयें।

(2) खाना खाने के बाद एक गिलास गर्म पानी जितना गर्म पिया जा सके लगातार पीते रहें।

कमर पतली करने का व्यायाम

कमर पतली करने के लिए सीधे लेट जाइए। हाथ जाँघों पर रखें। फिर अपनी टाँगें जमीन से 6-7 इन्च ऊपर उठायें। फिर इसके बाद कन्धे भी जमीन से इतने ही उठाएँ एवं टाँग एवं कन्धे जितनी देर निभे ऊपर रखें। इस व्यायाम में हाथ जमीन को नहीं छूने चाहिएँ।

एक व्यायाम में सीधे खड़े होकर पैर पास-पास रखिए। अब कमर पर हाथ रख कर दायें पैर को ऊपर उठाइये—अधिक-से-अधिक जितना उठा सकें। बदन को मत झुकने दीजिए। पैर को बिल्कुल सीधा रखने का प्रयास कीजिए। चार-पाँच सैकण्ड तक पैर उसी तरह रखिये। फिर नीचे ले आइए। यह दस बार कीजिए। इसी तरह बायें पैर की दस बार कसरत कीजिए। अधिक-से-अधिक पैदल चलने से नितम्ब सुडौल होते हैं।

पेट—प्रतिदिन हथेली की सहायता से पेट के माँस को नीचे से ऊपर की ओर ले जाना चाहिए। यह क्रिया कम-से-कम दस मिनट तक करनी चाहिए। इस तरह मालिश करने से आपके पेट पर फालतू चर्बी नहीं बढ़ने पाएगी। इसी प्रकार कमर एवं जाँघों पर भी चर्बी नहीं बढ़ने देनी चाहिए।

मिरगी (Epilepsy)

मिरगी में रोगी को अचानक बेहोशी आ जाती है। उसके हाथ-पैर काँपते हैं। मुँह में झाग आ जाते हैं। कुछ समय में उसे होश आ जाता है। रोगी की तांत्रिक कोशिका से अचानक अधिक विद्युत निकलने लगती है, तथा उससे शरीर में कड़ापन आ जाता है और मस्तिष्क में सन्तुलन का अभाव हो जाता है तो उसे मिरगी रोग कहते हैं।

मिरगी या एपीलेप्सी का सम्बन्ध मस्तिष्क से होता है। मानव मस्तिष्क के असंख्य कोष प्रतिक्षण आदेशों के रूप में अनगिनत तरंगें छोड़ते हैं। मस्तिष्क का ही एक अन्य महत्त्वपूर्ण भाग इन आदेशों का नियंत्रण करता है एवं केवल सही आदेशों को ही कार्यरूप प्रदान करने देता है।

इस सामंजस्य के बिगड़ने से ही मिरगी के दौरों की शुरूआत हो सकती है। कुछ अन्य कारणों में दिमागी चोट, तेज बुखार, मैनिनजाइटिस, दिमाग का कैंसर इत्यादि प्रमुख हैं। यह रोग किसी भी उम्र में हो सकता है।

लक्षण—लक्षणों के आधार पर इस रोग को अनेक प्रकारों में बाँट सकते हैं। इनमें से दो प्रमुख हैं—(1) गंभीर या ग्रांड माल, तथा (2) साधारण या पेटिट माल।

रोगी को दौरा प्राय: मानसिक या शारीरिक तनाव की अवस्था में आता है। ऐसी कोई भी अवस्था जिससे उत्तेजना हो सकती है—अत्यधिक ऊँचाई, गहराई, तेज पानी का बहाव देखकर भी दौरा शुरू हो सकता है। प्राय: रोगी को कुछ अहसास होता है। सिरदर्द, चक्कर, घबराहट होते ही रोगी सहारा लेने का प्रयत्न करता है, पर वह गिर पड़ता है। इसके हाथ-पाँव में तेज ऐंठन होती है और मुँह से झाग निकलने लग जाता है। कई बार दाँतों एवं जबड़ों के भिंच जाने से जीभ भी कट जाती है। चेहरे का रंग एवं पुतलियों का आकार भी बदल सकता है। रोगी अपने कपड़ों में मल-मूत्र तक त्याग कर सकता है।

ग्रांड माल मिरगी का दौरा कुछ मिनट से घंटे भर का भी हो सकता है। उसके बाद रोगी काफी थकान व कमजोरी महसूस करता है।

साधारण या पेटिट माल मिरगी का दौरा प्राय: कुछ सैकिंड तक चलता है। इसमें मरीज क्षण भर को मानों विस्मृत हो जाता है। अचानक ही चुप हो जाना, टकटकी लगाकर देखते रहना और फिर वह अपना कार्य ऐसे शुरू कर देता है मानो कुछ भी न हुआ हो।

ध्यान में रखने योग्य बातें—मिरगी कोई भूत-प्रेत या हवा के कारण नहीं बल्कि एक रोग है एवं ठीक हो जाता है।

काफी समय यह रोग रहने पर व्यक्ति क्रोधी, असहनशील व चिड़चिड़ा हो सकता है। उससे व्यर्थ विवाद या बहस न करें।

मिरगी के रोगी को अधिक ऊँचाई, गहराई, आग या पानी तथा लड़ाई के माहौल में नहीं जाने देना चाहिए।

ऐसे रोगी को सार्वजनिक स्थानों पर ड्राइविंग नहीं करने देना चाहिए।

ऐसे रोगी के पास सदैव उसकी सम्पूर्ण जानकारी लिए हुए एक कार्ड मौजूद रहे तो उपचार एवं सूचना में आसानी रहेगी।

प्राथमिक उपचार—रोगी को जैसे ही दौरा पड़ने लगे उसके जबड़ों के मध्य किसी साफ वस्तु को फँसा देना चाहिए। इस तरह जीभ की भी रक्षा हो सकेगी। यदि दाँत बुरी तरह से भिंचे हुए हैं तो जबरदस्ती किसी वस्तु को दाँतों के मध्य रखने की कोशिश न करें। इससे दाँत या मसूड़ों में चोट लगने की संभावना ही रहेगी।

रोगी को एक करवट के सहारे लिटाएँ। रोगी के सारे कपड़ों को ढीला कर दें। उसकी बेल्ट, टाई, जूते इत्यादि उतार दें।

यदि श्वसन में दिक्कत हो रही है तो कृत्रिम श्वसन देना चाहिए। जब तक रोगी पूर्णतया चैतन्य न हो जाए उसे खाने-पीने को कुछ न दें।

यदि रोगी बच्चा है तो उसे तुरन्त अस्पताल ले जाना चाहिए, क्योंकि ऐसा दौरा मैनिनजाइटिस में भी आ सकता है। वह भी एक गंभीर रोग है।

ऐसा व्यक्ति जिसको मिरगी के दौरे पड़ते हों और वह विवाह योग्य है तो इस बात की पूर्ण

जानकारी होना आवश्यक है कि पति एवं पत्नी दोनों को मिरगी के दौरे न आते हों। बच्चे का जन्म विशेषज्ञ की देखरेख एवं उपचार के दौरान ही होना चाहिए एवं चिकित्सक की बिना अनुमति के इलाज बंद नहीं करना चाहिए।

असाध्य लक्षण—अंग अधिक फड़कते हों, शरीर क्षीण हो गया हो, भृकुटी, भौंहें चलायमान हों तो वह रोगी आयुर्वेद के अनुसार ठीक नहीं हो सकता।

भोजन—रोगी को प्रोटीन और विटामिन प्रधान भोजन देना चाहिए। नमक जितना कम दिया जाय, उतना ही अच्छा है। इससे रोगी के शीघ्र ठीक होने की संभावना बढ़ती है। शाकाहारी भोजन एवं दूध सर्वोत्तम है। उत्तेजक पदार्थ—कॉफी, पिपरमेंट, माँसाहारी भोजन नहीं देना चाहिए। कुछ दिनों फल, सब्जी, दूध ही भोजन में देना चाहिए। रोगी को भय, शोक, चिन्ता नहीं करनी चाहिए। दौरा अचानक आता है, अत: रोगी को अकेला नहीं रहने दें।

नीबू—जरा-सी हींग नीबू के साथ चूसने से लाभ होता है।

प्याज—तीन औंस प्याज का रस प्रात: थोड़ा-सा पानी मिलाकर पीने से मिरगी आना बन्द हो जाता है। यह कम-से-कम 40 दिन दें। मिरगी के दौरे में प्याज का रस सूँघने से होश शीघ्र आ जाता है।

लहसुन—(1) मिरगी के बेहोश रोगी को लहसुन कूटकर सुँघाने से होश में आ जाता है। दस कली दूध में उबाल कर नित्य खिलाने से मिरगी रोग दूर हो जाता है। यह प्रयोग लम्बे समय तक करें। (2) लहसुन को तेल में सेक कर नित्य खायें। (3) तीन भाग तिल और एक भाग लहसुन पीसकर 30 ग्राम की मात्रा खाते रहने से वात-जनित मिरगी जिसका दौरा 12 दिन में आता है, ठीक हो जाता है।

बच—बच का चूर्ण दस ग्राम, एक चम्मच शहद में मिलाकर चाटें या एक कप दूध में फँकी लेते रहने से लाभ होता है।

करौंदा—करीब 50 पत्ते करौंदें के पीस कर छाछ में मिलाकर नित्य 15 दिन पीने से मिरगी आना बन्द हो जाता है। यह प्रयोग पित्त-जनित मिरगी में विशेष रूप से उपयोगी सिद्ध हुआ है। पित्त जनित मिरगी का दौरा 15 दिन में पड़ता है। *—वैद्य सुशील कुमार जैन, जयपुर*

मेहँदी—मिरगी रोग में 250 ग्राम दूध के साथ मेहँदी का 60 ग्राम रस मिलाकर पिलाने से रोगी को आशा से अधिक लाभ होता है।

राई—राई पीसकर सुँघाने से मिरगी की बेहोशी दूर हो जाती है।

लाल मिर्च—मिरगी का दौरा पड़ने पर लाल मिर्च से बनी होम्योपैथिक मदर टिंचर कैप्सिकम एनम की कुछ बूँदें नाक में डालने से होश आ जाता है।

काली मिर्च— काली मिर्च पानी में पीसकर तीन बूँदें नाक के नथुने में डालने से होश आ जाता है।

तुलसी—तुलसी के हरे पत्तों को पीसकर मिरगी वाले के सारे शरीर पर प्रतिदिन मालिश करने से लाभ होता है।

जायफल—21 जायफलों की माला पहने रहने से मिरगी रोग में लाभ होता है।

अनार—अनार के हरे पत्ते 100 ग्राम, पानी 500 ग्राम मिलाकर उबालें। चौथाई पानी रहने पर छानकर 60 ग्राम घी और 60 ग्राम चीनी मिलाकर सुबह-शाम दो बार नित्य पिलाने से मिरगी ठीक हो जाती है।

मासिक-धर्म (Menstrual Discharge)

भारत में गर्म जलवायु होने से 13 वर्ष के बाद यौवन-विकास होने लगता है। इस आयु से ही मासिक धर्म आरम्भ हो जाता है। प्रत्येक युवा स्त्री के योनी-मार्ग से हर महीने रक्तस्राव होता है, इसे 'मासिक धर्म' कहते हैं। मासिक-धर्म के रक्त का धब्बा धोने से छूट जाता है। यदि रक्त का धब्बा नहीं छूटे तो यह रोग का लक्षण है। मासिक-धर्म का रक्त प्राय: तीन दिन निकलता है। तीन दिनों में स्त्री को आराम करना चाहिए। सिर नहीं धोना चाहिए। पानी का काम जैसे कपड़ा धोना, फर्श धोना, नहीं करना चाहिए। गर्म खाना, खाना चाहिए।

नारियल—नारियल खाने से मासिक-धर्म खुलकर आता है।

मटर—माहवारी की रुकावट दूर करता है।

राई—मासिक धर्म में गड़बड़ी होने पर भोजन से पहले दो ग्राम राई पिसी हुई पहले ग्रास के साथ नित्य खायें।

तुलसी—तुलसी की जड़ को छाया में सुखाकर पीसकर चौथाई चम्मच पान में रखकर खाने से अनावश्यक रक्त-स्राव बन्द हो जाता है।

कष्टार्तव (Dysmenorrhoea)

मासिक-धर्म शरीर का प्राकृतिक धर्म है। किसी-किसी को मासिक-धर्म होने में दर्द होता है, इसे कष्टार्तव कहते हैं। यह आराममय जीवन बिताने वाली युवतियों में प्राय: 18-25 वर्ष की आयु में होता है। यह दो प्रकार का होता है—

(1) रक्ताधिक कष्टार्तव (Congestive Dysmenorrhoea), तथा

(2) ऐंठनयुक्त कष्टार्तव (Spasmodic Dysmenorrhoea)।

रक्ताधिक कष्टार्तव—यह दर्द विवाहित नारियों में गर्भाशय के आस-पास के अंगों में होता है। दर्द मासिक-धर्म के तीन-चार दिन पहले ही चालू हो जाता है तथा मासिक-धर्म आरम्भ होने के साथ ही अपने आप ठीक हो जाता है। कम मेहनत करने वाली महिलाओं को यह ज्यादा होता है। ज्यादा चीनी खाने और व्यायाम करने से इसमें आराम मिलता है।

ऐंठनयुक्त कष्टार्तव—चिकित्सालयों में इसी की रोगिणियाँ ज्यादा आती हैं। यह प्राय: कुँवारी लड़कियों को होता है। यह प्राय: मासिक-धर्म के प्रारम्भ से प्रथम प्रसव तक होता है। यह दर्द गर्भाशय में होता है। तेज दर्द आधा घण्टे तक रहता है। कँपकँपी, जी मिचलाना, क़ै भी हो जाती है।

कारण—मासिक-धर्म में दर्द होने के कारण पूर्णत: अभी तक ज्ञात नहीं हुए हैं। जो ज्ञात हुए हैं, वे हैं—बच्चेदानी का छोटा होना, बच्चेदानी में रक्त की कमी तथा जननेन्द्रिय के सभी भागों का सामंजस्य से कार्य न करना। हारमोन्स का असन्तुलन प्रमुख कारण है। स्नायु और मस्तिष्क के आवेगों को सन्तुलित रखने वाले सोडियम और पोटाशियम खाद्य तत्त्वों का भोजन में असन्तुलन रहता है, जिससे स्त्रियों में मानसिक तनाव बना रहता है। विवाह और बच्चा होने के बाद यह बीमारी अपने आप ठीक हो जाती है। विस्तार से जानने हेतु लेखक की पुस्तक '*स्त्री रोगों की चिकित्सा*' पढ़ें।

सन्तुलित भोजन लें। चटपटे, मीठे पदार्थ, पालिश वाले चावल, माँसाहार कम-से-कम लें। कुँआरी लड़कियों को मासिक-धर्म के दिनों में प्रात: भूखे पेट नीबू, नारंगी का रस पीना चाहिए। इन रसों से शरीर में पोटाशियम की कमी दूर होती है। दर्द वाली जगहों पर सेक करें।

मूली—मूली के बीजों को पीसकर 4-4 ग्राम सुबह,दोपहर, शाम तीन बार गर्म पानी से फँकी लेने से मासिक-धर्म खुलकर आता है, दर्द ठीक हो जाता है।

हींग—मासिक-धर्म में दर्द हो तो हींग का सेवन लाभ देता है।

अजवाइन—गुड़ और अजवाइन घी में हलवे की तरह बनाकर खाने से दर्द एवं रुककर आने वाला मासिक-धर्म ठीक हो जाता है।

सौंठ—जिन अविवाहितों के मासिक-धर्म में दर्द होता है वे सौंठ और पुराने गुड़ का काढ़ा पीयें। परहेज शीतल पेय तथा खट्टी चीजों का रखें। लाभ होगा, परीक्षित है।

नीम—यदि मासिक-धर्म के दिनों में दर्द जाँघों में हो तो मासिक-धर्म के दिनों में नित्य नीम के पत्तों का रस 6 ग्राम, अदरक का रस 12 ग्राम, इतने ही पानी में मिलाकर पिलायें। दर्द में तुरन्त आराम होगा।

गाजर—यदि मासिक-धर्म न आता हो तो दो चम्मच गाजर के बीज और एक चम्मच गुड़ एक गिलास पानी में उबालकर नित्य सुबह-शाम गर्म-गर्म पीवें तो इससे मासिक धर्म आयेगा तथा मासिक-धर्म में होने वाला दर्द भी ठीक हो जावेगा।

राई—चार चम्मच पिसी हुई राई को दो गिलास पानी में उबाल कर छानकर उसमें कपड़ा भिगोकर पेट का सेक करें। इससे मासिक स्राव खुलकर आता है, मासिक स्राव में होने वाला दर्द ठीक हो जाता है।

अतिरज (Menorrhagia)

कभी-कभी मासिक धर्म में अत्यधिक रक्तस्राव कई दिन तक होता रहता है व सन्धिकाल (Climacteric Period) में भी किसी-किसी महिला को अत्यधिक रक्तस्राव होता रहता है।

जब अधिक रक्तस्राव हो रहा हो तो चारपाई के पाँवों की ओर के दोनों पायों के नीचे एक-एक ईंट लगाकर पैरों का हिस्सा ऊँचा करके सुलायें। तेल, मिर्च, गर्म प्रकृति के पदार्थ खाने में न दें। शीतल पेय लें। गर्म वातावरण जैसे रसोई घर में काम न करें।

अनार—अनार के सूखे छिलके पीसकर छान लें। इसकी एक चम्मच की फँकी ठंडे पानी से लेने से रक्तस्राव बन्द हो जाता है।

धनिया—(1) 20 ग्राम धनिया 200 ग्राम पानी में उबालें, जब 50 ग्राम पानी रह जाये तो छानकर मिश्री मिलाकर पिला दें। इससे मासिक-धर्म में अधिक रक्त आना बन्द हो जाता है।

(2) पिसा हुआ धनिया देशी बूरा (शक्कर), घी—तीनों को समान मात्रा में मिलाकर दो चम्मच तीन बार खाने से रक्त गिरना बन्द हो जाता है।

अल्परज

हींग—मासिक स्राव कम आता हो तो हींग का सेवन लाभ देता है।

अनार्तव (Amenorrhoea)

मासिक-धर्म का न होना अनार्तव कहलाता है। मासिक-धर्म न होने के अनेक कारण हैं। स्थानीय जननांगों के रोग, बच्चेदानी का न होना, प्रजनन अंगों व अन्य आन्तरिक अंगों का विकास न होना, शरीर के विभिन्न हारमोन्स में तालमेल न बैठना। बच्चा होने के बाद कुछ महीनों

तक भी मासिक धर्म प्राय: बन्द रहता है। रक्ताल्पता, मानसिक आघात, मानसिक विचारों का भार, मासिक-धर्म के पूर्व व पश्चात् ठंड लगना, पानी से भीगना आदि कारणों से अनार्तव होता है। अनार्तव के प्राकृतिक कारण हैं—गर्भावस्था, रजोनिवृत्ति काल, शिशु का स्तनपान आदि। चिकित्सा करते समय सर्वप्रथम कारणों को दूर करें।

मूली—मूली के बीज, गाजर के बीज और दाना मेथी तीनों समान मात्रा में पीस, छानकर दो चम्मच गर्म पानी से फँकी दें। बन्द मासिक-धर्म खुलकर आयेगा।

तिल—काले तिल और गुड़ हरेक 15 ग्राम मिलाकर दो कप पानी में उबालकर छान लें। ठंडा होने पर नित्य पीयें। कुछ दिन पीते रहने से बन्द हुआ मासिक-स्राव आरम्भ हो जायेगा।

नमक—ठण्डी हवा या पानी में काम करने से मासिक-धर्म नहीं आ रहा हो तो दो-दो ग्राम नमक गर्म पानी से दिन में तीन बार लें। मासिक-धर्म आने लगेगा।

अजवाइन—रुके हुए मासिक-धर्म को खुलकर लाने के लिए 6 ग्राम अजवाइन का चूर्ण दो बार गर्म दूध से दें।

तुलसी—मासिक-धर्म रुकने पर तुलसी के बीज एक चम्मच एक गिलास पानी में उबाल कर आधा पानी रहने पर पीने से मासिक-धर्म आने लगता है।

नीम—50 नीम की कोपलों को एक गिलास पानी में उबालें। आधा पानी रहने पर छानकर पिलाने से मासिक-धर्म चालू हो जाता है।

गर्भाशय स्थानच्युति, योनि-संकोचन

किसी-किसी स्त्री का गर्भाशय बाहर आ जाता है। इसे गर्भाशय स्थानच्युति (Uterus Propapse) कहते हैं। योनि ढीली लगती है। ऐसा होने पर फिटकरी तीन भाग, मांजूफल एक भाग बारीक पीसकर मिला लें। साफ मलमल के कपड़े में या गौज में इसकी एक चम्मच डाल कर पोटली बना लें। इसे रात को सोते समय योनि में रखें। योनि सिकुड़ जायगी, ढीलापन ठीक हो जायेगा। एलोपैथिक चिकित्सा में गर्भाशय बाहर आने पर ऑपरेशन कराने की सलाह दी जाती है। होम्योपैथिक चिकित्सा भी इस सम्बन्ध में लाभकारी है। हर प्रकार के रोगों की सफल चिकित्सा के लिए लेखक की '*होम्योपैथिक व्यावहारिक चिकित्सा-सार*' पुस्तक पढ़ें, लेखक से भी प्राप्त कर सकते हैं।

भाप-स्नान

चेहरे की सुन्दरता, चेहरे पर कील, मुँहासे, दाग, धब्बे दूर करने के लिए भाप-स्नान लाभदायक है। भाप बनाने के लिए किसी चौड़े मुँह के बर्तन में पानी खौलाएँ। पानी में एक चम्मच ग्लिसरीन डाल दें। चेहरे को पहले गर्म पानी से धोएँ तथा इसके पश्चात् तत्काल ठंडे पानी से धोकर पोंछें। इसके पश्चात् नमक रहित मक्खन की मालिश करें। मालिश करते समय ध्यान रहे कि अँगुलियों का क्रम नीचे से क्रमशः ऊपर की ओर गाल व ठोडी पर गोल-गोल मालिश करें। जब पूरा मक्खन पिघल जाए तो उबलते हुए पानी जिसमें से भाप निकल रही है पर चेहरा रखकर किसी तौलिये से अपना चेहरा सिर तक ढँक लें। दस मिनट तक अपना चेहरा ढँके रखें। थोड़ी देर बार आपको पसीने की धार बहती हुई-सी महसूस होगी। अब तौलिया हटाकर किसी खुरदरे तौलिये से अपना चेहरा पोंछ लें। पाँच मिनट बाद बर्फ के ठंडे पानी के छींटे अपने चेहरे पर दें। इसके पश्चात् हथेली पर कोल्ड क्रीम लेकर चेहरे पर धीरे-धीरे मलें। आधे घण्टे बाद चेहरा धो लें।

साबुन का प्रयोग न करें। आप जब शीशे के सामने खड़ी होंगी तो आपको महसूस होगा कि आपका चेहरा खिले फूल की तरह स्वच्छ, कोमल व स्निग्ध हो उठा है। जो कील,मुँहासे इत्यादि से परेशान हैं उनके लिए यह क्रिया अत्यन्त लाभप्रद है। कील, मुँहासों पर भाप लगने से उनका मुँह खुल जाता है और सारी गन्दगी बाहर आ जाती है। इस विधि से कील का दाग नहीं पड़ता है।

चेहरे पर मुँहासे काफी मात्रा में हों तो रात को सोने से पहले भाप से चेहरे का स्नान करें। फिर नीबू और नारियल का तेल मिलाकर लगाएँ, प्रातः गुनगुने पानी में धो डालें, कुछ ही दिनों में मुँहासे मिटते दिखाई देंगे।

मुँहासों को अँगुलियों से दबाने पर काले रंग के धब्बे पड़ जाते हैं। अक्सर मुँहासे पेट की गड़बड़ और कब्ज से होते हैं। मुँहासों से छुटकारा पाने के लिए अपने खान-पान पर भी ध्यान देने के साथ चेहरे को साफ रखना भी बहुत ही जरूरी है।

नमक—अदरक के रस में नमक मिलाकर रात को चेहरे पर लेप करें। प्रातः गर्म पानी से धोयें। मौसम के अनुसार गाजर का रस, खीरा, ककड़ी खायें, मुँहासे ठीक हो जायेंगे।

मुँहासों के निशान व काले दागों को मिटाने के लिए चेहरे पर नीबू का रस लगाना चाहिए। जरा-सी मलाई में कुछ बूँदें नीबू के रस की डालकर दोनों हाथों से चेहरे पर पाँच-दस मिनट मालिश करके फिर पानी से मुँह धोकर पोंछ लिया जाए तो चेहरे का रक्त संचार बढ़ जाता है, चेहरे पर कोमलता व निखार आ जाता है। त्वचा के दाग हल्के पड़ जाते हैं। मुँहासों के दाग खीरे के रस में चिरौंजी पीसकर लगाने से कुछ समय बाद ठीक हो जायेंगे। सुबह पानी के साथ एक नीबू नियमित रूप से पीने से पेट साफ रहता है। इससे भी धीरे-धीरे मुँहासे बैठ जाते हैं। नीम के पेड़ की छाल को चन्दन की तरह घिसकर मुँह पर लगाने से मुँहासों की फुन्सियाँ मुर्झा जाती हैं। आँवले का चूर्ण रात को पानी में भिगो दें, सुबह उसे मुँह पर मसल कर उसी पानी से मुँह धो लेना चाहिए।

मुख सौन्दर्य

खुबसूरत और कान्तिमय चेहरे के लिए महँगे मूल्य के सौन्दर्य प्रसाधनों से मेकअप करना जरूरी नहीं है। रोजमर्रा काम आने वाली खाने-पीने की वस्तुओं, सब्जियों आदि से चेहरे की खूबसूरती को निखारा जा सकता है।

अपने शरीर का पौष्टिक भोजन तथा शुद्ध जल से पोषण करें।

आरामदायक वस्त्र पहन कर शरीर को सहजता प्रदान करें। स्वच्छ हवा में साँस लेकर शक्ति का संचारण करें। इस रहस्य को समझें कि साधारण घूमना, नाचना, कूदना, खेलना कितना लाभदायक है।

चिंता और नकारात्मक सोच को मन से बाहर निकालें। शरीर को सकारात्मक विचारों, मधुर मुस्कान, नेक इरादों और सृजनात्मकता से संवारें। मन को सुन्दर बनाएँ, तन की सुन्दरता अपने आप निखर जाएगी।

जानी-मानी सौन्दर्य विशेषज्ञ वन्दना लूथरा ने कहा है कि यदि त्वचा को हसीन और जवां बनाये रखना है तो बर्गर, पिज्जा जैसे 'जंक फूड' से परहेज करिए। बर्गर और पिज्जा जैसे खाद्य पदार्थों को खाने से न तो शरीर का पोषण होता है और न ही कोई अन्य लाभ होता है। केवल स्वाद के लिए ऐसा अपौष्टिक भेजन करने से मोटापा बढ़ता है और त्वचा असमय ही बेजान हो जाती है। खाना घर का ही खाना अच्छा होता है। *—रा. पत्रिका, 6-5-2001*

टमाटर—चेहरे पर लाल टमाटर का रस लगायें। लाल टमाटर काटकर चेहरे पर रगड़ें। सूखने के बाद चेहरा धोयें। इससे चेहरे की झुर्रियाँ मिट जाती हैं त्वचा पर चमक आ जाती है।

आलू—आँखों के काले घेरों पर कच्चे आलू का रस लगायें या कच्चा आलू काटकर आँखों के घेरों पर रगड़ें। इससे आँखों पर छाया कालापन दूर हो जाता है।

नारंगी—नारंगी का रस चेहरे पर मलने से चेहरे का सौन्दर्य बढ़ता है।

खीरा—खीरे का रस चेहरे पर मलने से चेहरा सुन्दर बना रहता है।

चना—बेसन में नमक मिलाकर गौंदकर चेहरे पर मलें। चेहरा सुन्दर रहेगा।

नीबू—नीबू निचोड़ने के बाद छिलकों को कोहनियों पर, जहाँ कालापन हो, रगड़ें, कालापन दूर हो जायेगा।

दूध—दूध की मलाई या दूध, चेहरा व जहाँ भी कालापन हो रगड़ें, रूप में निखार आयेगा।

भाप—पानी गरम करते समय, दूध गरम करते समय जब भाप उठ रही हो तो चेहरे पर भाप का सेक करें। इससे चेहरा साफ रहता है।

बादाम—होंठों पर अगर काली परत आ गयी है तो उसके लिए एक बादाम लें। पानी डालकर बादाम को थोड़ा घिस लें। घिसते समय केसर की एक पत्ती भी मिला लें। इस मिश्रण को होंठों पर लगायें। 10 मिनट बाद इसे अँगुली की सहायता से थोड़ा रगड़कर उतार दें। कुछ दिन ही ऐसा करने से आपके होंठों की रंगत गुलाबी हो जायेगी।

रंग गोरा निखारें

सुबह कच्चे दूध से चेहरा मलें और उसे थोड़ा सूख जाने पर खाने वाला नमक लगाकर उससे अपनी त्वचा रगड़ें। इससे चेहरे पर जमी मैल व अतिरिक्त तथा मृत त्वचा निकल जायेगी।

इसके बाद नीबू और शहद का मिश्रण हथेली में लेकर पूरे चेहरे पर लगायें और सूख जाने पर गुनगुने पानी से धो लें। इस मिश्रण को लगाने से त्वचा का रंग निखरता है।

1/2 चम्मच चिरौंजी को 2 चम्मच दूध में भिगोकर पीसकर पेस्ट बनाकर लगाएँ। 15 मिनट बाद धो दें। इसे नियमित रूप से डेढ़ महीने लगाये जाने पर रंग निखरता है और चेहरे की शोभा में वृद्धि होती है। रूखी-सूखी त्वचा मुलायम हो जाती है।

बेसन, हल्दी, नीबू, दही, गुलाब-जल को मिलाकर लेप बनाकर उसे सप्ताह में एक बार लगायें। इस लेप का प्रयोग फेस पैक की तरह भी कर सकते हैं तथा इस लेप को पूरे शरीर में लगाकर स्नान भी कर सकते हैं। इससे त्वचा में निखार आता है व चेहरे और शरीर का रंग साफ होता है। यह लेप तैलीय त्वचा के लिए विशेष रूप से उपयोगी है।

काले पैर और बाँहों पर नीबू का रस, मलाई में मिलाकर मलने से साँवली त्वचा गोरी होने लगती है। इस मिश्रण का प्रयोग नियमित रूप से किया जा सकता है।

जौ का आटा, हल्दी पिसी हुई, सरसों का तेल—पानी में मिलाकर उबटन बना लें। प्रतिदिन शरीर में मालिश कर गर्म जल से स्नान करें। केसर थोड़ी-सी दूध में मिलाकर पीएँ। इससे काले रंग वालों में गोरापन झलकेगा।

एक मुट्ठी छाने हुए जौ के आटे को एक पतले रुमाल में बाँध कर उस पोटली को कच्चे दूध में भिगोकर हफ्ते में कम-से-कम तीन बार नहाते समय बदन पर रगड़िये। ऐसा नियमित करते

रहने से धीरे-धीरे त्वचा का साँवलापन दूर हो जायेगा। रोज नहाते समय प्रयोग करने के लिए यह विधि सुविधाजनक है।

समान मात्रा में नीबू और टमाटर का रस मिलाकर चेहरे पर लगाकर आधे घंटे बाद धोयें। इससे चेहरे पर निखार अनुभव करेंगे।

एक कच्चा टमाटर मथकर उसमें एक बड़ा चम्मच छाछ मिलायें और चेहरे या हाथ-पैरों में जहाँ की त्वचा साँवली पड़ी हो लगायें और आधे घंटे बाद धो डालें। इसे नियमित प्रयोग किया जा सकता है।

चार चम्मच मुलतानी मिट्टी, दो चम्मच शहद, दो चम्मच दही, एक चम्मच नीबू का रस— इन सभी को एक साथ मिलाकर त्वचा पर लगायें और आधे घंटे लगा रहने के पश्चात् गुनगुने पानी से धोकर उतारें, फिर एक बर्फ का टुकड़ा लेकर उसे पूरे चेहरे पर रगड़ें। इससे त्वचा का रंग साफ होता है।

खीरे का रस त्वचा का साँवलापन दूर करने में बहुत सहायक होता है। इसके रस को निकालकर केवल रस का ही प्रयोग किया जा सकता है और उसमें शहद या अन्य गोरेपन के गुण निहित वस्तु भी मिलाकर चेहरे पर लगाई जा सकती है।

दो बड़े चम्मच खीरे के रस में आधा चम्मच नीबू का रस व चुटकी भर हल्दी मिला लें। इसे आधे घण्टे चेहरे पर लगाने के बाद पानी से धो लें। चेहरा गोरा हो जायेगा।

आँखों के नीचे के काले घेरे को दूर करने के लिए आलू को दो फाँकों में काटकर उन्हें दोनों आँखों के नीचे रखकर आँख बन्द कर 15 मिनट लेट जायें या कुछ देर रगड़ें। इसका प्रयोग मेकअप करने से पहले करें तो आँखों के नीचे के काले घेरे मेकअप में उभरेंगे नहीं।

इन सबके अतिरिक्त हमें अपनी त्वचा को सूर्य की रोशनी से बचाना चाहिए। सूर्य की रोशनी से त्वचा शीघ्रता से काली पड़ती जाती है।

इसे अतिरिक्त टमाटर, गाजर, पालक, धनिया, खीरा, हरी सब्जियाँ खाने में अधिकाधिक प्रयोग करें और सबसे महत्त्वपूर्ण बात है—'अपने मन को प्रसन्न रखें, मुस्कराते रहें।'

चेहरे पर झाँई, दाग, धब्बे

टमाटर—(1) नित्य प्रात: टमाटर के रस का एक गिलास नमक, जीरा, काली मिर्च डालकर पीयें। चेहरे पर नारियल का पानी लगायें। (2) चेहरे के काले दागों को मिटाने के लिए टमाटर के रस में रुई या गाज भिगोकर दागों पर मलें। काले धब्बे साफ हो जायेंगे।

आलू—आलू उबाल कर छीलकर इसके छिलकों को चेहरे पर रगड़ें, इससे मुँहासे ठीक हो जाते हैं।

जायफल—(1) जायफल को कच्चे दूध में घिस कर इसमें दस काली मिर्च मिलाकर, पीसकर चेहरे पर लेप करें। दो घण्टे बाद चेहरा धो लें। मुँहासे ठीक हो जायेंगे।

(2) **जायफल** को बारीक पीसकर महीन कपड़े में छान लें। इसे गाय के कच्चे दूध में मिलाकर गाढ़ा मिश्रण तैयार कर दिन में चार बार चेहरे पर लगाने से दाग, धब्बे दूर होते हैं।

नीबू—(1) त्वचा पर जहाँ कहीं भी चकत्ते (Freckles) हों, उन पर नीबू का टुकड़ा रगड़ें। नीबू में फिटकरी भरकर रगड़ें। इससे चकत्ते हल्के पड़ जायेंगे और त्वचा में निखार आयेगा।

(2) नीबू के रस में समुद्र का झाग पीसकर मिला लें। रात को मुँह पर हुए धब्बे पर इसे

लगायें। कुछ दिनों में धब्बे साफ हो जायेंगे। समुद्र का झाग न मिलने पर केवल नीबू का रस ही रगड़ें। आँखों के नीचे काले दागों पर नीबू का रस दूध की मलाई में मिलाकर लगायें।

(3) नीबू के छिलके गर्दन पर रगड़ने से गर्दन का कालापन दूर होता है।

(4) नीबू का रस व शहद बराबर मात्रा में मिलाकर लगाने से त्वचा का रंग निखर जाता है।

(5) नींबू के रस में मलाई और थोड़ा-सा बेसन मिलाकर त्वचा पर लगाने से त्वचा चमक उठती है और खुश्की दूर हो जाती है।

(6) संतरे के छिलकों को सुखाकर पीस लें। इसमें नारियल का तेल व थोड़ा-सा गुलाब जल मिलाकर चेहरे पर लगाने से त्वचा कोमल बनी रहती है।

(7) संतरे के छिलके व नीबू के छिलके को बारीक पीसकर दूध में मिला दें और फिर इसे चेहरे पर लगाने से निखार आ जाता है।

सफाई वाला मास्क—1 बड़ा चम्मच मुल्तानी मिट्टी, 3 बड़े चम्मच दही, 1 चाय का चम्मच शहद मिलाकर यह लेप बनायें और चेहरे पर लगायें। यह त्वचा की गहरी सफाई करता है। यह बन्द रोमकूप खोलता है। मृतकोष तथा त्वचा की गन्दगी को हटाकर उसे साफ-सुथरा बनाता है।

तैलीय त्वचा के लिए मास्क—1 बड़ा चम्मच मुल्तानी मिट्टी में 3 बड़े चम्मच संतरे का रस मिलाकर चेहरे पर लगायें। यह मास्क त्वचा के दाग-धब्बों को दूर करने के लिए बेहतरीन है। इससे त्वचा की अतिरिक्त तैलीयता दूर होती है।

डीप क्लीन्जिंग मास्क—एक बड़ा चम्मच चने के आटे में थोड़ा-सा दूध मिलाकर इस लेप की चेहरे पर मालिश करें। मालिश करने से त्वचा के भीतर गहरी धँसी गन्दगी बाहर आ जाएगी और त्वचा साफ हो जायेगी।

मास्क लगाने के 20 मिनट बाद छुड़ायें। इसके बाद दो घण्टे तक मेकअप नहीं करें। मास्क सप्ताह में दो बार लगायें। प्राकृतिक सामग्री से बने मास्क हानिकारक नहीं होते। मास्क लगाने के बाद चेहरे पर हल्के हाथ से गोल-गोल मालिश करें, इससे रक्त-संचार बढ़ता है और त्वचा स्वस्थ व कांतिमान बनती है।

चेहरे पर काले धब्बे और झाईयाँ हो गई हैं। इनको खत्म करने के लिए आप मसूर की दाल और बरगद के पेड़ की नर्म पत्तियाँ पीसकर लेप करें अथवा दालचीनी पीसकर दूध की मलाई के साथ लगायें। मुँह पर कालेपन को दूर करने के लिए चन्दन का पाउडर और बादाम पीसकर चेहरे पर मलें। एक घण्टे बाद चेहरा धोयें।

हल्दी—(1) पिसी हुई हल्दी और काले तिल समान मात्रा में मिलाकर पीस लें। इसकी एक चम्मच नित्य पानी में पेस्ट बनालें, गोद लें और इसको चेहरे पर लेप करके सो जायें। सवेरे चेहरा धोयें। इससे चेहरे की झाँईयाँ, छाया दूर होकर चेहरे का रंग साफ हो जायेगा। (2) दूध की मलाई में हल्दी मिलाकर चेहरे पर मलने से दाग, धब्बे मिट कर सौंदर्य निखर उठता है।

नीम—चेहरे पर मुँहासों के निशान, धब्बे हों तो निबोली की मिंगी पीस कर नित्य चेहरे पर लेप करें। कुछ सप्ताहों में चेहरा साफ और सुन्दर हो जायेगा।

दही—जब त्वचा रूखी, काली हो जाये, जगह-जगह दाग, धब्बे पड़ जायें, मुँहासों से चेहरा कुरूप हो जाये तो चेहरे और शरीर पर उबटन की तरह दही से मालिश करें। फिर पाँच मिनट बाद स्नान करें।

सिरस—नित्य सिरस के फूलों को पीस कर चेहरे पर लेप करें। चेहरा निखर उठेगा। मुँहासे, दाग, धब्बे सब मिट जायेंगे। यह प्रयोग कम-से-कम एक माह करें।

तुलसी—तुलसी के पत्तों पर नीबू निचोड़ कर बारीक पीस कर चेहरे पर नित्य लेप करें। इससे चेहरे के दाग, धब्बे, विशेषकर काले दाग ठीक हो जायेंगे।

नारंगी—नारंगी के छिलके सुखा कर पीस लें। इसमें पानी मिला कर चेहरे पर मलने से त्वचा मुलायम और सुन्दर होती है। चेहरे की सुन्दरता बढ़ाती है।

आँवला—आँवला पीस कर पानी में भिगोकर चेहरे पर उबटन की तरह मलें। सौन्दर्य निखरेगा।

लौकी—लौकी के ताजा छिलके पीस कर चेहरे पर मलें। चेहरा सुन्दर हो जायेगा।

मेथी—मेथी के पत्ते पीस कर चेहरे पर मलने पर दाग, धब्बे मिट जाते हैं, त्वचा का सूखापन मिट जाता है, झुर्रियाँ दूर हो जाती हैं। चेहरे पर तरुणाई बनी रहती है। पत्तों की जगह इसके बीज (दाना मेथी) दूध में पीस कर भी इसी प्रकार काम में ले सकती हैं।

सरसों—रात में चार चम्मच सरसों पानी में भिगो दें। पानी इतना ही डालें कि सरसों सोख ले। फिर इसमें इतनी ही चिरौंजी डाल कर दूध में पीसें। इसको बदन पर मलें। सौन्दर्य बढ़ेगा।

नारियल—कील, मुँहासे, चेचक के दाग, चेहरे पर धब्बे, मुँहासों के निशान लम्बे समय तक कच्चे नारियल का पानी लगाने से मिट जाते हैं। यदि नारियल का पानी नहीं मिले तो बतासा और दूध पीसकर चेहरे पर मलें, एक घण्टे बाद धो लें।

नीबू, दूध—एक चम्मच नीबू के रस में एक चम्मच दूध मिलायें। रोज रात सोने से पहले इसे चेहरे व गरदन पर लगा लें। 15 मिनट बाद मौसम के अनुसार ठंडे या गरम पानी से धो डालें। इस तरह चेहरे की सफाई के साथ-साथ वह त्वचा को नरम व मुलायम भी रखेगा। नीबू का रस दो चम्मच, दूध की मलाई थोड़ी-सी और बेसन या मैदा थोड़ी-सी—इन तीनों को मिला कर उबटन बना लें और मलें। इससे खुश्की दूर होती है और चेहरे में चमक आती है।

खीरा, नीबू—तैलीय त्वचा को ठीक करने के लिए खीरे की चार फाँकों को पीस कर उसका रस निकाल लें। उसमें आधा चम्मच नीबू का रस, आधा चम्मच ही गुलाब जल मिला कर 15 मिनट तक चेहरे पर लगाये रखें। मुरझाई हुई तैलीय त्वचा के लिए यह उत्तम टॉनिक है।

चना, दूध, हल्दी—आधा कप दूध में दो बड़े चम्मच चने की दाल को रातभर भिगोकर रखें। सुबह दाल पीस कर उसी दूध में मिला लें। उसमें एक चुटकी हल्दी व छः बूँदें नीबू की मिलाकर चेहरे पर लगाये रखें। सूखने पर गुनगुने पानी से धो लें। इस पैक को हफ्ते में तीन बार लगायें।

नारंगी दाग-धब्बों के लिए पैक—एक बड़े चम्मच बेसन में आधा चम्मच हल्दी, दो चम्मच संतरे के छिलकों का पिसा हुआ पाउडर, एक चम्मच दही व एक चम्मच दूध, एक चम्मच गुलाब जल, नीबू का रस, एक चम्मच नारियल का तेल डाल कर अच्छी तरह फेंट लें। चेहरे पर लगाकर सूखने तक लगाये रखें। फिर धो डालें। दो महीने तक हफ्ते में तीन-चार बार तक यह पैक लगाने से हर तरह के दाग, धब्बे दूर होने लगते हैं। 100 ग्राम संतरे के छिलके छाया में सुखा कर महीन पीस लें। इतनी ही मात्रा में बाजरे का आटा, 10 ग्राम हल्दी, थोड़ा-सा नीबू का रस—इन सब को एक साथ मिलाकर पानी में आटे की तरह गूँध लें, और इसे चेहरे पर मलें।

दही—दही में बेसन मिलाकर चेहरे पर लगा ली जाये, सूखने के बाद ठंडे पानी से धो डालिए। ऐसा करने से चेहरे का रंग साफ होता है। सूर्य से पड़े त्वचा पर कुप्रभाव (Sunburn)

भी दही के प्रयोग से दूर हो जाते हैं। चेहरे को साफ करने के लिए दही या नारंगी का रस मिलाकर प्रयोग किया जावे तो यह भी एक अच्छा क्लिंजर (क्लिंजिंग मिल्क) की तरह ही कार्य करता है। दही के प्रयोग से त्वचा में निखार आता है। मुँहासों के लिए दही में चावल का आटा मिलाकर लगाया जाये तो मुँहासे काफी ठीक हो जाते हैं।

मुलतानी—मुलतानी मिट्टी का एक टुकड़ा लेकर उसे बहुत ही बारीक पीस कर पाउडर के समान बना लें। अब इस पाउडर में इतना पानी मिलायें कि इस पाउडर की लुगदी (पेस्ट) बन जाए। अब इस पेस्ट को चेहरे पर लगायें। पन्द्रह मिनट सूखने दें। फिर गुनगुने पानी से धो लें। यह क्रिया सप्ताह में दो बार की जाए तो चेहरे पर ताजगी रहेगी।

मसूर की दाल—मसूर की दाल रात को भिगो कर सुबह महीन पीस कर इसमें एक छोटा चम्मच दही मिलाकर फेंट कर चेहरे पर लगायें। सूखने पर गुनगुने पानी से धो लें।

सोयाबीन और मसूर की दाल प्रत्येक तीन-तीन चम्मच रात को पानी में भिगो दें। प्रातः कच्चे दूध में पीसकर चेहरे पर लगायें। चेहरा चमक उठेगा। मसूर की दाल घी में भूनकर तथा पीस कर रख लीजिये। सवेरे, शाम एक चम्मच दाल और दो चम्मच दूध मिलाकर चेहरे पर लगाइये। चेहरा थोड़े ही दिनों में सुन्दर एवं कोमल हो जायेगा।

धुली हुई मसूर की दाल त्वचा के रोम-रोम में रमी हुई गंदगी को साफ करने में सक्षम होती है। थोड़ी-सी मसूर की दाल, गुलाब की सूखी पंखुड़ियाँ और चन्दन का चुटकी भर चूरा रात पर दूध में भिगोकर फूल जाने पर पीस कर चेहरे पर हल्के-हल्के हाथ से अच्छी तरह लगाकर मसल-मसल कर उसे छुड़ा लें। इसके बाद घण्टे भर तक हल्की धूप में चेहरे को रखें। बाद में गुनगुने पानी से धो डालें। इससे गर्मी में त्वचा को ठण्डक पहुँचती है।

मूली—ताजा मूली के टुकड़े पीस लें। इसे निचोड़ कर कपड़े से छान कर रस निकाल लें। इस रस में बराबर का मक्खन मिला लें। लोशन तैयार है। नहाने से पहले रोजाना चेहरे पर इस लोशन का लेप कीजिए। शीघ्र ही आपकी त्वचा में निखार आ जायेगा।

केला—एक केला लेकर उसका गूदा अच्छी तरह मसल कर लसलसा बनाकर उसमें दो चम्मच गुलाब जल, दो बूँद इत्र खस-खस तथा चार बूँद ग्लिसरीन मिलाकर एक साफ शीशी में भर कर रख लें। आपकी त्वचा सूखी हो तो मेकअप करने से पहले चेहरे पर क्रीम की तरह लगाकर मालिश करें। सूख जाने पर गुनगुने पानी से धो लें। यह फेस पैक सात से बीस दिन तक बनाकर रखा जा सकता है। यदि बिगड़ने की आशंका हो तो गुलाब जल और मिला लेना चाहिए।

आलू—यदि आपके चेहरे पर चेचक या मुँहासों के दाग या झाँइयाँ आदि हों तो कच्चा आलू पीसकर ग्लिसरीन तीन बूँद, सिरका, गुलाब का अर्क मिलाकर फेस पैक बना लें। इसे तीन मिनट तक चेहरे पर अच्छी तरह मसल-मसल कर लगाएँ। यह चेहरे के दाग तथा झाइयों से चमत्कारिक रूप से मुक्ति दिला सकता है। कुछ दिन धैर्यपूर्वक लगातार प्रयोग करना चाहिये।

चावल—चावल का आटा लेकर लेई बना लें। इसमें एक चुटकी चन्दन का चूरा, एक चुटकी पिसी हुई हल्दी, दो चम्मच गुलाब जल डालकर खूब अच्छी तरह फेंटते रहना चाहिए। इसके बाद आधा घंटे के लिए धूप में रख दें। मेकअप करने से पहले आधा घंटा चेहरे पर लगायें और अच्छी तरह मलते रहें। बाद में हल्के गुनगुने पानी से धोकर अच्छी तरह मेकअप कर लें। चेहरे का सौन्दर्य एक नयी ही छवि उभारेगा।

पपीता—पपीते से प्राप्त रासायनिक तत्त्व त्वचा की तैलीय परत को हटाने में सक्षम रहता

है। अच्छी तरह पके हुए पपीते का गूदा लेकर अच्छी तरह पेस्ट बना लें, 15 मिनट तक गूदे का पेस्ट चेहरे पर मसल कर कुछ देर बाद गुनगुने पानी से धो लें। यदि त्वचा रूखी हो तो पपीते के गूदे में गुलाब जल, चन्दन का बुरादा व हल्दी मिलाकर उबटन बना कर लगायें। इसको बाद में ठण्डे पानी से धो लेना चाहिए।

गाजर—गाजर को पीसकर उसका रस निचोड़ लें या रस निकालकर उसमें चन्दन का बुरादा, गुलाब जल तथा बेसन मिलाकर पेस्ट बना लें। इसको चेहरे पर अच्छी तरह लगाकर मसल लेना चाहिए।

सेब का उबटन—सेब का थोड़ा-सा गूदा लेकर उसमें बेसन, चन्दन का पाउडर, हल्दी मिलाकर पेस्ट बना लें। इसको चेहरे पर हल्के-हल्के हाथों से लगाकर मालिश करनी चाहिए। झुर्रियों, मुँहासों व दाग आदि छुड़ाने के लिए इसका प्रयोग काफी लाभकर रहता है।

चेहरे पर झुर्रियाँ

कुछ लोगों के चेहरे पर आयु से पहले ही आवश्यकता से अधिक झुर्रियाँ दिखाई देने लगती हैं। किन्तु यह झुर्रियाँ थोड़े-से परिश्रम से कम की जा सकती हैं। इसके लिए आपको व्यायाम करने की आवश्यकता है। कुछ सरल व्यायाम विधियाँ दी गई हैं।

झुर्रियों का प्रभाव क्षेत्र अधिकतर आपके गाल ही होते हैं। इन्हें शक्तिशाली बनाने के लिए आप ई-ओ का उच्चारण करते हुए व्यायाम करें। सबसे पहले तो आप मुँह पूरा खोल दें फिर 'ई' का उच्चारण करते हुए दोनों होंठों को अधिक-से-अधिक फैला दें, इसके पश्चात् 'ओ' का उच्चारण करते हुए गालों को अन्दर की ओर समेट लें। इसी क्रिया को कई बार दोहरायें।

मेज आदि पर पड़े छोटे-छोटे कागज के टुकड़ों को मुँह से फूँक मार कर उड़ाने का प्रयास करें। धीरे-धीरे कागज की दूरी बढ़ती जाये। तेज फूँक मारने से आपके गालों में कसाव आएगा और झुर्रियों को दूर करने में सहायता मिलेगी।

अपने मुँह में पानी भर कर दाएँ-बाएँ गालों की ओर बारी-बारी से ले जाकर उन्हें फुलायें। रोज सुबह कुल्ला करते समय इसी प्रकार कई बार करें।

जैसे पानी भर कर बारी-बारी से दोनों गाल फुलाए थे उसी प्रकार मुँह में हवा भरकर ऊपर और नीचे के होंठों को बारी-बारी से फुलाने की क्रिया भी कई-कई बार करने से लाभ होगा।

हाथों का खुरदरापन

हाथों को सिरका मिले पानी से नियमित रूप से धोएँ। गुनगुने पानी में एक नीबू का रस निचोड़ कर हाथों को कुछ समय उसमें डुबोये रखें। इसके बाद उन्हें किसी तौलिए से भली-भाँति साफ कर लें। इससे हाथों का सारा मैल धुलकर साफ हो जाएगा। बाद में हाथों पर लगाने वाले क्रीम मल लें। नियमित प्रयोग से हाथों में कोमलता व निखार आयेगा।

हाथों का खुरदरापन व झुर्रियाँ हों तो नीबू के रस में एक चम्मच चीनी मिलाकर हथेलियों को आपस में तब तक रगड़िए जब तक चीनी घुल न जाए। इससे हाथों का खुरदरापन व झुर्रियाँ दूर होंगी। रात्रि में सोने से पहले थोड़ी दूध की मलाई में चौथाई नीबू का रस, जरा-सी ग्लिसरीन, एक चम्मच गुलाब जल तथा कुछ बूँदें बादाम रोगन मिलाकर हाथों पर लगायें, बाद में ग्लिसरीन युक्त साबुन व गुनगुने पानी से धो लें। इससे हाथों में निखार आएगा।

जौ के आटे में थोड़ा पानी मिलाकर हाथों पर मलने से भी लाभ होता है। कच्चे आलू के रस में मालिश करने से हाथों पर झुर्रियाँ नहीं रहतीं।

तिल्ली के तेल में स्वच्छ मोम तथा थोड़ा कपूर डालकर गरम कर लें। इस मिश्रण को किसी शीशी में रख लें। इसे रात को रोजाना लगाने से हाथ नहीं फटते।

शारीरिक सौन्दर्य

सौन्दर्य परमात्मा का स्वरूप है। सुन्दर बनने के लिए श्रम करते रहना ही पूजा, अर्चना है और अपने-आपको सुन्दर तथा रूपवान बनाकर समाज में रहना ही परमात्मा-तत्त्व का बोध है। सुन्दर बन कर रहें, सभी आपको चाहेंगे। सुन्दर बनने के लिए निम्न उपाय काम में ले।

हरड़—सुन्दरता बनाये रखने में हरड़ महत्त्वपूर्ण है। चाय वाली दो चम्मच हरड़ की फँकी गर्म पानी से रात्रि को हर चौथे दिन लेने से शरीर के विषाक्त द्रव्य बाहर निकल जाते हैं। हरड़ स्वयं रसायन द्रव्य होने से शरीर में शक्ति-स्फूर्ति बनी रहती है।

सलाद—भोजन में पत्तागोभी, गाजर, टमाटर, ककड़ी, मूली आदि की कच्ची सलाद खाने से शारीरिक सौन्दर्य बना रहता है।

हल्दी—कच्ची ताजा हल्दी की चंटनी खाने या सब्जी में खाने से त्वचा का रंग गोरा रहता है, रक्त शुद्ध होता है।

काले धब्बे—ककड़ी और टमाटर के रस को मिलाकर चेहरे पर लगाने से चेहरे के काले धब्बे दूर हो जाते हैं।

आलू—आलू को पीसकर शरीर पर मलें। त्वचा काँतिमय हो जायेगी। उबाले हुए आलू के पानी से शरीर को धोने से त्वचा साफ और सुन्दर हो जाती है।

शहद—शहद त्वचा पर दो घंटे लगा रहने दें। इसके बाद गर्म पानी से धोयें। त्वचा पर चमक आ जायेगी।

मसूर की दाल—मसूर की दाल नीबू के रस में दिन में भिगो दें। फिर पीस कर रात को चेहरे पर लेप करें। दूसरे दिन प्रात: मुँह धोयें, मुख का सौन्दर्य बढ़ जायेगा।

स्तन—ढीले और लटके हुए स्तनों को सुन्दर बनाने के लिए कसरत करें। सीधे सो जायें। गहरा श्वास लेकर अपने सिर को सोते-सोते ही पीछे की तरफ ले जाएँ और साथ-साथ छाती के हिस्से को ऊँचा लेते जाएँ। इस व्यायाम से ढीले स्तन तन कर कड़क हो जायेंगे। यह दस मिनट प्रतिदिन प्रात: भूखे पेट एक महीना करें।

माजूफल घिसकर शहद में मिलाकर स्तनों पर लेप करें और दो घंटे बाद धोयें। रात्रि को बादाम रोगन की मालिश करें।

पीली सरसों और चिरौंजी समान मात्रा में गाय के दूध में दो घंटे भिगोकर पीस कर गर्म करके रात्रि को चेहरे पर लेप करें। दूसरे दिन प्रात: चेहरा धोयें। चेहरा चमकने लगेगा।

त्रिफला चूर्ण नीबू के रस में भिगोकर चेहरे पर लेप करें। आधा घंटे बाद चेहरा धोयें। सौन्दर्य निखर उठेगा।

दो चम्मच पिसी हुई हल्दी, 5 चम्मच बेसन, दो चम्मच सरसों का तेल तथा पानी मिलाकर, गूँध कर त्वचा पर मलें। इस उबटन से सौन्दर्य बढ़ता है।

गर्दन पर नीबू रगड़ कर साफ करें। फिर दूध मलें। गर्दन सुन्दर दिखने लगेगी।

नारंगी व नीबू के छिलके छाया में सुखाकर समान मात्रा में मिलाकर पीस लें। इनके पाउडर में गुलाब जल मिलाकर चेहरे पर लगाने से चेहरा मुलायम और लावण्यमय हो जायेगा।

गुलाब के फूल की ताजी पंखुड़ियाँ, 5 दाने चिरौंजी के, दूध की मलाई—इन सब को पीस कर होंठों पर लगायें। सूखने के बाद धोयें। इससे होंठों का रंग लाल हो जायेगा। फटे हुए होंठ मुलायम हो जायेंगे।

चन्दन—चन्दन पाउडर पर दूध डालकर जायफल घिस कर चेहरे पर रात को लेप करें। दूसरे दिन प्रातः चेहरा धोयें। चेहरे के धब्बे, काले दाग मिट जायेंगे।

नारियल के हल्के गर्म तेल में नीबू निचोड़ कर शरीर पर मालिश करें। इससे शरीर को स्वाभाविक तैलीय द्रव्य की क्षतिपूर्ति होती है और मांस-पेशियों में कसावट आती है।

बेसन, हल्दी और कच्चे नारियल का दूध—सब मिलाकर त्वचा पर मलें और मल कर उतारें। फिर गर्म पानी से स्नान कर अन्त में ठंडे पानी से स्नान करें। नारियल का दूध बनाने के लिए कच्चे नारियल को कदूकस से कस कर नारियल को पानी में डाल दें। एक घण्टे बाद छान लें। यह नारियल का दूध है जो ऊपर बताया है।

त्वचा रोगों का मूल कारण है हमारे पेट की गर्मी। अतएव हमें पेट की गर्मी को संतुलित करने के लिए नीबू और प्याज का उपयोग अधिकतम करना चाहिए तथा स्नान से पूर्व त्वचा पर निखार लाने के लिए मूँग की दाल भिगोकर पीस डालिए। फिर उसमें संतरे के सूखे छिलके कूटकर मिला लीजिए। उसमें थोड़ी मलाई भी मिला लीजिए। उबटन तैयार हो जाएगा, इसे लगाकर नहाइए।

त्वचा का सौन्दर्य

यदि आपकी त्वचा शुष्क है तो चने या मसूर के बेसन में सरसों का तेल, एक चुटकी हल्दी व गुलाब जल मिलाकर इसका पेस्ट बना लें। इस पेस्ट को अच्छी तरह चेहरे पर कुछ देर लगा रहने दें। फिर हल्का मसल कर छुड़ा लें व गुनगुने पानी से अच्छी तरह साफ कर लें।

त्वचा तैलीय हो तो बेसन, हल्दी, गुलाबजल, नीबू का रस, चंदन का पाउडर मिलाकर इसका पेस्ट बना लें। इसे अच्छी तरह मल कर सूखने दें। करीब आधा घण्टे तक लगा रहने दें, इसके बाद गुनगुने पानी से अच्छी तरह धो लेना चाहिए। मुल्तानी मिट्टी दो चम्मच, ग्लिसरीन आधा चम्मच, कच्चा दूध दो चम्मच व दही दो चम्मच—इन सभी वस्तुओं को मिलाकर त्वचा पर मलें। यह सामान्य त्वचा को सुन्दर बनाने के लिए उपयोगी है।

आँवले का मुरब्बा एक बड़ा नग प्रतिदिन प्रातः दो-तीन मास सेवन करने से रंग निखरता है। सप्ताह में एक बार मुल्तानी मिट्टी पानी में भिगोकर उसके पेस्ट का चेहरे पर लेप करें। आधा घंटे बाद पानी से धो डालें। इससे चेहरे और त्वचा का रंग निखरेगा। इमली 60 ग्राम लेकर 250 ग्राम पानी में फूलने दें। इसे मथकर चटनी के आकार का बना लें। इसे शरीर की त्वचा पर मलें तो काला व्यक्ति गोरा होने लगता है तथा झाँई, दाग आदि जड़ से मिट जाते हैं। गर्मियों में सप्ताह-दो सप्ताह प्रयोग करके देखें। प्रतिदिन छः ग्राम सौंफ शाम को भोजन के बाद खूब चबाकर निरन्तर कुछ महीनों तक सेवन करने से रक्त साफ होता है और त्वचा का रंग उजला होने लगता है। गाजर का रस आधा गिलास सुबह और आधा गिलास शाम खाली पेट बीस दिन पीने से रक्त शुद्ध होकर उसमें हीमोग्लोबिन की मात्रा बढ़ जाती है। दो मास गाजर का रस पीने से त्वचा चिकनी और साफ, कपोल लाल और चेहरा गुलाब के फूल जैसा हो जाता है। स्नान से पूर्व सूखी हथेलियों

से पूरे शरीर की त्वचा को हल्के-हल्के रगड़िए। यह क्रम सिर और चेहरे से शुरू करके पंजों तक जाइए। इस प्रकार के घर्षण से रोमकूपों से मैल हट जाता है तथा अन्दरूनी रूप से त्वचा कोष्ठों में रक्त संचार उत्तेजित होता है, जिससे त्वचा सजीव बनती है।

बाल (Hair)

सिर की त्वचा में जमे हुए मैल के कारण केश रूखे हो जाते हैं और कमजोर होकर तेजी से झड़ने लगते हैं। मैली त्वचा ही रूसी को उत्पन्न करती है जो बालों की परम शत्रु होती है। अत: सिर की त्वचा एवं केश की स्वच्छता पर सदैव ध्यान देना चाहिए। पूरी नींद न लेना, दवाओं का मनमाना प्रयोग और चिन्ता भी केशों के लिए अत्यन्त हानिकारक है। इसके कारण बाल झड़ते हैं, टूटते हैं और शीघ्रता से सफेद होने लगते हैं। बालों को स्वस्थ रखने के लिए बालों में तेल लगाना आवश्यक है। आजकल फैशन के मारे बालों में तेल नहीं लगाते। यह बालों के लिए हानिकारक है।

बालों को पहले रीठा या शिकाकाई से धोने के पश्चात् ठंडे पानी में एक नीबू का रस मिलाकर बालों की जड़ों तथा बालों को अच्छी तरह रगड़ने से बाल स्वस्थ और काले रहते हैं। इसमें बालों का रूखापन दूर होता है व प्राकृतिक चमकीले होते हैं।

घरेलू शैम्पू—शिकाकाई की फली, पीसा हुआ सूखा आँवला और रीठा प्रत्येक 250 ग्राम, कपूर कांचली, मेहँदी की सूखी पत्तियाँ तथा नागर मोथा प्रत्येक 25 ग्राम, सबको बारीक पीस लें। शैम्पू तैयार है। इसका एक बड़ा चम्मच पानी में उबाल कर इससे सिर धोयें। इससे बाल साफ हो जायेंगे तथा सफेद बालों में कालापन झलकने लगेगा।

एड़ियाँ

एड़ियाँ फटने पर प्रतिदिन स्नान के समय थोड़ी देर अपनी एड़ियों को पानी में भिगो लें और जब एड़ियों की त्वचा फूल जाए तब खुरदरे पत्थर, मैल खोरे या नायलोन के ब्रुश से उन्हें रगड़कर वैसलीन लगा लें।

अत्यधिक गर्मी या सर्दी में प्राय: एड़ियाँ फटने की शिकायत होती है। एड़ियाँ धूल जमने के कारण फटती हैं। अत: रात में रोजाना सोते समय गुनगुने पानी में नीबू निचोड़ कर उससे पाँवों को भली प्रकार धोयें और फिर वैसलीन या ग्लिसरीन लगा लें।

अत्यधिक फटने व खून निकलने की स्थिति में एड़ियों को रात को गर्म पानी से धोकर गर्म मोम लगा लेने से ठीक हो जाती हैं।

मेहँदी लगाने से एड़ियों की त्वचा बरकरार रहती है और उनमें हल्का गुलाबी रंग उभर आता है।

बिवाइयों को ठीक करने के लिए यहाँ बताई गई मरहम बनाकर लगायें। सफेद वैसलीन सौ ग्राम, मोम पचास ग्राम (यह पंसारी के मिलता है), ग्लिसरीन बीस ग्राम, दो नीबू का रस छना हुआ, खुशबू जितनी आवश्यक समझें।

विधि—सफेद वैसलीन व मोम को एक छोटी भगोनी में डाल दें। आँच पर एक बड़े भगोने में आधे हिस्से तक पानी भरकर गर्म होने के लिए रख देवें। जब पानी उबलने लग जाए तो उसमें छोटी भगोनी को रख दें। ध्यान रहे पानी छोटे भगोने के अन्दर नहीं जावे। जब सफेद वैसलीन व मोम, पिघल कर एक हो जायें तो उन्हें लकड़ी की डंडी से हिलायें तथा इसमें ग्लिसरीन डालकर

अच्छी प्रकार से हिला दें। यदि यह जमने लगे तो फिर से गर्म पानी के भगोने में रख दें। अब इसमें नीबू, गुलाब, चमेली व मोगरा जिसकी भी सुगन्ध पसन्द हो उसका अर्क डाल दें तथा गर्म-गर्म को ही किसी चौड़े मुँह वाली शीशियों में भरकर ठण्डी होने के लिए रख दें। लीजिए यह उपयोगी मरहम तैयार है।

इसका त्वचा पर रात्रि को सोने से पूर्व प्रयोग करें। स्नान करने के पश्चात् नहीं लगायें अन्यथा दिन भर वातावरण में उपस्थित मिट्टी त्वचा पर चिपक जाएगी। इसे अँगुलियों व पैरों पर लगाकर धीरे-धीरे हाथ से त्वचा पर मलिये। इससे त्वचा चिकनी कोमल बनती है तथा बिवाई ठीक हो जाती है

गालों में कसाव, लालिमा

अन्दर की ओर धँसे हुए या पिचके गाल वास्तविक उम्र में बड़ा दिखाते हैं तो वहीं गालों में जरूरत से ज्यादा उभार किसी को भी हँसने का मौका दे देता है, भले ही आपके गाल पिचके हुए हों या फिर जरूरत से ज्यादा उभरे हुए या फिर कांतिहीन, गालों का सौन्दर्य चेहरे की कसरत द्वारा बदल सकते हैं, कसरत है—

(1) मुँह फुलाकर 'ओ' बोलना और बोलते हुए लम्बी साँस छोड़ना, यह क्रिया कम-से-कम पाँच मिनट तक जरूर करें।

(2) जिस तरह से कोई नापसंद चीज सामने आने पर आप नाक-भौं सिकोड़ लेती हैं, ठीक उसी तरह चेहरा बनाएँ यानी आँख, मुँह और नाक सिकोड़ लें, दो सैकेंड तक ऐसे ही बने रहें। इसे पाँच बार करें।

(3) होंठों को सिकोड़कर दोनों गालों में हवा भर लें, जैसे आप कोई गुब्बारा फुलाने जा रहे हों। अब दोनों गालों पर तीन-तीन अँगुलियाँ रखकर धीरे-धीरे दबाएँ। दस मिनट तक इसी स्थिति में रहने के बाद हवा निकाल दें। यह चिपके हुए गालों के लिए सबसे बेहतर व्यायाम है।

(4) आइने के सामने बैठकर होंठों को पहले अंदर की ओर सिकोड़ लें। उसके बाद मुँह में हवा भर बाहर की तरफ फुलाइए। फिर आधे मुँह के गाल फुलाकर हँसने की कोशिश करें। यह क्रिया गालों के साथ हँसते हुए दोहराएँ। इससे गालों में गजब का कसाव आएगा।

(5) अपने दोनों गालों को हथलियों की मदद से दबाएँ। मुस्कुराने की कोशिश करें, मगर गाल दबाए रखें। जब तक गालों में जलन न हो, ऐसा करते रहे। यह प्रक्रिया करीब आठ बार दोहराएँ। इससे खून का बहाव सुधरता है और गालों पर लालिमा आती है।

(6) कमजोर और अंदर की तरफ धँसे हुए गालों में भराव लाने के लिए रोजाना बनाना (केला) शेक पिएँ।

कोमल होंठ

(1) एक चम्मच दूध और एक चम्मच मलाई को फेंटकर इसमें केशर मिलाकर फ्रिज में रख दें। कुछ देर होंठों पर लगाकर रखें। फिर गीली रुई से साफ कर दें। यह होंठों को मुलायम रखने के साथ ही उन्हें गुलाबी आभा भी प्रदान करेगा।

(2) थोड़े-से दूध में गुलाब की कुछ पंखुड़ियों को डालकर छोड़ दें। कुछ देर बाद पंखुड़ियों को मसलकर निकाल दें। दूध का रंग हल्का गुलाबी हो जाएगा। इसमें बादाम पीसकर मिलाकर

गाढ़ा पेस्ट बनाकर फ्रिज में रख दें। थोड़ी देर होंठों पर लगाकर रखें, फिर गीली रुई से साफ कर दें। इसका नियमित प्रयोग होंठों को मुलायम रखेगा, साथ ही उनकी स्वाभाविक लाली भी बनी रहेगी।

(3) सोते समय होंठों पर शुद्ध घी लगाएँ, फटे होंठ नरम व नाजुक हो जाएँगे।

(4) गर्म रोटी पर लगाया हुआ घी फटे होंठों पर लगाएँ। यह घी होंठों के लिए बहुत लाभदायक होता है।

मालिश

दो या तीन चाय के चम्मच नमक, डेढ़ चम्मच नारियल का तेल और आधा चाय का चम्मच नीबू का रस लेकर तीनों चीजों को भली प्रकार मिला लें और प्रतिदिन नहाने से पहले इससे शरीर पर मालिश करें। इससे आपकी त्वचा पुष्ट होगी व चिकनी भी रहेगी।

रोयें—(1) चेहरे व शरीर पर रोयें अधिक हों तो सौन्दर्य को कम करते हैं। रोयों को दूर करने के लिए एक बड़ा चम्मच बेसन लेकर उसमें एक छोटा चम्मच हल्दी व थोड़ा-सा तेल मिलाकर उबटन बनायें व लम्बे समय तक जहाँ रोयें हों, मलें।

(2) पंसारी से गुग्गल लाएँ। इसे बारीक पीस लें। एक चम्मच यह पाउडर थोड़े-से दूध में मिलाकर पेस्ट-सा बनाकर चेहरे पर मलें। रोयें झड़ जायेंगे।

कण्डीशनिंग तथा नरिशिंग मास्क—एक बड़ा चम्मच दूध की मलाई में कुछ बूँदें नीबू के रस की मिलाकर चेहरे पर लगायें। इससे त्वचा चिकनी व सुकोमल बनकर जागृत हो उठती है।

नये निखार वाला मास्क—दो बड़े चम्मच गाजर के रस में थोड़ा कसा हुआ गाजर का गूदा और एक बड़ा चम्मच चने का आटा मिलाकर चेहरे पर लगायें। बड़ी उम्र की महिलाओं की त्वचा के लिए यह मास्क नया निखार लाता है। इससे त्वचा की भद्दी पपड़ियाँ तथा सिकुड़नें दूर होती हैं और मृतकोष साफ होकर त्वचा निखर आती है।

त्वचा मुलायम मास्क

खीरे का रस एक कप, गरम पानी 1 कप, बोरिक एसिड पाउडर चौथाई छोटा चम्मच, ग्लिसरीन चौथाई कप, बेंजाइन टिंचर 1 छोटा चम्मच (यह अंग्रेजी दवा की दुकान पर मिलती है।)—इन सबको मिलाकर त्वचा पर मलें, लगायें, स्पंज करें। इससे त्वचा मुलायम हो जायेगी।

जौ—आधा कप जौ का आटा, एक चम्मच मलाई, आधा नीबू निचोड़ें। जरा-सा पानी डालकर गोद लें। इसे चेहरे, गर्दन पर मलकर 15 मिनट बाद धोयें। यह नियमित करें। चेहरे का रूप निखर जायेगा, बहुत सुन्दर लगेगा।

ककड़ी—ककड़ी का रस त्वचा का रंग साफ करता है। चेहरे पर दाग, ताम्बे के रंग के धब्बे मिटाता है। मुँहासे हों तो नित्य ककड़ी का रस पीयें। चेहरे पर ककड़ी रगड़ कर पानी से धोयें। इससे चेहरे की त्वचा की चिकनाई (Oily Skin) साफ हो जायेगी।

चेहरे पर दाग-धब्बे—(1) नित्य ककड़ी का 1 कप रस पिएँ और चेहरे पर लगाकर, सूखने के बाद धो डालें। कुछ दिन तक करने से, चेचक के दागों को छोड़कर अन्य दाग, धब्बे, झाँई और मुँहासे के निशान मिट जाते हैं और चेहरे का रंग निखर जाता है।

(2) चेहरे की कांति बढ़ाने के लिए एक बड़े चम्मच भर ककड़ी के रस में नीबू के रस की 5 बूँद टपका दें और चुटकी भर पिसी हल्दी डालकर मिला लें। इस लेप को चेहरे व गर्दन पर अच्छी तरह लगाकर मसलें। आधा घण्टे बाद धोकर तौलिये से रगड़ कर पोंछ लें। यह चेहरे की रौनक बढ़ाने वाला प्रयोग है।

सौन्दर्य उबटन

आधा कटोरी बेसन, 2 चम्मच ग्लिसरिन, 1 चम्मच चन्दन का महीन पिसा हुआ बुरादा, 1 चम्मच पिसी हल्दी, 1 चम्मच गुलाबजल, आधा चम्मच दूध और नीबू के रस की 6 बूँदें—इन सबको मिला लें। यदि गाढ़ा करना पड़े तो बेसन की मात्रा बढ़ा लें और पतला करना हो तो ग्लिसरीन की मात्रा बढ़ा लें। सर्दी में सरसों का तेल मिलायें, ग्लिसरीन नहीं। सुगन्ध के लिए सर्दी में केवड़ा या हिना इत्र की एक बूँद डालें। गर्मी व बरसात में गुलाब या खस के इत्र की एक बूँद डालें। इस उबटन को सारे शरीर पर मलें। इससे सौन्दर्य बढ़ता है।

मुख लेप—टमाटर का रस, मूली का रस, ककड़ी का रस और गुलाब जल—ये चारों आधा-आधा चम्मच लेकर मिला लें। इसमें 6 बूँद नीबू का रस टपका लें। इसमें 1 चम्मच (छोटा) मक्खन और एक चुटकी पिसी हल्दी मिला लें और लेप जैसा बनाकर चेहरे पर शाम को लगा कर मसलें। आधा घण्टा सूखने दें। इसके बाद गरम पानी से धोकर मोटे कपड़े से नीचे से ऊपर की ओर रगड़ते हुए पोंछ लें। अब हथेली पर जरा-सा ग्लिसरीन और गुलाबजल लेकर चेहरे पर मसल दें। इससे चेहरे की त्वचा चिकनी, मुलायम और साफ हो जाती है।

आँवला—नित्य सुबह-शाम चेहरे पर किसी भी तेल की मालिश करें। रात को एक काँच का गिलास पानी से भरकर उसमें दो चम्मच पिसा हुआ आँवला भिगो दें और प्रातः पानी छानकर चेहरा नित्य इस पानी से धोयें। इससे चेहरे की झुर्रियाँ, झाँइयाँ दूर हो जायेंगी।

नारियल—चेहरे पर नारियल का पानी नित्य दो बार लगाते रहने से चेहरे के दाग, धब्बे, मुँहासे चेचक के निशान दूर हो जाते हैं।

बादाम—पाँच बादामगिरी रात को भिगो दें। प्रातः छिलका उतार कर बहुत बारीक पीसकर शीशी भर लें। इसमें 60 ग्राम गुलाबजल, 5 बूँद चन्दन का इत्र मिलाकर हिलावें। जहाँ कहीं चेहरे पर धब्बे हों, नित्य तीन बार लगावें। जहाँ गहरा धब्बा हो वहाँ ज्यादा मात्रा में लगी रहने दें।

हल्दी—चौथाई चम्मच हल्दी, चौथाई चम्मच काले तिल—दोनों को गर्म दूध में पीसकर चेहरे पर लेप करें। इससे झाँइयाँ दूर हो जाती हैं।

नीम—नीम की हरी पत्तियों को पीसकर रात को सोते समय चेहरे पर लेप करें। प्रातः ठण्डे पानी से चेहरा धोयें। ऐसा लगातार 50 दिन करें। चेचक के दाग ठीक हो जायेंगे।

चावल—सफेद चावलों को पानी में भिगोकर उस पानी से चेहरे को धोने से चेहरे की झाँई मिटकर साफ हो जाती है।

दूध—चेहरे पर झाँई, कील, मुँहासे, दाग, धब्बे दूर करने के लिए सोने से पहले गर्म दूध से चेहरा धोयें, फिर मलें, आधा घण्टे बाद साफ पानी से चेहरा धोयें। इससे चेहरे का सौन्दर्य बढ़ेगा। चेहरे के धब्बों पर धारोष्ण दूध के झाग मलने से धब्बे मिट जाते हैं। सोते समय चेहरे पर दूध की मलाई लगाने से भी कील, झाँइयाँ मिटती हैं।

घी—रात को सोते समय घी को चेहरे पर मलने से चेहरे के काले दाग और चोट के दाग मिट जाते हैं।

एरण्ड का तेल—एरण्ड के तेल में चने का आटा मिलाकर चेहरे पर रगड़ने से झाँई आदि मिटकर चेहरा सुन्दर हो जाता है।

जायफल—जायफल को दूध में घिसकर चेहरे पर गाढ़ा गहरा लेप करें। इससे धब्बे मिटते हैं और चेहरा निखरता है।

पानी—त्वचा के बाहरी सौन्दर्य के लिए पानी खूब पीयें। कम-से-कम आठ गिलास पानी भीतरी सफाई के लिए आवश्यक हैं।

माँसाहार—जो औरतें माँस का सेवन नहीं करतीं या कम करती हैं, उनकी त्वचा और अधिक कोमल होती है और छूने पर रोमांचित करती हैं। निर्मल सौन्दर्य के लिए माँसाहार हानिकारक है।

तुलसी—(1) तुलसी के पत्तों का रस और नीबू का रस समान मात्रा में मिलाकर लगाने से छाइयाँ, झाँई, मुँहासे, काले धब्बे आदि ठीक हो जाते हैं। (2) चेहरे पर काली झाँइयाँ हों तो प्रात: पोदीना पीसकर निचोड़ कर इसका रस चेहरे पर लगायें और आधे घण्टे तक लगा रहने दें। शाम को तुलसी के पत्ते पीसकर चेहरे पर लेप करें और आधा घण्टा लगे रहने दें। इसके बाद पानी से धो लें। तीन महीने ऐसा करने से चेहरे की झाँइयाँ मिट जायेंगी।

पैर के तलुओं में जलन

सरसों का तेल—दो गिलास गर्म पानी में एक चम्मच सरसों का तेल मिलाकर प्रतिदिन दोनों पैर इस पानी में रखें और पाँच मिनट बाद धोयें या खुरदरी चीज से रगड़ कर ठण्डे पानी से धोयें। इससे पैर साफ रहेंगे। इनकी गर्मी निकलेगी।

लौकी—लौकी या घीया को काटकर इसका गूदा पैर के तलुओं पर मलने से गर्मी, जलन, भभका दूर हो जाता है।

करेला—पैरों में जलन होने पर करेले के पत्तों के रस की मालिश करने से लाभ होता है। करेले के पत्ते पीस कर लेप करने से भी लाभ होता है।

मेहँदी—गर्मी के दिनों में जिन लोगों के पैरों में निरन्तर जलन होती है उनके पैरों में मेहँदी लगाने से लाभ होता है।

आम—हाथ-पैरों में जलन आम की बौर (फल लगने से पहले निकलने वाले फूल) रगड़ने से मिट जाती है।

घी—तलवों, हाथ-पैरों में जलन हो तो घी मलने से मिट जाती है।

कतीरा—यह एक प्रकार का गोंद होता है, जो पंसारी के मिलता है। इसे कूट कर छोटे-छोटे टुकड़े कर लें। यह पानी में फूल कर बहुत बढ़ता है। अत: इसे बड़े बर्तन में भिगोना चाहिए। यह दो चम्मच रात को एक गिलास पानी में भिगो दें। प्रात: फूल जायेगा। इसमें शक्कर मिलाकर प्रात: खायें। इसे खाने से हाथ-पैरों की जलन ठीक हो जाती है। यह हर मौसम में काम में लिया जा सकता है। लेकिन गर्मियों में बहुत लाभदायक है।

मक्खन—हाथ-पैरों में जलन हो तो मक्खन और मिश्री समान मात्रा में मिलाकर दो चम्मच प्रात: नित्य चाटें।

धनिया—सूखा धनिया और मिश्री समान मात्रा में पीस लें। इसकी दो चम्मच ठंडे पानी से नित्य चार बार फँकी लें। हाथ-पैरों की जलन में लाभ होगा।

पैरों की अँगुलियाँ गलना

मेहँदी—पाँव की अँगुलियाँ गलती हों, कटती हों तो सरसों का तेल लगाकर मेहँदी छिड़कें। पानी में काम करने से यदि अँगुलियाँ गल गयी हों तो मेहँदी का एक भाग और इसकी आधी हल्दी दोनों को मिलाकर नित्य दो बार लगाने से लाभ होता है।

फेफड़ों के रोग

अंगूर—फेफड़ों के सब प्रकार के रोग—यक्ष्मा, खाँसी, जुकाम, दमा आदि के लिए अंगूर अच्छे हैं।

अंजीर—फेफड़ों के रोगों में पाँच अंजीर एक गिलास पानी में उबाल कर छानकर यह पानी सुबह-शाम पीयें।

लहसुन—लहसुन के प्रयोग से कफ गिरना कम होता है, खाना खाने के बाद लहसुन का सेवन करें।

शहद—फेफड़ों के रोगों में शहद लाभदायक है। श्वास में और फेफड़ों के रोगों में शहद अधिक प्रयोग में लाते हैं।

पालक—खाँसी, गले की जलन और फेफड़ों में सूजन हो तो पालक के रस के कुल्ले करने से लाभ होता है।

दूध—दूध में 5 पीपल डालकर गर्म करें। फिर शक्कर डाल कर नित्य सुबह-शाम पीयें। खाँसी, फेफड़ों की कमजोरी दूर होगी। यह प्रयोग कुछ महीने करें।

तुलसी—फेफड़ों में कफ जमा हो तो तुलसी के सूखे पत्ते, कत्था,कपूर और इलायची समान मात्रा, नौ गुनी शक्कर—ये सब मिला कर बारीक पीस लें। यह होम्योपैथी का IX विचूर्ण (Trituration) बन जाता है। इसे चुटकी भर सुबह-शाम सेवन करने से जमा हुआ कफ बाहर निकल जाता है। **यक्ष्मा (T.B.) का पाठ भी पढ़ें।**

काँटा चुभना

तिल—जहाँ काँटा चुभा हो, उसे सुई से कुरेदकर निकालने का प्रयास करें। यदि काँटा नहीं निकले तो तिल के तेल में नमक मिलाकर रूई भिगोकर काँटे पर रखकर पट्टी बाँधने से काँटा निकल जाता है।

गुड़—काँटा चुभ जाये, बाहर न निकले तो जहाँ काँटा चुभा हो, उसे सुई से कुरेद कर गुड़ और अजवाइन गर्म करके बाँधने से काँटा बाहर निकल जाता है।

हींग—काँटा चुभने पर हींग का घोल उस स्थान पर भर देने से कुछ समय बाद वह स्वयं बाहर आ जाता है।

नाभि

नाभि मानव-शरीर का गुरुत्वाकर्षण-केन्द्र है। अतः स्वस्थ शरीर के लिए नाभि का अपने स्थान पर रहना आवश्यक है। झटके-से उठने, भारी सामान उठाने या अन्य किसी कारण से नाभि अपने स्थान से हट सकती है। नाभि के अपने स्थान से ऊपर-नीचे, दाएँ-बाएँ होने पर कब्ज़, गैस, दस्त, भूख न लगना, पेट दर्द की शिकायत हो सकती है।

नाभि के अपने स्थान से हटने को जानने के लिए

(1) रोगी को सीधा लिटाएँ। इस स्थिति में अपने हाथ की दो अँगुलियों पर तथा अँगूठे को नाभि पर रखकर नाभि का चलना अनुभव किया जा सकता है और पता लगाया जा सकता है कि नाभि अपने स्थान पर है या ऊपर, नीचे, दाएँ, बाएँ हट गयी है।

(2) रोगी को सीधा लिटा दें। यदि रोगी पुरुष है, तब एक मोटा धागा लेकर उसका एक सिरा नाभि में दबाकर रखें और दूसरे सिरे से दोनों निप्पलों की दूरी बारी-बारी नापें। एक ही दूरी आने पर नाभि अपनी जगह पर और अलग-अलग दूरी आने पर हटी हुई समझनी चाहिए। जब रोगी स्त्री हो तब उसे पलंग पर सीधा लिटाएँ। पलंग पर हाथ सीधा, पैर सीधा, एड़ी मिली हुई और पंजा खुला हुआ तथा ढीला रखें। अब धागे का एक सिरा नाभि में दबाकर रखें और दूसरे से पैर के दोनों अँगूठों की दूरी बारी-बारी से नापें। अलग-अलग नाप आने पर नाभि को अपने स्थान से हटी हुई जानना चाहिए।

नाभि को अपने स्थान पर लाने की विधियाँ

(1) रोगी को सीधा लिटा दें। हाथ सीधे रहें। अब हाथ पुट्ठों पर लगाएँ और दोनों पैर मिलाकर पैरों तथा सिर को एक साथ धीरे-धीरे उठाते हुए शरीर को एक नाव के रूप में लाएँ, कमर पलंग से लगी रहे। कुछ समय बाद सिर तथा पैर धीरे-धीरे नीचे लाएँ और हाथ पलंग पर सीधे रखें। फिर धागे से पुनः नापकर नाभि की स्थिति में हुए सुधार को देख लें।

(2) एक वृत्ताकार उठी हुई पेंदी का लोटा लेकर उसे पलंग पर उल्टा रखें। लोटे पर मोटा तौलिया रखें। अब रोगी को इस प्रकार लिटाएँ की नाभि लोटे के वृत्ताकार पेंदी के अंदर रहे। टाँगे सीधी रखें तथा दोनों हाथ सिर के पीछे मोड़कर रखें। कुछ समय बाद सीधा लिटाएँ तथा नाभि की स्थिति में आए सुधार की परीक्षा करें।

(3) रोगी को सीधा लिटाएँ, हाथ सीधे हों। रोगी स्त्री हो तब जिस पैर का धागा छोटा हो, उस टाँग को मोड़कर पेट पर रखें और चार-पाँच बार घुटने को पलंग पर लगाने का प्रयास करें। ध्यान रहे, जोर न लगाएँ, आराम से जितना पलंग के पास आ सके, लाएँ। फिर नाभि की स्थिति में हुए सुधार को नापें। यदि रोगी पुरुष हो तब जिस निप्पल की तरफ का धागा बड़ा हो, उस टाँग को मोड़कर ऊपर की तरह करें।

नाभि टलना

नाभि के स्थान से हटने, सही काम न करने से प्रायः पेट में दर्द, गैस, दस्त, भूख न लगना आदि होते हैं। इनको दूर करने के लिए नाभि को सही बैठाना चाहिए। नाभि बैठाने के बाद कुछ खायें।

नाभि—नाभि को धरण, पेटूजी आदि नाम से बोलते हैं। पेट में टुंडी के ठीक नीचे धड़कन-सी दबाने पर लगती है। कभी-कभी यह धड़कन, स्पन्दन दाँयी या बाँई ओर टुंडी से कुछ दूर होने लगती है। इसे नाभि टलना, स्थान छोड़ना कहते हैं। भार उठाने, झटका लगने से नाभि अपना स्थान छोड़ देती है।

इसे सही स्थान पर लाने के लिए नाभि दाहिनी ओर चली गई हो तो बाँई पिंडी को दबायें और बाँई ओर नाभि गई हो तो दाँई पिंडी को दबाने से यह अपने सही स्थान पर आ जाती है।

सरसों का तेल—नाभि पर कोई तेल, विशेषकर सरसों का तेल लगाने से नाभि टलने में लाभ होता है। रोग की तीव्रता होने पर रूई का फोया तेल में भिगोकर इसे नाभि पर रखें। इसे पट्टी से बाँध सकते हैं।

सौंफ—दो चम्मच सौंफ पीसकर गुड़ में मिलाकर नित्य 5 दिन खाने से नाभि टलना, जगह से हटना बन्द हो जाता है।

दही—500 ग्राम दही में एक चम्मच पिसी हुई हल्दी मिला कर खायें। दिन भर इसी पर रहें। भोजन नहीं करें। इसे लेने से पूर्व नाभि सही जगह बैठा लें। इससे बार-बार नाभि स्थान नहीं छोड़ेगी।

गुड़—जरा-सा गुड़ और नमक मिला कर नाभि बैठाने के बाद खाने से अपने स्थान पर रहती है।

नाभि पकना

सुपारी-(पान)—कभी-कभी नाभि से रक्त व मवाद आने लगती है। शिशुओं की नाल काटने पर नाभि पक जाती है। इस पर चिकनी सुपारी गर्म पानी में घिसकर सुबह-शाम दो बार नित्य लगावें। नाभि ठीक हो जावेगी।

पाचन संस्थान के रोग (Diseases of the Digestive System)

नीबू—यदि आपके पाचन अंग कार्य नहीं करते, भोजन नहीं पचता, पेट में गैस के कारण हृदय पर बोझ अनुभव होता है, पेट फूल जाता है, रात को नींद नहीं आती, भोजन भली प्रकार नहीं पचता तो एक गिलास गर्म पानी में एक नीबू का रस मिलाकर बार-बार पीते रहने से पाचन अंगों की धुलाई हो जाती है। रक्त और शरीर के समस्त विषैले पदार्थ मूत्र द्वारा निकल जाते हैं। कुछ ही दिनों में शरीर में नई स्फूर्ति और नई शक्ति अनुभव होने लगती है। अपच होने पर नीबू की फाँक पर नमक डालकर गर्म करके चूसने से खाना सरलता से पच जाता है। यकृत के समस्त रोगों में नीबू लाभदायक होता है।

नारंगी—जिनकी पाचन-शक्ति खराब हो उनको नारंगी का रस तीन गुने पानी में मिलाकर देना चाहिए।

पुदीना—पुदीना पेट की ढेरों बीमारियों का शमन करने में समर्थ होता है। इसके लिए पुदीने का किसी-न-किसी रूप में प्रतिदिन सेवन अवश्य करना चाहिए।

पालक—कच्चे पालक का रस प्रात: पीते रहने से कुछ ही दिनों में कब्ज ठीक हो जाता है। आँतों के रोगों में इसकी सब्जी लाभदायक है। पालक और बथुए की सब्जी खाने से भी कब्ज दूर होता है। कुछ दिन लगातार पालक अधिक मात्रा में खाने से पेट के रोगों में लाभ होता है।

अदरक—(1) 6 ग्राम अदरक बारीक काटकर थोड़ा-सा नमक लगाकर दिन में एक बार 10 दिन तक भोजन से पहले खायें। इससे हाजमा ठीक होगा, भूख लगेगी, पेट की गैस, कब्ज दूर होगी, मुँह का स्वाद ठीक होगा, भोजन की ओर रुचि बढ़ेगी। जीभ और कण्ठ में चिपटा बलगम साफ होगा।

(2) सौंठ की पाँच गुनी अजवाइन पीसकर नीबू के रस में तर कर लें। इसे छाया में सुखाकर नमक मिला लें। सुबह-शाम पानी से एक चम्मच लें। इससे पाचन-विकार, वायु-पीड़ा, खट्टी डकारें ठीक होती हैं।

(3) सौंठ, हींग और काला नमक—इन तीनों का चूर्ण गैस बाहर निकालता है।

(4) पेट फूलता हो, बहदजमी हो, अदरक के टुकड़े देशी घी में सेंककर स्वादानुसार नमक डाल कर दो बार नित्य खायें। इससे पेट के सामान्य सभी रोग ठीक हो जायेंगे।

(5) एक चम्मच अदरक का रस चौथाई कप पानी में मिलाकर पियें। यह पाचन-संस्थान के हरेक रोग में लाभदायक है। जब कभी पेट खराब हो, अदरक का सेवन करें।

(6) अदरक के बारीक टुकड़े कर लें, इन्हें नागरबेल के पान (खाने का पान) में सुपारी की तरह डालकर पान को लपेट लें तथा एक लौंग ऊपर से चुभा दें। इस प्रकार पान में अदरक के टुकड़े भरकर बीड़ा बाँध लें, इनको नीबू के रस में डूबो दें और दस दिन तक पड़ा रहने दें। नीबू के रस में स्वादानुसार नमक डाल दें। इसके बाद एक पान नित्य भोजन के साथ खायें। इससे भोजन सरलता से पचेगा तथा पाचन सम्बन्धी रोग ठीक हो जायेंगे।

पेट के रोग

जामुन—पेट की बीमारियों में जामुन लाभदायक है। इसमें दस्त बाँधने की विशेष शक्ति है। पेट-दर्द, दस्त लगना, अग्निमांद्य होने पर जामुन के रस में सेंधा नमक मिलाकर पीना चाहिए।

केला—विभिन्न प्रकार के जठरान्त्र रोगों में भोजन के रूप में केला खाना रोग-निवारण में सहायक है। यह बच्चों और दुर्बल लोगों के लिए पोषक आहार है। बच्चों और बड़ों के हर प्रकार के दस्त, जठरशोथ (Gastritis), वृहदान्त्र-शोथ (Colitis) और आमाशय-व्रण (Gastric Ulcer) में भोजन के रूप में केला आरोग्यदायक है। यह अंतड़ियों की सूजन मिटाता है।

अनार—मेदा, तिल्ली और यकृत की कमजोरी, संग्रहणी, दस्त और क़ै, पेट-दर्द अनार खाने से ठीक हो जाते हैं। यह कब्ज करती है। अनार खट्टा और मीठा होने से पाचन-शक्ति बढ़ाता है, मूत्र लाता है। इससे भोजन के रस का निर्माण पर्याप्त मात्रा में होता है।

गाजर—गाजर में विटामिन बी-काम्पलेक्स मिलता है जो पाचन-संस्थान को शक्तिशाली बनाता है। भोजन न पचना, पेट में वायु पैदा होना इससे दूर हो जाता है। इससे आँतों की गैस, ऐंठन, शोथ, घाव, जलोदर, एपेन्डीसाइटिस, वृहदान्त्र शोथ (Colitis), सड़ांध, खराश दूर हो जाती है और मल में बदबू नहीं आती। इसका रस पीते ही आराम प्रतीत होता है। बलगमी बीमारियों में काम करती है। दस्त साफ लाती है। भूख बढ़ाती है। मुँह की बदबू दूर करती है। औषधि से चिकित्सा के लिये मेरी पुस्तक '*पेट के रोगों की होम्यो चिकित्सा*' पढ़ें।

प्याज—प्याज, खाने की रुचि उत्पन्न करता है, भूख बढ़ाता है। खाने को पचाने में सहायक है। यकृत, तिल्ली तथा पित्त को उत्तेजित करके अधिक काम करने योग्य बनाता है। पेट की वायु को बाहर निकाल कर पेट-दर्द और आफरा दूर करता है। स्थान और जलवायु के परिवर्तन से जो बुरे प्रभाव स्वास्थ्य पर पड़ते हैं, प्याज उनको दूर करता है। अम्ल-पित्त ठीक करता है। प्याज को आग में गरम करके कूट कर रस निकाल कर उसमें एक ग्राम नमक मिलाकर पिलाने से पेट-दर्द ठीक होता है।

मूली—अग्निमांद्य, अरुचि, पुराना कब्ज, गैस होने पर भोजन के साथ मूली पर नमक, काली मिर्च डालकर दो माह तक नित्य खायें। इससे लाभ होगा। पेट के रोग में मूली की चटनी, अचार, सब्जी भी उपयोगी है।

ग्वारपाठा—ग्वारपाठे का ताजा रस 25 ग्राम, शहद 12 ग्राम और आधे नीबू का रस मिलाकर दो बार सुबह-शाम पीते रहने से सभी प्रकार के पेट के रोग ठीक हो जाते हैं।

चौलाई—पेट के रोगों में चौलाई की सब्जी खाना लाभदायक है।

सेब—बच्चों के पेट के रोगों के लिये नित्य सेब खिलाना लाभदायक है। नित्य एक बार में एक से तीन सेब तक जितना खाया जा सके, खावें। पेट के रोगों में अति लाभदायक है।

बथुआ—जब तक मौसम में बथुआ मिलता रहे नित्य इसकी सब्जी खावें। इससे पेट के हर प्रकार के रोग यकृत, तिल्ली, गैस, अजीर्ण, कृमि, अर्श (Piles) ठीक हो जाते हैं।

मसूर की दाल—पेट की पाचन क्रिया से सम्बन्धित हर प्रकार के रोगों में मसूर की दाल खाना लाभदायक है।

डबल रोटी—डबल रोटी के अधिक सेवन से पेट की व्याधियाँ बढ़ती हैं। मैदे से बनी चीजों के अधिक सेवन से कब्ज होता है। आगे चलकर आमाशय में छेद (Peptic Ulcer) हो जाता है।

अदरक—(1) पिसी हुई सौंठ एक ग्राम, जरा-सा हींग और सेंधे नमक की फँकी गर्म पानी से लेने से पेट-दर्द ठीक होता है। (2) पिसी हुई एक चम्मच सौंठ और सेंधा नमक एक गिलास पानी में गर्म करके पीने से पेट-दर्द दूर होता है। (3) अदरक के टुकड़े देशी घी में सेककर स्वादानुसार नमक मिलाकर, दो बार नित्य खायें। इससे पेट के सभी रोग सामान्य रूप से ठीक हो जावेंगे।

पेट का भारीपन

सौंफ—नीबू के रस में भीगी हुई सौंफ को भोजन के बाद खाने से पेट का भारीपन दूर होता है, भूख खूब लगती है, तथा मल भी साफ आता है।

डकार

हींग—डकार अधिक आती हो तो बाजरे के दाने के बराबर हींग गुड़ या केले में रखकर खायें।

जीरा—सेककर पीसा हुआ जीरा एक चम्मच, एक चम्मच शहद में मिलाकर खाना खाने के बाद चाटें। डकार में लाभ होगा।

प्यास अधिक लगना

केला—दो-दो केले रोजाना तीन बार खाने से प्यास कम लगती है। गला सूखना ठीक हो जाता है।

ज्वार—ज्वार की रोटी नित्य छाछ में भिगोकर खावें। इससे प्यास लगना कम होता है। कमजोर और वात प्रकृति वाले ज्वार न खायें।

नमक—यह ग्रन्थियों का रस सुखाता है और उसी कारण से प्यास अधिक लगती है। जिन्हें प्यास अधिक लगती हो, उन्हें नमक अल्प मात्रा में खाना चाहिए।

जौ—प्यास अधिक हो तो एक कप जौ कूट लें फिर दो गिलास पानी में आठ घण्टे भीगने दें। फिर इसे उबालें। इसके पानी को छानकर इस गरमागरम पानी से गरारे करें।

तरबूज—तरबूज खाने से प्यास लगना कम हो जाता है। तरबूज के रस में मिश्री मिलाकर प्रातः पीना ज्यादा गुणकारी है।

नारंगी—प्यास अधिक लगने पर नारंगी खाने से प्यास कम होती है।

गुलकन्द—गुलाब का गुलकन्द नित्य तीन चम्मच सुबह-शाम खाकर एक गिलास पानी पीयें। इससे प्यास कम लगती है।

धनिया—हरा धनिया और सूखा आँवला, दोनों की चटनी बना कर नित्य खाने से अधिक प्यास,कण्ठ सूखना ठीक हो जाता है।

सेब—सेब का रस पानी में मिलाकर पीने से प्यास कम लगती है। जिन्हें वायु विकार हो, उन्हें यह लाभदायक नहीं होगा।

आलूबुखारा—आलूबुखारे को मुँह में रखने से प्यास कम होती है।

अमरूद, लीची, शहतूत, खीरा—ये सब प्यास को दूर करने में सहायक हैं।

लौंग—प्यास की तीव्रता होने पर दो गिलास उबलते पानी में तीन लौंग डालकर पानी ठंडा करके पिलायें। इससे प्यास कम हो जाती है। (परीक्षित है)

जायफल—प्यास किसी भी रोग में हो तो जायफल का टुकड़ा मुँह में रखने से लाभ होता है।

तुलसी—किसी भी रोग में यदि प्यास अधिक हो तो तुलसी के पत्तों को पीसकर, पानी में मिलाकर, नीबू निचोड़कर, मिश्री मिलाकर पिलाने से प्यास कम हो जाती है।

पानी—यदि खुश्की की प्यास अधिक हो तो गर्म पानी पीने से ठीक हो जाती है।

नीबू—पानी में नीबू निचोड़ कर पीने से प्यास कम लगती है।

इलायची—बारह छोटी इलायची के छिलके एक गिलास पानी में उबालें। आधा पानी रहने पर इसके चार हिस्से करके चार बार हर दो घण्टे से पिलायें। प्यास अधिक नहीं लगेगी। किसी भी बीमारी में यदि प्यास अधिक हो तो ठीक हो जाती है।

वायु-गोला

नीबू—पेट में गाँठ की तरह उभार को 'वायु-गोला' कहते हैं। यह घटता-बढ़ता है। दो चम्मच नीबू का रस एक गिलास गर्म पानी में मिलाकर पिलाने से 'वायु-गोला' में आराम होता है।

एरण्ड का तेल—एरण्ड का तेल दो चम्मच, गर्म दूध में मिलाकर पीने से इसमें लाभ होता है।

नमक—सेंधा नमक एक भाग, देशी चीनी (बूरा) चार भाग मिलाकर आधा चम्मच गर्म पानी से नित्य तीन बार लेने से 'वायु-गोला' में लाभ होता है।

अजवाइन—अजवाइन एक चम्मच, काला नमक एक चौथाई चम्मच—दोनों को पीसकर छाछ में मिलाकर पीने से 'वायु-गोला' में लाभ होता है।

तिल्ली

नीबू—नीबू को बीच में से काटकर और उसको गर्म करके थोड़ा नमक मिलाकर कई दिन तक भोजन से पूर्व प्रतिदिन दो बार चूसने से बढ़ी हुई तिल्ली (प्लीहा) अपने प्राकृतिक आकार में आ जाती है।

आम—70 ग्राम आम का रस, 15 ग्राम शहद में मिलाकर नित्य प्रात: 3 सप्ताह पीने से तिल्ली की सूजन और घाव में लाभ होता है। इस औषधि में खटाई न खायें।

पपीता—तिल्ली में नियमित पपीता खाने से लाभ होता है।

गाजर—गाजर का आचार बनाकर खिलाने से तिल्ली कम हो जाती है।

करेला—करेले का रस 25 ग्राम एक कप पानी में मिलाकर नित्य तीन बार पिलाने से तिल्ली कट जाती है।

बैंगन—ताजा लम्बे बैंगन की सब्जी जब तक मौसम में बैंगन रहें, खाते रहें, इससे तिल्ली बढ़ी हुई हो तो उसमें आराम मिलता है।

अजवाइन—15 ग्राम अजवाइन प्रात: मिट्टी के बर्तन में दो कप पानी में भिगो दें। दिन में मकान में और रात को खुले में, ओस में रखें। दूसरे दिन प्रात: छानकर पियें। इसी प्रकार इसे लगातार पंद्रह दिन पियें। इससे तिल्ली बढ़ी हुई हो तो ठीक हो जाती है। यदि यह सम्भव नहीं हो तो अजवाइन

किसी भी रूप में अधिकाधिक सेवन करें। अजवाइन इस रोग में बहुत लाभदायक है।

मिट्टी—तिल्ली के रोग में एक माह तक पेट पर गीली मिट्टी लगाने से लाभ होता है।

बथुआ—कच्चे बथुए का रस या बथुआ उबालकर उसका उबला हुआ पानी पीयें। इससे तिल्ली ठीक हो जाती है। स्वाद के लिए इसमें नमक मिला सकते हैं।

आँतों में घाव

सेब—आँतों में घाव रहने पर सेब का रस पीते रहने से आराम मिलता है।

बेर—यह आँतों के घाव को ठीक करता है।

आँतों में रोग

छाछ—छाछ पीने से स्रोतों, मार्गों की शुद्धि होकर रस का भली-भाँति संचार होने लगता है। आँतों से सम्बन्धित कोई रोग नहीं होता।

शहद—आँतों के रोगों को दूर करने के लिए तीन चम्मच पिसा हुआ आँवला रात को एक गिलास पानी में भिगो दें। प्रात: उसे छान कर चार चम्मच शहद मिलाकर पियें।

मूली—मूली का रस आँतों में एन्टीसेप्टिक का काम करता है।

दही—बुल्गारिया के गैस्ट्रो एन्ट्रोलाजिस्ट प्रो. ताशेव ताशो के अनुसार एन्टीबायोटिक्स देने के पश्चात् आँतों के बैक्टीरियल फ्लोरा पर पड़े कुप्रभाव को दही से बचाया जा सकता है।

रस—आँत, व्रण (Ulcer) के रोगी फलों का रस पी सकते हैं। कुछ लोगों की मान्यता है कि फलों का रस अधिक लेने से फलाहार पर रहने से पेट में हाइड्रोक्लोरिक एसिड बनता है जो आमाशयिक वर्ण के रोगी के लिए हानिकारक है। यह मान्यता सही नहीं है।

आँतों और व्रण के रोगियों को दालें तथा अण्डे खाना छोड़ना चाहिए।

आँतों में बैक्टीरियल फ्लोरा

दही—बुल्गारिया के गैस्ट्रो एन्ट्रोलाजिस्ट प्रो. ताशेव ताशो के अनुसार एन्टीबायोटिक्स देने के पश्चात् आंतों के बैक्टीरियल फ्लोरा पर पड़े कुप्रभाव को दही से ठीक किया जा सकता है।

आँतों में सूजन

गाजर—बड़ी आँत की सूजन में गाजर का रस 185 ग्राम, चुकन्दर का रस 150 ग्राम, खीरे का रस 160 ग्राम मिलाकर पियें।

दही—आँतों की सूजन दूर करने के लिए दही का अधिकाधिक सेवन दिन में कई बार करें। रोटी कम-से-कम खायें। जब भी भूख लगे दही खायें।

आँत्र-क्षय

लहसुन—आँत्र क्षय में लहसुन का रस 5 बूँद, 3 चम्मच पानी में मिलाकर पिलाना चाहिए।

आँव (Mucous)

अदरक—(1) सौंठ पीसकर समान मात्रा में गुड़ मिला लें। नित्य मटर के दाने के समान दो-

दो गोलियाँ सुबह-शाम खायें। आँव आना बन्द हो जायेगा। (2) अपच के कारण पेट में आँव बन जाती है, इसके लिए पाव भर दूध में आधा चम्मच सौंठ का चूर्ण डालकर उबाल लें, कुछ अच्छा पक जाए तब उतार कर ठण्डा करें। इसे सोते समय 4-5 दिन तक पीने से आँव समाप्त हो जाती है।

नीम—यदि मल के साथ आँव आती हो तो नीम की हरी पत्तियों को धोकर छाया में सुखा लें। फिर पीस लें। इसे आधा चम्मच सुबह-शाम खाने के बाद दो बार ठंडे पानी से फँकी लें। कुछ दिन लेते रहने से आँव आना बन्द हो जाता है।

लहसुन—(1) आँव होने पर एक कली लहसुन के साथ मूँग के बराबर अफीम खाने से आँव बन्द हो जाती है।

(2) आधे चम्मच घी में पाँच कली लहसुन की मिला कर चबायें। आँव बनना बन्द हो जायेगा।

सौंफ—(1) सौंफ का तेल पाँच बूँद आधा चम्मच चीनी डालकर नित्य चार बार लेने से आँव आना बन्द हो जाता है।

(2) सौ ग्राम सौंफ को सेककर पीस लें। इसमें सौ ग्राम पिसी हुई मिश्री मिलायें। भोजन के बाद इसकी दो चम्मच सुबह-शाम ठण्डे पानी से फँकी लें।

धनिया—बालक के आँव हो तो धनिया और सौंठ का काढ़ा पिलायें, लाभ होगा।

ईसबगोल—(1) एक चाय का चम्मच ईसबगोल गर्म दूध में फुलाकर रात्रि को सेवन करें। प्रात: दही में भिगोकर फुलाकर उसमें नमक, सौंठ और जीरा मिलाकर पिलायें। चार दिन लगातार सेवन करने से आँव निकलना बन्द हो जायेगा।

(2) हरड़ और बेल का सूखा गूदा एक-एक भाग तथा ईसबगोल 3 भाग—ये तीनों पीसकर मिला लें। दो चम्मच सुबह-शाम गर्म दूध से फँकी लेने से आँव निकलना बन्द हो जाता है।

धनिया—50 ग्राम हरा धनिया तथा 25 ग्राम सौंफ—इनको पीस कर एक गिलास पानी में घोलकर छान कर पीने से आँव आना बन्द हो जाता है।

आमाशय-व्रण (Gastric Ulcer)

लहसुन—आमाशय-व्रण ठीक करने के लिए चार कली कच्चा लहसुन खाना खाने के बाद सेवन करना चाहिए।

बथुआ— बथुआ आमाशय को बलवान बनाता है।

केला—हरे कच्चे केले की सब्जी बिना नमक-मिर्च खायें या कच्चे केले को सुखाकर, पीसकर इसके पाउडर की तीन चम्मच सुबह-शाम ठंडे पानी से फँकी लेने से गेस्ट्रिक अल्सर ठीक हो जाते हैं।

बृहदान्त्रशोथ (Colitis)

आँतों में घाव (अल्सरेटिव कोलाइटिस) हो जाने से बड़ी आँत में सूजन और घाव-सा हो जाता है जिससे पतला दस्त होता है और मल के साथ म्यूकस और रक्त भी निकलता है।

गाजर—गाजर में विटामिन बी-कॉम्पलेक्स मिलता है जो पाचन-संस्थान को शक्तिशाली बनाता है। बृहदान्त्रशोथ इससे दूर हो जाती है।

गाजर का प्रयोग जानने के लिए लेखक की '*भोजन के द्वारा चिकित्सा*' पुस्तक पढ़ें।

बड़—बड़ के पेड़ के नीचे जो जटायें लटकती हैं, उनमें अँगुली की मोटाई की जटायें एक

किलो लेकर एक-एक इंच के टुकड़े काट लें। इसे पाँच किलो पानी में उबालें। उबलते हुए जब एक किलो पानी रह जाये तब ठंडा करके छान लें और काँच की बोतल में भर लें। इसकी दो चम्मच सुबह-शाम पीयें। वृहदान्त्रशोथ एवं घावयुक्त आँव (Ulcerative Colitis) भी इससे ठीक हो जाती हैं।

पानी—खाना खाने के बाद एक गिलास गरम-गरम पानी, जितना गर्म पिया जा सके, लगातार पीते रहने से कोलाइटिस ठीक हो जाती है।

अरुचि (Aversion)

अनार—काली मिर्च आधा चम्मच, सिका हुआ जीरा एक चम्मच, सिका हुआ हींग चने की दाल के बराबर, सेंधा नमक स्वादानुसार, अनारदाना सत्तर ग्राम—इन सबको पीस लें। यह स्वादिष्ट अनार दाने का चूर्ण बन जावेगा। इसके खाने से अरुचि नष्ट होती है। मन प्रसन्न हो जाता है।

फालसा—अरुचि में फालसा, सेंधा नमक और काली मिर्च के साथ खाना उत्तम है।

मूली—भोजन के साथ मूली पर नमक, काली मिर्च डालकर दो माह तक नित्य खायें। इससे लाभ होगा।

पोदीना—एक गिलास पानी में 3 ग्राम पोदीना, जीरा, हींग, काली मिर्च, नमक डालकर गर्म करके पीने से लाभ होता है।

मोठ—नमकीन सेब आदि बेचने वाले के पास से मिलने वाली मोठ की दाल खाने से अरुचि दूर होती है।

धनिया—धनिया, छोटी इलायची, काली मिर्च समान मात्रा में पीसकर चौथाई चम्मच घी और चीनी में मिलाकर लेने से अरुचि दूर होती है।

शक्कर—खाने-पीने की इच्छा न होने पर एक कप पानी में स्वादानुसार शक्कर, इमली तथा बारीक पिसी हुई चौथाई चम्मच काली मिर्च मिलाकर छानकर नित्य चार बार पिलाने से खान-पान के प्रति रुचि उत्पन्न हो जाती है।

अजवाइन—अजवाइन में स्वादानुसार काला नमक मिलाकर पीसकर गर्म पानी से फँकी लें। अरुचि दूर होगी।

पेट का कैन्सर

लहसुन—लहसुन के सेवन से पेट का कैंसर नहीं होता। कैंसर होने पर लहसुन को पीसकर पानी में घोलकर कुछ सप्ताह पीने से पेट का कैंसर ठीक हो जाता है। खाना खाने के बाद तीन बार नित्य लहसुन लेने से पेट साफ रहता है। यह पेट की पेशियों में संकोचन पैदा करता है जिससे आँतों को कम काम करना पड़ता है। यह यकृत को उत्तेजित करता है जिससे ऑक्सीजन एवं रक्त पेट की दीवार की सूक्ष्म नालियों (Capillaries) को मिलता है।

डबलरोटी—यदि पेट के कैंसर से बचाव करना हो तो भोजन में डबलरोटी की मात्रा बढ़ा देनी चाहिए। यह नवीन खोज लीडन विश्वविद्यालय (प. जर्मनी) के आहार विज्ञानी प्रोफेसर ग्रोएन ने की है। डबलरोटी और कैंसर एक-दूसरे से जुड़े हुए हैं, क्योंकि आहार विज्ञान विशेषज्ञों ने पाया है कि डबलरोटी अन्य खाद्य पदार्थों की अपेक्षा जल्दी और आसानी पच जाती है जिससे आँतों को कैंसर होने का खतरा नहीं होता। (देखें कैन्सर)।

दुर्गन्ध

दही—शरीर से दुर्गन्ध आने पर दही और बेसन मिलाकर शरीर पर मलें।

तुलसी—नाक में दुर्गन्ध—तुलसी के पत्तों का रस या पिसे हुए सूखे पत्ते सूँघने से नाक की दुर्गन्ध दूर हो जाती है और कीड़े मर जाते हैं।

प्याज—प्याज खाने के बाद गुड़ या पान खायें, इससे प्याज की गंध दूसरों को प्रतीत नहीं होगी। प्याज खाने के बाद धनिया या इलायची खाने से प्याज की गन्ध नहीं आती। प्याज डालकर बनाई गई साग-सब्जी में से प्याज की गन्ध को दूर करने के लिए सब्जी पकाने के साथ थोड़ी-सी चीनी पानी में घोलकर सब्जी में डाल दें। प्याज की गन्ध नहीं आयेगी। बर्तन से प्याज की गन्ध दूर करने के लिए नमक मिले गुनगुने पानी से बर्तन साफ करना चाहिए।

लहसुन—लहसुन खाने के बाद सूखा धनिया चबाने से इसकी गन्ध नहीं आती।

मूली—मूली खाने के बाद गुड़ खाने से डकार में गन्ध नहीं आती।

गाजर—गाजर का रस पीने से पाचन संस्थान मजबूत होता है। मल में दुर्गन्ध और विषैले कीटाणु नष्ट हो जाते हैं—

'रस पीओ और काया कल्प करो'—लेखक : कान्ति भट्ट, मनहर डी. शाह।

मलाशय भ्रंश (Prolapse Recti)

अमरूद—टट्टी करते समय किसी-किसी की गुदा (Anus) बाहर आती है। गुदा को अन्दर करके अमरूद के पत्तों को पीसकर इसकी लुगदी मल द्वार पर बाँधने से गुदा बाहर निकलना बन्द हो जाती है।

फिटकरी—फिटकरी को पानी में घोल कर गुदा में पिचकारी देने से लाभ होता है। एक गिलास पानी में आधा चम्मच पिसी हुई फिटकरी मिलाकर नित्य गुदा को धोयें, साफ कपड़ा फिटकरी के पानी में भिगोकर गुदा पर रखें।

माजूफल—एक गिलास पानी में दो माजूफल पीस कर डालें और अच्छा उबालें। ठण्डा होने पर मलद्वार को धोने से मलद्वार बाहर निकलना दूर होता है।

घट्टा (Corn)

नीबू—घट्टा पर नीबू का रस लगाने से नरम पड़ जाते हैं। इस पर एक फाँक नीबू की भी बाँध सकते हैं। नीबू के रस में रुई भिगोकर बाँध सकते हैं। घट्टे को तर रखें।

एरण्ड का तेल—दो माह तक सुबह-शाम एरण्ड का तेल मलते रहने से घट्टे ठीक हो जाते हैं। तेल में गाज (कपड़ा) भिगोकर पट्टी बँधी रखें।

प्याज—घट्टा होने पर प्याज का रस तीन बार नित्य लगायें। नर्म हो जाने पर घट्टे को काट दें।

कफ, बलगम (Expectoration)

अंगूर—अंगूर खाने से फेफड़ों को शक्ति मिलती है। जुकाम, खाँसी दूर होती है। कफ बाहर आ जाता है। अंगूर खाने के बाद पानी नहीं पीवें।

पोदीना—कफ होने पर चौथाई कप पोदीने का रस इतने ही गर्म पानी में मिलाकर नित्य तीन बार पीने से लाभ होता है।

केला और शहतूत—केला और शहतूत कफनाशक हैं।

सरसों का तेल—खाँसी हो, कफ जमा हो तो सरसों के तेल में सेंधा नमक मिलाकर मालिश करें, लाभ होगा। इससे श्वास-रोग दब जाता है और कफ की गाँठ निकल जाती है।

हल्दी— (1) श्लेष्मा, रेशा (Expectorant) गिरता हो तो आधा चम्मच हल्दी की फँकी गर्म दूध से लें। (2) कफ के कारण सीने में घबराहट हो तो हल्दी, गर्म पानी, नमक घोलकर पिलायें। (3) जुकाम, दमा में कफ गिरता हो तो नित्य तीन बार 2 ग्राम हल्दी की फँकी गर्म पानी से लें।

काली मिर्च—नीम की 30 पत्ती, काली मिर्च 5 पीसकर दो कप पानी में उबालें। चौथाई पानी रहने पर छानकर एक चम्मच शहद मिलाकर सुबह-शाम पिलायें। इससे खाँसी, कफ, गले में कफ लगा रहना ठीक हो जाता है।

तुलसी—कफ होने पर 50 ग्राम तुलसी के पत्तों के रस में 5 चम्मच चीनी मिलाकर शर्बत बना लें। इसका एक छोटा चम्मच नित्य पिलायें, कफ ठीक हो जायेगा। तुलसी के रस में बलगम को पतला करके निकालने का गुण है।

पसली का दर्द (Pain in Ribs)

हींग—हींग को गर्म पानी में घोलकर जिन पसलियों पर दर्द हो रहा हो, वहाँ लेप करें।

अदरक—सौंठ 30 ग्राम कूट कर आधा किलो पानी में उबाल कर छान कर यह चार बार पियें। पसली का दर्द ठीक हो जायेगा।

शहद—थोड़ा-सा शुद्ध सिन्दूर शहद में मिलाकर साफ कपड़े पर लगा कर प्लास्तर बना लें। इसे पसली पर जहाँ दर्द हो चिपका दें। फिर सेंक करें। इससे पसली का दर्द दूर हो जाता है।

पानी—खाना खाने के बाद एक गिलास गर्म पानी, जितना गर्म पिया जा सके, लगातार पीते रहने से पसली का दर्द ठीक हो जाता है।

ऐंठन (Cramps)

प्याज—ऐंठन होने और झटके लगने पर प्याज के गर्म-गर्म रस से पाँव के तलुओं पर मालिश करने से आराम होता है।

शहद—यदि रोगी बार-बार पलकें झुकाता है, उसके किसी अंग में झटके लगते हैं तो शहद के सेवन से अंगों की ऐंठन दूर हो जाती है।

कनफेड़ (Mumps)

नमक—गर्म पानी में नमक मिलाकर गरारे करायें। ग्रन्थि की सूजन पर नमक के गर्म पानी से सेंक करें।

मिट्टी—कनफेड़ पर काली मिट्टी का लेप करने से लाभ होता है।

कुदरत कम करती है दर्द

कुदरती नजारे और आवाजें भी दर्द निवारक दवाइयों का काम कर सकते हैं। फेफड़ों की शल्य क्रिया के मरीजों को सुरम्य प्राकृतिक दृश्य दिखाकर व नदी-झरनों की कलकल सुनाकर दर्द नियंत्रित करने में काफी हद तक सफलता हासिल हुई है।

अमरीका के वैज्ञानिकों ने इस विकर्षण या ध्यानाकर्षण पद्धति को ब्रोंकोस्कॉपी कराने वाले 41 स्त्री-पुरुषों पर आजमाया।

ब्रोंकोस्कॉपी के बाद मरीज को गले, नाक एवं सीने में तेज दर्द महसूस होता है। विकर्षण पद्धति के तहत 25 मिनट की ब्रोंकोस्कॉपी एवं उसके बाद तीन घंटे के रिकवरी समय के दौरान 41 मरीजों को रंग-बिरंगे प्राकृतिक नजारे दिखाए गए तथा नदी-झरनों के बहने की आवाजें सुनाई गईं। प्राकृतिक दृश्य कपड़ों की पेंटिंग के रूप में थे जबकि आवाजें हैडफोन से सुनाई गईं। अन्य 39 मरीजों पर यह पद्धति नहीं आजमाई गई लेकिन उनकी समुचित देखरेख की गई। अध्ययन से जुड़े डॉ. ग्रेगोरी डिएटे के अनुसार विकर्षण पद्धति के 43 प्रतिशत मरीजों में दूसरे समूह की तुलना में अधिक सही ढँग से दर्द नियंत्रित रहा। इसलिए दर्द निवारण के लिए ध्यान अन्य प्राकृतिक सौन्दर्य की ओर लगायें।

दर्द (Pain)

दर्द निवारक औषधियाँ हानिकारक—दर्द निवारक दवाओं में मुख्य हैं —ऐनासिन, क्रोसिन, आइब्रुफेन तथा सामान्य रूप से प्रयोग होने वाली एस्प्रिन।

एस्प्रिन का 300 मि.ग्रा. अथवा इससे अधिक सेवन से हृदय रोगियों को इससे कोई लाभ प्राप्त नहीं होगा, बल्कि इतना सेवन नुकसानदेह है।

दर्द निवारक गोलियाँ तत्काल राहत तो देती हैं परन्तु शरीर के कई हिस्सों को व्यापक नुकसान पहुँचाती हैं। दर्द निवारक औषधियों के प्रयोग से पेट में फोड़ा एवं रक्त-स्राव द्वारा मृत्यु तक हो सकती है। दर्द निवारक औषधियों का दूरगामी प्रभाव हानिकारक है।

वृद्धों, महिलाओं, धूम्रपान करने वाले तथा अत्यधिक मदिरापान करने वालों में आमाशय में व्रण की अत्यधिक संभावना होती है। अत: इस वर्ग के व्यक्तियों को पीड़ा निवारक औषधियों के सेवन के प्रति विशेष रूप से सचेत रहना चाहिए। *—राज. पत्रिका, जयपुर, 13-4-1995*

लहसुन—दो गाँठ लहसुन को पीसकर 100 ग्राम तिल के तेल में मिलाकर गर्म करके मलने से दर्द दूर हो जाता है।

सरसों का तेल—50 ग्राम सरसों के तेल में पाँच ग्राम कपूर मिलाकर मालिश करने से दर्द में लाभ होता है।

पानी—कहीं पर भी, कैसा भी दर्द हो, पहले गर्म पानी से 3 मिनट सेक करें, इसके तुरन्त बाद बर्फ जैसे ठंडे पानी से एक मिनट सेक करें। दर्द में लाभ होगा।

गेहूँ—गेहूँ की रोटी एक ओर सेक लें, एक ओर कच्ची रखें। कच्ची की ओर तिल का तेल लगाकर दर्द वाले अंग पर बाँध दें। इससे दर्द दूर हो जायेगा।

चना—कमर, हाथ, पैर कहीं भी दर्द हो, दर्द वाली जगह पर बेसन डालकर नित्य मालिश करें। इस तरह मालिश करने से दर्द ठीक हो जाता है।

इलायची—इलायची पीस कर दर्द वाली जगह लगायें, लाभ होगा।

इलायची छोटी—'इलायची खाओ, दर्द भगाओ'—इलायची बोर्ड द्वारा किये गये सर्वेक्षण के अनुसार इलायची में सिर-दर्द, पेट का दर्द, मिचली तथा जोड़ों के दर्द की पुरानी बीमारी दूर करने की क्षमता है। किस प्रकार के दर्द में कैसे प्रयोग करना है, यह जानने हेतु लेखक की '*भोजन के द्वारा चिकित्सा*' पुस्तक पढ़ें।

कॉफी—कहीं भी, कैसा भी दर्द हो, कॉफी पीने से दर्द कम होता है। कॉफी में कैफीन तत्त्व होता है जो मस्तिष्क के अनुभव-केन्द्र जिसे सेन्सरी कार्टेक्स (Sensory Cartex) कहते हैं, को प्रभावित कर उत्तेजना लाता है। इससे दर्द कम होता है।

मेथी—सौ ग्राम दाना मेथी तवे पर इस तरह सेकें, भूनें कि आधी कच्ची व आधी सिकी हुई रहे। फिर इसे दर-दरा कूट लें। इसमें 25 ग्राम अर्थात् चौथाई भाग काला नमक मिलायें। इसकी सुबह-शाम दो चम्मच गर्म पानी से फँकी लें। इससे जोड़ों का दर्द, कमर-दर्द, घुटनों का दर्द, आमवात (र्‍यूमेटिज्म) का दर्द तथा हर प्रकार का दर्द ठीक हो जायेगा। गैस भी नहीं बनेगी।

हल्दी—एक गिलास गर्म दूध में एक चाय के चम्मच भर हल्दी मिलाकर पीने से शरीर का दर्द दूर हो जाता है।

जीरा—दर्द होने पर दो चम्मच जीरा एक गिलास पानी में डालकर गर्म करके सेक करने से लाभ होता है। सेक के बाद जीरा पीस कर दर्द वाली जगह लेप करने से लाभ होता है।

चोट, क्षति (Injury)

ग्वार—तिल और ग्वार समान मात्रा में पीसकर पानी डालकर पकावें, फिर मोच या चोट वाली जगह पर लगावें। दर्द दूर हो जायेगा।

दोब—कटने या लगने से यदि रक्त-स्राव हो तो दोब को कूटकर उसका रस कपड़े में भिगोकर पट्टी बाँधने से रक्त-स्राव बन्द हो जाता है।

मिट्टी का तेल—चोट हो, मोच हो, चोट-मोच से सूजन बनी हुई हो, चाहे पुरानी चोट का दर्द हो, सूजन शरीर में कहीं भी हो, नित्य दो बार स्नान के बाद मिट्टी का तेल लगायें। इन सब कष्टों में लाभ मिलेगा।

बर्फ—चोट लगकर रक्त बह रहा हो तो बर्फ के पानी की पट्टी व बर्फ का टुकड़ा रखें। इससे रक्त-स्राव बन्द हो जायेगा।

केला—चोट या रगड़ लगने पर—(1) केले के छिलके को बाँध देने से सूजन नहीं बढ़ती। (2) पका हुआ केला और गेहूँ का आटा पानी में गूँद कर गम करके लेप करें।

लहसुन—लहसुन की कलियों को नमक के साथ पीसकर उसकी पुल्टिस बाँधने से चोट और मरोड़ में लाभ होता है।

मेथी—मेथी के पत्तों की पुल्टिस बाँधने से चोट की सूजन मिटती है।

एरण्ड का तेल—(1) कहीं चोट लग कर रक्त आने लगे, घाव हो, एरण्ड का तेल लगाकर पट्टी बाँधने से लाभ होता है। (2) एरण्ड के पत्ते पर तिल का तेल लगाकर गर्म करके बाँधने से चोट से सूजन एवं दर्द में लाभ होता है।

फिटकरी—आन्तरिक चोट लगने पर चार ग्राम फिटकरी को पीसकर आधा गिलास दूध में मिलाकर पिलाने से लाभ होता है।

हल्दी—(1) चोट लगने पर एक चम्मच हल्दी गर्म दूध के साथ पीने से दर्द, सूजन दूर होती है। शरीर की टूट-फूट दूर होती है। चोट लगे स्थान पर हल्दी को पानी में गूँद कर लेप करें। चोट से कटकर रक्त बह रहा हो तो उस स्थान पर हल्दी भर दें, खुरन्ट लेकर ही उतरेगी। आँख में चोट लगने पर भी हल्दी का सेवन लाभदायक है।

(2) दो चम्मच पिसी हुई हल्दी, चार चम्मच गेहूँ का आटा, एक चम्मच देशी घी, आधा

चम्मच सेंधा नमक, थोड़ा-सा पानी मिलाकर हलुआ पकायें। चोट लगे स्थान पर इस हलुवे की पट्टी बाँधें। आवश्यकतानुसार मात्रा घटा-बढ़ा सकते हैं। आधा किलो उबलते हुए गर्म पानी में आधा चम्मच नमक डालें। बर्तन को उतार कर ढँक कर रख दें। जब पानी सेंक करने जैसा हो जाये तो कपड़ा भिगोकर चोट लगने वाले अंग का इससे सेंक करें। दर्द में आराम मिलेगा।

(3) हड्डी टूटने पर हल्दी के नियमित सेवन से लाभ होता है।

(4) एक प्याज को पीसकर एक चम्मच हल्दी मिलाकर कपड़े में बाँध लें। इसे तिल के तेल में रखकर गर्म करें और इससे सेंक करें। कुछ देर सेंकने के बाद पोटली खोलकर दर्द वाले स्थान पर बाँध दें।

(5) कहीं भी चोट लगी हो, चोट से सूजन आ गई हो तो दो भाग पिसी हुई हल्दी, एक भाग चूना मिलाकर लेप करें, दर्द दूर हो जायेगा।

(6) चोट से सूजन आने पर दस कली लहसुन और आधा चम्मच हल्दी—दोनों को पीसकर एक चम्मच तेल में गर्म करके सूजी हुई जगह पर लेप करके रूई लगाकर पट्टी बाँध दें। सूजन दूर हो जायेगी।

तिल—तिल की खली को पानी में पका कर मोच पर गर्म-गर्म बाँधने से मोच में आराम हो जाता है।

प्याज—(1) एक चम्मच पिसी हुई हल्दी, दो चम्मच प्याज के रस में मिला कर कपड़े में इसकी पोटली बाँधकर सरसों के गर्म तेल में डूबो कर चोटग्रस्त अंग का सेंक करें और फिर इसे चोट वाली जगह लेप करें तथा वह कपड़ा भी लपेट दें, रुई लगाकर पट्टी बाँध दें। दो चम्मच प्याज का रस और एक चम्मच शहद मिलाकर दो बार नित्य चाटें। चोट का दर्द व सूजन ठीक हो जायेगी।

(2) मोच के लिए—प्याज को काट कर कपड़े में बाँध लें। इसे मोच वाली जगह पर लपेट लें, इससे सूजन कम हो जाएगी।

(3) खरोंच आने पर—खरोंच आने पर प्याज टुकड़ा काटकर खरोंच वाली जगह पर मल दें, लेकिन कटी या फटी त्वचा पर प्याज न लगाएँ।

पानी—जब चोट लग जाती है, फिसल कर गिर जाते हैं तो चोट लगे स्थान पर सूजन आ जाती है। दर्द होता है। चोट लगने पर सूजन आने के बाद गर्म सेंक नहीं करनी चाहिए। चोट लगने पर ठण्डा सेंक करना चाहिए। बर्फ या ठंडे पानी से चोट लगे स्थान को सेंकना चाहिए। इससे सूजन कम हो जाती है तथा और सूजन नहीं आती। चोट लगते ही तुरन्त ठंडा सेंक करना चाहिए। चोट लगे स्थान को पट्टी बाँध कर ऊँचा करके रखना चाहिए। ठंडा सेंक 15 मिनट करें तथा प्रथम दस घंटों में हर दो घंटे बाद सेंक करते रहें। इसके बाद दस घंटे थोड़ी ज्यादा देर से करें। इसके बाद ठंडा और गर्म पर्यायक्रम से सेंक करें। विस्तार से जानने हेतु '*भोजन के द्वारा चिकित्सा*' भाग-दो पढ़ें।

गेहूँ—हड्डी टूटना, चोट, मोच लगने पर गुड़ में गेहूँ का हलवा, सीरा बनाकर खायें। दो चम्मच गेहूँ की राख में गुड़ और घी मिलाकर नित्य सुबह-शाम चाटें। इससे दर्द में लाभ होगा, हड्डी शीघ्र जुड़ेगी।

सेंधा नमक—सेंधा नमक और बूरा समान मात्रा में मिलाकर एक चम्मच सुबह-शाम पानी से फँकी लें। चोट का दर्द मिट जायेगा।

नमक—(1) नमक को तवे (Pan) पर सेंकें। इसे गर्म-गर्म मोटे कपड़े में बाँध कर दर्द वाली जगह को सेंकने से मोच (Sprain) व चोट (Bruise) में आराम मिलता है।

(2) गर्म पानी में नमक घोल कर सेंक करें।

अदरक—चोट लगने, भारी चीज उठाने, कुचल जाने से जितनी दूरी में दर्द हो, वहाँ अदरक को पीसकर मोटा (Thick) लेप करके पट्टी बाँध दें। दो घण्टे पश्चात् हटा कर ऊपर सरसों का तेल लगाकर सेंक करें। इस तरह एक बार नित्य लेप करने से दर्द दूर हो जायेगा।

आलू—कभी-कभी चोट लगने पर नील पड़ जाती है। नील पड़ी जगह पर कच्चा आलू पीसकर लगायें।

रक्तस्राव (Haemorrhage)

फालसा—शरीर के किसी भी अवयव से हो रहे रक्तस्राव को रोकने के लिए फालसों का शरबत नियमित सेवनीय एवं शीघ्र असरकारक होता है।

रक्त-स्राव (कटने से)

आँवला—कटने से रक्त-स्राव होने पर कटे हुए स्थान पर आँवले का ताजा रस लगाने से रक्त-स्राव बन्द हो जाता है।

मिट्टी का तेल—कट जाने से कहीं से भी रक्त-स्राव हो, मिट्टी के तेल में कपड़ा भिगोकर कटे हुए अंग पर लगा कर कस कर पट्टी बाँधें। रक्त बहना बन्द हो जायेगा, दर्द भी नहीं होगा। बँधे हुए कपड़े पर नित्य मिट्टी व तेल डालते रहने से कटा हुआ स्थान ठीक हो जाता है।

रक्तस्राव (चोट से)

केला—चोट लग कर रक्तस्राव होने लगे तो केले के दाँड (डण्ठल में जहाँ केले जुड़े रहते हैं) का रस लगा दें। रक्तस्राव बन्द हो जायेगा। घाव में मवाद नहीं पड़ेगा। चोट का घाव जल्दी ठीक हो जायेगा।

बर्फ—चोट लग कर रक्त बह रहा हो तो बर्फ के पानी की पट्टी बाँधें व ऊपर बर्फ का टुकड़ा रखें। इससे रक्तस्राव बन्द हो जाएगा।

घाव, क्षत (Wound)

नारंगी—नारंगी खाने से घाव जल्दी भरते हैं।

अंगूर—नियमित अंगूर खाने से घाव शीघ्र भरता है।

सहजन—सहजन की पत्तियों को पीसकर लेप करने से घाव ठीक हो जाते हैं।

गाजर—गाजर को उबाल कर इसकी लुगदी (Pulp) बना लें। इसे सड़े घावों पर लगाने से घाव ठीक हो जाते हैं। ऐसा उपयोग इंग्लैण्ड के लोग किया करते हैं। इसका रस भी पिलाना चाहिए। कैन्सर के घाव पर भी लगाने से लाभ होता है।

करमकल्ला—इसका रस पीने से घाव ठीक होते हैं। इसके रस का गिलास 5 बार पानी मिलाकर पीना चाहिए।

प्याज—(1) होम्योपैथिक डॉक्टर्स कूक, गेब्रील और मिनचेन कहते हैं कि एक भाग प्याज के रस को चार भाग पानी में मिलाकर सड़े हुए, मवाद-भरे घाव धोने और बाद में इसी घोल में तर किया हुआ गाज (कपड़ा) घाव पर बाँधने से घाव ठीक हो जाता है। (2) प्याज की पुल्टिस घी में बनाकर लगाने से घाव में लाभ होता है।

लहसुन—शरीर में कहीं भी कटकर घाव हो जाये या अन्य प्रकार का घाव हो तो लहसुन का रस एक भाग, दो भाग पानी में मिला कर गाज भिगोकर लगाने से घाव जल्दी ठीक हो जाता है। लहसुन खाना भी चाहिए।

गेहूँ—गेहूँ के पौधों को पीसकर इसकी लुगदी फोड़ों और घावों पर बाँधने से जल्दी लाभ होता है।

एरण्ड का तेल—एरण्ड का तेल घाव पर लगाकर पट्टी बाँधने से लाभ होता है।

फिटकरी—ताजा घाव हो, चोट, खरोंच लगकर घाव हो गया हो, रक्त बह रहा हो, ऐसे घाव को फिटकरी से धोयें तथा घाव पर फिटकरी को पीसकर इसका पाउडर छिड़क कर लगाने, भुरकने से रक्त-स्राव बन्द हो जाता है।

हल्दी—(1) पिसी हुई हल्दी घी या तेल में मिलाकर गर्म कर इसमें रुई भिगोकर घाव पर नित्य पट्टी बाँधने से घाव भर जाता है। (2) हल्दी की गाँठ पानी में घिसकर लेप करने से घाव के कीड़े मर जाते हैं। घाव पर पिसी हुई हल्दी भुरकने से घाव भर जाता है।

शहद—घावों पर (1) शहद की पट्टी बाँधने से आराम होता है। (2) एक भाग पीला मोम, चार भाग शहद से बने मरहम से पट्टी बाँधें। मोम को गर्म करके शहद मिलायें तो मरहम बन जायेगा। जो घाव ठीक नहीं होते, वे भी इससे ठीक हो जाते हैं। (3) शहद और तिल का तेल समान मात्रा में मिलाकर रुई के फोये या कपड़े (Gauze) में भरकर घाव पर पट्टी बाँधने से घाव भर जाता है।

तुलसी—तुलसी के सूखे पत्तों को पीसकर सूँघने से घाव में लाभ होता है। तुलसी की पत्तियों को छाया में सुखाकर बारीक पीसकर कपड़े से छानकर घाव पर छिड़कने से घाव भर जाता है। इसके पत्तों को पीसकर भी लगा सकते हैं।

पानी—चोट से घाव होने पर ठंडे पानी से भीगा हुआ कपड़ा बाँध दें तथा कपड़े को हमेशा गीला रखें। इससे घाव ठीक हो जाता है। पुराने घाव में सूजन होने पर गर्म-ठण्डे जल का सेवन नित्य दो बार करें।

नीम—(1) दो चम्मच नीम की पत्तियों का रस, दो चम्मच सरसों का तेल, चार चम्मच पानी में उबालें। जब सारा पानी जल कर तेल ही रह जाये तब ठंडा करके छान लें। इसे घावों पर लगायें, पट्टी बाँधें। घाव भरकर ठीक हो जायेंगे। (2) जूते से कटे घाव होने पर नीम का तेल लगायें और नीम की पत्तियों की बारीक राख घावों पर लगायें। (3) नीम के हरे पत्ते पीसकर कपड़े में लेकर निचोड़ कर रस निकालें। इस रस में घाव के आकार की रुई भिगो कर घी में डालकर गर्म करें। इतना गर्म करें की पानी सारा जल जाये। फिर सहन होने जैसा गर्म रहने पर उसे घाव पर रख कर पट्टी बाँधें। इससे घाव शीघ्र भर जाते हैं। पुराने असाध्य घाव भी ठीक हो जाते हैं। यह मैंने अनुभव किया है।

घी—एक कटोरी में एक चम्मच देशी घी डालकर गर्म करें। इससे रुई का फूआ पानी में भिगोकर निचोड़ कर डाल दें। फूये का सारा पानी जल जाने के बाद यह फूआ जितना गर्म सहन

हो ऐसा होने पर घाव पर रख कर ऊपर पान का पत्ता रखकर पट्टी बाँध दें। इस प्रकार नित्य पट्टी बदलते रहें। घाव भर जायेगा।

ज्वार—ज्वार खाना घावों में लाभदायक है।

घावों में कीड़े

तुलसी—तुलसी के पत्तों को उबालकर उस पानी से घावों को धोयें। तुलसी के पत्तों का चूर्ण घावों पर छिड़कें। तुलसी के पत्तों के रस में पतला कपड़ा (गाज) भिगोकर पट्टी बाँधें।

पुदीना—पुदीने के पत्तों को पीसकर, पुल्टिस बनाकर जख्म पर बाँधने से जख्म के कीड़े मर जाते हैं।

नासूर, नाड़ीव्रण (Sinus)

नीबू—प्रात: दो नीबू निचोड़कर नित्य पीने से नासूर ठीक हो जाते हैं।

सरसों का तेल—आक के दूध में रुई की बत्ती भिगोकर सुखा लें और फिर सरसों के तेल में जलाकर मिट्टी के बर्तन में काजल बनाकर नासूर पर लगायें।

लौंग—लौंग और हल्दी पीसकर लगाने से नासूर मिट जाता है।

नीम—नीम की पत्तियों की पुल्टिस बाँधें।

हल्दी—घाव पर पिसी हुई हल्दी भुरकावें। इससे घाव में उत्पन्न कीड़े मर जाते हैं। घाव शीघ्र भर जाता है।

लहसुन—लहसुन की दस कली तथा चौथाई चम्मच नमक—इन दोनों को पीसकर देशी घी में सेंक कर घाव पर जिसमें कीड़े पड़े हों, बाँधें। कीड़े मर जायेंगे तथा घाव भर जायेगा।

भगंदर, नालव्रण (Fistula)

अनार—मुट्ठी भर अनार के ताजे पत्ते, दो गिलास पानी में उबालें, आधा पानी शेष रहने पर छान कर सुहाते-सुहाते गर्म पानी से सुबह-शाम गुदा का सेंक करे, धोयें। भगन्दर ठीक हो जायेगा।

गेहूँ—गेहूँ के छोटे-छोटे पौधों के रस का सेवन करने से भगंदर में लाभ होता है।

पक्षाघात, अर्धांगघात (Hemiplegia)

शरीर के आधे अंगों का सुन्न होना (जैसे—दाँये हाथ का काम न करना) पक्षाघात कहलाता है।

उड़द—उड़द और सौंठ को चाय की तरह उबालकर उनका पानी पक्षाघात के रोगी को पिलायें।

करेला—करेले की सब्जी लकवे में लाभदायक है।

छुहारा—लकवे में छुहारा लाभदायक है। एक बार में चार छुहारे से अधिक नहीं खाने चाहिये, वरना गर्मी करते हैं। दूध में भिगोकर छुहारा खाने से इसके पौष्टिक गुण बढ़ जाते हैं।

प्याज—प्याज का रस उचित मात्रा में लेने से रक्त-प्रवाह में सहायक है और लकवे में प्याज का उपयोग लाभ पहुँचाता है।

लहसुन—(1) नित्य, सुबह-शाम दो बार दस-दस कली लहसुन पीसकर गर्म घी में मिलाकर खायें। लकवा-मारे अंगों की सूखे हाथों से मालिश करें। यह दो माह करें।

(2) एक ओर के अंग में लकवा हो गया हो तो 25 ग्राम छिला हुआ लहसुन पीसकर दूध में उबालें। खीर की तरह गाढ़ा होने पर उतार कर ठंडा होने पर नित्य प्रात: खायें।

(3) 50 ग्राम लहसुन को पीसकर 500 ग्राम सरसों का तेल और एक किलो पानी लोहे की कढ़ाई में मिलाकर गर्म करें। सारा पानी जल जाने पर उतार कर ठंडा करें। ठंडा होने पर छानकर नित्य इस तेल की मालिश करें। इस तरह एक माह प्रयोग करने से लकवा ठीक हो जाता है।

(4) सात कली लहसुन पीसकर एक चम्मच मक्खन में मिलाकर खायें। यह भी लकवे में लाभ करता है।

(5) पक्षाघात होने पर दो कली लहसुन एवं एक कप दूध पियें। दूसरे दिन तीन कली लें। एक कली चबा कर एक घूँट दूध पियें, फिर दूसरी कली चबाकर एक घूँट दूध पीयें, फिर तीसरी कली चबाकर एक घूँट दूध पियें। इस प्रकार नित्य एक कली लहसुन की बढ़ाते जायें और दूध की भी मात्रा एक कप के बाद एक-एक घूँट बढ़ाते जायें। इस प्रकार नित्य लहसुन की कली और दूध बढ़ाते जायें। इस प्रकार नित्य लहसुन की कली और दूध बढ़ाते-बढ़ाते 25 कली अर्थात् 25 दिन तक विधि चालू रखें। 25 दिन बाद एक-एक कली और एक-एक घूँट दूध घटाते जायें। इस प्रकार 50 दिन में पक्षाघात ठीक हो जायेगा। यदि लहसुन और दूध की मात्रा सेवन में अधिक हो जाये और एक बार में लेना संभव नहीं हो तो दो-तीन बार में करके यह क्रम पूरा करें।

अदरक—(1) आधा किलो उड़द की दाल पीसकर उसे घी में सेंकें। इसमें गुड़ स्वादानुसार और अदरक 200 ग्राम पीसकर मिलाकर लड्डू बनाकर नित्य एक लड्डू खायें।

(2) 20 ग्राम सौंठ और 50 ग्राम उड़द उबालकर इनका पानी पीने से लकवा ठीक होता है।

शहद—एक औंस उबलते हुए पानी में कुछ ठंडा होने पर दो चम्मच शहद डालकर रोगी को पिलाते रहने से कैल्शियम पर्याप्त मात्रा में मिल जाता है। इस प्रकार तीन सप्ताह तक शहद देते रहने से लकवा-ग्रस्त अंग कार्य करने लगते हैं।

अखरोट—नित्य प्रात: नाक के दोनों नथुनों में अखरोट का तेल लगाने से लकवा ठीक हो जाता है।

काली मिर्च—बहुत बारीक पिसी हुई काली मिर्च एक चम्मच और तीन चम्मच देशी घी मिलाकर लकवा ग्रस्त अंगों पर लेप करें।

तुलसी—तुलसी के पत्ते उबालकर रोग-ग्रस्त अंग को भाप देने से, धोने से लाभ होता है। तुलसी के पत्ते, सेंधा नमक, दही सबको पीसकर लेप करें।

मिश्रित रस—लकवा होने पर सेब, अंगूर और नाशपाती के रसों को समान मात्रा में मिलाकर पीना चाहिए। इससे लकवा ठीक हो जाता है। यह कुछ महीने पीना होगा।

—लकवे की प्राकृतिक चिकित्सा : धर्मचन्द सरावगी।

शक्कर—बच्चों को लकवे से बचाने हेतु शक्कर नहीं खिलायें।

बेहोशी (Fit)

प्याज—स्त्रियों के हिस्टीरिया या बेहोश होने पर प्याज का रस सुँघाने से वे होश में आ जाती हैं। मूर्च्छा भी इससे ठीक हो जाती है।

लाल मिर्च—होम्योपैथी में लाल मिर्च से बनी औषधि कैप्सिकम एनम (Capsicum Annum) है। इसके मदर टिंचर की बेहोशी में कुछ बूँदें नाक में डालने से होश आ जाता है।

तुलसी—तुलसी के पत्तों को पीसकर नमक मिलाकर उसका रस नाक में डालने से बेहोशी, मूर्च्छा में लाभ होता है।

पानी—मूर्च्छा, बेहोशी होने पर चेहरे पर ठण्डे पानी के छींटे देने से होश आ जाता है।

सरसों का तेल—कभी-कभी स्त्री को गर्भपात से, पुरुष को चोट लगने से, अधिक रक्त निकलने से बेहोशी आ जाती है। नेत्र फटे रह जाते हैं, होश नहीं रहता। कंठ (Throat) में कफ की गड़गड़ाहट होती है। ऐसी स्थिति में पहले सिर, फिर बदन पर सरसों के तेल की मालिश करें, घी पिलायें तो इससे होश आ जाता है।

अदरक—(1) दो चम्मच अदरक का रस, दो चम्मच पिसी हुई मिश्री और एक कप ठंडा पानी मिलाकर पिलाने से बेहोशी दूर हो जाती है। (2) एक चम्मच अदरक का रस और एक चम्मच शहद मिलाकर पिलाने या चटाने से बेहोशी दूर हो जाती है।

पुदीना—पुदीने की खुशबू से बेहोशी दूर होती है।

बेरीबेरी (Beriberi)

नारंगी—जो लोग अधिकतर पालिश किये हुए चावल खाकर रहते हैं, उनमें विटामिन बी-1 की कमी से बेरीबेरी रोग हो जाता है। स्नायुशूल, पक्षाघात, पेशियाँ सूखना, सूजन आदि होते हैं। नारंगी का रस बेरीबेरी रोग में लाभप्रद है।

आलू—बेरीबेरी का अर्थ है चल नहीं सकता। इस रोग से जंघागत नाड़ियों में क्षीणता का लक्षण विशेष रूप से होता है। आलू पीसकर दबाकर रस निकालकर एक चम्मच की एक खुराक के हिसाब से पिलायें। कच्चे आलू को चबाकर रस को निगलने से भी समान लाभ मिलता है।

रोहिणी (Diphtheria)

गले में श्वास-नली के ऊपर भूरे रंग की एक झिल्ली पैदा होती है। गले में दर्द,सूजन होती है, साँस रुँधने लगता है।

नीबू—डॉ. ई.पी. एन्शूज ने पुस्तक '*थेराप्यूटिक बाइ-वेज*' में लिखा है कि जर्मनी के एक डॉक्टर ने नीबू के रस से 80 रोगियों को ठीक किया है और उनमें से केवल एक रोगी मरा। वे नीबू को पानी में मिलाकर गरारे कराते थे या रोगी को नीबू का थोड़ा-सा रस-चूसने को कहते थे।

अनन्नास—अनन्नास का रस रोहिणी की झिल्ली को काट देता है। गले को साफ रखता है। यह इसकी प्रमुख औषधि है। ताजे अनन्नास में 'पेपसीन' (पित्त का प्रधान अंश) होता है। इससे गले की खराश में लाभ होता है।

लहसुन—एक छटाँक लहसुन की कली हर चार घण्टे में चूसने से इस रोग में लाभ होता है। बच्चों को इसका रस शरबत में मिलाकर पिलाना चाहिये। इसकी कलियों का रस बार-बार देते रहना चाहिये।

प्रमेह

केला—केला प्रमेह में लाभदायक है। यह शरीर को मोटा करता है। दो केले खाकर ऊपर से एक गिलास गर्म दूध तीन महीने नित्य सेवन करने से मोटे हो जाओगे। पेट में आफरा हो तो यह सेवन न करें।

कण्ठशालूक (Adenoids)

गाजर—गाजर का रस पीने से कण्ठशालूक ठीक हो जाते हैं।

कण्ठमाल

हल्दी—8 ग्राम हल्दी की फँकी सुबह-शाम दो बार लें। हल्दी की गाँठ को पत्थर पर पानी में घिसकर लगायें। कुछ दिनों तक नित्य सेवन से कष्ठमाल रोग ठीक हो जायेगा।

गाजर—गाजर का रस 310 ग्राम तथा पालक का रस 125 ग्राम मिलाकर पीने से कण्ठमाला दूर हो जाती है।

गुर्दे के रोगी नहीं खायें

1. अधिक मात्रा में दूध, दही, पनीर व दूध से बनी कोई भी वस्तु।
2. अधिक माँस,मछली, मुर्गा आदि।
3. अधिक पोटेशियम वाले पदार्थ, जैसे—चॉकलेट, कॉफी, दूध, चूर्ण, बीयर व वाइन और सूखे फल।
4. अधिक मात्रा में फल, सब्जी आदि।
5. अधिक सोडियम वाले पदार्थ—डबलरोटी, केक, पेस्ट्री आदि।
6. अधिक मात्रा में नमकीन, मक्खन, चीज आदि।
7. अधिक चटनी, पापड़, अचार आदि नहीं खायें।

अण्डवृद्धि (Hydrocele)

आम—25 ग्राम आम के पत्ते, 10 ग्राम सेंधा नमक, दोनों को पीसकर हल्का-सा गर्म करके लेप करने से अण्डवृद्धि ठीक हो जाती है।

किशमिश—अण्डकोष में पानी भर कर फूल जावें तो नित्य बीस किशमिश खाने से लाभ होगा।

अरहर—यदि बच्चे की अंडवृद्धि (फोता लटक जाये) तो अरहर की दाल भिगोकर उसी पानी में पीसकर गर्म करके लेप करें।

पानी—पहले गर्म पानी फिर ठण्डे पानी का पर्यायक्रम से सेंक करने से अण्डकोष फूलना ठीक हो जाता है।

अंत्रवृद्धि (Hernia)

पेट की दीवार में एक असामान्य छेद होकर आँत का गुच्छा निकलकर जाँघ की रगों में एक ओर या दोनों ओर, मुर्गी के अण्डे के आकार का गुब्बारा-सा या फुलाव होना अन्त्रवृद्धि कहलाता है।

रोगी जब लेटता है तो यह गुब्बारा लुप्त हो जाता है। जब खड़ा होता है तो यह गुब्बारा पुनः दिखाई देता है। मल-त्याग के समय जोर देने, छींक या खाँसी आने पर हर्निया का गोला-सा रगों में उभर आता है। जब छींक आती है तो गुब्बारा-सा निकलने वाले स्थान पर स्वतः हाथ चला जाता है और उसे दबाये रहते हैं। जो गुब्बारा-सा उठता है वहाँ स्पर्श करने पर मुलायम सूजन-सी लगती है। हर्निया कोई रोग नहीं है, पेट की दीवारों की पेशियों की दुर्बलता है जिससे आँत बाहर आ जाती है।

कारण—हर्निया पेट की दीवार की दुर्बलता से होता है। दीवार कहीं-न-कहीं इतनी दुर्बल होती है कि आँत बाहर आ जाती है और गुब्बारे की तरह फूली हुई दिखाई देती है। कब्ज, झटका, तेज खाँसी, गिरना, चोट लगना, दबाव पड़ना, मल त्यागते समय जोर देते रहना, सामान्य उत्तेजक कारण हैं, मूल कारण नहीं हैं। हर्निया के बीमारों को कम खाना चाहिए, कब्ज नहीं रहने दें तथा मल त्यागते समय मल बाहर निकालने के लिए जोर नहीं लगायें। अधिक मात्रा में खाना, मल त्यागते समय जोर देने से हर्निया हो जाता है। अपच और कब्ज हर्निया में कभी नहीं रहने दे। पेट यदि बढ़ा हुआ है तो घटायें।

एरण्ड का तेल (Caster Oil)—अण्डकोश में वायु भरकर लुहार की फुँकनी की तरह फूल जाये, स्पर्श करने पर वायु प्रतीत हो, दर्द हो, ऐसी वायु की अंत्रवृद्धि हो तो एक कप दूध में दो चम्मच एरण्ड का तेल डालकर एक माह तक पीने से अंत्रवृद्धि ठीक हो जाती है।

कॉफी (Coffee)—बार-बार कॉफी पीने और हर्निया वाले स्थान को कॉफी से धोने से हर्निया के गुब्बारे की वायु निकल कर फुलाव ठीक हो जाता है। मृत्यु के मुँह के पास पहुँची हुई हर्निया की अवस्था में भी लाभ होता है।

गर्मी से बचाव

गर्मी के मौसम में दिनचर्या—(1) प्रातः उगते हुए सूर्य की किरणों में 15 मिनट नंगे बदन नित्य रहें। इसके बाद ठंडे पानी से मल-मल कर घर्षण स्नान करें।

(2) आँखें—गर्मी में बार-बार आँखों पर ठंडे पानी के छींटे मारने से आँखें तरोताजा एवं स्वस्थ रहती हैं।

(3) गर्मी में भूखे पेट बाहर नहीं जायें। धूप में सिर ढँका हुआ रखें।

(4) गर्मी में खाने के बाद कुछ देर लेट जायें।

शहतूत—गर्मी से बचने के लिए रोजाना शहतूत खायें।

जौ—जौ का सत्तू शरीर में ठंडक देता है तथा शरीर में गर्मी सहन करने की क्षमता पैदा करता है।

हरड़—हरड़ पीसकर समान मात्रा में गुड़ मिलाकर मटर के दाने के बराबर गोलियाँ बना लें। नित्य प्रातः गर्मी के मौसम में नाश्ते के बाद दो गोली खाकर पानी पियें। इससे गर्मी के मौसम में होने वाले विकार नहीं होंगे।

आँवला—गर्मी में आँवले का शर्बत पीने से बार-बार प्यास नहीं लगती तथा गर्मी के रोगों से बचाव होता है।

अनार—अनार गर्मी को दूर करता है। गर्मी के मौसम में अनार का शर्बत पीना चाहिए।

चावल—चावल की प्रकृति शीतल है। पेट में गर्मी भरी होने पर एवं गर्मी के मौसम में नित्य चावल खाने से ठण्डक मिलती है।

धनिया—गर्मी से चक्कर, उलटी, दिन धड़कने लगता हो तो कोरी हांडी में सौ ग्राम पिसा हुआ धनिया और आधा किलो पानी डाल दें। एक घण्टे तक पड़ा रहने दें। फिर इसमें से आधा कप पानी छानकर पाँच बतासे डालकर हर तीन घण्टे से पिलायें। तेज गर्मी के प्रभाव से उत्पन्न सभी रोगों में लाभ होगा।

पानी—गर्मी के कारण हाथ-पैरों में दर्द और जी घबराने में शीतल जल की पट्टी बड़ी लाभदायक होती है। चेहरा, पेट पर ठंडे पानी में कपड़ा भिगो कर रखें।

गर्मी में घुटन

नीबू—गर्मी की तपन से घुटन प्रतीत होने पर नीबू की शिकंजी पीने से मस्तिष्क तरोताजा होता है।

खीरा—खीरा खाने से गर्मी में लाभ होता है।

पसीना (Sweat)

पसीने का अधिकांश भाग पानी होता है, जिसमें विभिन्न प्रकार के लवण, जैसे—सोडियम व पोटेशियम के क्लोराइड तथा दूसरे रासायनिक पदार्थ घुले रहते हैं। जिनके कारण इसका स्वाद खारा होता है।

पसीना 'स्वेद ग्रंथियों या स्वीट ग्लेंड्स' में बनता है, जो हमारे शरीर की त्वचा के नीचे विशेष रूप से हाथों की हथेलियों, पैरों के तलवों तथा सिर की त्वचा के नीचे स्थित होती हैं। सामान्यतया मानव में इनकी संख्या 20 से तीस लाख तक होती है। स्त्रियों में स्वेद ग्रंथियों की संख्या पुरुषों की तुलना में अधिक होती है, फिर भी 'टेस्टो-स्टीरोन' हार्मोन के कारण स्त्रियों को पुरुषों से कम पसीना आता है।

पसीना कब इन स्वेद ग्रंथियों में बने, इसका आदेश हमारे मस्तिष्क के हाइपोथैलेमस भाग द्वारा दिया जाता है। किसी भी कारण से हमारे शरीर के गर्म होने से उसमें उपस्थित रक्त भी उष्मा पाकर गर्म होता है और जब यह गर्म रक्त मस्तिष्क के हाइपोथैलेमस भाग में पहुँचता है, तो उसे उत्तेजित कर देता है। फलत: परानुकंपी तंत्रिकाओं के माध्यम से शरीर के ताप को सामान्य व नियंत्रित रखने वाली क्रियाएँ जैसे पसीने का स्वेदग्रन्थियों में बनना प्रारम्भ हो जाता है जो शरीर के विभिन्न भागों से उत्सर्जित होने लगता है। जब शरीर के बाहर का वातावरण काफी गर्म एवं सूखा (शुष्क) हो, तो यह पसीना वाष्प बनने लगता है। वाष्प बनने की प्रक्रिया में पसीना त्वचा से उष्मा लेता है। गर्मियों के दिनों में मानव शरीर, सामान्य तापक्रम को बनाए रखने के लिए लगभग आधा लिटर पसीना प्रति घंटे की दर से उत्सर्जित करता है, जिससे शरीर में बढ़ी हुई गर्मी की लगभग 125 कैलोरी उष्मा (ऊर्जा) प्रति घंटे की दर से कम हो जाती है। इस प्रकार हम ठंड का अनुभव करते हैं।

सामान्य मात्रा में पसीने का आना अच्छे स्वास्थ्य का द्योतक है। पसीना आने से त्वचा के रोम छिद्र खुले रहते हैं और त्वचा को ऑक्सीजन मिलती है, जिससे त्वचा चमकदार व मुलायम बनी रहती है।

अधिक पसीना बहने से शरीर में पानी व लवणों की कमी के कारण सिर में दर्द, नींद, चिड़चिड़ापन व कभी-कभी उलटियाँ भी आने लगती हैं। व्यक्ति कोई निर्णय नहीं ले पाता। शरीर ठंडा पड़ने लगता है और साँस तथा नाड़ी तेज चलने लगती है।

ऐसे में रोगी को टमाटर के रस में नमक व पानी मिलाकर थोड़ी-थोड़ी मात्रा में देते रहना चाहिए। नीबू-पानी भी शरीर में आई लवणों की कमी को दूर करता है। गर्म वातावरण में देर तक काम करते समय खाली पेट ना रहें।

मूँग—मूँग सेंककर पीस लें। इसमें पानी डालकर गौंदकर उंबटन की तरह मलने से अधिक पसीना आना बन्द हो जाता है।

हरड़—हरड़ बारीक पीस लें। जहाँ पसीना अधिक आता हो, इसको मलें। मलने के दस मिनट बाद स्नान करें। अधिक पसीना आना बन्द हो जायेगा।

मोठ—मोठ को सेंककर पीस लें। एक मुट्ठी मोठ के इस आटे में आधा चम्मच नमक मिला लें। इसे सूखा ही, जहाँ पसीना अधिक आता हो, मलें। इससे अधिक पसीना निकलना बन्द हो जाता है।

अरहर—एक मुट्ठी अरहर की दाल, एक चम्मच नमक और पिसी हुई सौंठ आधा चम्मच—ये तीनों मिलाकर सरसों के तेल में छौंक कर पीस लें। इस पाउडर से मालिश करने से पसीना आना बन्द हो जाता है। सन्निपात की अवस्था में पसीना आने पर भी यह प्रयोग कर सकते हैं।

नमक—यदि पसीने में दुर्गन्ध आती हो तो भी नमक कम-से-कम खायें।

पानी—यदि पैरों में पसीना अधिक आता है तो पहले पैरों को गर्म पानी में रखें, फिर ठण्डे पानी में रखें और दोनों पैरों को आपस में रगड़ें। फिर बाहर निकालकर पोंछ लें। एक सप्ताह इस प्रकार करने से बहुत लाभ होगा।

बैंगन—कच्चे बैंगन का रस निकालकर हथेलियों और पागतलियों पर लगाने से पसीना निकलना बन्द हो जाता है।

फिटकरी—पिसी हुई फिटकरी एक चम्मच दो गिलास ठंडे पानी में घोलकर हाथ-पाँव धोयें। पसीना नहीं आयेगा।

अलाइयाँ (Prickly Heat)

मेहँदी—गर्मी से पीठ और गले पर व शरीर की नरम त्वचा पर छोटी-छोटी मरोड़ियाँ होने लगती हैं। मेहँदी के लेप से एकदम उनकी जलन मिटकर लाभ हो जाता है। (यह परीक्षित है।)

करेला—गर्मी के मौसम में घमोरियाँ या छोटी-छोटी अलाइयाँ बहुत हो जाती हैं। इन पर 1/4 कप करेले के रस में 1 चम्मच मीठा सोडा (खाने वाला) मिलाकर लेप करें। ऐसा दिन में 2-3 बार करने से सारी घमोरियाँ शान्त हो जाती हैं।

लू (Sun-stroke), आतपघात

गर्मियों की चिलचिलाती धूप में बाहर निकलने से लू लग सकती है।

'लू' के लक्षण—पसीना नहीं आना, चेहरा लाल हो जाना, तेज बुखार (106 से 108 डिग्री), नाड़ी का तेज चलना, श्वास लेने में कठिनाई, चक्कर आना।

'लू' से बचने की सावधानियाँ—

1. धूप से बचें। बाहर निकलें भी तो सिर व गर्दन को कपड़े से ढँकें। छाता, टोपी उपयोग में लें।
2. खाली पेट घर से न निकलें। खाना खाकर ही बाहर जायें।
3. भीड़ व घुटन भरे स्थानों से दूर रहें।
4. ठंडे पेय, नमक, प्याज व कैरी के पानी का सेवन करें।

'लू' लगने पर उपाय—

1. रोगी को तुरंत छायादार व खुले स्थान पर ले जायें।
2. कपड़े खोल दें या ढीले कर दें।
3. माथे पर ठंडी पानी की पट्टियाँ रखें।
4. ठंडे पेय, नमक व नीबू दें। गर्म वस्तु न दें।
5. तेज बुखार न उतरे तो डॉक्टर को दिखावें।

कैरी—लू लगने पर कैरी की छाछ पीने से लाभ होता है। जिस किसी को गर्मी या लू लग जाय, मुँह और जबान सूखने लगे; माथे, हाथ-पैर में पसीना छूटने लगे, दिल घबरा जाय और प्यास-ही-प्यास लगे तो ऐसी अवस्था में रोगी को कैरी की छाछ पिलायें। एक बड़ी-सी कैरी उबालें या सेंक लें। फिर इसे ठण्डे पानी में कुछ देर रखें और छिलके उतार कर दही की तरह मथकर इसके गूदे में गुड़, जीरा, धनिया, नमक और काली मिर्च डालकर इसे अच्छी तरह मथ लें और आवश्यकतानुसार पानी मिलाकर एक-एक कप दिन में तीन बार पियें तो लू में लाभ होगा।

प्याज—लू लगने पर प्याज के रस को कनपटियों और छाती पर मालिश करने और पीने से लाभ होता है। गर्मी में प्याज दो बार नित्य खाने और पास रखने से लू नहीं लगती। जब भी खाना खायें प्याज भी साथ में खायें। ग्रीष्म काल में पुदीने की चटनी तथा प्याज के नियमित सेवन करने से 'लू' लगने की आशंका नहीं रहती है।

इलायची—चिलचिलाती धूप से बचना हो तो घर से बाहर निकलने से पहले मुँह में एक इलायची रख लीजिए। यह नुस्खा खाड़ी के देशों में बेहद लोकप्रिय हो चुका है। ज्यादातर अरब तेज धूप से बचने के लिए इलायची खाते हैं।

धनिया—लू से बचने के लिए धनिये के पानी में चीनी मिलाकर पीना चाहिये।

तुलसी—तुलसी के पत्तों का रस चीनी में मिलाकर पिलाने से लू नहीं लगती और लू लगने पर लाभ होता है। चक्कर नहीं आते।

बर्फ—लू लगे बीमार के कपड़े उतार कर हवा करें। ठंडक पहुँचायें। बर्फ के पानी से स्पंज करें। बर्फ के पानी में चद्दर भिगोकर शरीर पर लपेट दें। ऐसा 102 डि.फा. ज्वर आने तक करें।

पानी—गर्मी में बार-बार पानी पीने से लू नहीं लगती। लू लगने पर पानी से स्पंज करें। लू से बचाव के लिए अथवा गर्मी से पीड़ित रोगी के लिए शीतल जल की पट्टी बड़ी उपयोगी होती है। शीतल जल की पट्टी सिर के साथ-साथ छाती, पेडू और अन्य अंगों पर भी रखनी चाहिए।

नीबू—एक गिलास पानी में एक नीबू निचोड़ें और स्वादानुसार पिसी हुई मिश्री डालकर पियें तो लू का प्रभाव कम हो जाता है।

शहतूत—लू से बचने के लिए शहतूत खायें।

इमली—लू लगने से पकी हुई इमली के गूदे को हाथ और पैरों के तलवों पर मलने से लू का असर मिटता है। गर्मी में इमली का पानी पीना लाभदायक है। इमली को भिगोकर इसका पानी पीने से गर्मी में लू नहीं लगती। इमली के पानी में गुड़ मिलाकर पीना अधिक लाभप्रद है।

फालसा—लू लगने पर फालसे का शरबत श्रेष्ठ पेय है। इससे शरीर की अनावश्यक गरमी शान्त होती है तथा जलीयांश की पूर्ति हो जाती है।

वर्षा-ऋतु के रोग

नीबू—वर्षा ऋतु में पेट के रोग और ज्वर, फोड़े-फुन्सी बहुत होते हैं। नीबू का सेवन इसमें लाभदायक है। गर्म पानी में नीबू निचोड़कर एक बार नित्य प्रात: कम-से-कम 95 दिन पीना चाहिये।

जलवायु परिवर्तन

लाल मिर्च—देश-देश में भ्रमण करने वाले यदि लाल मिर्च को घी में तलकर खाया करें तो उनको कहीं का पानी हानि नहीं करेगा।

बिजली गिरना

तुलसी—तार की बिजली या वर्षा में आकाश से बिजली गिरने से व्यक्ति बेहोश हो गया हो तो सिर तथा चेहरे पर तुलसी का रस मलने से होश आ जाता है।

चर्म रोग (Skin Diseases)

त्वचा या चर्म पर जो भी रोग होता है, वह चर्म रोग है। चर्म रोगों के अनेक नाम हैं, जैसे—खुजली, दाद, फोड़े, फुन्सी, घमोरी, सोरायसिस, हर्पीज आदि।

कारण—चर्म रोग शरीर में अम्लत्व के बढ़ने, विटामिन 'ए' व 'सी', कैल्शियम की कमी से होते हैं। ये छूत से भी होते हैं। चर्म रोगों पर तेज प्रभावशाली मरहम लगाने, तेज दवाइयाँ खाने से दब जाते हैं, जड़ से ठीक नहीं होते, कुछ समय बाद पुन: प्रकट हो जाते हैं।

चिकित्सा—चर्म रोग को ठीक करने का पहला आधार है—रक्त शुद्धि, खून की सफाई। इसके लिए लेखक की 'शक्तिवर्धक भोजन' में 'रक्तविकार-रक्तशोधक' पाठ पढ़ें और उनमें बताये पदार्थ सेवन करें। पेट साफ रखें। उपवास करें। उपवास में नीबू का पानी पीयें। तीन दिन नीबू-पानी पर उपवास करें। इसके बाद तीन दिन नारंगी, मौसमी के रस पर उपवास करें। इसके बाद भोजन में उबली हुई सब्जियाँ, सलाद, कच्ची सब्जियों का रस, मौसम के फल, गाजर का रस, आँवले का रस अधिकाधिक लें। तेज मसाले, चीनी, नमक, साबुन का प्रयोग कम-से-कम करें। धूप स्नान करें।

नीबू—नीबू चर्म को साफ करता है। चर्म के समस्त रोग फोड़ा-फुन्सी, दाद, खाज आदि में नीबू का रस लगाने तथा नीबू पानी में निचोड़कर धोने, नहाने एवं पीने से लाभ होता है। प्रात: दो नीबू पानी में निचोड़कर नित्य पीने से चर्म रोग ठीक हो जाता है।

सेब—चर्म रोग में दो सेब नित्य खाने से लाभ होता है।

यदि आपकी त्वचा तैलीय है तो आपको चाहिए कि एक सेब को अच्छी तरह पीस लें और उस लुगदी की एक पतली तह चेहरे पर चढ़ा लें। दस-मिनट बाद गरम पानी से धो डालें।

टमाटर—टमाटर खट्टा होता है। टमाटर की खटाई रक्त साफ करती है। रक्त-शोधन के लिए टमाटर अकेले ही सेवन करना चाहिए अर्थात् किसी अन्य वस्तु के साथ नहीं लेना चाहिए। रक्त-दोष में जब त्वचा पर लाल चकत्ते उठे हों, मुँह की हड्डियाँ सूज गई हों, दाँतों से रक्त निकलता हो, स्कर्वी रोग की संभावना हो, रक्त-विकार, दाद, बेरी-बेरी हो, टमाटर का रस दिन में तीन बार नित्य पीने से लाभ होता है। यह रक्त साफ करता है। कुछ सप्ताह नित्य टमाटर का रस पीने से चर्म रोग ठीक हो जाते हैं।

गाजर—गाजर का रस कीटाणुनाशक है और संक्रमण को दूर करता है। इससे रक्त की उत्तेजना और सड़ांध दूर हो जाती है। रक्त शुद्ध होकर खुजली, फोड़े-फुन्सी में लाभ पहुँचता है। रक्त-विकार ठीक हो जाता है। इसका रस पीते रहने से मुँहासे (Acnes) मिटते हैं, चेहरा सुन्दर हो जाता है। गाजर का रस चर्म-रोगों में लाभदायक है।

विटामिन 'ए' की कमी से चर्म शुष्क होता है। सर्दियों में चर्म-शुष्कता (Dryness) अधिक रहती है। सर्दियों में गाजर बहुत मिलती है। गाजर में विटामिन 'ए' बहुत मिलता है। अत: गाजर खाकर शुष्कता दूर कर सकते हैं।

त्वचा साफ—गाजर का रस गर्दन व चेहरे पर रुई के फाहे द्वारा लगाकर सूखने दें, फिर ठंडे पानी से धो लें। इससे त्वचा साफ व चमकदार बनती है।

खीरा—खीरा चर्म रोगों में लाभदायक है।

प्याज—कच्चे या पकाये हुए प्याज को खाने से त्वचा का पीलापन और अस्वस्थ त्वचा ठीक हो जाती है। त्वचा का रंग सुन्दर होता है। इसको आग में भूनकर गरम-गरम फोड़ों, गिल्टी पर बाँधने से मवाद बाहर आ जाता है। शोथ, जलन, दर्द आदि को आराम पहुँच जाता है और घाव शीघ्र भर जाता है। संक्रमण का घाव भी नहीं रहता। होम्योपैथिक डॉक्टर्स कूक, गेब्रील और मिनचेन कहते हैं कि एक भाग प्याज के रस को चार भाग पानी में मिलाकर सड़े हुए, मवाद-भरे घाव को धोने और बाद में इसी घोल में तर किया हुआ गाज (कपड़ा) घाव पर बाँधने से घाव ठीक हो जाता है। यह रक्त साफ करता है, कीटाणुओं को मारता है, खुजली मिटाता है।

फूल गोभी—गोभी में क्षारीय (Alkaline) तत्त्व होते हैं। गोभी में पाया जाने वाला सल्फर और क्लोरीन का मिश्रण म्यूकस मेम्बरिन तथा आँतों की सफाई करता है। ये सब क्षार शरीर व रक्त को साफ करते हैं। इससे चर्म रोग नष्ट होते हैं।

बथुआ—चर्म रोगों में बथुआ उबाल कर निचोड़कर इसका रस पीवें तथा सब्जी खावें। बथुए के उबले हुए पानी से चर्म को धोयें। बथुए के कच्चे पत्ते पीसकर निचोड़कर रस निकाल लें। दो कप रस में आधा कप तिल का तेल मिलाकर मंद-मंद आग पर गर्म करें। जब रस जलकर तेल ही रह जाये तो छानकर चर्म रोगों पर लगायें। लम्बे समय में लाभ होगा।

खसखस—गर्मी में होने वाले चर्म रोगों में खसखस का शर्बत नियमित पीते रहने से चर्म रोग ठीक हो जाते हैं। संक्रामक चर्म रोग व बच्चों के निकलने वाले फोड़े-फुन्सी ठीक हो जाते हैं। *—डॉ. वीरेन्द्र सिंह, 'समाचार जगत', जयपुर, दिनांक 26-5-1984*

शक्कर—जिन्हें खुजली हो चीनी व चीनी से बनी चीजें टॉफी, मिठाइयाँ नहीं खावें, खुजली ठीक हो जावेगी।

पोदीना—हरा पोदीना पीसकर चेहरे पर बीस मिनट तक लगा दें। यह त्वचा की गर्मी निकाल देता है।

गेहूँ—विशेषत: खर्रा, दुष्ट अकौता तथा दाद की तरह कठिन, गुप्त एवं सूखे चर्म रोगों में गेहूँ को गर्म तवे पर खूब अच्छी तरह भूनकर, जब वह राख की तरह हो जाए तो उसे खरल में अच्छी तरह पीसकर शुद्ध सरसों के तेल में मिलाकर सम्बन्धित स्थान पर लगाने से कई वर्षों के असाध्य एवं पुराने चर्म-रोग ठीक हुए हैं।

लाल मिर्च—त्वचा के रोगों में लाल मिर्च का तेल लगाना लाभदायक है। यह वर्षों से होने वाली फुन्सियों पर लगाने से अधिक लाभ देता है। लाल मिर्च 125 ग्राम और सरसों का तेल 375 ग्राम दोनों को गरम करें। अच्छी तरह उबलने पर छान लें। यही लाल मिर्च का तेल है।

नमक—सर्दियों में होने वाले चर्म-रोगों में गर्म पानी में नमक मिलाकर नहाना लाभदायक है।

त्वचा शुष्क-खुश्क हो, हाथ-पैर फटते हों तो गर्म पानी में नमक मिलाकर धोयें, सेंक करें। इससे त्वचा कोमल हो जायेगी।

अजवाइन—दाद, खाज, खुजली, फुन्सियाँ होने पर गर्म पानी में अजवाइन पीसकर लेप करें। अजवाइन को पानी में उबाल कर धोयें, लाभ होगा।

नीम—अप्रैल के प्रथम सप्ताह में नीम की कोपलें घोट कर लेने से फोड़े-फुन्सी, दाद, खुजली रक्त के रोग तथा वात, पित्त, कफ का नाश होता है। मात्रा 30 ग्राम नीम की कोपलें (नये निकलने वाले पत्ते) पीसकर पानी में मिलाकर नित्य पियें। फोड़ा फूटकर मवाद बहता हो तो नीम के पत्ते पीसकर शहद में मिलाकर लगायें।

नीम—रक्त-विकार के कारण फोड़े, दाद, चर्म पर पपड़ियाँ जमना, फुन्सियों के घाव हो जाते हैं, जो सरलता से ठीक नहीं होते। इन पर नीम का मरहम लाभ करता है।

विधि—175 ग्राम नीम के पत्ते बिना पानी डाले पीसकर लुगदी बना लें। ताम्बे के बर्तन में इसका आधा हिस्सा सरसों का तेल डालकर गर्म करें। जब तेल में धुआँ आने लगे तो यह लुगदी डाल दें। जब लुगदी तेल में जलकर काली पड़ जाये तो उतार लें, उसे कुछ ठंडा होने दें। फिर इसे इसी में कपूर और जरा-सा पीला मोम डालकर पीस लें। इस तरह मरहम तैयार हो जाती है।

ग्लिसरीन—होंठ,त्वचा फटने पर ग्लिसरीन लगाने से लाभ होता है।

चना—खाज, खुजली, फोड़े,फुन्सी आदि पर बेसन को पानी में घोलकर लेप करें। सूख जाने पर रगड़ कर बेसन को उतार कर धोयें।

पानी—कपड़े की पट्टी पानी में भिगोकर निचोड़कर बच्चे की गर्दन पर लपेट दें और कम्बल ओढ़ा दें। कुछ दिन ऐसा करते रहने से बच्चे को चर्म रोग नहीं होंगे।

शहद—(1) तीन चम्मच पिसा हुआ आँवला रात को एक गिलास पानी में भिगो दें। प्रात: उसे छानकर चार चम्मच शहद मिलाकर पियें। इससे चर्म रोग दूर होंगे।

(2) शहद में पानी मिलाकर पीने से अनेक चर्म रोग, जैसे—खुजली, शरीर पर हल्के दाग, फोड़े-फुन्सी, मुँहासे ठीक हो जाते हैं।

बिवाइयाँ

शलगम—शलगम को उबालकर उसके पानी से बिवाइयों को धोयें, फिर उस पर शलगम रगड़ें। रात को ऐसा करके बिवाइयों पर कपड़ा लपेट दें। इससे बिवाइयाँ ठीक हो जायेंगी।

घी—देशी घी और नमक मिलाकर बिवाइयों पर लगायें। इससे त्वचा कोमल रहती है। जाड़ों में हाथ-पैर नहीं फटते हैं।

सरसों का तेल—पैरों पर सरसों का तेल मलने से पैर नहीं फटते। सरसों का तेल गर्म करके बिवाइयों को सेंकने से बिवाइयाँ ठीक हो जाती हैं।

तिल—देशी पीला मोम पंसारी के मिलता है। मोम का एक भाग, तिल का तेल चार भाग मिलाकर गर्म करके मरहम बना लें। इसे बिवाइयों पर लगाने से लाभ होता है।

मेहँदी—हाथ-पाँव फटने पर मेहँदी लगायें।

काली मिर्च—काली मिर्च, राल, कत्था समान मात्रा में मिलाकर पीस लें। इससे दो चम्मच देशी घी, चार चम्मच चमेली का तेल मिलायें और लोहे के बर्तन में डालकर गर्म करें। फिर इसे शीशी में भर लें। इसे लगाने से बिवाइयाँ फटना बन्द हो जाता है।

नमक—गर्म पानी में नमक मिलाकर हाथ-पैर धोने, सेंकने से बिवाइयों में लाभ होता है।

प्याज—कच्चा प्याज पीसकर बाँधने से या लेप से लाभ होता है।

पपीता—पपीते के छिलकों को सुखाकर कूटकर चूर्ण बना लें। इस चूर्ण को ग्लिसरीन में मिलाकर दिन में दो बार कटी-फटी एड़ियों व पैरों में लगाने से बहुत जल्दी आराम मिलता है।

एरण्ड का तेल—पैरों को गर्म पानी से धोकर एरण्ड का तेल लगायें। बिवाइयाँ फटना बन्द हो जायेंगी।

हल्दी—कच्चे दूध में पिसी हुई हल्दी मिलाकर मलने से त्वचा मुलायम होती है। हाथ-पैर नहीं फटते। यदि फट गये हों तो उनमें हल्दी भर दें। ठीक हो जायेंगे।

सर्दी की वजह से चेहरे की त्वचा कांतिहीन हो गयी हो तो कच्चे दूध में नीबू का रस मिला लें और इस मिश्रण को रुई से हल्का-हल्का चेहरे पर लगायें। थोड़ी देर बाद साफ पानी से चेहरा धो लें।

पैर की एड़ियाँ फट गयी हैं और दरारें पड़ गयी हों तो रात को सोने से पहले एड़ियों में सरसों का तेल लगायें। सवेरे एड़ियों को फर्श पर हल्के से रगड़ कर धो डालें। ऐसा लगातार 15 दिन तक करें। पानी में बहुत देर तक न रहें और दिन में एड़ियों में तेल लगायें।

घर में काम-काज की वजह से उँगलियाँ काली पड़ गई हों तो दूध में नीबू का रस और ग्लिसरीन की चंद बूँदें मिला लें और इस मिश्रण को 15 मिनट हाथ पर लगा रहने दें, फिर धो लें।

सर्दियों में हाथ फटने लगते हैं और हाथों में खुरदरापन-सा आ जाता है। इसे दूर करने के लिए हाथों को गुनगुने पानी से धोकर साफ करें। फिर तेल से हाथों की मालिश करें। दस मिनट सूखने दें। खुरदरापन गायब हो जायेगा।

आलू—सूखे और फटे हुए हाथों को ठीक करने के लिए आलू को उबालकर, छिलके हटाकर मसलकर जैतून का तेल मिलाकर हाथों पर लगाएँ। 10 मिनट बाद हाथों को धो लें।

मस्से (Warts)

सेब—खट्टे सेब का रस मस्सों पर लगाने से मस्सों के छोटे-छोटे टुकड़े होकर जड़ से गिर जाते हैं।

प्याज—प्याज का रस लगाने से मस्से नष्ट हो जाते हैं।

एरण्ड का तेल—मस्से, आटन पर एरण्ड के तेल में गाज (कपड़ा) भिगोकर पट्टी बाँधे रखें तो मस्से ठीक हो जायेंगे।

धनिया—तिल और मस्सों पर धनिया पीसकर लेप करने से वे मिट जाते हैं।

रूखी एवं तैलीय त्वचा

त्वचा दो प्रकार की होती है—तैलीय और रूखी। रूखी त्वचा कड़ी होती है। प्राकृतिक रूप से इसे चिकनाई प्रदान करने वाले तत्त्व नहीं मिल पाते, क्योंकि ऐसी त्वचा में सिबेशियस ग्रंथियाँ पूर्ण रूप से काम नहीं करती हैं। इससे उसे पूर्ण नमी नहीं मिल पाती। जबकि वाष्पीकरण प्रक्रिया के कारण त्वचा की कोशिकाओं से पानी उड़ता रहता है, फलस्वरूप त्वचा में रूखापन आ जाता है।

त्वचा की लाखों कोशिकाओं में जल का स्तर, हारमोन बाहर के वातावरण से नियंत्रित होता है। अगर मौसम गरम है तो त्वचा से पानी तेजी से वाष्पीकरण होगा और त्वचा सूख जायेगी। अगर वातावरण बरसाती है तो त्वचा में नमी बनी रहती है। त्वचा में भी कुछ ऐसे प्राकृतिक तत्त्व होते हैं, जो उसे नम बनाये रखते हैं और उन्हीं तत्त्वों की मदद से त्वचा अपनी नमी बनाये रखती है, लेकिन बढ़ती उम्र के साथ-साथ ऐसे प्राकृतिक तत्त्व खत्म होते जाते हैं और त्वचा सूखने लगती है।

सूखी त्वचा को नमी और चिकनाई वाले तत्त्वों की आवश्यकता होती है। रूखी त्वचा खास तौर से गले और आँखों के आस-पास की होती है, क्योंकि इन स्थानों पर प्राकृतिक तेल कम मात्रा में रिसता है और गले, आँखों के आस-पास पतली-पतली धारियाँ (झुर्रियाँ)-सी आने लगती हैं। साबुन लगाने के बाद त्वचा और सूखी हो जाती है। इसलिए साबुन लगाकर ऐसी त्वचा को अधिक धोना नहीं चाहिए। सूर्य की रोशनी से जितना संभव हो बचें। क्योंकि इससे त्वचा का जल-स्तर और घट जाता है।

40 साल के बाद की उम्र में स्त्री मेनोपाज की ओर भी बढ़ने लगती है। हारमोनल परिवर्तन के फलस्वरूप सिबेशियस ग्लैण्ड्स सिकुड़ने लगती हैं और कम तेल बनाने लगती हैं। परिणामस्वरूप त्वचा रूखी होने लगती है, उस पर 'क्रैक्स' पड़ने लगते हैं। उसकी चमक भी धुँधलाने लगती है।

इस उम्र में न्वचा के रूखेपन के बावजूद एक्ने की समस्या हो सकती है, साथ में हल्की जलन और लालिमा भी हो सकती है। ऐसा होने पर गर्म पेय पदार्थों और मिर्च-मसालों से बचिये। उपचार के लिए किसी अधिक तेलवाले लोशन और क्रीम का इस्तेमाल कम कीजिए।

इस उम्र में भोजन पर विशेष ध्यान देना जरूरी है। अगर आप शाकाहारी हैं तो इस बात पर जरूर ध्यान दीजिए कि आपको समुचित प्रोटीन मिल रहा है। चिकनाई की मात्रा को संतुलित कीजिए। काफी मात्रा में फल एवं हरी सब्जियाँ खाइये। इस बात की ओर भी ध्यान दीजिए कि आप पर्याप्त रेशेदार भोजन ले रहे हैं अथवा नहीं। नमक की मात्रा कम कर दीजिए। पानी खूब पीजिए। चाय, कॉफी, साफ्ट ड्रिंक्स की मात्रा कम कर दीजिए।

इस उम्र में आपको लगभग 20 मिनट तक व्यायाम करने का लक्ष्य बना लेना चाहिए। तेल मालिश किया करें। धूम्रपान व मद्यपान त्वचा को रूखी बनाते हैं, अत: इनसे बचें।

रूखी त्वचा के उपचार

नारंगी—नारंगी के छिलकों को छाया में सुखाकर पीस लें। इनको दूध में गोंद कर मलें। जहाँ भी मलेंगे, वहाँ की त्वचा मुलायम हो जायेगी।

घी—दस पिसी हुई काली मिर्च एक चम्मच घी में मिलाकर नित्य प्रात: दो माह पीने से त्वचा का रूखापन दूर हो जाता है।

दूध—त्वचा पर दूध की मलाई (दूध को गर्म करते समय जो परत जमती है) को मलने से त्वचा मुलायम होती है। धूप की जलन से बचने के लिए दूध की मलाई और गुलाबजल मिलाकर मलें। दूध की मलाई और शहद मिला कर मलें।

पपीता—पके हुए पपीते का गूदा पीसकर चेहरे पर लेप करने से त्वचा कोमल होकर रूप निखर उठता है।

चिकनाई—रूखी त्वचा पर कोई भी चिकनाई लगायें, मालिश करें।

तैलीय त्वचा

तैलीय त्वचा चमकीली चिपचिपी और रूखापन लिये होती है। बीस वर्ष की उम्र तक त्वचा तैलीय होती है और इसका कारण है वसा ग्रंथियों की अधिक सक्रियता और इनकी अधिक सक्रियता का कारण है हारमोन। इसके अलावा मौसम में परिवर्तन से भी त्वचा प्रभावित होती है। गर्म मौसम में तैलीय ग्रंथियाँ और अधिक सक्रिय हो जाती हैं। साथ ही कुछ लोगों पर इसका प्रभाव अधिक पड़ता है, तैलीय त्वचा वाले लोगों को कील-मुँहासों की परेशानी होती है।

हाँ, तैलीय त्वचा का फायदा भी कम नहीं है। इस तरह की त्वचा पर झुर्रियाँ कम पड़ती हैं और जल्दी से बुढ़ापा नहीं झलकता।

जब भी आपको अपनी त्वचा तैलीय लगे तब अपनी भावनाओं, भोजन, स्वास्थ्य और गतिविधियों पर ध्यान दीजिए, क्योंकि त्वचा का यह परिवर्तन इस बात का सूचक भी हो सकता है कि इन चीजों में किसी-न-किसी में जरूर असंतुलन आ गया है और तब तली वस्तुओं,

पेस्ट्रीज, क्रीम वाले पदार्थों और वसा युक्त आहारों से बचें। इसके बदले ताजे फल और हरी सब्जियों का प्रयोग बेहतर होगा। दिन में कम-से-कम आठ गिलास पानी पीयें। पर्याप्त नींद लें। ताजी हवा में व्यायाम करें ताकि रक्त संचार में सुधार हो। बस, इन जरा-से परिवर्तनों से त्वचा में आया असंतुलन खत्म हो जायेगा और भावनाओं पर भी नियंत्रण पाने की चेष्टा करें।

तैलीय त्वचा के उपचार

पानी—शरीर का अतिरिक्त तेल अगर निकल जाये तो समस्या खत्म हो जाती है इसके लिए गरम पानी से त्वचा को साफ करें।

चन्दन—चन्दन का पाउडर गुलाबजल में गोंदकर चेहरे पर लेप करें। चेहरे के धब्बे मिट जाते हैं। कील, मुँहासे दूर हो जाते हैं।

गाजर—गाजर के रस से चेहरा धोयें। इससे रंग साफ होगा। तैलीय त्वचा में यह लाभदायक है।

नीबू—तैलीय त्वचा पर दाग-धब्बे व मुँहासे निकलते हैं। तैलीय त्वचा वालों को नित्य दो बार साबुन लगा कर चेहरा धोना चाहिए। चेहरे पर नीबू रगड़ने से तैलीय त्वचा में लाभ होता है।

सेब—यदि आपकी त्वचा तैलीय है तो आपको चाहिए कि एक सेब को अच्छी तरह पीस लें और इसका लेप चेहरे पर करें। इसे 10 मिनट बाद गर्म पानी से धो डालें।

बेसन—चने का बेसन गुलाबजल में घोल कर चेहरा और शरीर पर मलें। 10 मिनट बाद स्नान करें। इससे त्वचा की चिकनाई निकल जायेगी।

सर्दी में अँगुलियों में सूजन

मटर—सर्दी में अँगुलियाँ सूजने पर मटर को पानी में उबालकर उस पानी से धोने से सूजन में लाभ होता है।

शलगम—50 ग्राम शलगम एक किलो पानी में उबालें। फिर इस गर्म पानी में हाथ-पैर रखने से अँगुलियों की सूजन दूर हो जाती है।

फिटकरी—पानी में ज्यादा काम करने से जाड़ों में अँगुलियों में सूजन या खाज हो जाये तो पानी में फिटकरी उबालकर उससे धोयें। ठीक हो जायेगी।

सरसों का तेल—सर्दियों में अँगुलियों में सूजन आ जाती है। चार चम्मच सरसों के तेल में एक चम्मच बारीक पिसा हुआ सेंधा नमक मिलाकर गर्म करें तथा रात को इसे अँगुलियों पर लगाकर मोजे पहन कर सोयें, सूजन मिट जायेगी।

पित्ती (Urticaria)

पोदीना—दस ग्राम पोदीना, बीस ग्राम गुड़, दो सौ ग्राम पानी में उबालकर छान कर पिलाने से बार-बार उछलने वाली पित्ती ठीक हो जाती है।

चना—चने (बेसन) से बने मोतिया लड्डुओं पर काली मिर्च डालकर खायें तो पित्ती ठीक हो जाती है।

घी—पित्ती या छपाकी निकलने पर देशी घी और सेंधे नमक को मिलाकर मालिश करें। फिर कम्बल ओढ़कर पसीना लें। पित्ती मिट जायेगी।

हींग—हींग को घी में मिलाकर मालिश करने से लाभ होता है।

जीरा—जीरे को पानी में उबालकर उस पानी से नहाने से बदन की खुजली और पित्ती मिट जाती है।

काली मिर्च—पित्ती होने पर काली मिर्च और घी मिलाकर पियें तथा शरीर पर इन दोनों की ही मालिश करें।

अजवाइन—(1) पित्ती होने पर एक चम्मच अजवाइन और स्वादानुसार सेंधा नमक मिलाकर प्रात: भूखे पेट पानी से फँकी लेने से लाभ होता है। (2) एक चम्मच अजवाइन, इसका दुगना गुड़ दो कप पानी में उबालकर पीने से पित्ती में लाभ होता है। (3) अजवाइन एक ग्राम और गुड़ 3 ग्राम मिलाकर खाने से पित्ती दूर हो जाती है।

शहद—(1) जब बड़ी-बड़ी दवाओं और इंजेक्शनों से भी पित्ती में लाभ न हो तो नाग-केसर 6 ग्राम, शहद 25 ग्राम रोगी को सुबह-शाम खिलायें। (अनुभूत योग है) (2) एक चम्मच शहद और एक चम्मच त्रिफला मिलाकर सुबह-शाम खायें। पित्ती ठीक हो जायेगी।

हल्दी—(1) पिसी हुई हल्दी एक चम्मच, गेहूँ का आटा दो चम्मच, घी एक चम्मच, चीनी दो चम्मच, आधा कप पानी डालकर हलुआ बना लें। इसे ठण्डा होने पर प्रात: नित्य खायें, ऊपर से एक गिलास दूध पियें। इससे पित्ती मिट जाती है। (2) आधा चम्मच हल्दी, आधा चम्मच मिश्री या शहद मिलाकर दो बार नित्य लें। पित्ती निकलना बन्द हो जायेगी।

नीम—नीम का तेल या नीम के बीज की गिरी सरसों के तेल में जलाकर उस तेल की मालिश करें। नीम के पत्ते जब तक कड़वे न लगें, चबाते रहें। इससे पित्ती ठीक हो जाती है।

सरसों का तेल—पित्ती, छपाकी होने पर दस्तावर औषधि लेकर पेट साफ करें। सरसों के तेल की मालिश करके गर्म पानी से स्नान करें। इससे पित्ती में लाभ होता है।

फिटकरी—आधा चम्मच पिसी हुई फिटकरी, आधे कप गर्म पानी में घोल कर पित्ती निकली जगह इसे लगायें और धोयें। पित्ती में लाभ होगा।

प्याज—पित्ती दोष में प्याज खाने से लाभ होता है।

पान—खाने वाले तीन पान (नागरबेल) और एक चम्मच फिटकरी पानी डाल कर और उसे पीसकर पित्ती निकली हुई जगह पर मालिश करने से पित्ती ठीक हो जाती है।

तुलसी—चौथाई चम्मच तुलसी के बीज एक मुरब्बे के आँवले पर डालकर नित्य दो बार खायें, पित्ती ठीक हो जायेगी।

सिरस—सिरस के फूलों को पानी में पीसकर जहाँ पित्ती निकली हो लेप करें। एक चम्मच पिसे हुए सिरस के फूल एक चम्मच शहद में मिलाकर चाटें। इससे लाभ होगा।

फुन्सियाँ (Boils)

हाथ, मुँह, बदन पर छोटी-छोटी फुन्सियाँ, कभी-कभी फोड़े के समान मोटी फुन्सियाँ गर्मी और वर्षा के प्रारम्भ में निकलती हैं। इनमें तेज दर्द होता है। फुन्सियाँ लाल होती हैं, इनमें से मवाद और रक्त निकलता है। ठीक होती रहती हैं, और नई भी निकलती हैं। अन्य मौसम में भी ऐसी फुन्सियाँ हो सकती हैं, लेकिन गर्मी के मौसम में अधिक होती हैं। इसके निम्न कारण हैं—

1. पसीने का त्वचा में जमा होना—शरीर की गंदगी पसीने के रूप में निकलती है। यदि पसीना त्वचा में जम जाये और बाहर न निकले तो फोड़े-फुन्सियों के रूप में यह पसीना बाहर आता है। लू, तेज हवा, धूल शरीर पर जम जाती है इससे पसीना बाहर नहीं निकलता।

2. **गर्म प्रकृति की चीजें खाना**—आम, खरबूजा, तरबूज आदि अधिक खाने से शरीर में गर्मी बढ़ जाती है और फुन्सियाँ निकलती हैं।

3. **कृत्रिम पहनावा**—नाइलोन, टेरालीन के कपड़े, प्लास्टिक की चप्पलें आदि का त्वचा पर बुरा प्रभाव पड़ता है और इनसे फुन्सियाँ निकलती हैं।

उपचार—नित्य दो बार स्नान करें। ठंडे पेय, ठंडी चीजें अधिक खायें। रक्तशोधक चीजें खायें, जिससे रक्त साफ हो। इसके लिए मेरी '*शक्तिवर्धक भोजन*' पुस्तक में रक्त-विकार, रक्तशोधक पाठ पढ़ें।

मुलतानी—मुलतानी मिट्टी भिगोकर पीस लें। इसमें कपूर मिलाकर शरीर पर लेप करें। इसे लगाने के एक घंटे बाद स्नान करें।

नीबू—नीबू चर्म साफ करता है। चर्म के समस्त रोग फोड़े-फुन्सी, दाद-खाज आदि में नीबू का रस लगाने या नीबू को पानी में निचोड़कर धोने, नहाने से लाभ होता है। वर्षा में फोड़े-फुन्सी बहुत होते हैं। नीबू का सेवन इनमें बहुत लाभदायक है। गर्म जल में नीबू निचोड़कर नित्य प्रातः कम-से-कम तीन महीने पियें।

अनन्नास—अनन्नास का गूदा फुन्सियों पर लगाने से लाभ होता है। इसका रस पीने से शरीर के अस्वस्थ तन्तु ठीक हो जाते हैं।

जीरा—खुजली, फुन्सियाँ, जलन, दर्द आदि चर्म रोगों में गर्म पानी में जीरा पीसकर लेप करने से लाभ होत है।

पानी—सूजन, फुन्सी, फोड़े आदि पर पहले तीन मिनट गर्म पानी से सेंक करें, फिर एक मिनट ठंडे पानी से सेंक करें। इस प्रकार दस मिनट सुबह-शाम दो बार सेंकने से आशातीत लाभ होता है।

अमरूद—फुन्सियाँ हो गई हों, खुजली हो तो चार सप्ताह तक नित्य दोपहर में एक पाव अमरूद खायें। इससे पेट साफ होगा, बढ़ी हुई गर्मी दूर होगी, रक्त साफ होगा और फुन्सियाँ एवं खुजली ठीक हो जायेंगी।

इमली—फुन्सियाँ होने पर इमली को पानी में मलकर, छानकर नित्य पीते रहने से लाभ होता है।

बेर—नाक के अन्दर, बाहर फुन्सियाँ निकलने पर बेर सूँघना और उसका गूदा लगाना चाहिए।

गाजर—फुन्सियों पर गाजर की पुल्टिस बाँधें। यह फुन्सियों पर जमे हुए रक्त को पिघला देती है।

आलू—कच्चे आलू का रस पीने से फुन्सियाँ ठीक हो जाती हैं।

अखरोट—यदि फुन्सियाँ अधिक निकलती हों तो साल भर नित्य प्रातः चार अखरोट खाने से लाभ होता है।

मेहँदी—मेहँदी को उबालकर इसके पानी से फुन्सियों को धोने से लाभ होता है।

अजवाइन—अजवाइन को पानी में उबालकर फुन्सियों को धोयें। अजवाइन गर्म पानी में पीसकर फुन्सियों पर लेप करें। लाभ होगा।

शहद—आटा (Flour) और शहद को मिलाकर लेई (Paste) बना लें। इसको कपड़े के टुकड़े पर लगाकर फुन्सियों पर लगायें। तीन चम्मच शहद एक गिलास गर्म पानी में मिलाकर प्रातः कुछ महीने पीयें।

तुलसी—नाक में फुन्सी हो तो तुलसी के सूखे पत्तों को पीसकर सूँघने से लाभ होता है। (बेर)। तुलसी के पत्तों का रस एवं नारियल का तेल समान मात्रा में मिलाकर गर्म करें। जल का

भाग जल जाने पर 12 ग्राम पीला मोम डालकर हिलायें। मरहम तैयार है। जलना, खुजली, फोड़े, फुन्सी पर लगाने से लाभ होता है।

नीम—मार्च, अप्रैल के महीने में जब नीम के नये पत्ते (कोपलें) आते हैं, 30 ग्राम लाल-लाल कोपलें और सेंधा नमक पीसकर प्रात: भूखे पेट खायें इससे रक्त साफ हो कर फुन्सियाँ ठीक हो जायेंगी। नीम के पत्ते पीसकर फुन्सियों पर लगायें। दर्द अधिक हो तो गर्म करके लगायें। नीम की छाल घिस कर भी लगा सकते हैं। नीम की मरहम भी बहुत लाभदायक है।

विधि—175 ग्राम नीम के पत्ते बिना पानी डाले पीसकर लुगदी बना लें। ताम्बे के बरतन में सौ ग्राम सरसों का तेल डाल कर गर्म करें। जब तेल गर्म हो जाये तब नीम की पिसी हुई लुगदी डाल दें। जब यह लुगदी तेल में जल कर काली पड़ जाये तो ठंडा होने दें। इसमें 5 ग्राम कपूर एवं 20 ग्राम पीला मोम डालकर पीस लें। मरहम तैयार है।

कपूर—50 ग्राम नारियल के गर्म तेल में 5 ग्राम कपूर मिलाकर फुन्सियों पर लगाने से लाभ होती है। इससे खुजली नहीं चलती। नारियल का तेल उपलब्ध न हो तो खाने का तेल भी काम में ले सकते हैं।

बथुआ—बथुआ, सौंठ और नमक—इन तीनों को पीसकर इसकी लुगदी को गीले कपड़े में बाँधकर इस पर मिट्टी का लेप करके सेंकें। फिर खोल कर गर्म-गर्म फुन्सियों पर बाँधें। दर्द कम होगा। मवाद बाहर निकल जायेगी।

काली मिर्च—काली मिर्च गर्म पानी में पीसकर छोटी-छोटी फुन्सियों में जब तक गाँठ बनी रहे, नित्य दो बार लेप करें। फुन्सियाँ बैठ जाएँगी।

लाल मिर्च—लाल मिर्च तेल में उबालें और फिर तेल को छानकर फुन्सियों पर लगायें। लाभ होगा।

लहसुन—चौथाई चम्मच लहसुन का रस, चौथाई कप गर्म पानी में मिलाकर तीन बार नित्य पीते रहने से फुन्सियाँ ठीक हो जाती हैं।

'*भोजन के द्वारा चिकित्सा*' भाग-एक व भाग-दो, दोनों में फोड़ा, रक्त विकार, रक्तशोधक पाठ पढ़ें। '*शक्तिवर्धक भोजन*' में बताई कीटाणु-नाशक चीजें खायें।

दाद (Eczema)

अनार—दाद पर अनार के पत्तों को पीसकर लगाने से लाभ होता है।

जमीकन्द—इसकी सब्जी निरन्तर लम्बे समय तक खाने से दाद ठीक हो जाते हैं।

बथुआ—चर्म रोग में नित्य बथुआ उबालकर निचोड़कर इसका रस पीवें तथा सब्जी खावें। उबले हुए पानी में चर्म को धोवें। बथुए के कच्चे पत्ते पीसकर, निचोड़कर रस निकाल लें, दो कप रस में आधा कप तिल का तेल मिलाकर मन्द-मन्द आग पर गर्म करें। जब रस जल कर तेल रह जाये तो छानकर शीशी में भर लें और चर्म रोग पर नित्य लम्बे समय तक लगाते रहें। लाभ होगा।

नीबू—दाद को खुजला कर दिन में चार बार नीबू का रस लगाने से दाद ठीक हो जाता है।

केला—दाद हो तो केले के गूदे को नीबू के रस में पीस लें और लगायें, इससे लाभ होता है। लगाने से पहले दाद फूला हुआ लगेगा, लेकिन डरें नहीं, बाँधते रहें। दाद ठीक हो जायेगा।

पपीता—पपीते का दूध दाद पर लगाने से लाभ होता है।

गाजर—(1) गाजर का बुरादा, बारीक टुकड़े कर लें। इसमें सेंधा नमक डालकर सेंकें और फिर गर्म-गर्म ही दाद पर बाँध दें। आराम मिलेगा। (2) गाजर का रस 185 ग्राम, चुकन्दर का रस 250 ग्राम, खीरा या ककड़ी का रस 125 ग्राम मिलाकर पियें।

आलू—कच्चे आलू का रस पीने से दाद ठीक हो जाता है।

लहसुन—दूध पीते हुए बच्चे को दाद हो जाये तो लहसुन को जलाकर इसकी राख शहद में मिलाकर लगाने से लाभ होता है। दाद में लहसुन को आन्तरिक सेवन के साथ-साथ लगाना भी चाहिए।

मूली—मूली के बीजों को नीबू के रस में पीसकर गर्म करके लगायें। प्रथम दिन लगाने पर जलन, दर्द होगा, दूसरे दिन कम होगा। धीरे-धीरे ठीक होगा। यह सूखे, गीले, दोनों प्रकार के दाद में लाभदायक है।

सिंघाड़ा—नीबू के रस में सूखे सिंघाड़े को घिस कर लगायें। पहले तो कुछ जलन होगी, फिर ठंडक पड़ जायेगी, कुछ दिन इसे लगाने से दाद ठीक हो जाता है।

मूँग—छिलके सहित मूँग की दाल इतने पानी में भिगोयें कि वह उस पानी को सोख ले। दो घंटे भीगने के बाद उसे पीसकर दाद, खाज पर लगाने से लाभ होता है।

चना—चने के आटे की रोटी बिना नमक की 64 दिन तक खाने से दाद, खुजली, रक्त-विकार दूर हो जाते हैं। इसके साथ घी ले सकते हैं।

हल्दी—तीन बार दिन में और एक बार रात में सोते समय हल्दी का लेप करते रहने से दाद ठीक हो जाता है।

काली मिर्च—काली मिर्च पीस कर गाय के घी के साथ लेने से सब प्रकार की खुजली एवं दाद ठीक हो जाते हैं।

लाल मिर्च—दाद में लाल मिर्च का तेल लगाना लाभदायक है। लाल मिर्च 125 ग्राम, सरसों का तेल 375 ग्राम, इन दोनों को गर्म करें। अच्छी तरह उबलने पर छान लें। यह लाल मिर्च का तेल दाद को ठीक करता है।

नमक—दाद पर हर घण्टे के बाद नमक को पानी में घोल कर लेप करें। एक सप्ताह में दाद ठीक हो जायेगा।

अजवाइन—दाद होने पर गर्म पानी में अजवाइन पीसकर लेप करें। अजवाइन को पानी में उबाल कर उससे दाद को धोयें, लाभ होगा।

तुलसी—(1) दाद में तुलसी के पत्ते का रस 12 ग्राम नित्य पियें।

(2) दाद पर तुलसी के पत्तों का रस और नीबू का रस समान मात्रा में मिलाकर लगाने से ठीक हो जाता है।

(3) सौ पत्ते तुलसी के, चौथाई चम्मच नमक, आधा नीबू निचोड़कर पीसकर दाद पर लेप करें।

(4) सौ पत्ते तुलसी के और 5 कली लहसुन पीस कर दाद पर लेप करें।

(5) दाद को साफ करके नीबू रगड़ें, फिर तुलसी की पत्तियाँ पीस कर लेप करें। इस प्रकार दो बार रोजाना 15 दिन लगायें। दाद ठीक होगा।

नीम—(1) दाद में नीम के पत्तों का रस 12 ग्राम नित्य पीना चाहिए।

अप्रैल के प्रथम सप्ताह में 30 ग्राम नीम की कोपलें (नये निकलने वाले पत्ते) पीसकर पानी में मिलाकर नित्य पीने से दाद ठीक हो जाता है।

(2) नीम की गीली लकड़ी को जलायें। जलाने पर इसमें से आस-पास से पानी निकलेगा। इस पानी को दाद पर लगायें, दाद ठीक हो जायेगा।

(3) नीम के पत्तों को दही में पीस कर दाद पर लगाने से दाद जड़ से समाप्त हो जाता है।

दूध—दाद होने पर गुलकंद दूध के साथ पीने से फायदा होगा।

तिल—दो चम्मच तिल का तेल, तारामीरा का तेल, दो चम्मच पिसी हुई राल, एक चम्मच पीला मोम (दवा में काम आने वाला)। इनका मरहम बना कर उसे लगाने से दाद ठीक हो जाता है।

बनाने की विधि—तिल के तेल को गर्म करें, फिर उसमें दो चम्मच पिसी हुई पीली राल व एक चम्मच मोम मिलाकर रख लें। इसमें तारामीरा का काजल मिलायें।

काजल बनाने की विधि—तारामीरा के तेल का दीपक जलायें। यह दीपक चार दिन लगातार जलाकर काजल बनायें। यह काजल ऊपर वाले मिश्रण में मिलाकर मरहम बना लें।

उपयोग—इस मरहम को लगाने से दाद, फोड़े, अँगुलियों का चर्म फटना, बिवाइयाँ फटना आदि ठीक हो जाते हैं।

प्याज—प्याज के बीज नीबू के रस में पीस कर नित्य दो बार दाद पर लम्बे समय (एक-दो माह) तक लगाने से दाद ठीक हो जाता है।

कोढ़ या कुष्ट (Leprosy)

लक्षण—कोढ़ एक क्षुद्र कीटाणु, जिसे दण्डाणु कहते हैं, से होता है। कोढ़ रोग खानदानी (Heredity) या रतिज रोग नहीं है। यह दो प्रकार का होता है—संक्रामक और असंक्रामक। संक्रामक कोढ़ को 'लेप्रोमेटस लेप्रासी' कहते हैं। ऐसे रोगी के नाक, गले, त्वचा से कोढ़ के दण्डाणु निकलते रहते हैं। रोगी के चेहरे, कान व अन्य जगह की त्वचा मोटी हो जाती है। रोगग्रस्त अंग सुन्न हो जाता है। रोगी को सर्दी-गर्मी का ज्ञान भी नहीं होता। पाँव के तलवे में कील चुभने का आभास भी नहीं होता। कोढ़ रोग एवं क्षय रोग के कीटाणु मिलते-जुलते-से होते हैं यही कारण है कि कोढ़ रोग वाले क्षय रोग से भी ग्रस्त होते हैं। यह रोग गरीबों को अधिक होता है। यह रोग आवश्यक रूप से शरीर को विकृत नहीं करता। 20% रोगियों के अंग विकृत हो सकते हैं। इस रोग की चिकित्सा अब होने लगी है और चिकित्सा कराने पर इससे पूर्ण मुक्ति मिल जाती है। समाज के लोगों को चाहिए कि वे कोढ़ के रोगियों से घृणा न करके सहानुभूति रखें। होम्योपैथी में कोढ़ रोग को दूर करने के लिए प्रभावशाली औषधियाँ हैं। यहाँ सामान्य उपचार बताये जा रहे हैं। जिनको लम्बे समय तक करते रहने से लाभ होगा। किसी भी चिकित्सा-पद्धति से चिकित्सा हो रही हो तो भी इनका लाभ लिया जा सकता है अर्थात् साथ में ये उपचार भी कर सकते हैं।

जमीकन्द—जमीकन्द की सब्जी खाने से कोढ़ ठीक हो जाता है। निरन्तर अधिक समय तक इसकी सब्जी खानी चाहिए।

बथुआ—नित्य बथुआ उबालकर निचोड़ कर इसका रस पीयें तथा सब्जी खायें। बथुए के उबले पानी से चर्म को धोयें। कच्चे पत्ते पीस कर रस निकाल लें। दो कप रस में आधा कप तिल का तेल मिलाकर मन्द-मन्द आग पर गर्म करें। जब रस जलकर तेल ही रह जाय तो शीशी में छानकर भर लें और नित्य लगायें।

चना—अंकुरित चना 3 वर्ष तक खाते रहने से कुष्ट रोग में लाभ होता है। छः महीने तक

सिवाय चनों के कुछ नहीं खायें तो कोढ़ ठीक हो जाता है। चनों को पानी में भिगो कर उसी पानी में उबाल कर चने निकाल कर खायें। जब भूख लगे चने ही खायें। सिके हुए भूंगड़े, चने, चने की रोटी खाये। इन चनों का उबाला हुआ पानी भी पी जायें। नमक मिर्च चनों पर नहीं डालें।

आँवला—आँवला पीस कर एक चम्मच इसकी फँकी सुबह-शाम पानी से लें।

हल्दी—एक चम्मच हल्दी की फँकी सुबह-शाम नित्य लें। हल्दी की गाँठ को पत्थर पर पानी में घिस कर लगायें।

तुलसी—नित्य 15 पत्ते तुलसी के खायें तथा इसके पत्तों को पानी में पीस कर कोढ़-ग्रस्त अंगों पर लगायें।

नीम—(1) नीम और चालमोगरा का तेल समान मात्रा में मिला कर कोढ़ पर लगायें।

(2) हर रूप में नीम का अधिकाधिक उपयोग करना कुष्ट रोग-निवारण में सहायक है। रोगी को नीम की छाया में रखें। नीम के तेल की मालिश, नीम की पत्तियों का रस चार चम्मच सुबह-शाम दो बार पीने, नित्य नीम की ताजा पत्तियों को बिस्तर में बिछाने, नीम की पत्ती उबाल कर या पानी में नीम की पत्ती का रस मिलाकर स्नान करने आदि जिस किसी प्रकार से नीम का अधिकाधिक उपयोग हो सके नित्य लम्बे समय तक करते रहने से लाभ होगा।

अनार—कोढ़ के घाव में अनार के पत्तों को पीसकर लगाने से लाभ होता है।

फूल गोभी—गोभी में गन्धक बहुत मिलती है। गंधक खुजली, कुष्ट आदि चर्म-रोगों में लाभदायक है।

परवल—इसकी सब्जी खाना कोढ़ में लाभदायक है।

शंख—शंख की ध्वनि सुनने से रोग के कीटाणु नष्ट होते हैं। शंख-ध्वनि की प्रतिक्रिया से कोढ़ के कीटाणु नष्ट हो जाते हैं इसलिए शंख की ध्वनि कोढ़ग्रस्त रोगियों को सुननी चाहिए।

विषैले दंश (Poisonous Bites)

नीबू—डॉ. हैरिंग ने कहा है कि यदि मच्छर काटने पर तेज दर्द हो तो उस पर नीबू का रस लगायें। इसका रस नमक के साथ मिलाकर बिच्छू, मकड़ी, बर्र व मधुमक्खी के काटे हुए स्थान पर लगाने से आराम मिलता है। खटमल, पिस्सू काटने पर नीबू लगाना चाहिए।

आम—चूहा, बन्दर, पागल कुत्ता, मकड़ी का विष, बिच्छू, ततैया काटने पर आम की गुठली पानी के साथ घिसकर लगाने से दाह, वेदना आदि में आराम मिलता है।

आक—सर्प, बिच्छू, बर्र, मधुमक्खी के काटने पर तुरन्त दंश स्थान पर आक के दूध का लेप करने से राहत मिलती है व विष का असर उतर जाता है। आक या आकड़ा जंगली पौधा है। इसके पत्ते तोड़ने पर दूध निकलता है।

अनार—बिच्छू, बर्र आदि काटने पर अनार के पत्तों को पीस कर लगाने से लाभ होता है।

पानी—बिच्छू, बर्र, मधुमक्खी, गिरगिट, चूहा काटने पर काटे हुए स्थान पर देशी घी मलें और फिर नल खोलकर टूँटी के आधे मुँह पर अँगुली लगा कर काटे हुए स्थान पर लगातार पिचकारी मारें। इस तरह तेज जलधारा गिरते रहने से विषैले दंश की जलन ठीक हो जायेगी।

प्याज—कुत्ते या सियार के काटने पर प्याज को पीसकर शहद में मिलाकर काटे हुए स्थान पर लगाने एवं प्याज का रस पिलाने से विष दूर हो जाता है।

मधुमक्खी, विषैले कीड़े, बर्र, बिच्छू, भिड़ आदि विषैले जन्तु काट लेने पर प्याज पीस

कर लेप करने से लाभ होता है। बिच्छू काटने पर प्याज के टुकड़ों पर नमक डालकर खिलाना भी चाहिए। गुड़ भी खिला सकते हैं।

पुदीना—जहरीले जन्तुओं के काटने पर दंश स्थान पर पुदीने का रस लगा देने से विष का शमन होने लगता है।

लहसुन—लहसुन का रस लगाने से जहरीले कीड़े का विष नष्ट हो जायेगा।

हींग—बिच्छू,ततैया काटने पर होम्योपैथी में हींग से बनी औषधि (Asafoetida) का मूलार्क (Mother Tincture) लगाना चाहिए। हींग भी पानी में घोल कर लगा सकते हैं।

नमक—विषैली मक्खी, भिड़ के डंक पर पानी डालकर नमक रगड़ें। इससे जलन, दर्द नहीं होगा, सूजन भी नहीं आयेगी। नमक का पानी पीयें।

शहद—सियार, कुत्ता, बिच्छू आदि के काटने पर काटे हुए स्थान पर शहद लगाने और खाने से लाभ होता है।

तुलसी—बर्र, भौंरा, बिच्छू के द्वारा काटे गए स्थान पर तुलसी के पत्तों को पीस कर नमक मिलाकर लगाने से जलन और दर्द शीघ्र दूर हो जाते हैं। तुलसी के पत्तों का रस शरीर पर लगाने से मच्छर नहीं काटते। तुलसी के पत्तों को पीस कर जल में मिलाकर रोगी को पिलायें।

नीम—मधुमक्खी, बिच्छू काटने पर नीम की पत्तियाँ पीस कर लेप करें और नीम की पत्तियों को चबायें।

मिट्टी—बिच्छू, बर्र के काटने पर गीली मिट्टी की पट्टी बाँधें।

दियासलाई—बर्र, मधुमक्खी ने काटा हो तो दियासलाई का मसाला पानी में घिसकर लगायें।

बिच्छू काटना (Scorpion-biting)

नमक—बिच्छू काटने पर जहाँ बिच्छू ने काटा हो, उसके विपरीत कान में नमक के संतृप्त घोल (Saturated Solution) की चार बूँदें डालें, जैसेकि दाँये पैर में बिच्छू ने काटा हो तो बायें कान में चार बूँद डालें। इससे अतिशीघ्र आराम हो जायेगा। इस घोल को बिच्छू द्वारा काटे स्थान पर लगायें और एक घूँट पी लें।

घोल बनाने की विधि—पानी में नमक डालते जायें और हिलाते जायें जब नमक डालते-डालते हिलाने पर घुलना बन्द हो जाये तो यह संतृप्त घोल बन जाता है। (1) एक भाग नमक, पाँच भाग पानी में मिलाकर काजल की तरह आँख में लगाने से बिच्छू का जहर तुरन्त उतर जाता है। संतृप्त घोल लगाने से कीड़े-मकोड़े के काटे भी ठीक हो जाते हैं। (2) दो गिलास गर्म पानी में चार चम्मच नमक मिला कर जिस जगह बिच्छू ने काटा हो उसे उस पानी में डुबो दें या उस पर कपड़ा भिगोकर रखें, इससे बिच्छू के काटने से होने वाली जलन, दर्द ठीक हो जाता है।

लहसुन—(1) एक गाँठ लहसुन का रस तीन चम्मच शहद में मिला कर खायें तथा आधा चम्मच नमक, छः कली छिला हुआ लहसुन, दोनों को पीस कर बिच्छू द्वारा काटे गए स्थान पर लेप करें। बिच्छू का विष नष्ट हो जायेगा। ज्यों ही आराम मिले लेप को धो दे।

(2) लहसुन एवं अमचूर को पीस कर बिच्छू द्वारा काटे गये स्थान पर लगा दें, आराम होगा।

मूली—(1) मूली के टुकड़े पर नमक लगाकर बिच्छू द्वारा काटे गए स्थान पर रखने से वेदना शान्त हो जाती है। जो हमेशा मूली खाया करते हैं उन पर बिच्छू का विष कम प्रभाव करता है।

(2) रोगी को मूली खिलाना चाहिए और दंश स्थान पर मूली का रस लगाना चाहिए।

पोदीना—बिच्छू काटने पर पोदीने का लेप करें एवं पानी में पीस कर पिलावें। चूहे के काटे हुए स्थान पर पुदीने की पुल्टिस बाँधने से विष का शमन हो जाता है।

लौकी—बिच्छू काटे हुए स्थान पर लौकी पीस कर लेप करें तथा इसका रस पिलायें। इससे बिच्छू के काटे का जहर उतर जायेगा।

फिटकरी—बिच्छू द्वारा काटे गए स्थान पर फिटकरी पानी में पीस कर लेप करें।

लाल मिर्च—बिच्छू द्वारा काटे स्थान पर लाल मिर्च पीस कर लगाने से ठण्डक पड़ जाती है।

अनार—बिच्छू, बर्र के डंक पर अनार के पत्तों को पीसकर लगाने से लाभ होता है। आम, प्याज, हींग, शहद, तुलसी, मिट्टी आदि के प्रयोग जानने हेतु '*विषैले दंश*' पढ़ें।

पानी—बिच्छू, बर्र, मधुमक्खी, गिरगिट, चूहा आदि काटने पर काटे हुए स्थान पर लगातार पानी की पिचकारी मारें। इससे विषैले दंश की जलन ठीक हो जायेगी।

सेब—सेब को चटनी की तरह पीसकर जहाँ बिच्छू ने काटा हो, लेप करें तथा सेब खिलायें।

इमली—इमली के बीजों को तोड़कर दो फाँक करके भिगो कर बिच्छू द्वारा काटे गए स्थान पर दबा कर रखें। बीज वहाँ चिपक जायेगा। यह फाँक विष चूस कर अपने आप उतर जायेगी।

अजवाइन—अजवाइन को पानी में पीस कर बिच्छू द्वारा काटे गए स्थान पर लगाने से जलन, दर्द कम होता है।

सर्प-दंश

सर्प-दंश की पहचान—सर्प काटने पर लाल मिर्च खाने पर कड़वी नहीं लगती। इस प्रकार सर्प काटे की पहचान कर सकते हैं।

केला—साँप काटते ही रोगी के कपड़े उतार कर केले के पत्तों के ऊपर रोगी को लिटा दें, जिससे केले का रस उसके चर्म, छेदों से शरीर में पहुँचता रहे। इसके साथ ही केले के तने का ताजा रस 20 ग्राम निकालकर और छानकर उसमें 12 काली मिर्च पीसकर मिलाकर पिलायें। रोगी के बेहोश होने पर एक-एक चम्मच रस उसके मुँह में डालते रहें। होश में आने पर आधा-आधा गिलास केले का रस 20-20 मिनट के बाद पिलाते रहें। इस चिकित्सा से रोगी के शरीर में साँप का विष प्रभावहीन हो जाता है और रोगी मरने से बच जाता है। जब तक रोगी को आशातीत लाभ न हो थोड़ी-थोड़ी देर से रस पिलाते रहें। रस निकालने से बचा हुआ गूदा, छिलका सर्प-दंश पर बाँध दें। केले के तने का रस शरीर पर भी मल सकते हैं। केले के तने का रस पिलाने से सर्प-विष नष्ट हो जाता है।

प्याज—प्याज कूट कर निकाला हुआ रस 15 ग्राम, सरसों का तेल 15 ग्राम, दोनों अच्छी तरह मिलाकर रोगी को पिला दीजिए। यह एक मात्रा है। ऐसी तीन मात्राएँ आधे-आधे घण्टे से पिला दें। साँप का विष उतर कर रोगी ठीक हो जायेगा।

लहसुन—जिस घर में लहसुन की गाँठें रखी रहती हैं, वहाँ साँप नहीं रहता। अगर कहीं साँप के रहने का डर हो तो वहाँ लहसुन रख दो। साँप पास नहीं आयेगा।

—स्वास्थ्य रक्षा : बाबू हरिदास वैद्य

एरण्ड—एरण्ड की कोपलें दस ग्राम, 5 ग्राम काली मिर्चें, दोनों को पीसकर पानी में मिलाकर पिला दें। इससे उलटी होगी, कफ निकलेगा। थोड़ी देर बाद पुनः इसी तरह पिलायें। इससे विष बाहर निकलेगा।

फिटकरी—सर्प-दंश वाले को फिटकरी पानी में घोलकर पिलायें।

तुलसी—तुलसी के पत्ते पीसकर जल में मिलाकर रोगी को पिलायें।

नीम—साँप काटने पर नीम के पत्ते चबाने पर अगर कड़वे लगें तो समझना चाहिए कि विष उतर गया, मीठे लगें तो समझें कि विष नहीं उतरा। नीम के पत्ते, नमक, काली मिर्च मिलाकर चबायें।

कुत्ता काटना (Dog-bite)

पागल कुत्ते के काटे की पहचान—गेहूँ के आटे को पानी में गूँदकर, ओसण कर उसकी कच्ची रोटी (बिना सेंकी हुई) कुत्ता-काटे स्थान पर रख कर बाँधें। पन्द्रह मिनट बाद उसे खोल कर किसी अन्य कुत्ते के पास खाने के लिए डाल दें। यदि वह कुत्ता उसे नहीं खाये तो समझें कि पागल कुत्ते ने काटा है। यदि खा ले तो समझें कि जिस कुत्ते ने काटा है वह पागल नहीं है।

ग्वारपाठा—ग्वारपाठे को एक ओर से छीलकर गूदे पर पिसा हुआ सेंधा नमक डालें। फिर इसे कुत्ते द्वारा काटे स्थान पर लगाकर पट्टी बाँध दें। इस प्रकार नित्य चार दिन पट्टी बाँधें।

लाल मिर्च—पागल कुत्ते के काटने पर लाल मिर्च पीसकर लेप करने से लाभ होता है। यह लेप लगाने से पसीना बहुत आता है जिससे कुत्ते की विषैली लार बह जाती है।

आम, प्याज, शहद आदि के कुत्ते के काटे पर प्रयोग जानने हेतु '*विषैले दंश*' का पाठ पढ़ें।

चौलाई—पागल कुत्ते के काटने के बाद व्यक्ति जब पागल हो जाये, स्वयं ही दूसरों को काटने लगे, ऐसी अवस्था में काँटे वाली जंगली चौलाई की जड़ 50 ग्राम से 125 ग्राम तक पीसकर पानी में घोलकर बार-बार पिलाने से मरता हुआ रोगी बच जाता है। यह विष-नाशक है। हरेक दंश पर लेप करें।

साबुन—कुत्ते द्वारा काटे गए अंग को साबुन से धोयें। इससे काटे का विष निकल जाएगा।

अखरोट—अखरोट, प्याज और नमक बराबर मात्रा में पीसकर शहद में मिलाकर कुत्ते द्वारा काटे गए स्थान पर लेप करके पट्टी बाँध दें। पागल कुत्ते के काटने का जहर नष्ट हो जायेगा।

जीरा—दो चम्मच जीरा और 20 काली मिर्च पानी में डाल कर पीसकर कुत्ते द्वारा काटे स्थान पर लगायें। इससे कुत्ते के काटे का विष नष्ट हो जायेगा।

मक्खी, मच्छर काटना

नारंगी—नारंगी के छिलकों को जलते हुए कोयलों पर डाल दें। इसका धुआँ चमकदार और सुगन्धित होगा, जिसमें मक्खी, मच्छर आस-पास नहीं रहेंगे। जहाँ कहीं खटमल हों, वहाँ नारंगी के छिलके रखें, खटमल वहाँ नहीं रहेंगे।

अजवाइन—अजवाइन पीसकर समान भाग सरसों के तेल में मिलाकर उसमें गत्ते के टुकड़ों को तर करके, चारों ओर लेप करके कमरे में चारों कोनों में लटका दें। मच्छर कमरे में नहीं रहेंगे।

तुलसी—तुलसी के पत्तों का रस शरीर पर लगाने से मच्छर नहीं काटते।

लहसुन—लहसुन सुखा कर, सूखा हुआ लहसुन और हींग आग पर डाल कर धुआँ फैलाने से उस जगह मक्खियाँ नहीं ठहरतीं।

बाला (नारू)

बाला गंदा पानी पीने से होता है। बाला के लार्वा पानी में होते हैं। बिना छना हुआ पानी

पीने से ये पेट में चले जाते हैं। इसका लार्वा पेट में जाने के बाद 8-12 सप्ताह में अपना पूर्ण विकास कर लेता है। इस अवधि में रोगी को इसका पता नहीं लगता। बाला का पूर्ण विकास होने पर मादा बाला की लम्बाई सवा मीटर तक एक धागे के समान होती है। बाला शरीर में चलता हुआ किसी एक जगह विषैला पदार्थ छोड़ता है जिससे उस स्थान पर जलन होने लगती है तथा फफोला बन जाता है, आस-पास सूजन आ जाती है। इसी फफोले के फूटने पर उसके छिद्र में से बाला निकलता है। यह एक धागे या सूत की तरह लम्बा निकलता है। इसके निकलते समय तेज दर्द होता है। बाला (नारू) रोग-ग्रस्त व्यक्ति जब नदी, तालाब के पानी में स्नान करता है, तब उसके फफोले से असंख्य लार्वा निकल कर पानी में मिल जाते हैं। ऐसे पानी को पीने से दूसरे व्यक्तियों में यह रोग इस प्रकार फैलता रहता है।

पानी उबाल कर छान कर पीना सर्वप्रथम उपाय है, जिससे बाला रोग से बच सकते हैं। बाला रोग का नियन्त्रण करने हेतु अभी तक कोई औषधि नहीं बनी है।

घी—50 ग्राम घी गर्म करके एक बार नित्य तीन दिन तक पीने से बाला रोग चला जाता है।

बैंगन—मोटे गोल बैंगन को सेंक (बुड़ता) कर दही में पीसकर दस दिन जहाँ बाला निकल रहा हो, लगायें।

हींग—30 ग्राम मोठ के आटे में एक चने-भर हींग मिलाकर पानी में घोलकर गर्म करें। जब लेई जैसा हो जाय, उतार कर बाला पर पट्टी बाँधें। इस पुल्टिस से बाला का सूत-सा निकल आयेगा। साथ ही 5 ग्राम हींग एक गिलास ठंडे पानी में घोलकर सुबह-शाम दो बार, चार दिन पीने से बाला रोग कभी नहीं होगा।

तुलसी—जहाँ से बाला निकल रहा हो वहाँ तुलसी की जड़ घिसकर लेप करने से बाला 2-3 इंच बाहर आ जाता है। इसे बाँध देना चाहिए। दूसरे दिन फिर इसी तरह लेप करें। इस प्रकार लेप करते रहने से पूरा बाला बाहर निकल जाता है। बाला बाहर निकल जाने पर भी लेप करते रहना चाहिए जिससे बाला का विष पूर्ण रूप से नष्ट हो जाये।

आकड़ा—तिल का तेल गर्म करके बाला निकलने के स्थान पर लगायें। आकड़े का पत्ता गर्म करके उस पर यही तेल लगाकर बाँधें। बाला निकल जायेगा।

नीम—जहाँ बाला (नारू) निकलता हो वहाँ नीम के पत्ते पीसकर लेप करें।

विस्तार से गुण जानने के लिये पढ़ें 'भोजन के द्वारा चिकित्सा' भाग-1 व 2।

जलना (Burnt)

पानी—जलने पर जले हुए स्थान को तुरन्त ठंडे पानी में डुबो देना चाहिए और उसे इतनी देर तक डुबोये रखना चाहिए जब तक जलन शान्त न हो जाये। यदि शारीरिक गर्मी से पानी गरम हो जाये और उसके कारण रोगी को पुन: जलन मालूम देने लगे तो उस गरम पानी को ठंडे पानी से बदल देना चाहिए। जले हुए अंग में जितनी देर जलन रहे तब तक उसे ठंडे पानी में रखना चाहिए। जलन अनुभव होना समाप्त होने पर पानी से बाहर निकाल लेना चाहिए। जलने वाले को इस प्रयोग से शीघ्र आराम मिलता है और शरीर पर जलने का निशान भी नहीं पड़ता। जो अंग डुबाया नहीं जा सके, उस पर ठंडे पानी में भीगा कपड़ा रखें और बार-बार भिगोते रहें।

फरीदाबाद, 12 फरवरी,1994 (वार्ता)। जल जाने पर उस अंग पर लगातार पानी डालते रहें और मरीज को तुरन्त थोड़ी-थोड़ी देर बाद दूध, दही या पानी देना शुरू कर दें।

पाया गया है कि जले हुए अंग पर दवा लगाने की बजाय तुरन्त पानी डालना शुरू करें। हो सके तो उसे बहते हुए नल के नीचे रख दें। इससे त्वचा का तापमान कम हो जाता है तथा जले अंग पर घाव भी कम बनता है। जले अंग को कंबल में नहीं लपेटना चाहिए। इससे शरीर का तापमान बढ़ता है और जले भाग पर घाव के गहरे हो जाने का भी खतरा रहता है।

हरड़—हरड़ को जलाकर बारीक पीसकर वैसलीन में मिलाकर जले हुए पर लगायें। जलन कम होगी। घाव जल्दी ठीक होंगे।

आम—आम के पत्तों को जलाकर, इसकी भस्म को जले हुए पर बुरकायें। लाभ होगा।

सरसों का तेल—जले हुए अंग पर सरसों का तेल लगाने से छाला नहीं पड़ता।

तिल—तिलों को पानी में चटनी की तरह पीसकर जले हुए पर मोटा लेप करें। लाभ होगा।

शक्कर—जले हुए अंगों पर चीनी को पानी में घोलकर लेप करें। पानी कम मात्रा में मिलायें जिससे घोल गाढ़ा रहे। इससे जलन बन्द हो जाती है।

चाय—किसी भी तरह अंग जल गया हो, झुलस गया हो तो चाय के उबलते हुए पानी को ठण्डा करके उसमें साफ कपड़ा भिगोकर जले हुए अंग पर रखें, पट्टी बाँधें। यह पट्टी बार-बार बदलते रहें। इससे फफोले नहीं पड़ेंगे, चर्म पर जलने के निशान भी नहीं रहेंगे।

ग्वार पाठा—ग्वार पाठा खेतों में पाया जाता है। इसे घर-घर में घमलों में भी लगाना चाहिए। जल जाने पर ग्वार पाठे को काटकर इसका गूदा जले हुए पर लगायें। इससे फफोले नहीं होंगे, जला हुआ ठीक हो जायेगा, जलन, दर्द में लाभ होगा। ठीक होने पर जले हुए के दाग भी नहीं रहेंगे।

केला—आग से जलने पर केले को पीसकर लगाने से लाभ होता है।

गाजर—कच्ची गाजर को पीसकर जले हुए स्थान पर लेप करने से दाह (जलन) मिटती है। पीप बनना बन्द हो जाता है।

आलू—(1) जले हुए स्थान पर कच्चा आलू लगायें। (2) तेज धूप, लू से त्वचा झुलस गई हो तो कच्चे आलू का रस झुलसी त्वचा पर लगाने से सौन्दर्य में निखार आ जाता है।

नमक—नमक का गाढ़ा घोल बनाकर जले हुए पर लगाने से छाले नहीं पड़ते।

प्याज—प्याज पीसकर जले हुए स्थान पर लेप करें। जब तक ठीक न हो नित्य लगायें। जला हुआ ठीक हो जायेगा।

चूना—चूने का निथरा हुआ पानी और उसी अनुपात में अलसी का तेल लेकर अच्छी तरह मिलाकर साफ कपड़े पर लगाइए। कपड़े को जले हुए स्थान पर रखकर बाँध दें। इससे जलन कम होकर जख्म ठीक हो जाते हैं।

मेथी—आग से जलने पर दानेदार मेथी को पानी में पीसकर लेप करने से जलन दूर हो जाती है। फफोले नहीं पड़ते।

गेहूँ—गेहूँ के आटे में पानी मिलाकर अग्नि से जले हुए स्थान पर लगाने से लाभ होता है।

मूँग—मूँग पानी में पीसकर जले हुए स्थान पर लेप करें।

घी—अग्नि से जलने पर घी लगाने से लाभ होता है।

सरसों का तेल—जले हुए अंग पर सरसों का तेल लगाने से छाला नहीं पड़ता।

शहद—आग से जले हुए अंगों पर शहद का लेप करने से जलन कम होती है, घाव होने पर भी जब तक ठीक न हो शहद लगाते रहें। घाव ठीक होने पर जले हुए के सफेद दाग बने रहते हैं। इन पर शहद लगाकर पट्टी बाँधते रहें। दाग मिट जायेंगे।

जौ—जल जाने पर जौ जलाकर तिल के तेल में बारीक पीसकर जले हुए स्थान पर लगायें।

तुलसी—आग से जलने पर तुलसी के रस को नारियल के तेल में मिलाकर लगाने से जलन दूर होती है, छाले तथा घाव ठीक हो जाते हैं।

ग्लिसरीन—जले हुए अंग पर ग्लिसरीन लगा दें। इससे दर्द, जलन और छाले नहीं होंगे।

मिट्टी का तेल—जले हुए पर मिट्टी का तेल लगाने से लाभ होता है।

पानी—जलते ही तुरन्त जब तक जलन समाप्त न हो, जले हुए अंग को बहुत ठंडे पानी में डुबोयें रखें। ऐसा करने पर फफोले नहीं होते।

हल्दी—हल्दी को पानी में घोलकर जले हुए पर लेप करें। सूखने पर बार-बार लेप करें। इससे जले हुए में लाभ होता है।

हरी मिर्च—जले हुए पर हरी मिर्च पानी में पीसकर लेप करने से लाभ होता है।

फफोला (Blister)

घी—मकड़ी द्वारा मूतने (पेशाब करने) से फफोले हो जाते हैं। इन पर घी और नमक मिलाकर लगाने से लाभ होता है।

जलन

चना—दो मुट्ठी चने का छिलका दो गिलास पानी में मिट्टी के कोरे बर्तन में रात को भिगो दें। यह पानी प्रात: छानकर पी जावें, जलन ठीक हो जाती है।

ज्वार—ज्वार का आटा पानी में घोलकर शरीर पर लेप करने से शरीर की जलन दूर हो जाती है।

मेहँदी—गर्मी के दिनों में जिन लोगों को पैरों में निरन्तर जलन होती है, उनके पैरों में मेहँदी लगाने से लाभ होता है।

फालसा—(1) फालसे का शर्बत पिलाने से शरीर की दाह (जलन) मिटती है।

(2) शारीरिक जलन पर बीस ग्राम फालसों को शक्कर के साथ खाने से लाभ होता है। शरीर में गर्मी, भभका, दाह होने पर पका फालसा शक्कर के साथ खाना चाहिए।

खीरा—खीरा शरीर की जलन में लाभदायक है। खीरे का रस नित्य पियें।

शहतूत—शहतूत खाने या इसका शर्बत पीने से शरीर की दाह (जलन) में लाभ होता है।

धनिया—शरीर में जलन होने पर—(1) रात को धनिया और चावल पानी में भिगो दें, प्रात: गर्म करके पियें। (2) रात को धनिया भिगो दें और उसमें मिश्री डालकर प्रात: छानकर पियें। शरीर की गर्मी और पेट की जलन में लाभ होगा।

मेथी—शरीर में जलन हो तो मेथी के पत्तों को ठंडाई की तरह पीसकर पानी में घोलकर पियें। जलन, दाह और भभके में लाभ होगा।

पानी—पैरों में अत्यधिक पसीना आता हो तो पहले पैरों को गर्म पानी में रखें और दोनों पैरों को आपस में रगड़ें। फिर बाहर निकालकर पोंछ लें। एक सप्ताह तक करने से लाभ होगा।

इन्द्रिय में घाव

तरबूज—इन्द्रिय में घाव और पेशाब में जलन हो तो रात को खुले में, ओस में रखे हुए तरबूज का रस निकालकर प्रात: शक्कर मिलाकर पीने से लाभ होता है।

उपदंश की पहचान

नीबू—स्त्री-पुरुष को उपदंश है या नहीं, यह जानने के लिए उसके शरीर के किसी भाग पर नीबू का रस लगाओ। यदि यह असह्य प्रतीत हो तो समझ लो कि उपदंश है।

एलर्जी

मेहँदी—रात को एक गिलास स्वच्छ पानी में 100 मेहँदी के सूखे पत्ते भिगो दें, सवेरे निथार कर पानी पियें। शरीर में शीतलता के साथ-साथ रक्त की सफाई भी होगी। एलर्जी वाले रोगियों के लिए यह बड़ी गुणकारी चिकित्सा है।

बच्चों का रोना बन्द करें

जिन बच्चों को आवश्यकता से अधिक लाड-प्यार घर पर मिलता है और जिनकी छोटी-से-छोटी जिद्द भी पूरी कर दी जाती है, वे बच्चे आसानी से अपने इस 'अधिकार' को खोना नहीं चाहते और रो-रोकर अपनी बात मनवाते हैं। जहाँ ज्यादा लाड-प्यार बच्चों के रोने का कारण बन जाता है, वहीं बच्चों की उपेक्षा भी उनके बात-बात पर रोने की वजह बन जाती है।

कई बार ऐसा होता है कि बच्चा रात देर तक जागता रहता है और अपनी आवश्यक नींद पूरी नहीं कर पाता, इसका नतीजा यह होता है कि वह बेहद चिड़चिड़ा हो जाता है। बच्चों के भोजन के सम्बन्ध में आवश्यक सतर्कता बरती जानी जरूरी है। अधिक मिठाई, चिकना और मसालेदार भोजन भी बच्चों को जिद्दी और चिड़चिड़ा बनाने में सहायक होता है।

कुछ बच्चे जिद्दी होते हैं। जिद्दी बच्चे अधिक रोते हैं। उपद्रवी और जिद्दी बच्चों को खुली हवा में रखें और खेल-कूद में अत्यधिक व्यस्त रखें। इससे वे जिद्द छोड़ देंगे और प्रसन्न रहेंगे।

बच्चे के रोने की आदत समाप्त करने के लिए यह भी निहायत आवश्यक है कि घर का वातावरण तनावरहित और प्रसन्नतापूर्ण हो। बच्चे को स्वस्थ मनोरंजन के लिए शिक्षाप्रद कहानियाँ सुनाना भी इस दिशा में एक सार्थक कदम होगा।

यदि बालक इतना बड़ा है कि मुँह से अपनी जरूरत की चीज माँग सके तो उसके रोने अथवा जिद्द करने पर उसे कुछ न दीजिए। यदि आपने उसके रोने अथवा जिद्द करने पर उसकी इच्छित वस्तु उसे दे दी तो इससे उसकी रोने की प्रवृत्ति को बढ़ावा मिलेगा। दूसरी ओर यदि उसके रोने से उसे चाही गई चीज न मिली और उसके सारे प्रयास विफल हो गए तो कदाचित् वह इस बुरी आदत को छोड़ देगा। हाँ, एक बार में उसकी यह आदत नहीं सुधरेगी लेकिन धीरे-धीरे वह सामान्य हो जाएगा।

बुढ़ापा कैसे दूर करें?

जैसे-जैसे आयु बढ़ती है, आप जब 50-60 साल के हो जाते हैं तो मन में विचार आने लगता है, हम बूढ़े होते जा रहे हैं, अब शरीर में बुढ़ापा आने वाला है। बुढ़ापा शरीर की कष्टदायक अवस्था है। बुढ़ापा कैसे बीतेगा? नाना प्रकार के विचारों से जीवन नीरस होने लगता है।

बुढ़ापा क्या है? बुढ़ापा शरीर में होने वाला प्राकृतिक क्रम, प्रक्रिया है। लम्बी आयु जीने के बाद त्वचा पर झुर्रियाँ पड़ना, त्वचा में शुष्कता आना, जोड़ों का दुर्बल होना, अकड़न और कठोरता आना, कमर झुकना, दाँत गिरना, बाल सफेद होना, आँखों की ज्योति कम होना,

घुटनों का दर्द, मूत्र पर नियंत्रण नहीं होना, नाड़ियों में चर्बी (कोलेस्ट्रोल) जमना, पौरुष ग्रन्थि (प्रॉस्टेट) बढ़ना, शरीर में क्षार की अधिकता होना, बुढ़ापा है। आयु से बुढ़ापा नहीं नापा या जाना जाता। एक जवान भी बूढ़ों से खराब शरीर कर लेता है, उनसे कम कार्य करता है। एक बूढ़ा जवानों से ज्यादा कार्यशील देखा जाता है। व्यक्ति मन से बूढ़ा होता है, शरीर से नहीं। बुढ़ापे में इच्छायें मर जाती हैं, हर समय थकान बनी रहती है, शक्ति नष्ट हो जाती है, भोजन का स्वाद, आनन्द जाता रहता है। कफ, खाँसी दिन-रात कष्ट देते हैं। बुढ़ापे की अवस्था का यह सामान्य परिचय है।

बुढ़ापा कैसे आता है?—जिसने जन्म लिया है, एक दिन मृत्यु को प्राप्त होगा। हम जवान हैं, एक दिन बूढ़े होंगे। हम बूढ़े होना नहीं चाहते तो देखें बुढ़ापा कैसे शरीर पर अपना साम्राज्य जमा लेता है?

हमारे शरीर में अम्लता (Acidity), विषाक्त पदार्थ (Toxic Matter) एकत्रित होता जाता है। ये स्वास्थ्य के शत्रु हैं और शरीर में रोग के कीटाणुओं को जन्म देते हैं। शरीर में क्षार की अधिकता से मसूड़े फूलते हैं, जीभ पर काँटे-से होते हैं, जीभ सफेद रहना, दाँतों से मवाद आना आदि शरीर में अधिक मैल या क्षार व्याप्त होने से होते हैं। हमारी नाड़ियाँ सिकुड़ने लगती है, शरीर की गतिशीलता कम होने लगती हैं। रक्त कम बनता है। इनसे बुढ़ापा आता है।

बुढ़ापे में स्मरणशक्ति कम—हमारे मस्तिष्क का निर्माण स्नायु-कोशिकाओं से होता है। एक वयस्क व्यक्ति के मस्तिष्क में उतनी ही स्नायु-कोशिकाएँ रहती हैं जितनी जन्म के समय होती हैं। अस्थि तथा त्वचा की कोशिकाएँ कोशिका-विभाजन के फलस्वरूप बहु-गुणित होती हैं किन्तु-मस्तिष्क की स्नायु-कोशिकाएँ शरीर की वृद्धि के साथ-साथ बढ़ती नहीं हैं बल्कि ज्यों-ज्यों उम्र बढ़ती जाती है स्नायु-कोशिकाएँ कम होती जाती हैं। जो स्नायु-कोशिकाएँ मृत हो जाती हैं उनके स्थान पर नई कोशिकाओं का जन्म नहीं होता। सत्तर से अस्सी वर्ष की उम्र में लगभग एक-चौथाई स्नायु-कोशिकाएँ मृत हो जाती हैं। यही कारण है कि वृद्ध व्यक्ति अच्छी तरह सुन नहीं पाता और उसकी स्मरणशक्ति कम हो जाती है।

कोलेस्ट्रोल (Cholestrol)

कोलेस्ट्रोल एक चूने जैसा पदार्थ है जो रक्तवाहिनियों में जम कर अंगों में कड़ापन जड़ता, दुर्बलता उत्पन्न करता है। इससे शरीर में स्फूर्ति नष्ट हो जाती है। इसे दूर करने का उपाय है नित्य व्यायाम, कसरत, योगासन, मालिश, शरीर को तौलिये से रगड़-रगड़ कर स्नान किया गया तो बुढ़ापा भार के रूप में शरीर को कष्ट नहीं देगा, बल्कि सुख से बीतेगा।

बुढ़ापे का हड्डियों पर प्रभाव—हड्डियों के जोड़ विशेष प्रकार के होते हैं। इन जोड़ों पर कार्टिलेज नामक सफेद मुलायम परत चढ़ी रहती है तथा बीच में सिनोवायल नामक द्रव्य होता है जो मशीनों में प्रयुक्त लुब्रिकैंट की तरह कार्य करता है। हड्डियों में नियमित घर्षण होता है, जिससे कार्टिलेज घिस जाता है, सिनोवायल की मात्रा कम हो जाती है, यह पतला हो जाता है। इसकी तुलना पुरानी मशीन और खराब लुब्रिकैंट से की जाती है। यही कारण है कि इस अवस्था में रात के समय हड्डियों में गतिविधि न होने के कारण सुबह के समय हड्डियाँ जाम हो जाती हैं। अधिक चलने-फिरने से जोड़ों में दर्द होता है। अधिकतर प्रभावित होने वाले भाग हैं—घुटनों, कंधों तथा रीढ़ की हड्डी के जोड़। इनमें दर्द होता है। कमर झुक जाती है।

वृद्धावस्था की सामान्य बीमारियाँ हैं—कमजोरी और कुपोषण से क्षय रोग तथा कैंसर। शरीर के किसी भी भाग में कैंसर होने पर वह हड्डियों को ही अधिक प्रभावित करता है। अत: हड्डियों में अधिक दर्द होने पर, विशेष रूप से रीढ़ की हड्डी में, डॉक्टर की सलाह लें।

बचाव—बुढ़ापे में होने वाले हड्डियों के दर्द, नेत्र शक्ति की कमजोरी, दुर्बलता से बचने के लिए पौष्टिक भोजन, नियमित व्यायाम और शरीर को चोट लगने से बचाव के लिए सतर्क रहना चाहिए। हड्डियाँ प्रोटीन और कैल्शियम से बनती हैं। अत: भोजन में प्रोटीन, कैल्शियम, विटामिन 'डी' शामिल होना चाहिए।

फ्रोमोसैं नामक एक फ्रांसीसी वैज्ञानिक ने कहा है, "यद्यपि मनुष्य के शरीर में 150 साल तक जी सकने की सामर्थ्य है, पर प्रकृति के नियमों से अनजान होने के कारण वह इससे आधी उम्र ही भोग पाता है।"

कुछ वैज्ञानिकों का कहना है कि स्वास्थ्य और औषधि सम्बन्धी प्राप्त हो रहे नये ज्ञान की बदौलत जल्दी ही मनुष्य की औसत उम्र 150 साल की हो जायेगी, लेकिन इसके लिए स्वास्थ्य और औषधियों से सम्बन्धित ज्ञान ही काफी नहीं है, प्रकृति की और भी कई चीजों पर काबू पाना होगा, जो कि मनुष्य की बढ़ती हुई उम्र में बाधक सिद्ध हो रही हैं। लम्बी उम्र मनुष्य और कुदरत के ज्ञान के सामंजस्य पर निर्भर करती है। स्वास्थ्य-सुधार लंबी उम्र के लिए ठोस आधार है।

प्रत्येक उम्र के लोगों के लिए मौत का खतरा होता है, लेकिन अगर आदमी 70 साल की उम्र का हो जाए, तो उसके लिए मौत के बहुत-से खतरे कम हो जाते हैं। सो, उस हालत में उसके लिए लम्बी उम्र भोगने की अधिक सम्भावना होगी।

एक रूसी वैज्ञानिक बोगोमोलेत्स के कथनानुसार, आज मनुष्य जिस हद तक उन्नति कर पाया है, उसे देखते हुए कहा जा सकता है कि उसकी उम्र 125-150 साल की हो जायेगी।

बुढ़ापा दूर करने के उपाय—सेंट फोर्ट बेनेट, आर्थर अबप्लेल्प और हमारे धर्म ग्रन्थों में बुढ़ापा सुख, शान्तिमय बिताने के अनेक उपाय बताये गये हैं जिनका पालन करके बुढ़ापा दूर कर सकते हैं। नियमित व्यायाम, उचित भोजन एवं कम-से-कम औषधि-सेवन द्वारा बुढ़ापा दूर किया जा सकता है।

नियमित व्यायाम—जीवित रहने के लिए जितना भोजन आवश्यक है, उतना ही निरोग रहने के लिए व्यायाम जरूरी है। जो लोग व्यायाम नहीं करते हैं उन पर उम्र अपना प्रभाव अपेक्षाकृत जल्दी छोड़ती है और वे बूढ़े दिखाई पड़ते हैं। व्यायाम से कसा हुआ शरीर, लंबी आयु तक जीर्ण नहीं होता। जीवन आनन्दोल्लास से भरा रहता है। श्रम से शक्ति मिलती है, शक्ति का उपयोग करने से वह अपने आप आती रहती है। आकर्षक बने रहने के लिए आप रीढ़ की हड्डी को सीधा रखें। झुके हुए कंधों से बुढ़ापा झलकता है। साथ ही चुस्ती-फुर्ती वाली चाल आपके व्यक्तित्व में आकर्षण पैदा करेगी।

बुढ़ापा दूर करने का सर्वप्रथम तरीका है, सूर्योदय से पहले उठना और व्यायाम करना, नियमित घूमना। ताजी हवा और धूप सेवन करना। थकान व्यायाम की कमी से आती है।

पाचन शक्ति बढ़ायें। खाना धीरे-धीरे चबा-चबा कर खायें। पीठ के बल लेट जायें और सिर को आगे की ओर झुकायें, इससे पेट की पेशियाँ खिंच जायेंगी। सिर पीछे गिरा देने से ढीली पड़ जायेंगी। ऐसा बराबर करने से नसों को लाभ पहुँचेगा। इसके साथ ही पेट को मुट्ठी से ठोंकना लाभदायक होगा। पहले धीरे-धीरे ठोंको और फिर जोर बढ़ाते जाओ। इसका फल यह होगा कि

रक्त की गति बढ़ जायेगी और पाचन यंत्र को बल मिलेगा। इसके बाद दोनों हाथों की हथेलियों से पेट को ऊपर-नीचे सूतें। पेट को मलें। इससे पेट पर जमी चर्बी पिघल जाती है।

कब्ज दूर करने के लिए आँतों को प्रभावित करने वाला व्यायाम करें। मोटापा व्यायाम की कमी से आता है। लम्बी आयु में जोड़ों में कैल्शियम जम जाता है, जिससे अंग-प्रत्यंग कठोर हो जाते हैं, उनका लचीलापन कम हो जाता है। नियमित व्यायाम से यह ठीक रहता है।

उपवास—उपवास से आयु बढ़ती है। शरीर साफ रहता है। अनेक रोग ठीक हो जाते हैं। उपवास इच्छा से करें। खाना नहीं मिलने से भूखे रहना उपवास नहीं होता। लगातार उपवास नहीं करें। उपवास में फल, दूध, पानी लें। पानी में नीबू निचोड़कर फीका ही बार-बार पीयें। उपवास काल में पानी अधिक पीयें। सात दिन में एक दिन उपवास रखने से बीमारी नहीं आती। शरीर स्वस्थ रहता है।

भोजन—लम्बे समय जीने के लिए वृद्धावस्था दूर रखने के लिए किसी विशेष प्रकार के भोजन की आवश्यकता नहीं है। पकाये हुए भोजन के साथ-साथ कच्ची सब्जियाँ और फल खायें। फलाहार करें। अपने धोने और घोलने वाले प्रभाव के कारण फल बुढ़ापे का निवारण करते हैं। बुढ़ापा शरीर में विकारों के एकत्रित होने से आता है। फल इन एकत्रित विकारों को धोकर बाहर निकाल देते हैं और नये कोशाणुओं से शरीर का नवनिर्माण करते हैं। एक-दो महीने केवल फलों पर रहने का परिणाम अच्छा होता है। प्रति वर्ष एक माह मौसम के फल खाकर रहें, फलों से बुढ़ापे का निवारण होगा। फलाहार से शरीर के क्षार, मैल, विषाक्त पदार्थ बाहर निकल जाते हैं। इस प्रकार शरीर से विजातीय द्रव्य निकाल दें। शरीर हल्का, फुर्तीला और निरोग रहेगा, जीवन आनन्दमय होगा। हमारा स्वास्थ्य हम क्या खाते हैं, इससे नहीं बनता, बल्कि हम कितना पचाते हैं, इससे बनता है। जब भूख लगे तब खाना खायें। जिस चीज को खाने की इच्छा हो वही खायें। भोजन बहुत चबा-चबाकर खायें।

स्वाद के वशीभूत होकर अधिक भोजन नहीं करें। अधिक भोजन या गरिष्ठ भोजन करने से शक्ति नहीं आती। शक्ति आती है, तेज भूख लगने पर जैसा मिले वैसा ही अल्प मात्रा में खाने से। स्वस्थता और लम्बी उम्र का दुश्मन है—'ज्यादा खाना'। ज्यादा खाने से बदहजमी होती है, मोटापा बढ़ता है, समूचा शरीर-तंत्र विषाक्त हो जाता है; हृदय, गुर्दे, यकृत पर अतिशय तनाव पड़ता है। इसलिए स्वस्थ रहने के लिए निरन्तर थोड़ा भूखा रहना चाहिए।

बूढ़ों को यदि जवान रहना है तो जिन्दादिली के साथ जीवन जीना सीखना होगा। लम्बी आयु जीने के लिए हरी घास, बहता पानी और भगवान के दर्शन जितनी देर देख सको, देखा करो।

लम्बी आयु तक सुखपूर्वक जीयें, इसके लिए मस्तमौला, मनमौजी रहें। शरीर दुबला-पतला रखें, मोटापा नहीं बढ़ने दें। तम्बाकू का सेवन नहीं करें। शराब, नशीले पदार्थों का सेवन नहीं करें। जो वंश-परम्परा से नशा करते हैं वे इसके अभ्यस्त नहीं बनें, आदत नहीं डालें। हल्का भोजन, अल्प मात्रा में करें। छाछ पीना स्वस्थ रहने के लिए अच्छा है। जीविका चलाने के लिए सेवाभाव से मेहनत अधिकाधिक करें, आलसी बनकर बैठना रोगों को निमन्त्रण देना है। साल में कुछ दिन के लिए घर छोड़कर आराम और खुद को मुक्त समझने के लिए तीर्थ स्थान, धार्मिक स्थल पर रहें। अपने सुख-दुःख, भला-बुरा भावों में आने वाली उत्तेजना को भगवान का उपहार समझ कर संतोष से जीवन व्यतीत करें। स्वस्थ शरीर, स्वस्थ मन और स्वस्थ बुद्धि भगवान का प्रदत्त उपहार है जो भगवान पर विश्वास करने, प्रकृति के नियमों पर चलने से मिलता है। प्रातःकाल उगते हुए सूर्य के दर्शन करने से जीवन में अँधेरा नहीं आता।

निशि में सोवें जल्द जो, उठे सवेरे वीर।
बल, विद्या अरु धन बढ़े, सुख में रहे शरीर।

प्रातः व्यायाम के बाद कच्चा धारोष्ण दूध बिना चीनी मिला, तीन केले, चार खजूर और थोड़ा-सा नारियल. खाने से यह स्वादिष्ट लगता है। नारियल से शरीर को पूरी चिकनाई मिल जाती है। इससे पेट भी साफ रहता है। खजूर रक्त बढ़ाता है। केले और दूध का मेल बढ़िया होने से यह पूरा संतुलित भोजन बन जाता है। दोपहर में साठ ग्राम आटे की रोटी, चावल, सब्जी, मौसमानुसार मिलने वाली कच्ची तरकारियाँ आदि लें। गन्ने के मौसम में गन्ने का रस पीयें, गन्ना चूसें। शाम को दूध और मौसम के फल, जैसे—आम, पपीता, नाशपाती, खरबूजा, सूखे मेवे लें। चालीस साल से अधिक आयु वालों को शाम को दूध-फल ही लेना चाहिए। जो लोग शाम को दूध-फल लेते हैं। वे इसके लाभ जानते हैं, अनुभव करते हैं। इस प्रकार का भोजन शरीर को स्वस्थ रखता है, बीमार नहीं होने देता। व्यक्ति लम्बी आयु जीकर ही मृत्यु की गोद में सोता है।

कान में तेल—सोते समय नित्य दो बूँद सरसों का तेल कान में डालकर सोयें। इससे वृद्धावस्था के लक्षण शीघ्र प्रतीत नहीं होंगे। कान, दाँत, नेत्र-शक्ति ठीक रहेगी।

निद्रा—बुढ़ापा कम सोने से जल्दी आता है। बहुत सारे लोग पर्याप्त समय सो नहीं पाते। कुछ लोग अनिद्रा रोग से ग्रस्त होते हैं। अनिद्रा के प्रमुख कारण हैं—ज्यादा समय तक टीवी देखना, रात में देर तक जगना और अनियमित दिनचर्या। बुढ़ापा देर से आए, इसके लिए पर्याप्त सोना आवश्यक है। यह नींद विशेषज्ञ जर्मनी के डॉक्टरों ने बताया है।

दिन में बाँयी और रात में दायीं नाक से श्वास लें। इसके लिए दिन में विश्राम करते समय दायीं करवट से सोयें, जिससे बायें नथुने से साँस आयेगा, रात को बाँयी करवट से सोयें जिससे दाँये नथुने से श्वास आयेगा। इस प्रकार श्वास लेने से शरीर आरोग्य रहता है।

औषधियों से बचिये—औषधि रोग को जड़मूल से नष्ट नहीं करती। रोग औषधि के कारण दूर नहीं होता, बल्कि रोग प्रतिकारक शक्ति के कारण दूर होता है। प्रचारतंत्र ने व्यक्ति के विचारतंत्र को भ्रष्ट करके बिल्कुल कुण्ठित कर दिया है।

जो व्यक्ति भोजन-विषयक नियमों का पालन करता है उसे दवा की जरूरत नहीं पड़ती। अधिकांश बीमारियाँ अयोग्य खान-पान से ही होती हैं। इसलिए प्रायश्चित के रूप में उपवास करें। प्राकृतिक आहार और प्राकृतिक नियमों पर चलने से जो काम होगा, वह किसी कानून, दण्ड, धमकी, उपदेश से नहीं हो सकता। आयु बढ़ने के साथ भोजन की मात्रा कम करते जायें। नमक व मसाले कम-से-कम सेवन करें।

सब्जियाँ तनिक से बीमार हुए और औषधि ले ली, यह आदत उचित नहीं है। जहाँ तक हो औषधि नहीं लेनी चाहिए। संसार के नियम औषधि लेने की पुष्टि नहीं करते और औषधियों के सहारे लम्बी आयु और बलिष्ठ शरीर की आशा करना व्यर्थ है। प्रकृति के नियमों में विश्वास करें। प्रातः पानी अधिक पीओ। टट्टी जाने की इच्छा को मत रोको। नित्य व्यायाम, ऑक्सीजन का अधिक सेवन, भोजन में कच्ची सब्जियाँ सलाद के रूप में लेना, लम्बी जिन्दगी जीने का मार्ग है।

सकारात्मक सोच से लम्बी उम्र

अगर आप अपने पोते-पोतियों के साथ बैठकर चाय की चुस्कियाँ लेना चाहते हैं, तो आपको अपनी सोच को सकारात्मक बनाने के साथ निराशा को भी अलविदा कहना होगा।

सकारात्मक दृष्टिकोण जहाँ आपकी जीवनडोर को लंबा करता है, वहीं इसका नकारात्मक पक्ष उसे झटके-से खींचकर बीच में ही तोड़ सकता है।

नकारात्मक दृष्टिकोण जीवन को निराशा के गर्त में धकेल देता है और इससे ऐसी भावनाएँ जन्म लेती हैं कि मेरा कुछ नहीं हो सकता, जीवन बेकार है या सब कुछ खत्म हो गया है। ये भावनाएँ दिल पर इतना बोझ डालती हैं कि हृदयाघात होने की स्थिति बन जाती है। यदि प्रथम आघात के बाद भी व्यक्ति आशावान नहीं बनता है तो फिर उसे बचा पाना आसान नहीं होता है, जबकि आशा का दामन थामने वाला व्यक्ति अपना पूरा जीवन प्रसन्नतापूर्वक जीता है।

जीने की इच्छा—दीर्घ जीवन, लम्बी जिन्दगी जीने की इच्छा रखो। निराशा, आत्मघात, आत्महत्या के विचारों को उत्पन्न नहीं होने दें। जीवन में निराशा आना ही आत्महत्या और जीवन की आयु घटाने वाला मार्ग है। जितना तन को अच्छा रखने का प्रयास किया जाता है, उतना ही मन को भी अच्छा रखें। तुम्हें शनि की दशा है, ऐसे विचार घातक हैं। निराशा उत्पन्न करने वाले हैं। दृढ़ विश्वास और बलवती इच्छा वाले को सफलता मिलती है। तन और मन दोनों को उपयोग में लगाये रखें। मन को स्वस्थ रखने के लिए अपनी रुचि को पूरा करें, सत्संग करें। धार्मिक विचारों के प्रति श्रद्धालु रहें। तन और मन में स्फूर्ति एवं उत्साह रखें।

इच्छा शक्ति—इच्छा शक्ति को समझें और उपयोग करें। इच्छा शक्ति से हृदय की स्पन्दन शक्ति को घटा-बढ़ा सकते हैं। क्रोध और भय का प्रभाव हृदय पर पड़ता है। भय से धड़कन बन्द होकर मृत्यु हो सकती है। भय से कब्ज होता है। ध्यानावस्थित होकर मनुष्य जहाँ चाहे रुधिर प्रवाह ले जा सकता है या रोक सकता है।

क्रोध का प्रभाव थूक की ग्रन्थियों पर होता है। इच्छा शक्ति को वश में करके संयम रख सकते हैं, क्रोध को समाप्त कर सकते हैं।

स्वास्थ्य पर इच्छा शक्ति का बड़ा प्रभाव पड़ता है। बुढ़ापा आते ही मनुष्य हिम्मत हार जाता है तो वह जल्दी ही बूढ़ा हो जाता है। इसके विपरीत इच्छा शक्ति से बुढ़ापे का आना रुक जाता है। मनुष्य उतना ही बूढ़ा है जितना वह अपने-आपको समझता है। अत: अपने आपको कभी बूढ़ा नहीं समझो, कभी बूढ़ा स्वीकार नहीं करो। जब जवानों की तरह काम कर सकते हो तो बूढ़ा क्यों समझो। इतना दृढ़ विश्वास रखो कि अनहोनी भी होकर रहेगी। दीर्घ आयु की कामना हेतु विचारों को पवित्र रखो। "बुढ़ापा" शब्द प्रत्येक स्थिति में लाक्षणिक अर्थ होता है। जैसे वचन-वाणों का आघात मन का बुढ़ापा है। इसका अर्थ है कि वचन रूपी वाणों की चोट मन पर प्रभाव डालती है और मनुष्य खिन्न हो जाता है। उसका मन किसी काम में नहीं लगता। इसी प्रकार मनुष्य थककर, सफलता नहीं मिलने पर निराश हो अपने-आपको बूढ़ा समझने लगता है। अत: मानसिक तनाव से सर्वदा बचने के लिए प्रयत्नशील रहें। जीवन में एकाकीपन अनुभव मत करो, प्रकृति के आनन्द में विभोर हो जाओ तथा कला से प्रेम करो जिससे जीवन में निराशा नहीं आये। बुढ़ापे में भी सीखने की इच्छा रखो, कुछ करके दिखाने की इच्छा रखो।

अपनी इच्छा शक्ति से सदा समझें कि, "मैं तो अभी जवान हूँ।" अपने मन में बुढ़ापे का विचार ही नहीं आने दें। जो व्यक्ति उगते हुए सूर्य के दर्शन करता है, नित्य कसरत करता है, विवेक से भोजन करता है, स्थितप्रज्ञ है, वह कभी बूढ़ा नहीं होता। हमेशा मन में सुखद इच्छा शक्ति रखें। हमारा वर्तमान जीवन हमारे पिछले चिन्तन की परिणति है। हमारे विचारों से ही हमारा प्रारब्ध निर्मित होता है। अपवित्र विचार भी अपवित्र कर्म के बराबर ही भयंकर होते हैं। दिव्य और उत्तम विचारों को निरन्तर मन में संजोये रहने से मनुष्य के सत्, चित् और आनन्द का स्वरूप खिलता है।

उपचार

लहसुन—यदि लहसुन का सेवन नियमित किया जाय तो असमय में ही बुढ़ापे का शिकार होने से बचा जा सकता है। बुढ़ापे का अर्थ है कि शरीर की धमनियों का सिकुड़ कर रोग ग्रस्त हो जाना। यही कारण है कि बुढ़ापे में मनुष्य के शरीर पर झुर्रियाँ पड़ जाती हैं।

एक भाग लहसुन पीसकर चार गुने शहद में मिलाकर दो चम्मच सुबह-शाम पीयें। 50 दिन लेने पर देखेंगे कि शरीर में व्याप्त रोग नष्ट हो जायेंगे और शरीर युवाओं जैसा लगेगा। लहसुन श्रेष्ठ रसायन है। यदि इतना लहसुन सेवन के लिए इतनी मेहनत नहीं की जा सके तो चार कली साबुत ही पानी के साथ निगल जायें, दूध में उबालकर खायें। दोपहर का भोजन करते समय एक पोतिया लहसुन के दो दाने खाकर भोजन करें।

यदि आप बूढ़े हो गये हैं, जवान बनना चाहते हैं तो तीन दिन उपवास करें। उपवास का समय धर्म-ध्यान में व्यतीत करें। चौथे दिन चार एक-पोथिया लहसुन को पीसकर निचोड़कर रस निकालकर समान मात्रा में पानी मिलाकर पी जायें। इस प्रकार एक दिन में चार बार लहसुन का रस पीयें। रस पीने के एक घंटे बाद दो चम्मच देशी घी या मक्खन खायें। यह क्रम चार दिन चलायें। फिर आठवें दिन से एक-एक सप्ताह तक लहसुन के रस में दो चम्मच शहद मिलाकर पीयें। यह भी चार बार रोजाना पीये और घी या मक्खन भी यथावत् लें। सोलहवें दिन से एक सप्ताह तक चार एक-पोथिया लहसुन के साथ आठ मुनक्का पीसकर एक गिलास पानी में मिलाकर चार बार पीते रहें। घी या मक्खन का सेवन बन्द कर दें। चौबीसवें दिन से एक सप्ताह तक लहसुन पीसकर तीन आँवलों के रस में घोलकर चार बार नित्य पीयें। इस अवधि में भोजन नहीं करना है। दूसरे महीने में दूध पीते रहें और लहसुन के तेल की मालिश स्नान करने से पहले करें। तेल बनाने के लिए दस ग्राम छिला हुआ लहसुन 500 ग्राम सरसों के तेल में उबालें। लहसुन जल जाने पर तेल छानकर काम में लें। तीसरे महीने में आठ एक-पोथिया लहसुन, दो चम्मच शहद, दस बीज निकाले हुए मुनक्का, आधा कप आँवले के रस में पीसकर खायें। यह पूरे एक महीने खायें। इस प्रकार साधना और श्रम से बुढ़ापा दूर होकर जवानी आ जायेगी। धार्मिक दिनचर्या साथ रखना अच्छा है।

यदि ऐसा करना सम्भव नहीं हो तो तीन गाँठ लहसुन छीलकर, पीसकर घी में भूनकर सात दिन तक एक बार प्रात: खायें। 5 कली लहसुन, पाँच मुनक्का पीसकर दो चम्मच शहद में मिलाकर नित्य खायें।

आँवला—बुढ़ापे में शरीर में चूने की मात्रा बढ़ जाती है। चूने की अधिकता हड्डियों, स्नायुओं और रक्तवाहिनियों को कठोर बना देती है। आँवले का नित्य सेवन इस कठोरता को दूर करके सारी क्रियाओं को समुचित रखता है। आँवला बुढ़ापे के लिए अमृत है। दीर्घ जीवन के इच्छुक व्यक्ति इसका किसी-न-किसी रूप में दैनिक प्रयोग करें।

अंगूर—रक्त निर्माण में अंगूर का रस एक महत्त्वपूर्ण भूमिका निभाता है। सूखे अंगूर यानि मुनक्का के नित्य सेवन से थोड़े ही दिनों में रस, रक्त, शुक्र और ओज आदि धातुओं में वृद्धि होती है। बुढ़ापे में किशमिश-मुनक्के का प्रयोग स्वास्थ्य की रक्षा करता है। किशमिश और मुनक्के की शर्करा शरीर में अतिशीघ्र पचकर आत्मसात् हो जाती है।

नमक—बुढ़ापा नमक खाने से जल्दी आता है (—डॉ. फेड्रिक मारवड)। अत: नमक कम-से-कम खायें।

आम—दो आम खाकर दो घंटे बाद एक गिलास दूध में दो चम्मच शहद, एक चम्मच मिश्री मिलाकर नित्य 50 दिन तक इसी प्रकार सेवन करते रहें। शरीर बलिष्ठ हो जायेगा और बुढ़ापा शीघ्र नहीं आएगा।

अदरक—भोजन करने से पहले कच्ची अदरक के चने के बराबर टुकड़े करके चबायें, फिर भोजन करें। स्वस्थ रहने और लम्बी आयु के लिए यह लाभदायक है।

काजू—काजू खाना बुढ़ापे का पौष्टिक भोजन है। काजू में रिबोफ्लोविन होता है, जो बुढ़ापे की अवस्था को रोकने के लिए आवश्यक है।

घी—एक चम्मच घी में दस काली मिर्च पीस कर मिला कर प्रातः नित्य पीते रहने से दीर्घायु होती है।

दूध—दूध पीते रहने से आयु बढ़ती है। बुढ़ापा अपना प्रभाव नहीं जमा पाता। जो अनाज हम खाते हैं, उसका 30% प्रोटीन ही पचकर शरीर के काम आता है लेकिन यदि भोजन के साथ दूध लिया जाय तो इससे दुगनी मात्रा में प्रोटीन शरीर में पच कर शक्ति देता है। एक गिलास दूध में एक चम्मच देशी घी तथा तीन चम्मच शहद मिलाकर नित्य पीयें। इससे बुढ़ापा शीघ्र नहीं आयेगा।

गेहूँ—(1) गेहूँ के पौधे का रस पिलाने से बहुत फायदा होता है। रस बनाने की विधि जानने हेतु 'भोजन के द्वारा चिकित्सा' भाग-एक एवं भाग-दो देखें। (2) एक कप गेहूँ रात को भिगोयें, प्रातः गुड़ के साथ चबा-चबाकर खायें। इससे बुढ़ापे के लक्षण दूर होंगे।

मालिश—नियमित रूप से प्रतिदिन तेल की मालिश करने से क्षीण देह का वजन बढ़ता है, बुढ़ापा दूर भागने लगता है। शहद में नीबू का रस मिलाकर लगाने से चेहरे व गर्दन की झुर्रियाँ दूर हो जाती हैं।

दही, छाछ—भोजन के साथ दही लें या फिर भोजन करने के बाद नित्य एक गिलास छाछ का सेवन करें।

पुदीना—पुदीना श्रेष्ठ वायुनाशक द्रव्य है। इसके सेवन से भूख खुलकर लगने लगती है इसलिए वृद्धजनों के लिए यह एक श्रेष्ठ एवं नित्य-सेवनीय वनौषधि है।

अखारोट—8 अखरोट की गिरी, 4 बादाम की गिरी और दस मुनक्का नित्य प्रातः खायें। ऊपर से दूध पीयें। इससे वृद्धों में शक्ति आती है।

हरड़—यदि आप लम्बी जिन्दगी जीना चाहते हैं तो छोटी हरड़ को रात को पानी में भिगो दें। पानी इतना ही डालें कि ये सोख लें। प्रातः उनको देशी घी में तलकर बरणी (कांच के बर्तन) में रख लें। नित्य एक हरड़ सुबह-शाम दो माह खाते रहें। इससे शरीर हृष्ट-पुष्ट रहेगा। कब्ज हो तो हरड़ के चूर्ण की एक चम्मच गर्म पानी से लें।

पपीता—दीर्घ जीवन के लिए प्रातः पपीता खायें।

सब काम समय पर करें

डॉ. विश्वेश्वरैया 101 वर्ष तक जीवित रहे। एक बार किसी ने उनसे पूछा, "इस लम्बे जीवन का रहस्य क्या है?" डॉ. विश्वेश्वरैया बोले, "सब काम समय पर करना। मैं समय पर काम करता हूँ, समय पर खाना खाता हूँ, समय पर सोता हूँ। समय पर नियमित सैर और कसरत करता हूँ। गुस्से से कोसों दूर रहता हूँ। यही है मेरे दीर्घ-जीवन की कुंजी।"

दीर्घ-जीवन का रहस्य : व्यस्तता—"हिस्ट्री ऑफ हिन्दू केमेस्ट्री" के प्रणेता और प्रख्यात रसायन आचार्य प्रफुल्लचन्द्र राय से किसी ने पूछा, "आपके जीवन में सबसे व्यस्त क्षण कौन से दिन हैं?" उन्होंने कहा, "व्यस्त व्यक्ति को समय का कभी अभाव नहीं होता। वास्तव में मेरे जीवन के सबसे व्यस्त दिन साठ वर्ष पार कर लेने के बाद के दिन हैं। मैं 60 वर्ष बाद भी कुछ-न-कुछ करता रहा, व्यस्त रहा।"

112 वर्षीय जोक्विन सिल्वा ब्राजील निवासी ने इस आयु में भी जवान रहने का रहस्य बताया कि, "मैं कोई-न-कोई काम करता रहता हूँ। मैं सारा दिन सक्रिय रहता हूँ। मैं शराब नहीं पीता।" *—प्रज्ञान भारती, जयपुर 16-31, अक्टूबर, 1990*

पूर्व प्रधानमंत्री, 95 वर्षीय श्री मोरारजी देसाई से पूछा, 'आप इस आयु में आत्मनिर्भर एवं निरोग हैं, इसका राज क्या है?' श्री मोरारजी ने उत्तर दिया, "मैं गीता का भक्त हूँ। कार्य करते हुए फल की इच्छा नहीं करता। प्राकृतिक स्वास्थ्य साधनों का नियमित प्रयोग करता हूँ। दूध मेरी मुख्य खुराक है। उबला करेला, खजूर, फल, सूखा मेवा इस शरीर को शक्ति देने में पर्याप्त हैं। सन् 1975 से मैंने अनाज नहीं खाया। जीवन में कथनी और करनी में कोई अन्तर नहीं पाया। मैं सदैव आशावादी रहा हूँ।" भारत देश के सर्वोच्च प्रधानमंत्री पद तक पहुँचने के बावजूद श्री मोरारजी देसाई का अपना कोई मकान नहीं। ये ही अच्छाइयाँ उनकी लम्बी आयु का रहस्य हैं। *—राज. पत्रिका, जयपुर, दिनांक 4-2-1991*

सात्विक आहार : जीवन का आधार—प्राकृतिक चिकित्सा के विद्वान डॉ. वरनर मैकफेडन कहते हैं कि अपने दाँतों से अपनी कब्र मत खोदिए। कम भोजन से इतनी मौतें नहीं होतीं जितनी अधिक खा जाने से होती हैं। जीभ पर अधिकार रखो और केवल स्वाद के लिए ही पेट में चीजें मत ठूँसो। शुद्ध सात्विक आहार द्वारा शरीर की जीवनी शक्ति बढ़ती है। अधिक खाने से मनुष्य की आयु क्षीण होती है।

112 वर्षीय मिसेज केथराइन प्रकेट अपनी दीर्घायु का रहस्य बताती हैं, "मैं अपना रहन-सहन सादा-से-सादा रखती आई हूँ, किन्तु इससे अधिक मेरी लम्बी आयु का राज अन्य कामों में दिलचस्पी लेना, कोई अन्य मजेदार काम जी-बहलाव के लिए करना है। मैं पूरे दिन एक तरह का ही कार्य नहीं करती।"

110 वर्षीय महिला ने बताया कि यदि वह बीमार होती है तो एक गिलास गर्म दूध में 125 ग्राम घी मिला कर पीया करती है। इससे उसके रोग ठीक हो जाते हैं। वह दवाइयाँ नहीं लेती। लम्बी जिन्दगी जीने वालों के जीवन की ऐसी विशेषतायें दीर्घ आयु के लिए अनुकरणीय हैं। *—दैनिक जागरण, दिल्ली, 16-10-1994*

व्यवहार—वृद्धावस्था को सुखद बनाये रखने के लिए चाहिए कि वृद्ध लोग परिवार के लोगों को, अपने से छोटों को शिक्षा, सलाह तभी दें, जब वे माँगें। बच्चों के अपने पाँवों पर खड़ा होने के बाद अंकुश नहीं रखें। जैसा वे करते हैं, उस पर विचार नहीं करें। वृद्धों के पास समय अधिक होता है और काम कम। अतः अपने समय को परिवार के कार्य, बच्चों को पढ़ाने, निस्वार्थ सेवा और अपने निजी स्वास्थ्य की देखभाल में लगाकर व्यस्त रखें। अपने-आपको फालतू नहीं समझें। अध्यात्म और स्वास्थ्य की किताबें पढ़ते रहें। यह विचार मन में रखें कि सब कुछ छोड़कर अब जाने का अवसर आ गया है, अतः राग-द्वेष क्यों संजोते हो। वीतरागता ही सुख है।

बुढ़ापे का अहसास हानिकर

प्रसिद्ध आविष्कारक थामस एल्वा एडिसन की 80 वीं वर्षगाँठ के अवसर पर उनके किसी मित्र ने सलाह दी, "अब आपको काम की रफ्तार कम कर देनी चाहिए और मन बहलाव के लिए कोई हॉबी अपनानी चाहिए। भला आप गोल्फ खेलना शुरू क्यों नहीं करते?" एडिसन से सहज भाव में उत्तर दिया, "मैं अभी इतना बूढ़ा नहीं हुआ।'

प्रसिद्ध गणितज्ञ एवं दार्शनिक बर्ट्रेण्ड रसेल बुढ़ापे में ठीक से जीने का नुस्खा बताते हुए लिखते हैं, "86 वर्ष की उम्र में यह दावा मेरे लिए अनुचित नहीं है कि मैंने भी बुढ़ापा बिताने की कला में कुछ-न-कुछ दक्षता अवश्य प्राप्त की है। मैं तो मानता हूँ कि यदि आपकी रुचियाँ तथा कार्यक्षेत्र काफी व्यापक हैं, वैविध्यपूर्ण हैं और आप उसमें रम जाते हैं, तो कोई कारण नहीं कि आप बैठकर अपनी उम्र के आँकड़े गिनें कि कितने वर्ष आप बिता चुके हैं और ज्यों-ज्यों आँकड़े बढ़ते जाएँ, अपने भविष्य के बारे में शंकालु होते जाएँ।"

जहाँ तक मेरा अनुमान है, दो खतरे जरूर हैं, जिनके प्रति वृद्धावस्था में अवश्य सतर्क रहना चाहिए। उनमें से एक यह है कि अतीत की स्मृतियाँ बहुत अधिक एकत्र नहीं करनी चाहिएँ। बीते दिनों पर खेद प्रकट करने से अथवा जो शेष नहीं है, उसके लिये दुःखी रहने से सचमुच कोई लाभ नहीं है। इसकी बजाय विचारों को वर्तमान पर केन्द्रित करना चाहिए। वर्तमान को सुन्दर बनाने के लिए यह आवश्यक है कि अतीत की गहराइयों से निकलकर निष्ठा, लगन और परिश्रम से काम किया जाए। जब वर्तमान अच्छा होगा तो भविष्य अपने आप अच्छा बन जाएगा।

अपने को कामों में उलझाए रखना, बेफिक्री और अलमस्ती सुदीर्घ जीवन के पहिए हैं।

बुजुर्ग हमारे परिवार, समाज व राष्ट्र की अमूल्य सम्पत्ति हैं, जिनके पास व्यावहारिक ज्ञान और अनुभव का विपुल भण्डार है। बुजुर्गों के पास अनेक जटिल समस्याओं का अचूक रामबाण इलाज है, हर परेशानी का मुकाबला समझदारी व दृढ़ता से करने का तजुर्बा है। ये सब हमें उनसे सीखने की जरूरत है।

'जीवेम शरदः शतम्'—यानी सौ वर्ष तक जीने की कामना और **'आयुष्मान भव:'** अर्थात् लम्बी उम्र पाओ का आशीर्वाद हमारी संस्कृति का अभिन्न अंग है। हर व्यक्ति मोक्ष-प्राप्ति की इच्छा व पुनर्जन्म के विश्वास के कारण चाहता है कि वह चिरायु हो और सत्कर्म करे। सभी की इच्छा रहती है कि अपने पोते-पोती का मुँह देखकर ही संसार से विदा हो। यक्ष के प्रश्न 'दुनिया का सबसे बड़ा आश्चर्य क्या है?' के उत्तर में युधिष्ठिर ने कहा था कि दूसरों को प्रतिदिन मरते देखकर भी शेष लोग यह मानकर चलते हैं कि वे, हमेशा जीवित रहेंगे। राष्ट्रीय स्तर पर हमें समाज के बुजुर्गों के दीर्घायु होने के उपाय करने हैं। उन्हें सम्मान देना हमारा कर्त्तव्य है। शहरी व्यक्ति निरंतर संवेदनहीन होता जा रहा है। सभी को 'रिटायर्ड बट नो टायर्ड' के मूलमंत्र को मानकर इस पर अमल करना चाहिए। हमें याद रखना होगा कि वृद्ध मरता है तो अतीत मरता है और बालक मरता है तो भविष्य मरता है। जो व्यवहार हम अपने बुजुर्गों से करेंगे वही हमारे बच्चे देखेंगे और उसका अनुकरण करेंगे।

सन्तान—जो सन्तान अपने बूढ़े माँ-बाप की तन-मन-धन से सेवा करती है। जो लोग माता-पिता के ऋण कि, किस तरह उन्होंने अपने बच्चों का पालन किया, शिक्षा दिलवा कर योग्य बनाया आदि बातों पर विचार कर अपना कर्त्तव्य समझते हुए माता-पिता की सेवा करते हैं, उनको हर सम्भव सुख देते हैं, वे अपने माता-पिता से अन्त समय का आशीर्वाद प्राप्त करते हैं। उनका

जीवन सुखी रहता है तथा वे निरन्तर उन्नति करते हैं। जिसने माता-पिता को सुख नहीं दिया वे भले ही अपने-आपको समृद्ध बना लें लेकिन आन्तरिक सुख, आनन्द की उनके जीवन में कमी रहती है। अत: अपने माता-पिता ही नहीं, बड़े-बूढ़ों की सेवा करना भी अपना धर्म, पवित्र कर्म समझें।

मानसिक तनाव

चिन्ताएँ मानसिक तनाव पैदा करती हैं।

दैनिक जीवन में हमें नाना प्रकार की चिन्ताएँ करनी पड़ती हैं। हम चिन्ता से कितने दु:खी होते हैं यह हमारी प्रकृति और सहनशीलता पर निर्भर होता है। एक व्यक्ति बड़ी-से-बड़ी चिन्ता की भी परवाह नहीं करता तो दूसरा जरा-जरा-सी बातों पर चिन्तित और अधीर हो उठता है। जो भी हो, हम सभी चिन्ता का कारण उसे समझते हैं जिसके विषय में चिन्तित होते हैं। लेकिन यह हमारी भूल है, नासमझी है, क्योंकि यदि हम जरा गहरा सोच-विचार करें तो चिन्ता का मूल कारण दूसरा ही पाएँगे। इसे जरा समझें।

दरअसल चिन्ता का कारण होता है—आत्मविश्वास और प्रभु विश्वास का न होना। हम जो भी काम चिन्ता के साथ करेंगे वह एक तो आत्मविश्वास के अभाव में दुविधापूर्ण स्थिति में किया जायेगा कि मालूम नहीं काम हो पाएगा या नहीं हो पाएगा। इससे हमारी कार्यक्षमता और कार्य पद्धति त्रुटिपूर्ण हो जाएगी, दूसरे प्रभु विश्वास के अभाव में जो कुछ भी चिन्ताजनक हो रहा होता है या होने की सम्भावना होती है उससे हम खुद को जुड़ा हुआ मानकर चिन्तित व दु:खी हुआ करते हैं जबकि हमारे वश में सिर्फ कर्म करना ही होता है। कर्म का फल हमारी इच्छा के अनुसार ही मिले, यह हमारे हाथ में नहीं होता वरना संसार में सभी अपनी-अपनी इच्छा के अनुसार ही फल प्राप्त कर लिया करते। जो हृदय में अखण्ड, अटूट और सन्देहरहित प्रभु पर विश्वास रखते हैं वे किसी भी कारण से कभी भी चिन्तित नहीं होते क्योंकि वे हर हाल में, हर स्थिति को प्रभु की इच्छा मानकर, उसमें राजी हो जाते हैं। जो स्वयं चिन्ता नहीं करता उसकी चिन्ता सर्वव्यापी सर्वशक्तिमान प्रभु करता है, जैसे अबोध और माता-पिता पर निर्भर रहने वाले बच्चे की चिन्ता माँ-बाप किया करते हैं, पर जब सयाना होकर वह बच्चा आत्मनिर्भर होकर अपनी चिन्ता खुद करने लगता है तब माता-पिता उसकी उतनी चिन्ता नहीं करते। आत्म-विश्वास, प्रभु में विश्वास सतत् साधना से चरित्र में आते हैं। चिन्ताओं के बोझ से उत्पन्न मानसिक तनाव दूर करना आवश्यक है।

मानसिक तनाव से छुटकारा पाने के उपाय

जब आप किसी परेशानी, चिंता या क्लेश से घिरे हों, तो उसे अपने मन में न रखें। उसे बातचीत के माध्यम से अपने आत्मीय जनों से कहें, क्योंकि इससे कुंठा जैसी स्थिति आने से पहले उसका निवारण हो जाएगा और सामने वाला व्यक्ति आपकी चिंता को दूर करने में आपकी मदद कर सकता है व उसके सहानुभूति के चंद शब्द आपको मानसिक राहत पहुँचा सकते हैं।

अपना समय अकेले में न बिताइए ताकि मस्तिष्क एक ही ओर केन्द्रित न रहे, संगीत आदि के कार्यक्रमों, संग्रहालयों एवं पुस्तकालयों में जाएँ। मन कभी कुछ न करने को चाह रहा हो तो टहलें, अखबार इत्यादि पढ़ें। अपना ध्यान किसी प्रकार विकेन्द्रित कीजिए।

अगर रात्रि में आराम से नींद नहीं आ रही हो तो लघु-कथायें, हल्की-फुल्की कहानियाँ

आदि पढ़ना शुरू करें। इससे मन हल्का होगा और तनाव से मुक्ति मिलेगी। सोते समय न तो दिन भर के कार्यों, न आगामी दिन के कार्यों में स्वयं को उलझाएँ।

जीवन में अभाव होने से भी मानसिक तनाव उत्पन्न हो जाता है। मनोवैज्ञानिक पेज के अनुसार, "सुख ही सफल जीवन की कुंजी है। सुख में व्यक्ति को चाहिए कि वह अपने से ऊपर वाले को देखे और ऊपर बढ़ने को प्रगतिशील रहे। दु:ख में अपने से नीचे वाले की ओर देखे तभी हमें परम संतुष्टि प्राप्त हो सकती है।"

आपको कहीं निर्धारित समय पर पहुँचना है या कोई कार्य करना है, उसमें शीघ्रता मत कीजिए, जो कार्य पर्याप्त समय रहते किया जा सकता है, उसमें भागमभाग का तनाव नहीं रहता

दूसरे के कार्यों में व्यर्थ का हस्तक्षेप करना, किसी को बोलते वक्त बीच में टोकना, उचित बात नहीं है। अधिक बोलने की अपेक्षा अधिक सुनने की आदत डालें। क्या उपयोगी व रुचिकर है, इस बात पर ज्यादा ध्यान देने का प्रयास करें।

जब आपके पास कार्य की अधिकता हो तो कार्य को देखकर घबराएँ नहीं अपितु एक-एक कार्य को उसकी महत्ता और प्राथमिकता के आधार पर निपटाते जाएँ।

यदि आप जीवन में सहज होना सीख लें तो परिस्थितियों के साथ तारतम्य स्थापित करने में अधिक सुविधा होगी। अपने विचारों में परिवर्तन लाएँ। छोटी-छोटी बातों को स्थान न दें।

आप मशीन नहीं हैं, जो काम करते ही रहेंगे। समय निकाल कर अपनी रुचि व स्वस्थ रहने के लिए घूमें, खायें, पीयें, आराम करें। कहीं ऐसा करने में बाधा हो तो "ना" कहना सीखें। उस काम को छोड़ दें। मानसिक तनाव का कारण ढूँढें और उसे दूर करें। दूसरों की सहायता करें और सहायता लेने में हिचकिचायें नहीं। दिन भर की भाग-दौड़ व व्यस्त दिनचर्या से आपको थकान और चिड़चिड़ेपन के अलावा कुछ नहीं मिलेगा। काम करते रहें और फल देना परमात्मा पर छोड़ दें।

जब आप निरन्तर मानसिक कार्य करते-करते थकान महसूस करने लगें तो तत्काल कोई शारीरिक कार्य करना प्रारम्भ करें। इस प्रकार कार्य परिवर्तन मानसिक राहत व शांति पहुँचाता है यदि आप नौकरीपेशा व्यक्ति हैं तो साप्ताहिक अवकाश का आनंद लें।

काम करते-करते बीच में थोड़ा समय निकाल कर पड़ोसी से गपशप कीजिए। थोड़ा टहलिए। इससे काम की अधिकता से तनाव निश्चित रूप से कम होगा।

अवकाश के क्षणों में अपने मित्रों पारिवारिक जनों को पत्र लिखिए, क्योंकि डाक प्राप्त होने पर सुखद अनुभूति होती है, किन्तु इतना अधिक पत्र-व्यवहार भी न करें कि प्रत्युत्तर न मिले तो तनावग्रस्त हो जाएँ।

तनाव से छुटकारा पाने का एक सरल तरीका है कि व्यक्ति को जिद्दी और दुराग्रही नहीं होना चाहिए। व्यक्तित्व सौंदर्य का पूरा आनंद लें। इससे मन को बड़ी राहत मिलती है।

उपर्युक्त तरीकों को अपनाकर मानसिक तनाव को कम करने में आप निश्चित रूप से सफल हो सकते हैं। आज के तथाकथित आधुनिक समाज में मानसिक तनाव को कम नहीं किया गया तो वह हमारे लिए जानलेवा सिद्ध हो सकता है, अत: चिन्ता कम करें, चिन्तन अधिक कीजिए भगवान पर विश्वास करें।

खाने की कला

हम स्वस्थ हों या बीमार, उचित भोजन सदा आवश्यक है। बीमार होने पर औषधि से अधिक महत्त्वपूर्ण भोजन पर ध्यान देना है।

शरीर को सामान्य एवं स्वस्थ बनाये रखने के लिए भोजन की आवश्यकता होती है। श्रम करने से शक्ति निकलती है, शरीर के कोष (Tissue) टूटते हैं जिन्हें ठीक करने के लिए हमें विशिष्ट प्रकार के भोजन की आवश्यकता होती है, भोजन करने से शरीर में हुआ क्षय पूरा हो जाता है। जैसे-जैसे आयु बढ़ती है, भोजन की मात्रा कम होती जाती है। हमें बहुत कम मात्रा में भोजन की आवश्यकता होती है लेकिन भूख शान्त करने के लिए आवश्यकता से अधिक खाते हैं।

विवाह, गोठ, जीमन आदि अवसरों पर हम आवश्यकता से अधिक भोजन को स्वादवश खा जाते हैं, जो हानिकारक है। लगातार आवश्यकता से अधिक खाते रहने से पाचन संस्थान खराब हो जाता है। पेट और आँतें फूल जाती हैं, इनकी क्रिया मंद होने से वायु (गैस) बनने लगती है। चर्बी जमा होने लगती है, मोटापा बढ़ता है, पेट की दीवारें जो शक्तिशाली और लचकदार होनी चाहिएँ वे मोटी, भारी हो जाती हैं। पेट को कमर की लाइन से अधिक मोटा कभी नहीं होने देना चाहिए। इन सब कष्टों से बचने का सरल उपाय है, खाना कम मात्रा में लें।

भोजन कितना खायें—परीक्षणों से ज्ञात हुआ है कि ठूँस-ठूँस कर किया गया भोजन, स्वादवश अधिक किया गया भोजन शरीर के लिए हानिकारक है। जितनी भूख हो, जितना खाया जा सकता हो, उससे कम मात्रा में खाया गया भोजन शरीर का पोषण करता है, शक्ति देता है। जितना भोजन करते हैं, उसका बहुत कम अंश पचता है और जितना पचता है, उसका बहुत कम अंश पोषण के रूप में आता है। इसलिए भूख से जितना खाने की क्षमता हो उससे कम ही भोजन करें।

खाना और सोना—भोजन करने के बाद शीघ्र ही सो जाने से नींद अच्छी नहीं आती तथा नींद में आँतों को जो विश्राम मिलता है, वह पूरा नहीं मिलता। इसलिए खाना, सोने से तीन घंटे पूर्व खाना चाहिए। नित्य तीन बार भोजन करें। इसके बीच में कुछ नहीं खायें। बिना तेज भूख लगे कभी नहीं खायें। चबा-चबाकर खायें। जब चिन्ता, क्रोध हो तो खाना नहीं खायें। केवल गर्म पानी पीकर ही रहें। प्रसन्न मुद्रा में भोजन करें। प्रात: के भोजन में स्टार्च अधिक हो, दोपहर के भोजन में प्रोटीन अधिक हो। संध्या के भोजन में कच्चे फल, कच्ची सब्जियाँ, सलाद खा कर ही रहें।

शीतकाल का भोजन

भोजन शरीर निर्वाह के लिए किया जाता है। मौसम के अनुसार भोजन करने से शरीर अधिक बलिष्ठ होता है तथा शारीरिक दुर्बलता नहीं रहती।

सर्दी के मौसम में ठंडी हवा शरीर को स्पर्श करती है जो हमें ठंड अधिक लगती है। गर्म कपड़े पहने रहते हैं। शरीर के अन्दर की गर्मी बाहर नहीं निकलती है। यह गर्मी अन्दर ही रहती है, इससे भोजन पचाने की शक्ति बढ़ जाती है। दिन छोटे होते हैं, रातें बड़ी होती हैं, शरीर को आराम अधिक मिलता है। इन सबका प्रभाव यह होता है कि हमें गरिष्ठ, भारी और पौष्टिक भोजन सरलता से पच जाता है।

जब तेज ठण्ड पड़ने लगे तब पौष्टिक आहार, बलवीर्यवर्द्धक भोजन एवं मौसमी फलों का सेवन करना शुरू कर देना चाहिए। पौष्टिक आहार में घी, दूध, मक्खन, उड़द की दाल, हलवा, खीर, रबड़ी, शुद्ध घी की जलेबी व दूध, उड़द की दाल के व्यंजन, मूँग या गाजर का हलवा, काजू, पिश्ता, बादाम, अखरोट आदि मेवा का विशेष रूप से सेवन करना चाहिए।

मौसमी चीजों में आँवला, केला, गाजर, अमरूद, शहद, मूँगफली, पका टमाटर, पालक, मेथी आदि को अपने आहार में शामिल करके इनका सेवन अवश्य करना चाहिए।

भोजन करके ढाई घण्टे बाद एक गिलास मीठा दूध अवश्य पिएँ। इसके साथ 1 चम्मच शुद्ध घी का भी सेवन करें। यदि शहद का सेवन करना चाहें तो दूध बिल्कुल ठण्डा कर लें और 2 चम्मच शुद्ध शहद घोल कर पिएँ। दूध एक सपाटे में नहीं बल्कि 1-1 घूँट करके रुक-रुक कर पीना चाहिए।

तेज सर्दी में तिल और गुड़ के लड्डू खायें। सरसों के तेल की सारे शरीर में मालिश करें। सर्दी समाप्त होकर जब पतझड़ आ जाये, नीम के पेड़ के नई कोपलें लगें उन दिनों नीम की 15 कोमल कोपलें नित्य एक महीने तक खायें। इससे वर्ष भर रक्त-विकार, चर्म रोग और ज्वर से शरीर की रक्षा होती है।

शीतकाल के पौष्टिक व्यंजन

बादाम खसखस का हलवा

सामग्री—बादाम की गिरी 250 ग्राम, खसखस 125 ग्राम, गेहूँ का आटा 1 कटोरी, शक्कर 250 ग्राम, दूध 1 कप, पानी दो कप, शुद्ध घी 1 कटोरी, केशर व इलायची अन्दाज से।

विधि—बादाम व खसखस ठण्डे पानी में रात को भिगो कर रख दें। प्रात: बादाम छील लें और सिल पर या मिक्सी से दोनों को महीन पीस लें। कड़ाही में घी डाल कर गरम करें और पीसी बादाम व खसखस डाल कर मन्द आँच पर खूब अच्छा गुलाबी होने तक सेंकें। जब सुगन्ध आने लगे तब इसमें आटा डालकर हिलाते-चलाते हुए सेंकें और जब घी छूटने लगे तब समझें कि सिक गया। एक भगौने में एक कप दूध और दो कप पानी मिला कर उबालें। जब उबलने लगे तब इसे सिके हुए हलवे में डाल दें और आँच तेज करके हिला-हिला कर पकाएँ। फिर शक्कर डालें, जब गाढ़ा हो जाए तब उतार लें। केशर में 2-4 बूँद दूध डालकर घोट-पीस लें, इलायची के दाने महीन पीस लें और दोनों इसमें डालकर हिला-चला कर मिला दें। थोड़ा ठण्डा होने पर गरम-गरम तश्तरियों में परोसें। यह हलवा दिमाग को तरावट और ताकत पहुँचाने में लाजवाब है। इसलिए यह व्यंजन विद्यार्थियों, दिमागी काम करने वालों और कमजोर दिमाग वालों को शीतकाल में अवश्य खाना चाहिए।

बादाम चूर्ण

सामग्री—बादाम की गिरी 200 ग्राम, बबूल की गोंद 50 ग्राम, शक्कर का बूरा 250 ग्राम।

विधि—बादाम पानी में भिगो कर छिलका हटा दें और सुखा कर पीस लें। गोंद को शुद्ध घी में तल कर फूलने पर निकाल कर और बारीक पीस लें। अब शक्कर-बूरे के साथ इनको मिला लें। प्रतिदिन सुबह 2 चम्मच (लगभग 10 ग्राम) मात्रा में 1 कप कुनकुना गरम दूध के साथ लें और इसके 3 घण्टे बाद भोजन करें। दूसरी खुराक शाम के भोजन के दो घण्टे बाद सिर्फ 1 चम्मच (लगभग 5 ग्राम) मात्रा में, दूध के साथ सोने से एक घण्टे पहले लें। यह प्रयोग 2-3 माह तक सेवन करें। बहुत ही लाभप्रद है।

सर्दी के मौसम में गले में खराश, खाँसी, टॉन्सिल का दर्द, गले में दर्द प्राय: हो जाता है। ऐसा होने पर एक गिलास गर्म पानी में नमक, खाने का सोडा आधा-आधा चम्मच तथा पिसी हुई फिटकरी चौथाई चम्मच से भी कम मात्रा में डालकर घोल लें। इससे नित्य तीन बार गरारे करें।

स्वमूत्र चिकित्सा

अपने स्वयं के मूत्र को पीना, शरीर पर लगाना स्वमूत्र चिकित्सा है। यदि स्वमूत्र का उपयोग युक्तिपूर्वक उचित विधि से किया जाय तो यह रोगों को ठीक कर देता है।

पीने की विधि—सुबह उठते ही पहली बार पेशाब करते हुए शुरू की धार का मूत्र छोड़कर शेष पेशाब साफ धुली हुई शीशी में ले लें। प्रारम्भ में दो बड़े चम्मच भर (लगभग 25 मि.लि.) मात्र पेशाब पीयें, फिर धीरे-धीरे बढ़ाते हुए दो कप (लगभग 200 मि.लि.) मात्रा तक पेशाब पीने लगें। मूत्र अपना ही होना चाहिए दूसरे का नहीं। स्वमूत्र का एकदम से पान न कर सकें तो कुछ दिन इससे कुल्ले करके थूकते रहें। थोड़े दिन तक कुल्ले करने के बाद मुँह ऊँचा करके गरारे करें। फिर किसी दिन आँख बंद करके एक-दो घूँट पी जायें। इसके बाद मूत्र पीने में हिचकिचाहट नहीं होगी। करीब 15 दिन में इसका अच्छा प्रभाव दिखाई देगा। इस तरह मूत्र पीने से होने वाली घृणा पर विजय प्राप्त हो जायेगी। जिसे मूत्रकृच्छ (पेशाब में रुकावट, Dysuria) रोग हो, उसे अपना मूत्र काम में नहीं लेना चाहिए। मूत्र प्रात: एक ही बार पीयें।

मूत्र का बाह्य प्रयोग—स्वमूत्र पीने के साथ-साथ इसका बाह्य प्रयोग भी करना चाहिए। इससे लाभ शीघ्रता से होता है। बाह्य प्रयोग में मूत्र से मालिश करना, मूत्र में कपड़ा, रूई, गाज कोई भी एक वस्तु भिगो कर पट्टी बाँधना, घावों को धोना आदि है। स्वमूत्र से मालिश करके दो-तीन घंटे बाद कुनकुने गरम पानी से स्नान करना चाहिए। साबुन का प्रयोग नहीं करना चाहिए। मालिश में सुबह का ताजा मूत्र ही सुबह काम में लेना चाहिए।

यह शंका बिल्कुल निर्मूल है कि स्वमूत्र सेवन योग्य पदार्थ नहीं या इसका सेवन हानिकारक होता है। उचित विधि और पथ्य-अपथ्य का पालन करते हुए स्वमूत्र चिकित्सा का प्रयोग लाभप्रद सिद्ध होगा।

स्वमूत्र चिकित्सा काल में पालनीय नियम—स्वमूत्र-पान करते समय किसी भी पैथी (पद्धति) की कोई भी दवा सेवन नहीं करें। यदि दवा सेवन कर रहे हों तो दवा लेना बन्द करके एक सप्ताह बाद स्वमूत्र चिकित्सा आरंभ करें। स्वमूत्र-चिकित्सा का सेवन पूरी रुचि से करें अन्यथा नहीं करें। स्वमूत्र-पान करते समय, उन दिनों किसी भी औषधि, तम्बाकू, माँस-मदिरा, मिर्च-मसाले, शक्कर, सेक्रिन, तले पदार्थ, मशीन से साफ किये हुए चावल, वेजीटेबल घी, डिब्बा बन्द पदार्थ, नमकीन व खट्टे पदार्थ एवं मिठाइयों का सेवन नहीं करना चाहिए। हाथ से कुटे चावल, गुड़, शहद, खण्डसारी-शक्कर, मौसमी ताजे फल, अंकुरित अन्न, ताजी चपाती, पत्तीदार सब्जी जो उबली हुई और बिना मसालों की हो, सो सेवन करना चाहिए। इन परहेजों के साथ-साथ संयम रखें, ब्रह्मचर्य का पालन करें।

किसी भी रोग में इन उपर्युक्त नियमों का पालन करते हुए मूत्र-पान एवं बाह्य प्रयोग कर रोग-मुक्त हो सक. हैं। यदि स्वास्थ्य-रक्षा की दृष्टि से स्वस्थ व्यक्ति भी स्वमूत्र पान करें तो उसका शरीर स्वस्थ और रोगों के आक्रमण से सुरक्षित रह सकता है।

रोग—स्वमूत्र चिकित्सा से हृदय-रोग, हृदय-दौर्बल्य, उच्च एवं निम्न रक्तचाप (ब्लडप्रेशर), फेफड़ों व हड्डी का क्षय, सर्दी-खाँसी, दमा, पेट व आँतों के रोग, सिर, नेत्र व कान के रोग, बवासीर व गुदा के रोग, चर्म-रोग, धातु-विकार, ऋतुस्राव की अनियमितता आदि सभी रोग ठीक हो जाते हैं।

स्वमूत्र चिकित्सा का श्रेय जॉन डब्ल्यू. आर्म स्ट्रांग और उनकी पुस्तक The Water of Life को दिया जाता है। आयुर्वेद में भी मानव-मूत्र के गुण मिलते हैं। ☐☐☐